COLECCIÓN
DERECHO. DEONTOLOGÍA. TECNOLOGÍA

1

E-JUSTICIA INTELIGENTE:

NAVEGANDO POR LOS DESAFÍOS DE LA ARQUITECTURA DE LA INFORMACIÓN Y LA IA

Este libro se enmarca en una Ayuda de la UNED: Resolución de 7 de octubre de 2024, del rector de la UNED, por la que se resuelve parcialmente la convocatoria de Ayudas para publicaciones en abierto UNED 2024 (BICI 14/10/2024); y en dos Proyectos de Investigación: «Ejes de la Justicia en tiempos de cambio», IP Sonia Calaza (PID2020-113083GB-I00), IP Sonia Calaza, Ayuda PID2020-113083GB-I00 ayuda financiado/a por MCIN/AEI/ 10.13039/501100011033 y «Transición Digital de la Justicia», IP Sonia Calaza (RED 2021-130078B-100), IP Sonia Calaza, Ayuda Referencia TED2021-130078B-I00 ayuda financiado/a por MCIN/AEI/ 10.13039/501100011033 y por la «Unión Europea NextGenerationEU/PRTR».

GOBIERNO DE ESPAÑA — MINISTERIO DE CIENCIA E INNOVACIÓN — AGENCIA ESTATAL DE INVESTIGACIÓN — Plan de Recuperación, Transformación y Resiliencia — Financiado por la Unión Europea NextGenerationEU — UNED

1

E-JUSTICIA INTELIGENTE:

NAVEGANDO POR LOS DESAFÍOS DE LA ARQUITECTURA DE LA INFORMACIÓN Y LA IA

Directora:

Sonia Calaza López

Autor:

Román Garcia-Varela Iglesias

Letrado de la Administración de Justicia.
Doctorado en Derecho y Ciencias Sociales. UNED.

COLEX 2024

© Editorial Colex, S.L.
Calle Costa Rica, número 5, 3.º B (local comercial)
A Coruña, C.P. 15004
info@colex.es
www.colex.es

I.S.B.N.: 978-84-1194-770-1
Depósito legal: C 1783-2024

«Para Leyda, Lourdes, Iria y mis padres por mostrarme el camino para ser feliz en la vida».

SUMARIO

PRÓLOGO 13

INTRODUCCIÓN 17

CAPÍTULO I

DESAFÍOS Y OPORTUNIDADES SOBRE LA VIABILIDAD DEL USO DE LOS DATOS EN LA ADMINISTRACIÓN DE JUSTICIA

1. Introducción 25
2. Derecho fundamental a la intimidad: el origen en nuestro ordenamiento del derecho a la protección de datos y al entorno virtual 30
   2.1. El Derecho fundamental a la protección de datos personales 33
   2.2. El Derecho al entorno virtual 39
3. Notas elementales sobre la regulación del derecho a la protección de datos en la UE y España 41
   3.1. El Reglamento (UE) 2016/679 del Parlamento Europeo y del Consejo, de 27 de abril de 2016, relativo a la protección de las personas físicas en lo que respecta al tratamiento de sus datos personales y a la libre circulación (RGPD) 43
   3.2. La Directiva (UE) 2016/680 del Parlamento Europeo y del Consejo, de 27 de abril de 2016, relativa a la protección de las personas físicas en lo que respecta al tratamiento de datos personales por parte de las autoridades competentes para fines de prevención, investigación, detección o enjuiciamiento de infracciones penales o de ejecución de sanciones penales (incluidas la protección y amenazas contra la seguridad pública), y a la libre circulación de dichos datos 48
   3.3. Ley Orgánica 3/2018, de 5 de diciembre, de Protección de Datos Personales y garantía de los derechos digitales 51

3.4. Ley Orgánica 7/2021, de 26 de mayo, de protección de datos personales tratados para fines de prevención, detección, investigación y enjuiciamiento de infracciones penales y de ejecución de sanciones penales . . . 53
3.5. Notas jurisprudenciales de altos Tribunales de la UE en materia de protección de datos y el acceso por autoridades públicas a datos conservados (especialmente por proveedores de servicios de comunicaciones electrónicas) con fines de prevención, investigación, descubrimiento y persecución de delitos . . . 56
4. Régimen aplicable en la Administración de Justicia: ficheros jurisdiccionales *vs* no jurisdiccionales . . . 59
5. Análisis de las posibles vías para el uso de los datos integrados en la AJU para mejorar el servicio publico . . . 68
6. Un problema añadido: la baja calidad del dato en la AJU . . . 93
7. Hacia una nueva realidad para la consecución del fin: la orientación al dato . . . 97
7.1. La perspectiva liderada desde la UE . . . 97
7.2. La situación al respecto de la Administración en España . . . 106
7.3. El camino seguido en la Administración de Justicia . . . 111
8. El futuro en la AJU con las medidas hacia una adecuada arquitectura de información digital . . . 130
9. Conclusiones . . . 136

CAPÍTULO II

INTELIGENCIA ARTIFICIAL (IA) EN JUSTICIA: UNA REALIDAD EN NUESTRO TIEMPO

1. Introducción . . . 141
2. Una aproximación al concepto de IA . . . 145
3. Una radiografía internacional sobre los pasos que se están llevando a cabo en el desarrollo y uso de IA . . . 150
3.1. Canadá . . . 151
3.2. EE. UU.. . . . 152
3.3. China . . . 156
3.4. Otras iniciativas internacionales clave en materia ética e IA . . . 158
4. Principios y necesidades que debe cumplir el desarrollo de la IA: la perspectiva europea . . . 159
4.1. La Comunicación de la Comisión Europea de 2019 sobre cómo generar confianza en la IA y su despliegue centrado en el ser humano . . 161
4.2. Directrices éticas para una IA fiable: Grupo de expertos independiente de alto nivel sobre IA . . . 163
4.3. El Libro Blanco sobre la inteligencia artificial: un enfoque europeo orientado a la excelencia y la confianza . . . 166
4.4. El nuevo Plan coordinado europeo sobre IA . . . 168
4.5. El Reglamento (UE) 2024/1689 de IA (RIA) . . . 171

5. Iniciativas (normativas) tendentes al uso de IA aplicada al sector justicia. 183
5.1. La Carta ética europea sobre el uso de la inteligencia artificial en los sistemas judiciales y su entorno de la CEPEJ 184
5.2. Conclusiones del Consejo de la UE «Acceso a la justicia: aprovechar las oportunidades de la digitalización» 189
5.3. Comunicación de la Comisión al Parlamento Europeo sobre la digitalización de la justicia en la UE: Un abanico de oportunidades. 190
5.4. Informe de los derechos fundamentales de la UE (FRA): Construir correctamente un futuro, la IA y los derechos fundamentales. 191
5.5. Resolución del Parlamento Europeo sobre la inteligencia artificial en el Derecho penal y su utilización por las autoridades policiales y judiciales en asuntos penales 191
5.6. Kit de herramientas global sobre IA y el Estado de derecho para el poder judicial elaborado por la UNESCO. 194
5.7. El RIA y el ecosistema justicia 195
5.8. El Real Decreto-ley 6/2023 que trajo consigo las nuevas medidas de eficiencia digital y procesal 201
6. Posibles utilidades en justicia de tecnologías de IA. 206
6.1. IA y la Gestión de recursos 207
6.2. IA y su apoyo previo o durante la acción judicial 209
6.3. IA y sus beneficios en la tramitación y gestión procesal 210
6.4. IA y la decisión judicial 213
6.5. IA y la ayuda en la investigación delictiva. 216
6.6. IA como sistema online de resolución de controversias con tramitación automatizada 217
7. Impactos y riesgos potenciales en el sistema procesal derivados de la IA 218
8. Ejemplos de sistemas de IA que actualmente se encuentran operativos en justicia 235
8.1. Tribunales online 235
8.2. Sistemas de e-mediación (ODR) 238
8.3. Sistemas IA de predicción y valoración del riesgo 241
8.4. Sistemas de IA coadyuvantes para optimizar y agilizar el trabajo al órgano judicial. 246
8.5. Herramientas de predicción del resultado de una acción judicial 248
8.6. Otras herramientas de IA que favorecen el trabajo diario del sector justicia 250
9. Conclusiones. 254

CONSIDERACIONES FINALES. 259

BIBLIOGRAFÍA. 269

PRÓLOGO

Hace ya varios años que recurrentemente se habla de la aplicación de la inteligencia artificial a los procesos judiciales. Sin embargo, por razones que ya no se pueden ocultar, ese uso sigue siendo marginal en comparación con la potencialidad que habría de tener la herramienta, dependiendo, naturalmente, de hasta dónde se quiera permitir su uso, sobre lo que existen muchísimas y, en cierta medida, lógicas dudas.

En la monografía que sigue, el lector encontrará una recopilación ordenada de todo lo que hay, que no es poco, puesto que hay muchísimo a nivel normativo al menos en este momento, sobre todo en el terreno del *soft law*, pero no solamente. Además, existen ya varias herramientas que pueden ser de utilidad, y las mismas también son compiladas para una mejor comprensión del lector. Sin embargo, esas compilaciones que con mucha paciencia hace el autor, no son en absoluto inocentes, ingenuas o incluso acríticas, lo que es muy frecuente cuando de hablar de tecnología se trata. Al contrario, ya en las exposiciones iniciales se dejan sentir palabras reflexivas que aumentan su contenido de manera decisiva en los compases finales de cada parte del libro. Se trata de un estilo de redacción que puede cuestionarse, pero que creo que en este caso es adecuado, puesto que busca, a la postre, la objetividad de la exposición, sin que la misma venga sustituida por las simples opiniones. Como alguien dijo una vez, es más difícil relatar la realidad que opinar sobre ella. Y por ello, la mayor parte de los periodistas opinan... Al contrario, Román García-Varela Iglesias no se deja seducir por su acervo de conocimientos sobre el tema, lanzándose así a ofrecer opiniones que dejen al lector sin poder formular la suya. Bien al contrario, primero expone, y luego se expone expresando su opinión, a fin de que el lector contraste, con gran facilidad y libertad, su parecer con el del autor.

Y es que, en estos momentos, se puede decir ya que la temática abordada es demasiado vasta como para que la abarque un solo experto. De ello, que es un buen aviso a navegantes, da completa fe este libro. Y es que existen al menos cuatro campos de actuación en esta materia.

El primero, tratado con mucho detalle y preocupación por el autor, es el de la protección de datos, enseñando lo cerca que podemos estar de una dictadura cuando no tenemos en cuenta lo sensible de la materia, pero sin caer en alarmismos.

El segundo es el de la investigación, en el proceso penal sobre todo, pero no solamente, utilizando datos que pueden haber sido adquiridos y recopilados de forma masiva, y que desde luego pueden afectar muy decisivamente al derecho a la intimidad.

El tercero es el de la utilización de los datos para la mejora de la eficacia del trabajo de toda la estructura judicial, conociendo mejor, gracias a las variables estadísticas, los perfiles de los justiciables y de los litigios que presentan a la jurisdicción, lo que eventualmente debería permitir optimizar toda la estructura de tribunales desde criterios empíricos, y no intuitivos o de simple acumulación de asuntos, como ha ocurrido hasta el momento.

El cuarto es sin duda el más apasionante: la inteligencia artificial como asistente del juez, que en no pocos casos puede llegar a sustituirle, si así lo permitimos. Y no les quepa duda de que, digan lo que digan las normativas, aunque sólo sea *de facto* se lo vamos a permitir en un número incalculable de casos.

Los cuatro campos son, insisto, áreas de trabajo muy diferentes que no necesariamente se entrecruzan, aunque la primera, la protección de datos, está presente, si bien sólo en parte, en todos los demás. Y es que la realidad enseña que no siempre se recopilan datos que puedan ser considerados sensibles, y eso también hay que tenerlo en cuenta, sobre todo en la elaboración de herramientas de asistencia al juez para la valoración de la prueba, por ejemplo, para la apreciación de la calidad científica de dictámenes periciales, dificilísima para el juez, pero no tan compleja, ni mucho menos, para una aplicación de inteligencia artificial con todos los datos disponibles al respecto. Tampoco es sensible la información acerca del tipo de litigios sometido a la jurisdicción, en orden a establecer una mejor gestión de la infraestructura judicial existente, o incluso en orden a proponer su modificación.

Indico todo lo anterior porque el problema —¿principal?— del uso de la inteligencia artificial en los tribunales no es tanto —o no es solamente— la protección de los datos, sino su recolección, de la que nadie, o casi nadie, se está ocupando, más allá de su complicadísima gestión. A los gobiernos y a los legisladores les convendría saber que las grandes compañías tecnológicas del mundo invierten enormes cantidades en la llamada «minería de datos» y su almacenamiento, lo que supone la contratación de decenas de miles de personas anónimas, que a veces tienen unas condiciones de trabajo deplorables, y que lo único que hacen es seleccionar datos para nutrir de los mismos a la herramienta de inteligencia artificial de que se trate. Así se ha podido obtener algo tan vistoso como la llamada «inteligencia artificial generativa», que no genera nada en realidad, sino que reproduce y combina información ya existente de modo a veces divertido, a veces útil y a veces disparatado. Su principal problema es que depende de la eficiente y correcta recolección de esos datos y del «olvido» de los que no sirvan. Todo eso es algo que los seres humanos hacemos por razones evolutivas gracias a la memoria, el aprendizaje y el mecanismo del olvido, cuyas razones nunca han sido realmente entendidas por la ciencia, que fueron ilustradas de manera fantasiosa por Borges en un cuento inmortal. La inteligencia artificial no sabe hacer ninguna de las tres cosas. Ni memoriza, ni aprende ni olvida, digan lo que digan las expresiones —habitualmente en inglés— que sirven para hacerle marketing. Y esas carencias constituyen justamente su principal vulnerabilidad, por cierto.

Pues bien, ahora aplíquese todo lo anterior a los datos que precisa un proceso judicial, no para echar a andar, sino para desarrollarse de principio a fin. Se comprenderá, si se presta atención y no se confía sólo en la intuición, que la cantidad de datos que tiene un juez para dictar sentencia es verdaderamente ilimitada, difícilmente clasificable, con cierta frecuencia imprevisible y, en buena medida, incomprensiblemente ignota a día de hoy. Se verá también que el procedimiento, siendo pura burocracia, es más fácil de replicar, y se comprobará, como afirma el autor, que este es el campo con una aplicación más inmediata de la inteligencia artificial en materia judicial.

El resto es todo lo que afecta al enjuiciamiento, es decir, la investigación, la prueba y la aplicación del derecho. En los años venideros se planteará el dilema de si empezar a recopilar los datos que un juez tiene realmente en mente a la hora de juzgar, o bien se dejará tal labor por imposible —aunque no lo sea— y se optará por otras alternativas.

Sin embargo, habrá que pensar en algún momento que una de esas alternativas no es que todo quede como está, porque llegará un momento que la población no va a aceptar que los jueces sigan juzgando, en el fondo, con variables que son tantísimas veces intuitivas, por mucho que se intenten motivar *a posteriori*. Posiblemente ejercerá como punta de lanza en esa toma de consciencia, la inevitable automatización de los pequeños procesos de consumo, de reclamaciones de cantidad o incluso de sanción de delitos de menor consideración, observándose en su tratamiento una rapidez y previsibilidad que no se comprenderá que no concurra también en el resto de procesos.

Cuando llegue ese momento, habrá que tomar varias decisiones, entre ellas la de la recopilación de los datos y la de cómo lidiar con los *deepfakes*, si es que se puede realmente hacerlo, cosa que es posible que sea, a la postre, imposible en demasiados casos. En ese momento, ante la inviabilidad del proceso judicial, se pensará en el desarrollo de mecanismos preventivos de conflictos, y uno de ellos puede ser la perfilación de personas y controversias. Es un riesgo enorme, pero puede que para entonces sea ya digerible para la población lo que ahora nos parece terrible, pues igual que ha sucedido con otras cosas —compartir masivamente datos de nuestra vida privada—, podría también acontecer algo parecido con las opiniones sobre el *profiling* que, desde luego, y ese es el peligro, derivará en una elaboración de *targets* u objetivos poblacionales. Insisto, ahora nos parece para ponerse a temblar. No sé si será así realmente en un futuro.

En todo caso, el libro que tiene el lector en sus manos le dará la oportunidad al lector de formarse su opinión al respecto, con todos los datos encima de la mesa. Este libro, por sus características, deberá ir actualizándose en las sucesivas ediciones que ojalá conozca, pues es, sin duda, un material imprescindible para el jurista que quiera conocer la realidad de su tiempo, como es debido, y que no quiera cerrar los ojos.

Jordi NIEVA FENOLL
Catedrático de Derecho Procesal
Universitat de Barcelona

INTRODUCCIÓN

La percepción social del sistema judicial hoy por hoy no es la que debería propugnar el Estado de Derecho. Parece que con el paso de los años la justicia se está viendo erosionada como consecuencia del déficit en su capacidad de respuesta para dar solución a los problemas que se plantean en nuestro tiempo.

¿Puede ser el momento para cambiar el modelo?

La justicia desde un punto de vista objetivo como promovía Taruffo[1], resulta de la correcta averiguación de los hechos y una aplicación del derecho a un proceso en el que hubieran sido respetados todos los derechos fundamentales. Sobre esta afirmación se asienta el derecho a la tutela judicial efectiva sin indefensión como elemento cardinal de todo proceso judicial. Los diversos fundamentos que confluyen sobre su esencia se sustentan en el derecho a obtener resoluciones motivadas y fundadas en derecho[2], a un proceso con todas las garantías y a la defensa, a la contradicción e igualdad, permitiendo el libre acceso de las partes al proceso en defensa de derechos e intereses legítimos.

Teóricos destacados de la humanidad[3] han defendido que una justicia lenta no es justicia. Por estos motivos, el Pacto internacional de derechos

---

1 Michelino TARUFFO «Idee per una teoria della decisione giusta», en *Verso la decisione giusta*. Torino. 2020. Pág. 360.

2 Si bien, en palabras del Tribunal Constitucional ello no garantiza la corrección jurídica de la interpretación y aplicación del Derecho llevada a cabo por los jueces y tribunales, pues no existe un pretendido derecho al acierto judicial en la selección, interpretación y aplicación de las normas, salvo que afecte al contenido de otros derechos constitucionales. Si bien, en todo caso, debe garantizar que por parte de los órganos judiciales que emanen resoluciones motivadas donde contengan los elementos y razones de juicio que permitan conocer cuáles han sido los criterios jurídicos que fundamentan la decisión y que la motivación esté fundada en Derecho, exigencia que no queda cumplida con la mera emisión de una declaración de voluntad en un sentido u otro, sino que debe ser consecuencia de una exégesis racional del ordenamiento jurídico y no fruto de la arbitrariedad (por todas, STC 44/2021, de 12 de julio, FJ 3 B y STC142/2012, de 2 de julio, FJ 4).

3 Algunos autores que promueven esta idea son: el estadista británico William E. Gladstone, el filósofo y jurista británico Jeremy Bentham o el activista por los derechos civiles Martin Luther King, entre otros.

civiles y políticos de 1966[4] en su art. 14.3 c) establece entre las garantías mínimas a todo proceso a ser juzgado sin dilaciones indebidas. De manera similar, el legislador europeo en el seno del Consejo de Europa por medio del Convenio europeo de derechos humanos (CEDH)[5] proclama en su art. 6.1 que «toda persona tiene derecho a que su causa sea oída (...) dentro de un plazo razonable». En la misma dirección la Carta de los derechos fundamentales de la Unión Europea (CDFUE)[6], en su art. 47 en términos idénticos a los del art. 6.1 CEDH.

Pero es que, el criterio seguido por el Tribunal Europeo de Derechos Humanos (TEDH)[7], fija que el carácter estructural de las dilaciones no puede privar a los ciudadanos de su derecho al respeto del plazo razonable. De esta manera, tiene declarado que ello impone la obligación de los Estados contratantes a organizar su sistema judicial de tal forma que sus tribunales puedan cumplir cada una de sus exigencias, en particular la del «derecho a obtener una decisión definitiva dentro de un plazo razonable».

Por su parte, nuestra Carta Magna postula el derecho a un proceso público sin dilaciones indebidas y con todas las garantías (art. 24.2 CE). Así, el Tribunal Constitucional[8] ha reconocido, incluso, el derecho fundamental a un proceso sin dilaciones indebidas con carácter autónomo respecto del derecho a la tutela judicial efectiva, con independencia de las innegables conexiones que existen entre ambos derechos. La jurisprudencia del máximo interpretador de la Constitución atribuye una doble faceta a este derecho: prestacional y reaccional. La primera[9] consiste en el derecho a que los órganos judiciales resuelvan y hagan ejecutar lo resuelto en un plazo razonable, y supone que: «los Jueces y Tribunales deben cumplir su función jurisdiccional de garantizar la libertad, la justicia y la seguridad con la rapidez que permita la duración normal de los procesos, evitando dilaciones judiciales que quebranten la efectividad de la tutela». La segunda relativa a la dimensión reaccional[10], actúa en el marco estricto del proceso, y se traduce en el derecho a que se

4 Tratado internacional adoptado por la Asamblea General de las Naciones Unidas en 1966 junto con la Declaración Universal de Derechos Humanos y el Pacto Internacional de Derechos Económicos, Sociales y Culturales, y que configuran la Carta Internacional de Derechos Humanos.

5 Adoptado por el Consejo de Europa el 4 de noviembre de 1950.

6 Publicada el 7 de diciembre de 2000, en su versión adaptada tras la entrada en vigor del Tratado de Lisboa de 13 de diciembre de 2007.

7 Véase su Sentencia asunto Unión Alimentaria Sanders c. España, de 7 de julio de 1989 (§§ 38 y 42) y Sentencia asunto Lenaerts c. Bélgica (§ 18), de 11 de marzo de 2004.

8 Véase la STC 125/2022, de 10 de octubre (BOE núm. 277, de 18 de noviembre de 2022).

9 Cuya relevancia fue resaltada en la STC 35/1994, de 31 de enero (FJ 2) y también en lasSSTC180/1996, de 12 de noviembre, FJ 4, y 10/1997, de 14 de enero, FJ 5.

10 Así lo disponen las SSTC 35/1994, de 31 de enero, FJ 2;303/2000, de 11 de diciembre, FJ 4.

ordene la inmediata conclusión de todo aquél en el que se incurra en dilaciones indebidas.

No obstante, la doctrina no niega que se trata de un concepto jurídico indeterminado de cuya apreciación deben conjugarse factores objetivos y subjetivos congruentes con el caso específico. Como resultado, ello ha supuesto la instauración de criterios para determinar su apreciación por los altos tribunales[11] tales como: (i) la complejidad del litigio; (ii) los márgenes ordinarios de duración de los litigios del mismo tipo; (iii) el interés que arriesga el demandante de amparo; (iv) su conducta procesal, y; (v) la conducta de las autoridades[12]. En relación a ésta última nos gustaría resaltar la doctrina del Tribunal Constitucional en la STC142/2010, de 21 de diciembre que viene a ratificar la postura del TEDH que previamente hemos mencionado:

> «por más que los retrasos experimentados en el procedimiento **hubiesen sido consecuencia de deficiencias estructurales u organizativas de los órganos judiciales o del abrumador trabajo que sobre ellos pesa**, esta hipotética situación orgánica, si bien pudiera excluir de responsabilidad a las personas intervinientes en el procedimiento, **de ningún modo altera el carácter injustificado del retraso.** Y es que el elevado número de asuntos de que conozca el órgano jurisdiccional ante el que se tramitaba el pleito **no legitima el retraso en resolver, ni todo ello limita el derecho fundamental de los ciudadanos para reaccionar frente a tal retraso**, puesto que no es posible restringir el alcance y contenido de ese derecho (dado el **lugar que la recta y eficaz administración de justicia ocupa en una sociedad democrática***)* en función de circunstancias ajenas a los afectados por las dilaciones. Por el contrario, es exigible que jueces y tribunales cumplan su función jurisdiccional, garantizando la libertad, la justicia y la seguridad, con la rapidez que permita la duración normal de los procesos, **lo que lleva implícita la necesidad de que el Estado provea la dotación a los órganos judiciales de los medios personales y materiales precisos para el correcto desarrollo de las funciones que el ordenamiento les encomienda**».

11 Por todas, las SSTC 54/2014, de 10 de abril, FJ 4, y129/2016, de 18 de julio, FJ 4, en línea con la doctrina instaurada por el Tribunal Europeo de Derechos Humanos.

12 A esos efectos, se destaca, (i) en cuanto a los márgenes ordinarios de demora, que la jurisprudencia constitucional ha concluido la existencia de dilaciones indebidas en supuestos en que entre la fecha de interposición de la demanda ante la jurisdicción ordinaria y la fecha del señalamiento para vista habían mediado los siguientes plazos: dos años y seis meses (STC 54/2014, de 10 de abril), dos años y tres meses (STC 99/2014, de 23 de junio), un año y once meses (STC 129/2016, de 18 de julio), un año y seis meses (STC 142/2010, de 21 de diciembre) y un año y tres meses (STC 89/2016 de 9 de mayo); y (ii) que el hecho de que la demora denunciada se deba a motivos estructurales, no imputables directamente al órgano judicial, no impide apreciar la vulneración del derecho del recurrente a un proceso sin dilaciones indebidas, pues esta situación no altera su naturaleza injustificada, en tanto que el ciudadano es ajeno a esas circunstancias (STC 125/2022, de 10 de octubre, FJ 3).

La falta de medios en la Administración de Justicia (AJU) es palmaria. Los motivos, evidentes. Las partidas presupuestarias destinadas para mejorar esta administración nunca han sido abundantes para afrontar los acontecimientos que han ido surgiendo, más bien, todo lo contrario. La mejora del sistema judicial no responde a los intereses de los miembros que conforman los partidos políticos. Este factor supone una cascada del resto de causas de su deficiente funcionamiento. Pero, por si no fuera poco, este contratiempo se agrava si lo sumamos a los efectos que ha provocado la «Administración de la administración» como sistema de (auto)gestión descentralizada de los medios con los que cuenta el sistema judicial. La resaca de esta decisión que fue ratificada por el Tribunal Constitucional[13] allá por 1990, ha sido uno de los principales desencadenantes de muchos de los males endémicos que confluyen en la justicia.

El diseño anacrónico del sistema debe someterse a un replanteamiento integral a la vista de las circunstancias. Nos referimos no sólo a su modelo territorial, inmutable al paso del tiempo con las limitaciones inherentes a ello derivadas de los cambios demográficos, socioeconómicos o tecnológicos, entre otros. También, como hemos señalado en relación a la gestión de los medios, la cual es obvio que debe someterse a una revisión para optimizar los recursos. Del mismo modo, nuestra legislación sustantiva y procesal tiene que adaptarse a la realidad de nuestros días a pesar de los retos que ello implica como consecuencia de la extrema velocidad con la que están aconteciendo los avances en materia digital. La falta de reacción ante estas circunstancias junto a la masividad de reclamaciones presentadas por los ciudadanos está provocando el colapso de nuestro sistema judicial.

Pues bien, la solución a estos males parece o pretende venir de la mano de lo que podemos llamar: la digitalización de la justicia apoyada por hojas de ruta estratégicas y liderada a su vez por instrumentos de cogobernanza. Este proceso comenzó hace años en todas las Administraciones lo que ha ido llevando al legislador a ir adaptando —según cada caso— el engranaje normativo desde sus inicios. La finalidad que ha ido buscando consiste en adaptar el tradicional régimen de lo físico que estaba implantado para dirigirlo a lo digital con plena eficacia jurídica y (veremos si) garantías a los principios que sostienen nuestro Estado de Derecho. Es evidente que, desde los últimos 30 años, estamos viviendo distintas etapas dentro de lo que podemos denominar la revolución digital de nuestro tiempo. Este hito evolutivo de la historia carece de fronteras u obstáculos que frenen su expansión, lo que está produciendo cambios en la sociedad y ello es palpable en nuestra vida diaria. Si nos trasladamos a la esfera de la AJU nos encontramos que sus repercusiones se han visto reflejadas en diversos campos que han supuesto un claro beneficio en la mejora del servicio público.

---

13 Véanse las SSTC 56/1990 y 62/1990.

Una de las principales causas de la lentitud de los procedimientos judiciales en gran medida deriva de las notificaciones de los actos procesales. Por esta razón, la instauración de los actos procesales telemáticos en el proceso ha reportado una considerable reducción en los tiempos de respuesta a los conflictos judicializados. Este cambio, aún en curso, está suponiendo asimismo como consecuencia de su transición un efecto importante que esperemos que sea el que guie a todo el proceso de digitalización: la equipación de los sistemas implantados entre la Administración General del Estado (AGE) y la AJU.

Otro de los efectos positivos que ha reportado la digitalización dentro de la AJU ha sido la instauración de aplicativos informáticos para optimizar la tramitación de los procedimientos. La implantación de los Sistemas de Gestión Procesal (SGP) junto con las plataformas de comunicación bidireccional (LexNet o PSP) y las aplicaciones de apoyo a la tramitación como pueden ser: el Punto Neutro Judicial (PNJ), la Cuenta de Depósitos y Consignaciones Judiciales (CDCJ) o el Sistema de Registros Administrativos de apoyo a la Administración de Justicia (SIRAJ), por nombrar alguna de ellas, han permitido impulsar la respuesta de los juzgados y tribunales para satisfacer las necesidades sociales.

Sin embargo, toda moneda tiene dos caras. Este proceso ha traído grandes beneficios, pero también nuevos retos y disfunciones a consecuencia de multitud de factores que se entrelazan con los señalados como males endémicos que encadenan a la AJU. Estos, a su vez, se retroalimentan de la situación promovida por la gran inestabilidad política; falta de presupuesto; la lucha de poder entre la multitud de colectivos y operadores implicados ya sean internos (como pueden ser Jueces y Magistrados, Fiscales, Letrados de la Administración de Justicia, funcionarios de Gestión, Tramitación y Auxilio judicial y sus diversos representantes ya sean sindicales o por medio de asociaciones) y externos (Abogados, Procuradores, Administradores Concursales, Médicos forenses, Graduados Sociales...etc. y sus respectivos Colegios y representantes) todos ellos con ganas de adquirir su parte del pastel; una falta de formación frente a la brecha digital interna y externa con las consiguientes resistencias al cambio; una privatización de la justicia derivada de la transferencia de competencias a las administraciones prestacionales lo cual ha supuesto el nacimiento de otro de los problemas crónicos que derivan de la digitalización: la falta de interoperabilidad.

Por si este cóctel no fuera lo suficiente potente, la digitalización ha comenzado una nueva etapa con la aparición de nuevos avances tecnológicos impulsados por la combinación de los datos —almacenados desde su periodo inicial— y su procesamiento e interrelación con los algoritmos gracias a tecnologías disruptivas como la Inteligencia Artificial. Resulta notorio que este nuevo periodo puede potenciar el servicio prestado a los ciudadanos en todos los niveles.

No obstante, ello no está exento de complicaciones y riesgos ya sean de carácter técnico, ético o legal. Y si lo enfocamos hacia el área de la AJU debemos añadir las disfunciones que hemos señalado y que acarrea desde hace mucho tiempo. Además, no debemos pasar por alto —pues parece que nadie o casi nadie se está dando cuenta— las consecuencias del uso indiscriminado y sin control que pueden ocasionar estas tecnologías, muchas son palpables en nuestra sociedad contemporánea, como lo han evidenciado científicamente autores como Jonathan Haidt[14] cuyos estudios demuestran como están afectando a la salud mental y al desarrollo de múltiples capacidades sociales, emocionales y cognitivas causando perjuicios fundamentales a la población como la privación social, falta de sueño, fragmentación de la atención o la adicción.

Todos los países están trabajando en la dirección de aprovechar las utilidades y beneficios que nos pueden reportar estos avances y parece que, nuevamente, la gestión del cambio se erige como elemento clave, transversal y motriz que debe cristalizar hacia la necesaria instauración de un nuevo modelo de gestión basado en la cogobernanza para lograr el bien común. Ello debe materializarse a través de planes estratégicos para, poco a poco, implantar de forma adecuada todos estos progresos sin resquebrajar los estándares de convivencia logrados y legados por nuestra evolución histórico-social y que han supuesto el advenimiento de nuestro actual Estado de Derecho social y democrático.

Por estos motivos, la respuesta de la UE a raíz del escenario resultante de la pandemia mundial originada por la Covid-19 en correlación con la situación tecnológica y geopolítica moderna, ha sido la creación de los denominados fondos Next Generation para (re)construir una Europa más digital, resiliente y ecológica. Esta inyección de liquidez para los Estados miembros se encuentra supeditada al cumplimiento de una serie de requisitos, condiciones y palancas preestablecidas en las hojas estratégicas de la Unión, ya sean de carácter legislativo, en las infraestructuras tecnológicas, en el modo de gestionar los recursos...etc.

El legislador español, está tratando de promover todas las transformaciones necesarias para abastecerse del potencial que puede traer consigo este escenario. La Justicia por primera vez puede estar dotada de un presupuesto acorde a sus necesidades. Con el reciente Real Decreto-ley 6/2023, de 19 de diciembre, conocido como «Ley Ómnibus» se aprueban medidas urgentes para la ejecución del Plan de Recuperación, Transformación y Resiliencia en materia de servicio público de justicia, función pública, régimen local y mecenazgo, lo cual supone una importante modificación y reforma de diversas leyes, fundamentalmente con el objetivo de dar un puñetazo en la mesa para dar un paso más en la digitalización de la justicia de nuestro país.

14 Jonathan HAIDT. *La generación ansiosa*. Ediciones Deusto. 2024 págs. 137-237.

El objetivo que se persigue con estas nuevas medidas es servir de ejemplo y modelo a los integrantes de la UE y a la propia institución. Es decir, nuestro país, con estas reformas trata de promover los cambios necesarios para impulsar el proceso como ya ocurrió con éxitos precedentes en otras etapas de la digitalización de la Administración (p.e. la implantación de comunicaciones telemáticas, el expediente electrónico...etc.) a pesar de que es cierto que algunas aún no están conclusas. Sin embargo, lo pretendido ante este nuevo contexto es servir de ejemplo y mostrar a la UE —a pequeña escala— la viabilidad y capacidad de resolver las dificultades y desafíos que atañen a esta nueva etapa del proceso, especialmente, en materia de interoperatividad y las derivadas de la «Administración de la administración», para avistar la viabilidad del éxito en la gestión del cambio. A estos efectos, conviene recordar que la UE es una organización internacional compuesta por veintisiete Estados cuyo proceso de digitalización es dispar, lo que hace que el caso español pueda servir de referencia ante los contratiempos que supone la Administración de la administración a gran escala.

CAPÍTULO I

DESAFÍOS Y OPORTUNIDADES SOBRE LA VIABILIDAD DEL USO DE LOS DATOS EN LA ADMINISTRACIÓN DE JUSTICIA

1. Introducción

El presente capítulo tiene la finalidad de abordar el estudio y análisis sobre la viabilidad de utilizar la información contenida en las bases de datos del sector justicia. La implantación y uso dentro de esta administración de tecnologías basadas en el análisis de datos posibilitará realizar mejoras en el servicio prestado a los ciudadanos, aunque ello no está exento de riesgos.

Resulta notorio que el actual sistema judicial se encuentra colapsado por diferentes motivos, entre ellos y sin ánimo de ser exhaustivos me gustaría recalcar principalmente una falta de inversión que deriva en unos insuficientes medios personales y materiales (que para más *inri* recordemos que, según los casos, algunos territorios se encuentran transferidos, lo cual provoca una desigualdad y por ende una justicia que funciona a distintos niveles o velocidades) para hacer frente a la masividad de reclamaciones y conflictos que derivan de la convivencia en sociedad.

Así, resulta en cierta manera paradójico, la pretensión de incorporar tecnologías disruptivas a la Administración de Justicia —visión que lleva barajándose desde hace algún tiempo como la llave para alcanzar la solución a la situación crítica en la que se encuentra— por cuanto ello supondría un desembolso e inversión de características inimaginables ya que, en el supuesto de ejecutarlo de una forma adecuada y con plenas garantías, se desconocen los contra-efectos que ello aparejaría, y no sólo me refiero a los ¿posibles? beneficios y absoluta transformación que acarrearía al conjunto del sistema, sino, más bien, a las consecuencias que desplegaría el cambio de paradigma en el resto de ámbitos pre-existentes *ad intra* y *ad extra* del entorno judicial (laborales, educativos, sociológicos...etc).

A ello, debemos sumar multitud de factores que cohabitan en este contexto, me refiero a una planta y demarcación judicial anticuada, obsoleta y desigual por territorios, así como una legislación sobre la que se sustenta nuestro sistema procesal y legal que no se corresponde con la realidad de nuestros días, sino modelada para un tiempo pasado y que, seamos sinceros, no se adecúa con el presente y la sociedad liquida (digital) en la que vivimos.

No es menos cierto que poco a poco el legislador trata de adaptar la estructura del sistema y sus normas a los usos y costumbres sociales que rigen en nuestros días lo que supone un reto sin parangón, a la vista de los continuos avances, especialmente, desde el punto de vista tecnológico.

En los últimos veinte años la evolución tecnológica ha tenido un impulso significativo si lo comparamos con el desarrollo producido, desde el punto de vista temporal, en los últimos cincuenta años. La tecnología está cambiando nuestra forma de vivir, trabajar, como nos relacionamos o interaccionamos.

El uso de estas tecnologías ha provocado que los ciudadanos generen millones de datos[15] a través de la interacción con los distintos softwares (p.e. redes sociales, plataformas audiovisuales, sistemas de pago electrónico, aplicativos informáticos de gestión, documentación etc...). Todos esos datos, pueden ser objeto de almacenamiento y procesamiento masivo, ya que el hardware también ha mejorado exponencialmente. Como consecuencia de ello la humanidad está en posesión de billones de datos que, a su vez, se van multiplicando debido al uso de las Tecnologías de la Información y Comunicación (TICs). No obstante, a pesar de los aspectos positivos que pueda suponer el uso de esta información (mejores servicios, productos, hallazgos científicos...) piense el lector en el otro lado de la balanza, pues los riesgos que implica que los datos de cada individuo sean accesibles por cada vez más actores —ya sean de índole público o privado— supone un incremento e implicaciones hacia sus derechos en relación al control, uso y destino.

En 2020 la UE ya anunció su apuesta absoluta por una Europa basada en la era digital[16], en donde, los ciudadanos, deben estar capacitados para tomar mejores decisiones basadas en los conocimientos extraídos de los datos no personales, permitiendo de esta forma impulsar a la sociedad para aprovechar lo que denomina como: «el dividendo digital» derivado de la innovación de este nuevo mundo digital que nos encontramos. Es decir, el objetivo redunda en adaptar la tecnología al servicio de las personas sobre la base

---

15 El IDC de 2018 hacía referencia que el volumen de datos producidos en el mundo está creciendo rápidamente, desde 33 zettabytes en 2018 hasta una previsión de 175 zettabytes en 2025.

16 Comunicación de la Comisión al Parlamento Europeo, al Consejo, al Comité económico y social europeo y al Comité de las Regiones «Configurar el futuro digital de Europa». Bruselas, 19.2.2020 COM (2020) 67 final.

de un conjunto de datos que sean de fácil acceso, utilización y tratamiento (espacio y mercado único de datos) y para ello es necesario llevar a cabo algunas acciones en aras de convertir a Europa en líder mundial de la «economía de los datos», ello supone la creación de un marco legislativo robusto, especialmente, en protección de datos, derechos fundamentales, seguridad y ciberseguridad, y todo ello seguido de una gobernanza acorde para facilitar la libre circulación de este activo.

La justicia no se ha escapado de este proceso evolutivo de digitalización y sus consecuencias, algunos ejemplos son; la incorporación en las sedes judiciales de los Sistemas de Gestión Procesal (SGP) que permiten la adecuada gestión y documentación electrónica de los procedimientos, el uso de las sedes judiciales electrónicas (SJE) o los actos de comunicación por vía telemática dentro del proceso por medio de las plataformas de comunicación bidireccional que facultan la recepción y remisión de escritos entre los órganos judiciales y los profesionales de la justicia (y poco a poco con los propios ciudadanos) con plenas garantías, la utilización de sistemas de videoconferencia para ejecutar actos procesales por vía remota a través de distintos softwares, así como el uso de aplicativos de diversa índole para apoyar el buen funcionamiento del servicio público de justicia, tales como: la cuenta de depósitos y consignaciones judiciales (CDCJ), el sistema de registros administrativos de apoyo a la Administración de Justicia (SIRAJ-2), el registro electrónico de apoderamientos judiciales (REAJ), el tablón edictal judicial Único (TEJU), entre otros muchos.

Es definitiva, la tecnología ha transformado la economía, la vida social y poco a poco la justicia, todos los dispositivos que utilizamos están generando de forma continua un compendio de información que, si fuera analizada de forma adecuada, podría permitirnos adoptar mejores decisiones[17]. Pues bien, traslademos esta idea al ámbito personal: ¿Quién no prefiere tomar una decisión de ámbito sanitario basada en su historial médico, los datos de monitorización de la salud del smartwatch o dispositivo semejante y su correlación con la información de multitud de pacientes que tuvieron la misma patolo-

17 Ya lo anunciaba el Reglamento (UE) 2016/679 de protección de datos en su considerando 157 que expresamente dispone: «*Combinando información procedente de registros, los investigadores pueden obtener nuevos conocimientos de gran valor sobre condiciones médicas extendidas, como las enfermedades cardiovasculares, el cáncer y la depresión. Partiendo de registros, los resultados de las investigaciones pueden ser más sólidos, ya que se basan en una población mayor. Dentro de las ciencias sociales, la investigación basada en registros permite que los investigadores obtengan conocimientos esenciales acerca de la correlación a largo plazo, con otras condiciones de vida, de diversas condiciones sociales, como el desempleo y la educación. Los resultados de investigaciones obtenidos de registros proporcionan conocimientos sólidos y de alta calidad que pueden servir de base para la concepción y ejecución de políticas basada en el conocimiento, mejorar la calidad de vida de numerosas personas y mejorar la eficiencia de los servicios sociales. Para facilitar la investigación científica, los datos personales pueden tratarse con fines científicos, a reserva de condiciones y garantías adecuadas establecidas en el Derecho de la Unión o de los Estados miembros*».

gía? Ello, nos lleva a la siguiente pregunta: ¿Qué empresa privada o institución pública no va a optar por tomar una decisión que permita optimizar sus recursos en base al resultado obtenido por la correlación e interrelación de millones de datos de otras empresas e instituciones del mismo sector?

La respuesta a priori resulta clara. Sin embargo, ¿es posible con la infraestructura actual? ¿sería ético y/o moral? ¿iría en contra de la condición humana y sus reglas naturales? ¿contravendría los derechos y libertades existentes? ¿sería necesario establecer un nuevo marco legal? Estas preguntas son algunas que traen su origen de las posibilidades e inminentes contextos y situaciones que nos depara el futuro a ¿corto? medio plazo, fruto de los progresos del conocimiento que está vislumbrándose en esta nueva era.

Una cosa esta clara, en esta nueva sociedad las personas generan cada vez más información de manera que los datos se han convertido en un bien preciado, el oro del S. XXI, los tecnólogos vaticinan que nos encontramos en lo que se considera como la cuarta revolución industrial en donde el uso de la información va a tener un protagonismo esencial, sirviendo de electricidad que alimentará al resto de tecnologías que están en proceso de desarrollo o por llegar (Inteligencia artificial, robótica, nanotecnología, computación cuántica, biotecnología, internet de las cosas, impresión 3D, vehículos autónomos...). En épocas anteriores los principales activos para los países se sustentaban en bienes materiales (minas, petróleo...etc.), esto ha cambiado de forma que, hoy por hoy, la mayor fuente de riqueza es el conocimiento.

El filósofo Thomas Hobbes afirmaba que «la información es poder» por lo que el uso de los datos a través de su procesamiento e interrelación va a permitir tomar decisiones más acertadas para mejorar las actividades públicas o privadas, de ámbito nacional o internacional que impliquen cuestiones de carácter social, político, económico, jurídico, geográfico, medioambiental, meteorológico, turístico, empresarial, educativo...etc.

El Parlamento europeo en el año 2012 ya hacía hincapié en que los datos personales se han convertido en un activo para numerosas empresas, una parte importante de cuyas actividades económicas consiste en la recogida, agregación y análisis de los datos de clientes potenciales[18]. La población conoce las posibilidades que pueden brindar los datos que generan, es más, el 81 % de los europeos según el Eurobarometro de 2021[19] considera que, de aquí a 2030, las herramientas digitales e Internet serán importantes en sus vidas. La cuestión deviene en si conocen sus derechos y su extensión, pues,

18 Comunicación de la Comisión al Parlamento Europeo, al Consejo, al Comité Económico y Social Europeo y la Comité de las Regiones, «*La protección de la privacidad en un mundo interconectado. Un marco europeo de protección de datos para el siglo XXI*». Bruselas, 25.1.2012. COM (2012) 9 final.

19 Special Eurobarometer 518 Report. Digital Rights and Principles. September- October 2021.

como generadores de esos datos, deben tener el derecho a mantener un control sobre los mismos.

Los objetivos que se marca la UE en cuanto a los beneficios que se pueden derivar del uso de los datos son variados, a destacar: mayor productividad y unos mercados competitivos, así como mejoras en la salud y el bienestar, el medio ambiente, una gobernanza transparente y unos servicios públicos adecuados al siglo en el que nos entramos. Resulta interesante, la Comunicación[20] sobre «una estrategia europea de datos» la cual esboza las medidas que pretende llevar a cabo para alcanzar dichos fines. Además, no debemos pasar por alto la necesaria e ineludible habilitación de una hoja de ruta clara (si pudiera ser global) ya que la disponibilidad de datos es fundamental para entrenar a los sistemas de inteligencia artificial (IA), dado que los productos y servicios están evolucionando rápidamente desde el reconocimiento de patrones y la generación de información hasta técnicas de predicción más sofisticadas y, por tanto, todo ello nos permita adoptar mejores decisiones. Muchos países ya se han puesto manos a la obra en este sector, es el caso de China y EE. UU. que van por delante en políticas sobre acceso y uso de datos[21].

Pues bien, el funcionamiento del espacio europeo de datos depende de forma directa en la capacidad de inversión en la próxima generación de tecnologías e infraestructuras, competencias digitales (p.e. alfabetización en materia de datos y medidas para reducir la brecha digital) o medidas legales tendentes a evitar desequilibrios en el mercado de acceso y utilización de datos que faculten a determinados actores posicionarse en situaciones ventajosas dentro del mercado. También resulta elemental fomentar la interoperatividad y calidad de los datos pues ello es clave para explotar su valor, uso y procesamiento en las tecnologías de nuestra era como la IA. Todo, debe ir engarzado a una buena gobernanza centrada en el acceso, uso y reutilización de estos datos, me atrevería a decir que debiera ser de índole mundial a pesar de las dificultades que ello supondría a la vista de los resultados que se producen a pequeña escala.

Ante esta situación, debemos hacer una introspección sobre las posibles consecuencias de su utilización en la Administración de Justicia; ¿estamos preparados? ¿qué beneficios y riesgos puede acarrear su utilización en nuestro actual sistema? ¿es viable su uso e implantación? ¿podrían servir de gran ayuda en la optimización de la justicia?

---

20 Comunicación de la Comisión al Parlamento Europeo, al Consejo, al Comité Económico y Social Europeo y la Comité de las Regiones «*Una estrategia de datos*». Bruselas, 19.2.2020 COM (2020) 66 final.

21 En los Estados Unidos, la organización del espacio de datos se deja al sector privado, con considerables efectos de concentración. En China se da una combinación de supervisión gubernamental con un fuerte control por parte de las grandes empresas tecnológicas de cantidades masivas de datos sin suficientes garantías para los individuos.

Pues bien, para ello en primer lugar, debemos acudir al origen del preciado bien jurídico protegido (los datos) para, posteriormente, analizar sus posibilidades de tratamiento conforme a la legislación vigente.

2. Derecho fundamental a la intimidad: el origen en nuestro ordenamiento del derecho a la protección de datos y al entorno virtual

El art. 18 de nuestra Constitución recoge el contenido del Derecho fundamental a la intimidad en nuestro ordenamiento jurídico. Se trata de un derecho que subyace de la propia dignidad de la persona (art. 10 CE) que implica la existencia de un ámbito propio y reservado frente a la acción y conocimiento de los demás, indispensable, según la costumbre y cultura inherente a ser humano, para mantener una calidad de vida[22]. El meritado precepto garantiza y protege el derecho al secreto, a ser desconocido, que lo demás no sepan qué hacemos, impidiendo que terceros —del sector público o privado— decidan cuales son los límites de nuestra vida privada, pudiendo cada persona reservarse dicho espacio frente a la curiosidad ajena[23]. Es decir, este derecho constitucional otorga a cada persona el poder jurídico de imponer a terceros el deber de abstenerse de toda intromisión en la esfera íntima y la prohibición de hacer uso de lo así conocido[24].

El mecanismo de apertura del conocimiento de dichos datos que afectan a la vida privada se somete al consentimiento eficaz, sea expreso o tácito[25] y sometido a los límites del sujeto cuya intimidad protege este derecho fundamental; ya sea en clave personal y familiar que, además, podrá ser revocado en cualquier momento por su titular[26]. Por estos motivos la jurisprudencia entiende vulnerado el derecho a la intimidad personal cuando la penetra-

---

22 Véase a estos efectos la SSTC 207/1996, de 16 de diciembre, FJ 3;186/2000, de 10 de julio, FJ 5;196/2004, de 15 de noviembre, FJ 2;206/2007, de 24 de septiembre, FJ 4; y159/2009, de 29 de junio, FJ 3.

23 Así lo disponen las SSTC 127/2003, de 30 de junio, FJ 7 y 89/2006, de 27 de marzo, FJ 5.

24 SSTC 196/2004, de 15 de noviembre, FJ 2; 206/2007, de 24 de septiembre, FJ 5; y 70/2009, de 23 de marzo, FJ 2.

25 En este sentido resultan de interés la STC 196/2004, de 15 de noviembre, en que se analizaba si un reconocimiento médico realizado a un trabajador había afectado a su intimidad personal, reconocimos no sólo la eficacia del consentimiento prestado verbalmente, sino además la del derivado de la realización de actos concluyentes que expresen dicha voluntad (FJ 9). También la SSTC 22/1984, de 17 de febrero, y 209/2007, de 24 de septiembre, en supuestos referentes al derecho a la inviolabilidad del domicilio del art. 18.2 CE, manifestando en la primera que este consentimiento no necesita ser «expreso» (FJ 3) y en la segunda que, salvo casos excepcionales, la mera falta de oposición a la intromisión domiciliar no podrá entenderse como un consentimiento tácito (FJ 5).

26 Véase la STC 159/2009, de 29 de junio, FJ 3.

ción en el ámbito propio y reservado del sujeto «*aun autorizada, subvierta los términos y el alcance para el que se otorgó el consentimiento, quebrando la conexión entre la información personal que se recaba y el objetivo tolerado para el que fue recogida*»[27].

El derecho a la intimidad tiene una extensión inmensa si lo conjugamos con la evolución tecnológica acontecida en nuestro tiempo. Algunos ejemplos que la jurisprudencia constitucional ampara dentro del derecho a la intimidad y que debemos conectar con el trasfondo de esta garantía y la información de los ciudadanos que puede ser objeto de almacenamiento por dispositivos electrónicos en la sociedad digital son a modo de ejemplo: Información sobre la salud física y psíquica de las personas[28]; situación económica[29]; cualesquiera aspectos básicos de la autodeterminación personal del individuo[30]; cualquier información personal atinente a una persona individualmente considerada[31] (en forma de documentos, carpetas, fotografías, vídeos, etc.)...etc.

Sentada esta posición doctrinal tenemos que precisar que existen excepciones, recordemos a estos efectos el carácter no ilimitado o absoluto de los derechos fundamentales[32], motivos por lo que existen mecanismos que proporcionan una justificación constitucional objetiva y razonable que permiten la injerencia en el derecho a la intimidad[33] tales como: (i) la existencia de un fin constitucionalmente legítimo (como puede ser el interés público propio de la investigación de un delito y/o la determinación de hechos relevantes para el proceso penal); (ii) que la medida limitativa del derecho esté prevista en la ley (principio de legalidad); (iii) que a su vez lo autorice una resolución judicial de forma motivada[34] y, finalmente; (iv) la estricta observancia del principio de proporcionalidad, concretado en tres requisitos o condiciones: idoneidad

27 SSTC 196/2004, de 15 de noviembre, FJ 2; 206/2007, de 24 de septiembre, FJ 5; y 70/2009, de 23 de marzo, FJ 2.

28 SSTC 70/2009, de 23 de marzo, FJ 2 y159/2009, de 29 de junio, FJ 3.

29 SSTC 70/2009, de 23 de marzo, FJ 2 y 159/2009, de 29 de junio, FJ 3. Incluso los datos del IRPF según la STC 47/2001, de 15 de febrero, FJ 8, o, los gastos en los que incurre un obligado tributario.

30 Véase la STC 233/2005, de 26 de septiembre, FJ 4.

31 A modo de ejemplo, entre otros, la STC 14/2003, de 28 de enero, FJ 6, establece que la reseña fotográfica de un detenido, obtenida durante su permanencia en dependencias policiales, «ha de configurarse como un dato de carácter personal», respecto del cual los miembros de las fuerzas y cuerpos de seguridad del Estado «están obligados en principio al deber de secreto profesional».

32 Por todas, la STC 159/2009, de 29 de junio, FJ 3.

33 Véase la STC 70/2002, de 3 de abril FJ 10.

34 Es cierto que, ante la falta de reserva constitucional a favor del Juez, la Ley puede autorizar a la policía judicial para la práctica de inspecciones, reconocimientos e incluso de intervenciones corporales leves, siempre y cuando se respeten los principios de proporcionalidad y razonabilidad.

de la medida, necesidad de la misma y proporcionalidad en sentido estricto. Toda injerencia estatal en el ámbito de los derechos fundamentales y libertades públicas o que incida en su desarrollo precisa una habilitación legal[35]. Esta cuestión ha sido ratificada en infinidad de ocasiones por abundantes resoluciones, incluso, del Tribunal Europeo de Derechos Humanos, entre otras muchas véase; la Sentencia del Tribunal Constitucional 169/2001, de 16 de julio cuyo FJ 6.º dispone que por motivos de seguridad jurídica: «*la ley debe definir las modalidades y extensión del ejercicio del poder otorgado con la suficiente claridad para aportar al individuo una protección adecuada contra la arbitrariedad*».

Es cierto, igualmente, que la regla general habilitadora para la intromisión en este derecho también se excepciona[36] en supuestos en que existan razones de necesidad urgente e inmediata para la prevención y averiguación de un delito, descubrimiento de delincuentes y la obtención de pruebas incriminatorias. En estos casos, estará justificada la intervención policial sin autorización judicial, siempre que la misma se realice también desde el respeto al principio de proporcionalidad y bajo el control judicial *ex post* que, en tanto no cumpla en este supuesto posterior con los requisitos habilitantes, tendrá como consecuencia la ilicitud de la prueba por la vulneración del derecho fundamental.

El avance de la tecnología actual y el desarrollo de los medios de comunicación de masas ha obligado a extender la protección de nuestra intimidad, más allá del aseguramiento del domicilio como espacio físico en que normalmente se desenvuelve este derecho y del respeto a la correspondencia, que es o puede ser, medio de conocimiento de aspectos de la vida privada. Un caso ilustrativo del impacto que supone el uso masivo de las TICs e Internet respecto a derechos fundamentales como son la intimidad, honor, propia imagen y la protección de datos, tiene reflejo en la Sentencia del Tribunal Constitucional 27/2020, de 24 de febrero:

> «De este modo, los usuarios han pasado de una etapa en la que eran considerados meros consumidores de contenidos creados por terceros, a otra —la actual— en la que los contenidos son producidos por ellos mismos. Con plataformas como Facebook, Twitter, Instagram o Tuenti, por citar solo algunas, los usuarios (porque jurídicamente ostentan tal condición) se han convertido en sujetos colaborativos, ciudadanos que interactúan y que ponen en común en redes de confianza lo que tienen, lo que saben o lo que hacen, y que comparten con un grupo más o menos numeroso de destinatarios —usuarios igualmente de la redes sociales en Internet— todo tipo de imágenes, información, datos y opiniones, ya sean propios o ajenos [...] de modo que en pocas décadas ha pasado de ser un sujeto pasivo

35 Por todas, la STC 49/1999, de 5 de abril, FJ 4, entre otras muchas.

36 A modo ejemplificador véase la STC 70/2002, de 3 de abril, FJ 10.

receptor de información a un sujeto activo que elabora, modifica, almacena y comparte información».

Estos motivos han supuesto el reconocimiento global de un derecho a la intimidad o a la vida privada que abarque cualesquiera intromisiones que por cualquier medio puedan ejecutarse en ese ámbito reservado de vida, dando lugar al nacimiento de nuevos derechos en nuestro tiempo cuya esencia se origina al trasluz de la evolución digital presente. La motivación tiene fundamento no solo en fomentar la protección a la intimidad frente a las injerencias ya mencionadas, sino también ante los riesgos que puedan surgir en una sociedad tecnológicamente avanzada[37].

2.1. El Derecho fundamental a la protección de datos personales

La Carta de Derechos Fundamentales de la Unión Europea (Niza, 8 diciembre 2000) en su art. 8 reconoce que *«Toda persona tiene derecho a la protección de los datos de carácter personal que la conciernan. Estos datos se tratarán de modo leal, para fines concretos y sobre la base del consentimiento de la persona afectada o en virtud de otro fundamento legítimo previsto por la ley. Toda persona tiene derecho a acceder a los datos recogidos que la conciernan y a su rectificación. El respeto de estas normas quedará sujeto al control de una autoridad independiente»*[38].

Pues bien, por su parte la Carta Magna en el art. 18 garantiza diversos derechos tales como el honor, la intimidad personal y familiar y a la propia imagen. También, la inviolabilidad del domicilio y el secreto de las comunicaciones. Su apartado cuarto viene a proclamar que: *«La ley limitará el uso de la informática para garantizar el honor y la intimidad personal y familiar de los ciudadanos y el pleno ejercicio de sus derechos»*. De esta manera, los padres de la Constitución pusieron de relieve que eran conscientes[39] —por

37 Reflejos de esta nueva realidad en la esfera jurisprudencia se aperciben en la propia jurisprudencia del Tribunal Europeo de Derechos Humanos, en las Sentencias de 21 de febrero de 1990, caso Powell y Rayner contra Reino Unido; de 9 de diciembre de 1994, caso López Ostra contra Reino de España, y de 19 de febrero de 1998, caso Guerra y otros contra Italia(FJ5).

38 En la misma dirección el art. 16.1 del Tratado de Funcionamiento de la UE.

39 Esta preocupación y finalidad del constituyente se evidencia, de un lado, si se tiene en cuenta que desde el anteproyecto del texto constitucional ya se incluía un apartado similar al vigente art. 18.4 CE y que éste fue luego ampliado al aceptarse una enmienda para que se incluyera su inciso final. Y, más claramente de otro lado, porque si en el debate en el Senado se suscitaron algunas dudas sobre la necesidad de este apartado del precepto dado el reconocimiento de los derechos a la intimidad y al honor en el apartado inicial, sin embargo, fueron disipadas al ponerse de relieve que estos derechos, en atención a su contenido, no ofrecían garantías suficientes frente a las amenazas que el uso de la informática podía entrañar para la protección de la vida privada.

aquel entonces y a pesar de que el avance técnico no era considerable— de los riesgos que podría entrañar el uso de la informática, de manera que encomendó al legislador la labor de desarrollar la protección necesaria (art. 81 CE) para garantizar (art. 53 CE) ciertos derechos fundamentales como el presente.

Resulta interesante mencionar la primera vez que fue esgrimido el art. 18.4 CE, pues se debe a consecuencia de una denegación a un ciudadano por parte del gobierno Civil de Guipúzcoa de acceder a cierta información sobre los datos que poseía sobre su persona, la cuestión fue resuelta por la STC 254/1993, de 20 de julio, naciendo con el paso del tiempo, un nuevo derecho intrínsecamente recocido en nuestra Carta Magna y cuyo marco fue objeto de desarrollo jurisprudencial[40]. En aquel momento, ya se asentó que el art. 18.4 CE se postulaba como un instituto de garantía de los derechos a la intimidad y al honor y del pleno disfrute de los restantes derechos de los ciudadanos que, además, se trata, en sí mismo de «un derecho o libertad fundamental, el derecho a la libertad frente a las potenciales agresiones a la dignidad y a la libertad de la persona provenientes de un uso ilegítimo del tratamiento mecanizado de datos, lo que la Constitución llama "la informática"». Es decir, el derecho de controlar cualquier dato que permita la identificación de la persona o que constituya una amenaza con su utilización para el individuo, y que fueren introducidos en un programa informático (base de datos) con los consiguientes derechos y facultades que éste, a saber, ciudadano, ostenta sobre los mismos (disposición, control, uso, destino, finalidad...etc.) y que veremos más adelante.

Así, podemos afirmar, que a diferencia de la normativa europea[41] de aquella época, el derecho a la protección de datos como tal no se encontraba regulado de forma directa por nuestra norma suprema, sino que ha sido objeto de un evolutivo desarrollo como derecho fundamental consolidado a través de la creación jurisprudencial.

---

40 Siguiendo la estela de la citada la STC 143/1994, de 9 de mayo relativa a las normas reguladoras del número de identificación fiscal, o la STC 11/1998, de 13 de enero o STC 94/1998, de 4 de mayo que declaró contrario a la libertad sindical (art. 28 CE) en relación con el art. 18.4 CE, el uso por una empresa del dato de la afiliación sindical para detraer haberes de los trabajadores con ocasión de una huelga promovida por determinado sindicato, o, la STC 202/1999, de 8 de noviembre, en la que, con ocasión de la denegación a un trabajador de la cancelación de sus datos médicos en un fichero informatizado de una entidad de crédito sobre bajas por incapacidad temporal, se apreció que el almacenamiento sin cobertura legal en soporte informático de los diagnósticos médicos del trabajador sin mediar su consentimiento expreso constituía una desproporcionada restricción del derecho fundamental a la protección de datos personales.

41 Algunas normas europeas que tuvieron su origen con la finalidad de proteger los datos personales de los ciudadanos frente a los peligros de la informática son: Ley sueca de 11 de mayo de 1973, Ley de la República Federal de Alemania, de 22 de enero de 1977, Ley francesa de 6 de enero de 1978, Ley noruega de 8 de junio de 1978.

La resolución más importante y que sustenta dicha afirmación, fue emanada del Tribunal Constitucional en su Sentencia STC 292/2001[42] de 30 de noviembre (FJ 6.º), donde proclama la extensión y contenido de este derecho:

«(...) De ahí la singularidad del derecho a la protección de datos, pues, por un lado, su objeto es más amplio que el del derecho a la intimidad, ya que el derecho fundamental a la protección de datos extiende su garantía no sólo a la intimidad en su dimensión constitucionalmente protegida por el art. 18.1 CE, sino a lo que en ocasiones este Tribunal ha definido en términos más amplios como esfera de los bienes de la personalidad que pertenecen al ámbito de la vida privada, inextricablemente unidos al respeto de la dignidad personal (STC 170/1987, de 30 de octubre, FJ 4), como el derecho al honor, citado expresamente en el art. 18.4 CE, e igualmente, en expresión bien amplia del propio art. 18.4 CE, al pleno ejercicio de los derechos de la persona. El derecho fundamental a la protección de datos amplía la garantía constitucional a aquellos de esos datos que sean relevantes para o tengan incidencia en el ejercicio de cualesquiera derechos de la persona, sean o no derechos constitucionales y sean o no relativos al honor, la ideología, la intimidad personal y familiar a cualquier otro bien constitucionalmente amparado.

De este modo, el objeto de protección del derecho fundamental a la protección de datos no se reduce sólo a los datos íntimos de la persona, sino a cualquier tipo de dato personal, sea o no íntimo, cuyo conocimiento o empleo por terceros pueda afectar a sus derechos, sean o no fundamentales, porque su objeto no es sólo la intimidad individual, que para ello está la protección que el art. 18.1 CE otorga, sino los datos de carácter personal. Por consiguiente, también alcanza a aquellos datos personales públicos, que por el hecho de serlo, de ser accesibles al conocimiento de cualquiera, no escapan al poder de disposición del afectado porque así lo garantiza su derecho a la protección de datos. También por ello, el que los datos sean de carácter personal no significa que sólo tengan protección los relativos a la vida privada o íntima de la persona, sino que los datos amparados son todos aquellos que identifiquen o permitan la identificación de la persona, pudiendo servir para la confección de su perfil ideológico, racial, sexual, económico o de cualquier otra índole, o que sirvan para cualquier otra utilidad que en determinadas circunstancias constituya una amenaza para el individuo.

Pero también el derecho fundamental a la protección de datos posee una segunda peculiaridad que lo distingue de otros, como el derecho a la intimidad personal y familiar del art. 18.1 CE. Dicha peculiaridad radica en su contenido, ya que a diferencia de este último, que confiere a la persona el poder jurídico de imponer a terceros el deber de abstenerse de toda intromisión en la esfera íntima de la persona y la prohibición de hacer uso de lo así conocido (SSTC 73/1982, de 2 de diciembre, FJ 5; 110/1984, de 26 de noviembre, FJ 3; 89/1987, de 3 de junio, FJ 3; 231/1988, de 2 de diciembre, FJ 3; 197/1991, de 17 de octubre, FJ 3, y en general las SSTC 134/1999, de 15 de julio, 144/1999, de 22 de julio, y 115/2000, de 10 de

42 En la misma línea se propugna en la Sentencia del Tribunal Constitucional 290/2000, de 30 de noviembre.

mayo), el derecho a la protección de datos atribuye a su titular un haz de facultades consistente en diversos poderes jurídicos cuyo ejercicio impone a terceros deberes jurídicos, que no se contienen en el derecho fundamental a la intimidad, y que sirven a la capital función que desempeña este derecho fundamental: garantizar a la persona un poder de control sobre sus datos personales, lo que sólo es posible y efectivo imponiendo a terceros los mencionados deberes de hacer. A saber: el derecho a que se requiera el previo consentimiento para la recogida y uso de los datos personales, el derecho a saber y ser informado sobre el destino y uso de esos datos y el derecho a acceder, rectificar y cancelar dichos datos. En definitiva, el poder de disposición sobre los datos personales (STC 254/1993, FJ 7)».

Es decir, el derecho a la protección de los datos personales se puede definir como un derecho fundamental independiente y desvinculado de los derechos fundamentales a la intimidad personal y familiar, pero si bien incluido en el título I, Capitulo II con esta interpretación. En consecuencia, se trata de un derecho exclusivamente aplicable a las personas físicas y que no tiene cabida a las personas jurídicas.

Por tanto, estamos en la necesidad de declarar que se trata de un derecho autónomo consistente en el poder de control y disposición que cada ciudadano tiene sobre sus datos personales, sean estos públicos o no. Ello implica la necesidad a ser informado sobre quien posee esos datos personales y con qué finalidad y, en su caso, tener la posibilidad a oponerse frente a quien posea los datos y su pretensión de utilizarlos o incluso cederlos a terceros, véase el abanico que se despliega conforme a la jurisprudencia constitucional descrita en la STC 292/2001 (FJ 7.º) que dispone:

«(...) resulta que el contenido del derecho fundamental a la protección de datos consiste en un poder de disposición y de control sobre los datos personales que faculta a la persona para decidir cuáles de esos datos proporcionar a un tercero, sea el Estado o un particular, o cuáles puede este tercero recabar, y que también permite al individuo saber quién posee esos datos personales y para qué, pudiendo oponerse a esa posesión o uso. Estos poderes de disposición y control sobre los datos personales, que constituyen parte del contenido del derecho fundamental a la protección de datos se concretan jurídicamente en la facultad de consentir la recogida, la obtención y el acceso a los datos personales, su posterior almacenamiento y tratamiento, así como su uso o usos posibles, por un tercero, sea el Estado o un particular. Y ese derecho a consentir el conocimiento y el tratamiento, informático o no, de los datos personales, requiere como complementos indispensables, por un lado, la facultad de saber en todo momento quién dispone de esos datos personales y a qué uso los está sometiendo, y, por otro lado, el poder oponerse a esa posesión y usos.

En fin, son elementos característicos de la definición constitucional del derecho fundamental a la protección de datos personales los derechos del afectado a consentir sobre la recogida y uso de sus datos personales y a saber de los mismos. Y resultan indispensables para hacer efectivo ese contenido el reconocimiento del derecho a ser informado de quién posee sus datos personales y con qué fin, y el derecho a poder oponerse a esa posesión y uso requiriendo a quien corresponda que ponga fin a la posesión y empleo de los datos. Es decir, exigiendo del titular del fichero que le informe de qué datos posee sobre su persona, accediendo a sus oportunos registros y asientos, y qué destino han tenido, lo que alcanza también a posibles cesionarios; y, en su caso, requerirle para que los rectifique o los cancele».

De igual forma, cabe recalcar como principios cardinales de este derecho la congruencia y racionalidad en el uso de los datos personales recabados, de suerte que ello se encuentra estrechamente vinculado con la necesidad de conexión entre la información recogida y el fin para el que fue solicitada (SSTC 94/1998 y 202/1999) o, de la misma forma, los principios de necesidad y adecuación que rigen en relación a la recogida y almacenamiento de datos personales por las Administraciones Públicas (STC 254/1993), así como sobre la imposibilidad de que se transmitan datos personales almacenados salvo que la Ley disponga lo contrario o la consecución de finalidades constitucionalmente relevantes que puedan exigir esa cesión (SSTC 143/1994 y 233/1999). Por este motivo, aquellos datos que hubieran sido recabados por un tercero y con una finalidad especifica no pueden ser tratados en otros términos o los mismos por un tercero —distinto— a los que originaron su recogida pues, ello supone, un nuevo tratamiento y requiere —nuevamente— el consentimiento del interesado. En estos casos el interesado deberá ser informado tanto de la posible cesión de sus datos personales, como el destino y finalidad de dicha cesión, todo ello con el objetivo de que pueda consentir y mantener el control de disposición sobre su información.

El Tribunal Constitucional en el año 1984 ya hizo mención sobre los riesgos que entrañaban los avances tecnológicos para la incolumidad de la esfera privada e íntima de los individuos (STC 110/1984), recordando lo dicho por el Tribunal Constitucional de la República Federal de Alemania en su Sentencia de 15 de diciembre de 1983 en relación a la Ley del Censo sobre el derecho a la autodeterminación informativa, donde ya se alertaba sobre el riesgo que la informática, y las infinitas posibilidades que esta técnica ofrece para el tratamiento, almacenamiento y entrecruzamiento de datos personales, y lo que pueden implicar para la intimidad y el pleno disfrute de los derechos de los ciudadanos. Por estos motivos, los legisladores europeos y nacionales han elaborado un entramado legislativo contundente para establecer los filtros de seguridad necesarios a la hora de poder utilizar estos datos a la vista de los avances que han ido aconteciendo.

En relación a la evolución de la acción normativa europea en esta materia resulta de interés la Directiva 2002/58/CE del Parlamento Europeo y del Consejo de 12 de julio de 2002 relativa al tratamiento de los datos personales y a la protección de la intimidad en el sector de las comunicaciones electrónicas, cuyo Considerando (6) resalta que «*Internet está revolucionando las estructuras tradicionales del mercado al aportar una infraestructura común mundial para la prestación de una amplia gama de servicios de comunicaciones electrónicas. Los servicios de comunicaciones electrónicas disponibles al público a través de Internet introducen nuevas posibilidades para los usuarios, pero también nuevos riesgos para sus datos personales y su intimidad*». Además, recuerda en su Considerando (24) que «*los equipos terminales de los usuarios de redes de comunicaciones electrónicas, así como toda información almacenada en dichos equipos, forman parte de la esfera privada de los usuarios que debe ser protegida de conformidad con el Convenio Europeo para la protección de los Derechos Humanos y de las Libertades Fundamentales*».

También cabe citar las resoluciones del Parlamento Europeo de 17 de septiembre de 1996 y de 17 de diciembre de 1998, entre otras, sendas, sobre el respeto de los derechos humanos en la UE. La primera en cuanto dispone en su apartado 53 que «*el respeto de la vida privada y familiar, de la reputación, del domicilio y de las comunicaciones privadas, tanto de las personas físicas como jurídicas, así como la protección de datos de carácter personal son derechos fundamentales básicos respecto de los cuales los Estados miembros deben ejercer una especial protección, habida cuenta de la incidencia negativa que sobre los mismos tienen las nuevas tecnologías y que sólo la armonización de las legislaciones nacionales en la materia, confiriendo una alta protección, es susceptible de responder a este desafío*» y la segunda, al subrayar en su apartado 23 que «*el derecho al respeto de la vida privada y familiar, del domicilio y de la correspondencia, así como a la protección de los datos de carácter personal, representan derechos fundamentales que los Estados tienen la obligación de proteger y que, por consiguiente, toda medida de vigilancia óptica, acústica o informática deberá adoptarse dentro de su más estricto respeto y acompañada en todos los casos de garantías judiciales*».

El Tribunal de Justicia de la UE ha reafirmado en sucesivas ocasiones la importancia del derecho a la protección de datos personales, especialmente, con su interpretación extensiva del concepto «vida privada» del art. 8 del Convenio europeo algunos ejemplos de esta postura son:

- STEDH de 16 de febrero de 2000, dictada en el caso Amann contra Suiza, considera que «*el término "vida privada" no se debe interpretar de forma restrictiva*», de forma que éste «*engloba el derecho del individuo de crear y desarrollar relaciones con sus semejantes*», sin que «*ninguna razón de principio permita excluir las actividades profesionales o comerciales*» (§ 65).
- STEDH de 3 de abril de 2007, caso Copland contra el Reino Unido, considera en su § 41 que están incluidos en el ámbito de protección del art. 8 del Convenio europeo, por cuanto pueden contener datos sensibles que afecten a la intimidad, tanto «*los correos electrónicos enviados desde el lugar del trabajo*» como «*la información derivada del seguimiento del uso personal de Internet*».
- STEDH de 22 de mayo de 2008, caso Iliya Stefanov contra Bulgaria, consideró que el registro de la oficina de un Abogado, incluyendo los datos electrónicos, equivale a una injerencia en su «vida privada»,

lesiva por ello del art. 8 del Convenio (§ 34). No obstante, reconoce el Tribunal que concurría en este caso un objetivo legítimo (investigación penal por delito de extorsión) y que existía una previa autorización judicial, siendo así que *«los registros del PC y las incautaciones deben, por regla general, llevarse a cabo en virtud de una orden judicial»* (§ 39).

De todo lo expuesto, se desprende que cualquier injerencia en la vida privada en sentido amplio deberá venir legitimada por el consentimiento del titular ya sea expreso o tácito, claro y sometido a los límites que imponga, o, con la concurrencia de presupuestos habilitantes que anteriormente hemos reseñado.

2.2. El Derecho al entorno virtual

Este derecho de última generación se concibe como consecuencia de la evolución constitucional del derecho a la intimidad en su vertiente a la protección de datos bajo la STC (Sala 2.ª) n.º 173/2011, de 7 de noviembre, donde se ejecutó su gestación. Pero no es sino con la STS (sala 2.ª) 342/2012 Rec. 1461/2012 de 17 de abril, Ponente Manuel Marchena Gómez, donde, cristaliza su advenimiento. Este derecho abarca la protección de la amplia diversidad de datos que pueden guardarse en un sistema informático o dispositivo, pues estos son capaces de almacenar y gestionar un gran número de datos, además de potenciar las comunicaciones entre las personas.

Para ello, la Sentencia parte de la base de que en cualquier dispositivo informativo (de almacenamiento masivo o el propio ordenador...etc.), coexisten, datos técnicos y personales susceptibles de protección constitucional en el ámbito de derecho a la intimidad y la protección de datos personales (ex art. 18.4 CE). No pasa por alto, que también puede albergar información esencialmente ligada al derecho a la inviolabilidad de las comunicaciones como consecuencia de la instauración de las TIC en nuestra sociedad. De esta manera, el contenido de esta información existente en cualquier hardware en consonancia con la fragmentación de todos y cada uno de los derechos que convergen a la hora de llevarse a cabo una intromisión para sonsacar —por los motivos que fueren— la información atinente a la vida privada da lugar a reconocer este nuevo derecho al entorno virtual. Así, la STS dispone que: *«En él se integraría, sin perder su genuina sustantividad como manifestación de derechos constitucionales de nomen iuris propio, toda la información en formato electrónico que, a través del uso de las nuevas tecnologías, ya sea de forma consciente o inconsciente, con voluntariedad o sin ella, va generando el usuario, hasta el punto de dejar un rastro susceptible de seguimiento por los poderes públicos. Surge entonces la necesidad de dispensar una protección jurisdiccional frente a la necesidad del Estado de invadir, en las tareas de investigación y castigo de los delitos, ese entorno digital»*.

En esta dirección la STC 173/2011, de 7 de noviembre recuerda la importancia de dispensar protección constitucional al cúmulo de información personal derivada del uso de los instrumentos tecnológicos de nueva generación. Allí puede leerse el siguiente razonamiento en su FJ 3.º párrafo 4:

> «Si no hay duda de que los datos personales relativos a una persona individualmente considerados, a que se ha hecho referencia anteriormente, están dentro del ámbito de la intimidad constitucionalmente protegido, menos aún pueda haberla de que el cúmulo de la información que se almacena por su titular en un ordenador personal, entre otros datos sobre su vida privada y profesional (en forma de documentos, carpetas, fotografías, vídeos, etc.) —por lo que sus funciones podrían equipararse a los de una agenda electrónica—, no sólo forma parte de este mismo ámbito, sino que además a través de su observación por los demás pueden descubrirse aspectos de la esfera más íntima del ser humano. Es evidente que cuando su titular navega por Internet, participa en foros de conversación o redes sociales, descarga archivos o documentos, realiza operaciones de comercio electrónico, forma parte de grupos de noticias, entre otras posibilidades, está revelando datos acerca de su personalidad, que pueden afectar al núcleo más profundo de su intimidad por referirse a ideologías, creencias religiosas, aficiones personales, información sobre la salud, orientaciones sexuales, etc. Quizás, estos datos que se reflejan en un ordenador personal puedan tacharse de irrelevantes o livianos si se consideran aisladamente, pero si se analizan en su conjunto, una vez convenientemente entremezclados, no cabe duda que configuran todos ellos un perfil altamente descriptivo de la personalidad de su titular, que es preciso proteger frente a la intromisión de terceros o de los poderes públicos, por cuanto atañen, en definitiva, a la misma peculiaridad o individualidad de la persona. A esto debe añadirse que el ordenador es un instrumento útil para la emisión o recepción de correos electrónicos, pudiendo quedar afectado en tal caso, no sólo el derecho al secreto de las comunicaciones del art. 18.3 CE (por cuanto es indudable que la utilización de este procedimiento supone un acto de comunicación), sino también el derecho a la intimidad personal (art. 18.1 CE), en la medida en que estos correos o email, escritos o ya leídos por su destinatario, quedan almacenados en la memoria del terminal informático utilizado. Por ello deviene necesario establecer una serie de garantías frente a los riesgos que existen para los derechos y libertades públicas, en particular la intimidad personal, a causa del uso indebido de la informática así como de las nuevas tecnologías de la información».

Por si no fuera poco, como consecuencia de estos antecedentes se ha configurado la doctrina jurisprudencial para amparar la extensión de este derecho al entorno virtual que resulta de aplicación cuando se lleva a cabo la intervención judicial de un ordenador o dispositivo de almacenamiento, como consecuencia de una entrada y registro acordada en el seno de un procedimiento. Ello hace necesario que, para acceder a su contenido, a su vez, exige un acto jurisdiccional habilitante específico. Es decir, esa autorización no está incluida en la resolución judicial previa para acceder al domicilio en el que aquellos dispositivos se encuentran instalados. De ahí que, ya sea en la misma resolución, ya en otra formalmente diferenciada, el órgano jurisdiccional ha de exteriorizar en su razonamiento que ha tomado en consideración la necesidad de sacrificar, además del domicilio como sede física en el que se ejercen los derechos individuales más elementales, aquellos otros derechos que convergen en el momento de la utilización de las nuevas tecnologías.

Sumado a lo ya expuesto, podemos afirmar que la doctrina asentada por la sala 2.ª del TS ha sido trasladada también a su Sala 3.ª a través de la STS 1207/2023, de 29 de septiembre cuyo FJ 6.º dispone:

> «De lo anteriormente expresado se infiere la necesidad de establecer la siguiente doctrina:
>
> 1) Las reglas de competencia y procedimiento que la ley procesal establece para la autorización judicial de entrada en domicilio constitucionalmente protegido, a fin de llevar a cabo actuaciones de comprobación tributarias, son prima facie inidóneas para autorizar el copiado, precinto, captación, posesión o utilización de los datos contenidos en un ordenador, cuando esa actividad se produce fuera del domicilio del comprobado y puede afectar al contenido de derechos fundamentales.
>
> 2) Al margen de ello, la doctrina legal sentada por esta Sección Segunda de la Sala Tercera del Tribunal Supremo en relación con las exigencias de la autorización de acceso y entrada a domicilios constitucionalmente protegidos —sujeción a los principios de necesidad, adecuación y proporcionalidad de la medida—, es extensible a aquellas actuaciones administrativas que, sin entrañar acceso al domicilio constitucionalmente protegido, tengan por objeto el conocimiento, control y tratamiento de la información almacenada en dispositivos electrónicos (ordenadores, teléfonos móviles, tabletas, memorias, etc.) que pueda resultar protegida por los derechos fundamentales a la intimidad personal y familiar; al secreto de las comunicaciones y a la protección de datos.
>
> 3) Tales exigencias, que deben ser objeto de un juicio ponderativo por parte del juez de la autorización, no pueden basarse, exclusivamente, en el relato que realice la Administración en la solicitud que dirija a la autoridad judicial, sin someter tal información a un mínimo contraste y verificación. En todo caso, el respeto a los derechos fundamentales (con máximo nivel de protección constitucional) prima sobre el ejercicio de potestades administrativas, máxime ante la falta de una regulación legal completa, directa y detallada».

Como conclusión podemos afirmar que el entorno digital constituye un lugar donde se puede desarrollar parte de la intimidad de los ciudadanos, dicho lugar es asimilable al hogar o domicilio personal, motivos por los que deben concurrir los requisitos antes citados para posibilitar una injerencia en dicho derecho fundamental. Por ello, cualquier medida invasiva en los terminales habrá de realizarse con la máxima prudencia.

3. Notas elementales sobre la regulación del derecho a la protección de datos en la UE y España

La peculiaridad de este derecho, como consecuencia de los avances tecnológicos que permiten cada vez conjugar más la información, ha provocado una constante evolución legislativa ante los riesgos e implicaciones que puede suponer todas las consecuencias desencadenadas y relacionadas con las disciplinas de las ciencias de datos[43].

A nivel legislativo en España, la concreción y desarrollo del derecho fundamental de protección de las personas físicas en relación con el tratamiento de datos personales tuvo lugar en sus orígenes mediante la aprobación de la Ley Orgánica 5/1992, de 29 de octubre, reguladora del tratamiento automatizado de datos personales (LORTAD). Esta normativa fue reemplazada por la Ley Orgánica 15/1999, de 5 de diciembre, de protección de datos personales, a fin de trasponer a nuestro derecho a la Directiva 95/46/CE del Parlamento Europeo y del Consejo, de 24 de octubre de 1995, relativa a la protección de las personas físicas en lo que respecta al tratamiento de datos personales y a la libre circulación de estos datos. Para, posteriormente, ser sustituida por la vigente Ley Orgánica 3/2018, de 5 de diciembre, de Protección de Datos Personales y garantía de los derechos digitales.

Por parte de la UE, resulta ineludible hacer mención al Convenio de Estrasburgo de 1981[44] para la protección de las personas con respecto al tratamiento automatizado de datos de carácter personal, que sentó las bases de la regulación en materia de Protección de datos, pues su objetivo es garantizar, en el territorio de cada parte que lo suscribe, a cualquier persona física sean cuales fueren su nacionalidad o residencia, el respeto de sus derechos y libertades fundamentales, concretamente; su derecho a la vida privada con respecto al tratamiento automatizado de los datos de carácter personal correspondientes a dicha persona.

Como consecuencia de este primer pilar y con el objetivo de alcanzar una regulación más uniforme a la vista de la trascendencia que fue adquiriendo el sector de los datos personales; dos son las principales normas vigentes que han supuesto un hito dentro de esta materia, por un lado, el Reglamento (UE) 2016/679 del Parlamento Europeo y del Consejo, de 27 de abril de 2016 (RGPD), relativo a la protección de las personas físicas en lo que respecta al tratamiento de sus datos personales y a la libre circulación de estos datos que supuso la derogación de la Directiva 95/46/CE (anterior Reglamento general de protección de datos). Por el otro, debemos significar la Directiva (UE) 2016/680 del Parlamento Europeo y del Consejo, de 27 de abril de 2016, relativa a la

43 Podemos definir este campo como el sector académico interdisciplinario que utiliza estadística, computación científica, métodos, procesos, algoritmos y sistemas científicos para obtener (recolectar o extraer), tratar, analizar y presentar informes a partir de datos.

44 En 2004 el Protocolo adicional (ETS No. 181) complementó dicho Reglamento y supuso la obligación de sus suscriptores a la creación de las primeras autoridades de control que ejercitasen sus funciones con total independencia a los efectos de salvaguardar los derechos sobre la protección efectiva de las personas en lo que respecta al tratamiento de datos personales. Esta regulación ha tenido su reflejo de forma directa en toda la legislación europea posterior sobre esta materia.

protección de las personas físicas en lo que respecta al tratamiento de datos personales por parte de las autoridades competentes para fines de prevención, investigación, detección o enjuiciamiento de infracciones penales o de ejecución de sanciones penales, y a la libre circulación de dichos datos y por la que se deroga la Decisión Marco 2008/977/JAI del Consejo. Está Directiva europea ha sido transpuesta por el Estado Español —mejor tarde que nunca[45]— a través de la Ley Orgánica 7/2021, de 26 de mayo, de protección de datos personales tratados para fines de prevención, detección, investigación y enjuiciamiento de infracciones penales y de ejecución de sanciones penales.

Toda esta regulación tiene la finalidad de reforzar la seguridad jurídica y transparencia sobre el maremágnum que ha supuesto la explosión tecnológica alrededor de los datos (personales) y sus posibles usos en correlación con su protección como derecho fundamental. Si bien, no vamos a negar el hándicap que supone para los destinatarios de estas normas a la vista de una regulación densa, compleja y diversa que trata de establecer los efectos, límites y marcos de afección sobre el tratamiento de los datos.

A continuación, y sin ánimo de ser exhaustivos, dado que no es el objeto del presente estudio, se expondrán unas notas básicas sobre cada una de ellas, para, posteriormente, centrarnos en la esfera de la Administración de Justicia. Lo más razonable es comenzar con la regulación vigente impuesta por la UE ya que el espíritu de la misma ha tenido incidencia directa en nuestra actual regulación estatal.

3.1. El Reglamento (UE) 2016/679 del Parlamento Europeo y del Consejo, de 27 de abril de 2016, relativo a la protección de las personas físicas en lo que respecta al tratamiento de sus datos personales y a la libre circulación (RGPD)

Su ámbito de actuación no es otro que el de la protección del conjunto de datos personales de los ciudadanos de UE ya sea en cuanto a su tratamiento como para la libre circulación de tales datos.

La finalidad no es otra que la armonización y homogenización dentro de la UE para reforzar la seguridad jurídica de los ciudadanos, operadores económicos y autoridades públicas, en relación al tratamiento de los datos personales ante los retos que abarca esta nueva era digital y la fragmentación legislativa existente en los diversos Estados.

45 El Tribunal de Justicia de la Unión Europea declara en la STJUE de 25 de febrero de 2020 (Asunto C-658/19) que España ha incumplido con sus obligaciones de transposición de la Directiva (UE) 2016/680 del Parlamento Europeo y del Consejo y, en consecuencia, le impuso la condena al pago de 15.000.000 de euros y una multa coercitiva diaria 89.000 euros.

Se centra en la protección de los datos de personas físicas en relación al tratamiento automatizado o manual de sus datos personales, con independencia de que estos puedan identificarla o no, y siempre que éstos figuren en algún fichero[46]. No obstante, para que resulte aplicable deben ser ficheros que tengan conexión con alguna actividad profesional o comercial. Además, el Reglamento invita a los Estados miembros, a pesar de su eficacia directa dado el régimen legal que ostenta, de complementar sus disposiciones adecuando el espíritu y sentido de sus legislaciones sobre los principios que propugna.

Los principios que defiende el RGPD en cuanto al tratamiento de los datos personales son:

- La licitud, lealtad y transparencia en relación con el interesado.
- Información recogida con unos fines determinados, explícitos y legítimos.
- Minimización de los datos, esto es; que deban ser tratados de forma limitada, pertinente y adecuada para el destino que son tratados.
- Necesariamente deben ser exactos y, a ser posible, actualizados para su tratamiento.
- Limitados a un plazo de conservación, y;
- Sometidos en su tratamiento a su integridad y confidencialidad.

El Considerando (20) destaca que resulta de aplicación a las actividades de los tribunales y otras autoridades judiciales, sin perjuicio que deja abierta la posibilidad de que cada Estado miembro pueda especificar operaciones y procedimientos de tratamiento de datos personales por estas instituciones. Si bien, se excluye de su ámbito de aplicación aquellos tratamientos de datos personales cuando se encuentren inmersos en el ejercicio de la actividad de la función jurisdiccional. El motivo redunda en evitar interferir en la independencia judicial, dejando el control y protección de dichos datos en el ejercicio de esta función a organismos específicos establecidos dentro del sistema

---

46 Véase el considerando 14 del RGPD, si bien, llama la atención que excluye de su aplicación «*Los ficheros o conjuntos de ficheros, así como sus portadas, que no estén estructurados con arreglo a criterios específicos*». El motivo redunda en la imposibilidad de que los mismos sean tratados/utilizados de forma mecánica. Sin perjuicio, de que llama la atención que sí que puedan serlo por vía manual. Igualmente, se excluyen todas las actividades relativas a la seguridad nacional y relacionadas con la política exterior y seguridad común de la UE. En relación a esto último cabe denotar que existe una regulación específica sobre la materia. Me refiero a la Directiva (UE) 2016/680 relativa a la prevención, investigación, detección o enjuiciamiento de infracciones penales o de la ejecución de sanciones penales, incluida la protección frente a las amenazas contra la seguridad pública y la libre circulación de estos datos y su prevención y que ha sido objeto de transposición por España por medio de la LO 7/2021.

judicial[47]. En la misma dirección el Considerando (97)[48] relativo al sistema de control de la protección de datos promueve la posibilidad de un tratamiento diferenciado por parte de los órganos jurisdiccionales —y que deberá realizarse conforme a las normas procesales— estableciendo unas autoridades de control (encargados y responsables de tratamiento) distintos a los que rigen para el resto de los casos por la misma razón.

Es importante destacar la exclusión en la aplicación del RGPD de aquella información tratada cuando sea anónima. Tampoco expande sus efectos sobre las personas que hayan fallecido[49].

El consentimiento se postula como elemento clave para que una persona permita el tratamiento de sus datos personales deberá ser de forma clara, libre, específica, informada, e inequívoca a la hora de aceptar el tratamiento de sus datos. Además, este consentimiento deberá prestarse para cualquier actividad de tratamiento que se realice con sus datos, aunque sean tratados nuevamente con la misma finalidad. De esta manera, la información y comunicación al ciudadano sobre la tipología de tratamiento que se fuera a efectuar debe ser clara y sencilla fijando en dicho instante los fines específicos del tratamiento[50]. Por tanto, el Reglamento abre la posibilidad de la licitud del tratamiento siempre: (i) que exista consentimiento del interesado o (ii) otra base legitima conforme a Derecho[51].

---

47 En nuestro caso, ante la peculiaridad del sistema judicial español y los distintos agentes que conviven (CGPJ, Ministerio de Justicia en su vertiente bicéfala (como representante del Estado/poder ejecutivo y como representante de las CC. AA. que no tienen las competencias transferidas), CC. AA. con competencias transferidas...) y las competencias que tienen asignadas, se abre un abanico de posibilidades en esta materia que a día de hoy sigue siendo objeto de discusión doctrinal, en atención a la tipología de los ficheros que contienen los datos personales —ya sean jurisdiccionales o no— y que será objeto de análisis posterior.

48 Al supervisar la observancia interna del presente Reglamento, el responsable o el encargado del tratamiento debe contar con la ayuda de una persona con conocimientos especializados del Derecho y la práctica en materia de protección de datos si el tratamiento lo realiza una autoridad pública, a excepción de los tribunales u otras autoridades judiciales independientes en el ejercicio de su función judicial (...).

49 Si bien, deja la posibilidad de que los Estados puedan proclamar normas para regular el tratamiento de sus datos, cuestión que ha realizado la Ley 3/2018.

50 En este sentido, el RGPD hace hincapié en esta necesidad de informar al interesado de cualquier tipo de tratamiento, incluido, la elaboración de perfiles y las consecuencias de dicha elaboración.

51 En este sentido el Reglamento deja abierta la posibilidad de que sea realizado por medio de Derechos de la Unión o de los Estados miembros, cuestión ésta que no debemos pasar por alto, en tanto podría ser de utilidad como subterfugio o llave para abrir la posibilidad del tratamiento y uso de las bases de datos que existen dentro del contexto de la Administración de Justicia. De esta forma, el considerando 45 dispone que «*Una norma puede ser suficiente como base para varias operaciones de tratamiento de datos basadas en una obligación legal aplicable al responsable del tratamiento, o si el tratamiento es necesario*

En definitiva, el consentimiento del usuario se vislumbra como la llave que abre la cerradura para la cesión y tratamiento de los datos, y en esta dirección lo ha ratificado el Tribunal de Justicia de la UE en sucesivas ocasiones, un ejemplo de ello deviene en el caso de la protección del derecho a la intimidad en el sector de las comunicaciones electrónicas donde la decisión del TJUE de 1 de octubre de 2019 —a la petición de decisión prejudicial planteada por el Bundesgerichtshof— llega a la conclusión de que es necesario el consentimiento explícito del usuario en un sitio de Internet para la colocación de cookies en su equipo terminal y la consulta de éstas, pues este consentimiento no se presta de manera válida mediante una casilla marcada por defecto de la que el usuario debe retirar la marca si no desea dar su consentimiento. Igualmente, la Gran Sala considera que el proveedor de servicios debe facilitar al usuario la información sobre el tiempo durante el cual las cookies estarán activas y la posibilidad de que terceros tengan acceso a ellas.

En relación a este último aspecto el Reglamento deja abierta la puerta para operaciones de tratamiento de datos personales con fines distintos a aquellos que fueran recabados inicialmente, y con el beneplácito y autorización del responsable de tratamiento[52], cuando se trate de fines de archivo en interés público, fines de investigación científica e histórica o fines estadísticos. Si bien, en este caso el RGPD impone la obligatoriedad de que la persona sea informada sobre dichos nuevos fines y los derechos que tiene, incluido el de oposición.

Se establece una especial protección a datos personales que por razón de su naturaleza son sensibles en relación con otros derechos y libertades; ello bajo la denominación de «categorías especiales de datos», estos son: aquellos de origen étnico o racial, las opiniones políticas, las convicciones religiosas o filosóficas, o la afiliación sindical, y el tratamiento de datos genéticos, datos biométricos dirigidos a identificar de manera unívoca a una persona física, datos relativos a la salud o datos relativos a la vida sexual o las

---

para el cumplimiento de una misión realizada en interés público o en el ejercicio de poderes públicos. La finalidad del tratamiento también debe determinase en virtud del Derecho de la Unión o de los Estados miembros. Además, dicha norma podría especificar las condiciones generales del presente Reglamento por las que se rige la licitud del tratamiento de datos personales, establecer especificaciones para la determinación del responsable del tratamiento, el tipo de datos personales objeto de tratamiento, los interesados afectados, las entidades a las que se pueden comunicar los datos personales, las limitaciones de la finalidad, el plazo de conservación de los datos y otras medidas para garantizar un tratamiento lícito y leal».

52 Deberá tener en cuenta una serie de factores tales como p.e. la relación entre estos fines y los fines del tratamiento ulterior previsto, el contexto en el que se recogieron los datos, en particular las expectativas razonables del interesado basadas en su relación con el responsable en cuanto a su uso posterior, la naturaleza de los datos personales, las consecuencias para los interesados del tratamiento ulterior previsto y la existencia de garantías adecuadas tanto en la operación de tratamiento original como en la operación de tratamiento ulterior prevista.

orientación sexuales de una persona física. Así, el RGPD prohíbe de forma expresa el tratamiento de esta tipología de datos cuando puedan revelar este contenido. Sin embargo, sí que permite su tratamiento en aquellos casos que describe en el art. 9.2 como p.e. cuando el interesado preste su consentimiento para un fin determinado, para la formulación, el ejercicio o la defensa de reclamaciones o cuando los tribunales actúen en ejercicio de su función judicial o, cuando el tratamiento es necesario por razones de un interés público esencial siempre sobre la base del Derecho de la Unión o de los Estados miembros, entre otros supuestos.

En cuanto al control sobre los datos, en los casos de bases de ficheros automatizados exige que la limitación de tratamiento deba ser por medios técnicos para evitar operaciones de tratamiento posterior que no hubieran sido consentidas por su titular. En estos casos para su inclusión en estos ficheros automatizados los datos deben ser en un formato estructurado, de uso común, de lectura mecánica e interoperable para, en su caso, fomentar la portabilidad.

Todo ciudadano bajo el paraguas de este RGPD tiene los derechos respecto de sus datos personales de información, acceso, rectificación, supresión y oposición. Igualmente, todo interesado tiene derecho a no ser objeto de una decisión que evalúe aspectos personales relativos el, sobre la base de un tratamiento automatizado y le produzca efectos jurídicos[53]. En particular, describe el RGPD en su Considerando (71), aquellos tendentes a analizar o predecir aspectos relacionados con el rendimiento en el trabajo, la situación económica, la salud, las preferencias o intereses personales, la fiabilidad o el comportamiento, la situación o los movimientos del interesado, en la medida en que produzca efectos jurídicos en él o le afecte significativamente de modo similar[54].

---

53 El art. 22 RGPD desarrolla este derecho del interesado a no ser objeto a una decisión basada únicamente, en el tratamiento automatizado, incluida la elaboración de perfiles, que produzca efectos jurídicos en él o le afecte significativamente de modo similar. Si bien, su apartado 2.° del precepto, sí que posibilita dicho tratamiento automatizado de datos en tres casos y cuando no se traten de «categorías especiales de datos», especialmente, en los casos: a) cuando es necesaria para la celebración o la ejecución de un contrato entre el interesado y un responsable de tratamiento; b) cuando lo autorice el Derecho de la UE o los Estados miembros siempre bajo la salvaguarda del responsable de tratamiento y la defensa de los derechos, libertades y los intereses legítimos del interesado, o; c) cuando exista consentimiento explícito del interesado.

54 Si bien, se permite llevar a cabo estas decisiones basadas en tal tratamiento, incluida la elaboración de perfiles, si lo autoriza expresamente el Derecho de la Unión o de los Estados miembros aplicable al responsable del tratamiento, incluso con fines de control y prevención del fraude y la evasión fiscal, realizada de conformidad con las reglamentaciones, normas y recomendaciones de las instituciones de la Unión o de los órganos de supervisión nacionales y para garantizar la seguridad y la fiabilidad de un servicio prestado por el responsable del tratamiento, o necesario para la conclusión o ejecución de un contrato entre el interesado y un responsable del tratamiento, o en los casos en los que el interesado haya dado su consentimiento explícito. En cualquier caso, dicho tratamiento

Para evitar cualquier tipo de injerencia en los derechos y libertades de las personas físicas se deben tomar medidas ya sean de carácter técnico, organizativo y de supervisión, algunas de ellas interesantes son; necesidad de contar con registro de actividades de tratamiento, reducir al máximo el tratamiento de datos personales, seudonimizar[55] los datos personales, dar transparencia a las funciones y el tratamiento de datos personales, permitir a los interesados supervisar el tratamiento de datos y al responsable del tratamiento crear y mejorar elementos de seguridad (evaluaciones de impacto, mecanismos para mitigar el riesgo, códigos de conducta, normas técnicas, mecanismos de certificación...). De esta manera, el RGPD asienta unas funciones y responsabilidades a distintos agentes, a saber; el encargado de tratamiento, responsable de tratamiento, autoridades de control o el delegado de protección de datos.

3.2. La Directiva (UE) 2016/680 del Parlamento Europeo y del Consejo, de 27 de abril de 2016[56], relativa a la protección de las personas físicas en lo que respecta al tratamiento de datos personales por parte de las autoridades competentes para fines de prevención, investigación, detección o enjuiciamiento de infracciones penales o de ejecución de sanciones penales (incluidas la protección y amenazas contra la seguridad pública), y a la libre circulación de dichos datos

Se trata de la hoja de ruta para los Estados miembros en aras de fijar los objetivos que deben alcanzar en sus respectivas legislaciones nacionales en

debe estar sujeto a las garantías apropiadas, entre las que se deben incluir la información específica al interesado y el derecho a obtener intervención humana, a expresar su punto de vista, a recibir una explicación de la decisión tomada después de tal evaluación y a impugnar la decisión. Tal medida no debe afectar a un menor.
En estos casos, corresponderá al encargado de tratamiento —pues es el responsable de ello— salvaguardar los derechos e intereses e intereses del afectado, incluido, los posibles efectos discriminatorios en las personas físicas por motivos de raza u origen étnico, opiniones políticas, religión o creencias, afiliación sindical, condición genética o estado de salud u orientación sexual, o que den lugar a medidas que produzcan tal efecto.

55 Conforme al art. 4 del RGPD se define como la técnica en el tratamiento de datos personales de manera tal que ya no puedan atribuirse a un interesado sin utilizar información adicional, siempre que dicha información adicional figure por separado y esté sujeta a medidas técnicas y organizativas destinadas a garantizar que los datos personales no se atribuyan a una persona física identificada o identificable.

56 Supuso la derogación de la Decisión Marco 2008/977/JAI del Consejo, de 27 de noviembre de 2008, relativa a la protección de datos personales tratados en el marco de la cooperación policial y judicial en materia penal.

relación a la circulación y transmisión de datos personales entre las autoridades competentes[57] para los fines que propugna[58]. De esta manera, si se trata de otros fines distintos le será de aplicación el RGPD. El destinatario de esta norma es cualquier sujeto que en el desempeño una función de interés público, persona física o jurídica, autoridad pública, servicio u otro organismo al que la autoridad competente comunique los datos personales de forma lícita y con los fines previstos.

Su objetivo no es otro que reforzar la cooperación entre la Unión[59] facilitando un intercambio eficaz de datos personales, a la vez que se garantiza el respeto de los derechos y libertades fundamentales en relación con el tratamiento automatizado de los datos personales.

Al igual que el Reglamento, sus efectos abarcan tanto al tratamiento manual como automatizado de los datos personales (ya sea recopilación, registro, organización, estructuración, almacenamiento, adaptación o modificación, recuperación, consulta, utilización, cotejo o combinación, limitación del tratamiento, supresión o destrucción de datos) que existan en un fichero, siempre de carácter estructurado, así como que expande los estándares que fija en esta materia (p.e. la no aplicabilidad de la protección de datos sobre información anónima, aplicabilidad de los principios de tratamiento[60], lícito, leal y transparente y con fines específicos establecidos en la Ley, los datos deben ser exactos, íntegros, actualizados y fiables, imposibilidad de trata-

57 Resulta importante que no solo se deben incluir autoridades públicas tales como las autoridades judiciales, la policía u otras fuerzas y cuerpos de seguridad, sino también cualquier otro organismo o entidad en que el Derecho del Estado.

58 En el acta final de la Conferencia Intergubernamental que adoptó el Tratado de Lisboa, concretamente, en la Declaración n.º 21 relativa a la protección de datos de carácter personal en los ámbitos de la cooperación judicial en materia penal y de la cooperación policial, se reconoció que podrían requerirse normas específicas sobre protección de datos personales y libre circulación de los mismos en los ámbitos de la cooperación judicial en materia penal y de la cooperación policial basada en el artículo 16 del TFUE, en razón de la naturaleza específica de dichos ámbitos, motivo que dio pie al nacimiento de la presente Directiva.

59 Fundamentalmente, por la Organización Internacional de Policía Criminal (Interpol).

60 Recordemos que, entre los principios de tratamiento de datos suscritos por el RGPD, el principio de tratamiento leal en materia de protección de datos supone, que debe informarse a las personas físicas de los riesgos, reglas, salvaguardias y derechos aplicables en relación con el tratamiento de sus datos personales, así como del modo de hacer valer sus derechos en relación con dicho tratamiento. En particular, los fines específicos a los que obedezca el tratamiento de los datos personales deben ser explícitos y legítimos, y deben determinarse en el momento de la recopilación de los datos personales. Los datos personales deben ser adecuados y pertinentes en relación con los fines para los que se tratan, lo cual requiere, en particular, que se garantice que los datos personales recogidos no son excesivos ni se conservan más tiempo del que sea necesario para los fines con los que se tratan. Los datos personales solo deberían ser objeto de tratamiento si la finalidad del tratamiento no puede lograrse razonablemente por otros medios. Para garantizar que los datos no se conservan más tiempo del necesario, el responsable del tratamiento ha de establecer plazos para su eliminación o revisión periódica...

miento de datos «sensibles»[61] salvo en los casos previstos[62], todo interesado tiene derecho a no ser objeto de una decisión que evalúe aspectos personales de forma automatizada[63] y que le provoque efectos jurídicos, así como los distintos derechos de acceso, rectificación, etc... que ostenta sobre sus datos y los propios límites[64] a los mismos). De cualquier forma, se impone a los Estados miembros la obligatoriedad a la hora de regular el tratamiento de datos para los fines de la Directiva con unos objetivos en el tratamiento, fijando los datos personales que serán objeto del mismo, la finalidad del tratamiento, los procedimientos para el mantenimiento de la integridad y la confidencialidad de los datos personales y los procedimientos para su destrucción, proporcionando con ello garantías suficientes frente a los riesgos de abuso y arbitrariedad.

Siempre que sea posible exige la diferenciación de los datos personales en distintas categorías, a la vista de los fines que busca la Directiva, estos son: los relativos a sospechosos, condenados por una infracción penal, víctimas o los terceros, entre los que se incluyen los testigos, las personas que posean información o contactos útiles y los cómplices de sospechosos y delincuentes condenados. Con ello se pretende mejorar la calidad del dato.

El Considerando (49) dispone que cuando los datos personales sean tratados en el transcurso de una investigación penal o un procedimiento judicial en materia penal, el ejercicio de los derechos de información, acceso a los datos personales, rectificación o supresión de estos y la limitación de su tratamiento podrá ejercerse de conformidad con el Derecho procesal nacional.

Por su parte, el Considerando (80) declara que la Directiva también se aplica a las actividades de los órganos jurisdiccionales nacionales y otras autoridades judiciales, si bien excluye sus efectos en cuanto a las autoridades de control, cuando los órganos jurisdiccionales actúen en ejercicio de su función jurisdiccional, con el fin de garantizar la independencia de los jueces en el desempeño de sus funciones. Además, también abre la posibilidad a

---

61 La Directiva califica como «alto riesgo» aquellos datos cuyo conocimiento pueda inferir un perjuicio para los derechos y libertades de los interesados.

62 Salvo que el tratamiento esté supeditado a las garantías adecuadas de protección de los derechos y libertades del interesado que se establecen en la legislación y esté permitido en los casos autorizados por la ley; o, si no está ya autorizado por dicha legislación, que el tratamiento sea necesario para proteger los intereses vitales del interesado o de otra persona, o que el tratamiento se refiera a datos que el interesado ya ha hecho públicos de forma manifiesta

63 Así lo recoge el art. 11 de la Directiva y de modo semejante el art. 22 RGPD.

64 El art. 15 de la Directiva contiene algunas limitaciones al acceso de los datos estableciendo los casos (p.e. evitar que se obstaculicen indagaciones, investigaciones o procedimientos oficiales o judiciales, proteger la seguridad pública, proteger la seguridad nacional, entre otros. Asimismo, en cuanto al derecho de rectificación o supresión de datos personales y su limitación de tratamiento conforme se recoge en el art. 16 de la Directiva.

que los propios Estados a la hora de efectuar la transposición de la norma excluyan, de forma semejante, de la competencia de la autoridad de control, a otras autoridades judiciales independientes en el ejercicio de su función jurisdiccional, como puede ser el caso de la fiscalía.

Al igual que el RGPD se impone a los Estados la adaptación de medidas de carácter técnico-organizativo para salvaguardar el tratamiento de los datos para los fines previstos en la Directiva (políticas internas para su consecución, evaluaciones de impacto, seudoanonimización, registros de actividades de tratamiento y de operaciones, responsabilidades y obligaciones a los encargados y responsables de tratamiento, corresponsables de tratamiento y las distintas autoridades de control, así como las características y cualidades que deben tener... etc.) con el objetivo de lograr la libre circulación de datos personales dentro del espacio de libertad, seguridad y justicia.

En materia de seguridad de tratamiento[65] se impone a los Estados miembros que deben disponer de unos responsables y encargados de tratamiento que deban de llevar a cabo un control, especialmente en el tratamiento automatizado, como puede ser; de acceso a los equipamientos, soporte de datos, control de almacenamiento, control de usuarios, control de acceso a datos, de transmisión de datos, entre otros.

Finalmente, aborda, al igual que el RGPD, los principios, garantías, excepciones, supuestos y casos en los que procede la transferencia de estos datos ya sea a un tercer país o a una organización internacional.

3.3. Ley Orgánica 3/2018, de 5 de diciembre, de Protección de Datos Personales y garantía de los derechos digitales

Su finalidad es doble, por un lado, adaptar al ordenamiento jurídico español a la regulación europea sobre la materia[66], concretamente, el Reglamento (UE) 2016/679 de protección de datos (RGPD) así como complementar sus disposiciones y, por otro, garantizar los derechos digitales de la ciudadanía sobre la base del art. 18.4 CE.

Antes de comenzar a esbozar de forma sistemática el contenido de esta Ley Orgánica, me gustaría recalcar, que, dada la peculiaridad del nuestro estado autonómico, las Comunidades Autónomas ostentan competencias de

65 Véase el art. 29 y ss. de la Directiva.

66 Ello supone que todas las disposiciones nacionales que fueren contrarias o incompatibles a ella deban ser eliminadas de nuestra legislación por motivos de seguridad jurídica y de acuerdo a la jurisprudencia del Tribunal de Justicia de la UE (Sentencias de 23 de febrero de 2006, asunto Comisión vs. España; de 13 de julio de 2000, asunto Comisión vs. Francia; y de 15 de octubre de 1986, asunto Comisión vs. Italia).

desarrollo normativo y ejecución del derecho fundamental a la protección de datos personales en su ámbito de actividad y a las autoridades autonómicas de protección de datos que se creen les corresponde contribuir a garantizar este derecho fundamental de la ciudadanía.

Pues bien, el ámbito de aplicación de esta LO, al igual que el RGPD, se despliega sobre cualquier tratamiento total o parcialmente automatizado de datos personales, así como al tratamiento no automatizado de datos personales contenidos o destinados a ser incluidos en un fichero. Si bien, con las siguientes exclusiones: (i) las mismas que realiza la normativa europea[67]; (ii) su no afección a los datos de personas fallecidas aunque la propia Ley autoriza a las personas vinculadas a ellos que puedan ejercitar derechos como el de acceso, supresión o rectificación de los datos, siempre bajo las instrucciones del fallecido; (iii) a los tratamientos sometidos a normativa sobre materias clasificadas; (iv) a los tratamientos de datos que se rijan por normativa específica[68] y; (v) el tratamiento de datos llevado a cabo con ocasión de la tramitación por los órganos judiciales de los procesos de los que sean competentes, así como el realizado dentro de la gestión de la Oficina Judicial, que se regirán por lo dispuesto en el RGPD y la LO 3/2018, sin perjuicio de las disposiciones de la LOPJ, que le sean aplicables.

La LO despliega, en esencia, los mismos principios sobre la protección de datos personales que el RGPD, de forma expresa desarrolla cuestiones sobre la exactitud de los datos, el deber de confidencialidad, el tratamiento basado en el consentimiento del afectado incluido el modo de actuación en el caso de datos personales de menores, los supuestos en los que el tratamiento de datos se efectúa por obligación legal, interés general o ejercicio de poderes públicos, categorías especiales de datos y datos de naturaleza penal.

Asimismo, ahonda en los derechos que ostentan las personas sobre sus datos, centrándose especialmente en la transparencia e información en cuanto al responsable de tratamiento, finalidades y ejercicio de derechos sobre el tratamiento de sus datos (ARCO[69]). Se especifican disposiciones

---

67 Véase el art. 2.2 del RGPD «*El presente Reglamento no se aplica al tratamiento de datos personales: a) en el ejercicio de una actividad no comprendida en el ámbito de aplicación del Derecho de la Unión; b) por parte de los Estados miembros cuando lleven a cabo actividades comprendidas en el ámbito de aplicación del capítulo 2 del título V del TUE; c) efectuado por una persona física en el ejercicio de actividades exclusivamente personales o domésticas; d) por parte de las autoridades competentes con fines de prevención, investigación, detección o enjuiciamiento de infracciones penales, o de ejecución de sanciones penales, incluida la de protección frente a amenazas a la seguridad pública y su prevención*».

68 Ejemplos de estos casos son los tratamientos realizados al amparo de la legislación orgánica del régimen electoral general, los tratamientos realizados en el ámbito de instituciones penitenciarias y los tratamientos derivados del Registro Civil, los Registros de la Propiedad y Mercantiles.

69 Derechos de Acceso, Rectificación, Cancelación (supresión) y Oposición. También, el derecho a limitación de tratamiento, el derecho a la portabilidad.

relativas a tratamientos de datos concretos tales como los datos de contacto de empresarios individuales y profesiones liberales, sistemas de información crediticia, operaciones mercantiles, fines con videovigilancia, sistemas de exclusión publicitaria, sistemas de información de denuncias internas, tratamiento de datos en materia de función estadística o archivo pública, así como el infracciones y sanciones administrativas.

Por otro lado, regula lo que denomina como medidas de responsabilidad activa, lo cual supone el desarrollo del régimen que le es aplicable tanto al responsable de tratamiento como al encargado de tratamiento (obligaciones, supuestos de corresponsabilidad de tratamiento, cuestiones que les son aplicables en materia de registro de actividades de tratamiento, bloqueo de datos, entre otras). Igualmente, los casos en los que debe existir un delegado de protección de datos; su cualificación y funciones.

También viene a establecer el régimen que les es aplicable a las autoridades de protección de datos, distinguiendo, a la vista de nuestro régimen autonómico estatal entre; la Agencia Española de Protección de datos y las autoridades autonómicas de protección de datos, destacando su deber de cooperación institucional entre ellas y las autoridades europeas sobre la materia. En cuanto a las transferencias internacionales de datos se remite a las disposiciones del RGPD y las circulares del Agencia Española de Protección de Datos y autoridades autonómicas de protección de datos.

Finalmente, viene a describir los procedimientos y régimen sancionador en los casos de que exista una vulneración de la normativa de protección de datos.

El Titulo X de la Ley abarca la garantía de los derechos digitales, lo cual será objeto de extensión más adelante.

3.4. Ley Orgánica 7/2021, de 26 de mayo, de protección de datos personales tratados para fines de prevención, detección, investigación y enjuiciamiento de infracciones penales y de ejecución de sanciones penales

Trae causa como transposición de la Directiva 2016/680 para el establecimiento de un marco jurídico robusto, que permita adaptar nuestro ordenamiento al ámbito europeo para lograr mayor seguridad jurídica en materia de cooperación policial y judicial penal.

Como su nombre indica, su objeto no es otro que la regulación del tratamiento de los datos personales para los fines que predica, incluyendo las imágenes y sonidos obtenidos mediante la utilización de cámaras y videocámaras con dicha finalidad —la presente Ley complementa al resto de disposiciones sobre esta materia— y siempre que se hagan por autoridades competentes[70].

Su ámbito de aplicación, al igual que la legislación sobre la materia, recae en el tratamiento total o parcialmente automatizado o manual de datos personales destinados a ser incluidos en un fichero, por parte de las autoridades competentes con los fines previstos en la norma. Si bien, de forma expresa se declara que el tratamiento llevado a cabo por los órganos judiciales y fiscalías en el ejercicio de sus funciones se regirá por lo dispuesto en la LOPJ y leyes procesales aplicables al caso. Además, se excluye de su ámbito de aplicación el tratamiento de datos personales: (i) realizados por las autoridades competentes con fines distintos; (ii) los llevados por órganos de la Administración General del Estado (AGE) en el ámbito de aplicación del Capítulo II del Título V del tratado de la UE; (iii) aquellos tratamientos que afecten a actividades no comprendidas en el ámbito de aplicación del Derecho de la UE; (iv) los sometidos a materias clasificadas; (v) los tratamientos realizados en las acciones civiles y procedimientos administrativos que estuvieren vinculados a procesos penales y cuyo tratamiento no venga previsto en los fines de la norma y; (vi) a los tratamientos de personas fallecidas[71].

La Ley propugna los principios básicos en materia de protección de datos personales en consonancia con los fines previstos. Se establece la posibilidad de tratamiento de datos para fines distintos a los que hubieran sido recogidos en casos excepcionales[72]. Se promueve el deber de colaboración de cualquier entidad (pública o privada) o persona, con las autoridades judiciales a los fines de investigación y enjuiciamiento de infracciones penales o ejecución de las penas.

Al igual que la Directiva 2016/680 realiza la distinción entre las categorías de interesados, así como de categorías especiales de datos personales[73]. Igual-

---

70 La LO determina de forma expresa que serán autoridades competentes: las Fuerzas y Cuerpos de Seguridad; las autoridades judiciales del orden jurisdiccional penal y el Ministerio Fiscal; las Administraciones Penitenciarias; la Dirección Adjunta de Vigilancia Aduanera; el Servicio Ejecutivo de la Comisión de Prevención del Blanqueo de Capitales e Infracciones Monetarias; y la Comisión de Vigilancia de Actividades de Financiación del Terrorismo. Todo ello, sin perjuicio de que los tratamientos que se lleven a cabo por los órganos jurisdiccionales se rijan por lo dispuesto en esta LOPJ, y en las leyes procesales penales.

71 A pesar de ello se establecen las dispensas que ya fueron recogidas en la LO 3/2018 de protección de datos y garantía de derechos digitales.

72 Se permite cuando concurran las siguientes dos circunstancias: a) Que el responsable del tratamiento sea competente para tratar los datos para ese otro fin, de acuerdo con el Derecho de la Unión Europea o la legislación española y; b) Que el tratamiento sea necesario y proporcionado para la consecución de ese otro fin, de acuerdo con el Derecho de la Unión Europea o la legislación española.

73 En relación a los datos biométricos la LO faculta a las autoridades competentes, en el marco de sus respectivas funciones y competencias, el tratamiento de datos biométricos dirigidos a identificar de manera unívoca a una persona física con los fines de prevención, investigación, detección de infracciones penales, incluidas la protección y la prevención

mente, prohíbe las decisiones basadas únicamente en un tratamiento automatizado salvo autorización expresa por una norma con rango de Ley o el Derecho de la UE.

Se fija el régimen en materia de tratamiento de datos personales en el ámbito de la videovigilancia por las Fuerzas y Cuerpos de Seguridad del Estado (FCSE).

Por otro lado, en relación a los fines que promueve la Ley, se recogen los derechos de las personas de información, acceso, derechos de rectificación, supresión y limitación de tratamiento y los casos en los que existan restricciones a su ejercicio por motivos tasados (p.e. que impidan o se obstaculicen indagaciones, investigaciones o procedimientos judiciales, pueda causar o perjudicar en la prevención, detección, investigación y enjuiciamiento de infracciones penales o a la ejecución de sanciones penales, por motivos de seguridad pública o nacional, entre otros). Además, en el caso de que se encuentren en curso de procedimiento penal los derechos de los interesados deberán ejercitarse conforme a la LOPJ y las normas procesales penales.

Por otra parte, establece el régimen del responsable, encargado de tratamiento y delegado de protección de datos en consonancia con las especialidades que determina la Ley en relación a sus obligaciones, las medidas técnicas y organizativas que deben llevar a cabo (registro de actividades de tratamiento y operaciones, evaluaciones de impacto, seguridad del tratamiento con medidas de control y deberes en caso de violaciones de seguridad...etc.). Además, fija en los mismos términos que la LO 3/2018 las autoridades independientes en materia de protección de datos[74]. Finalmente, se recoge el régimen de reclamación y sancionador.

Como colofón a esta regulación que hemos expuesto, me gustaría destacar que la visión general que podemos extraer de la regulación tanto de la UE como de nuestro ordenamiento jurídico en materia de protección de datos personales la cual podemos sintetizar en relación al objeto del presente estudio, en los siguientes puntos:

- Los datos personales se encuentran protegidos sobre la base de unos principios para llevar a cabo su tratamiento, como son:
  - La licitud, lealtad y transparencia en relación con el interesado.
  - Información recogida con unos fines determinados, explícitos y legítimos.

frente a las amenazas contra la seguridad pública.

74 Esto es tanto la Agencia Española de Protección de Datos como las autoridades autonómicas de protección de datos.

- Minimización de los datos, esto es; que deban ser tratados de forma limitada, pertinente y adecuada para el destino que son tratados.
- Necesariamente deben ser exactos y, a ser posible, actualizados para su tratamiento.
- Limitados a un plazo de conservación, y;
- Sometidos en su tratamiento a su integridad y confidencialidad.

– Todo ciudadano tiene sobre sus datos personales unos derechos de información, acceso, rectificación, supresión y oposición. No obstante, existen peculiaridades cuando los datos están inmersos en fines para evitar acciones delictivas.

– Para el tratamiento de los datos personales resulta necesario:
  - El consentimiento del interesado.
  - Una habilitación legitima conforme a Derecho.

– Existen distintas clases de datos personales por razón de su naturaleza cuando son sensibles en relación con otros derechos y libertades, así como en atención a determinados sujetos cuando están sometidos a un tratamiento con fines penales.

– Todo interesado tiene derecho a no ser objeto de una decisión que evalúe aspectos personales de forma automatizada, si bien se conciben excepciones.

– La protección sobre los datos desaparece cuando se consigue anonimizar o seudoanonimizar los datos.

– Coexisten unos agentes responsables de llevar a cabo medidas de carácter técnico, organizativo y de supervisión para garantizar este derecho fundamental: Responsable de tratamiento, encargado de tratamiento y las autoridades de control.

– Los datos sometidos a la función jurisdiccional están sometidos a un régimen distinto: La LOPJ y las normas procesales.

3.5. Notas jurisprudenciales de altos Tribunales de la UE en materia de protección de datos y el acceso por autoridades públicas a datos conservados (especialmente por proveedores de servicios de comunicaciones electrónicas) con fines de prevención, investigación, descubrimiento y persecución de delitos

Ya hemos visto la normativa en clave europea y nacional del derecho fundamental a la protección de datos. No obstante, resulta interesante abordar los casos en los que cabe llevar a cabo una intromisión en este derecho fundamental por una autoridad pública y bajo que circunstancias puede producirse conforme a la jurisprudencia del Tribunal de Justicia de la Unión Europea. Por estos motivos, se exponen a continuación algunas de las Sentencias más relevantes sobre esta materia:

- Sentencia del Tribunal Europeo de Derechos Humanos de 24 de junio de 2004, «Von Hannover c. Alemania, (§ 70)».
  - Los nuevos métodos y técnicas de obtención de la información que proporciona el espectro digital hacen necesaria una vigilancia reforzada de la protección de la vida privada frente a las nuevas tecnologías que posibilitan el almacenamiento y la reproducción de datos de carácter personal, así como, en particular, la toma sistemática de fotos específicas y su difusión al público.
- Sentencia TJUE «Société Colas Est y otros c. Francia, de 16 de abril de 2002 (n.° 37971/97) y Sentencia de 30 de septiembre de 2008 (n.° 36391/02), Isaldak c. Turquía».
  - Los Estados gozan de cierto margen de apreciación para considerar necesaria una intromisión con un fin legítimo de la entrada en el domicilio y su necesidad, pero ésta ha de hacerse bajo una interpretación estricta de las excepciones del artículo 8 del Convenio, y debe quedar establecida convincentemente su necesidad en el caso concreto como verdadera garantía de que la inmisión en este derecho fundamental es imprescindible para alcanzar aquel fin legítimo.
- Sentencia TJUE «La Quadrature du Net y otros (Datos personales y lucha contra la falsificación), Asunto C-470/21, apartado 65, 124 y 131».
  - Sólo puede concederse el acceso a los datos de tráfico y de localización conservados por proveedores de servicios de comunicaciones electrónicas con fines de prevención, investigación, descubrimiento y persecución de delitos cuando esté previsto por una medida legislativa con paraguas a que dichos datos conservados se hubieran almacenado sobre la base de la Directiva 2002/58/CE del Parlamento Europeo y del Consejo, de 12 de julio de 2002, relativa al tratamiento de los datos personales y a la protección de la intimidad en el sector de las comunicaciones electrónicas (Directiva sobre la privacidad y las comunicaciones electrónicas).
  - Cuando el acceso por autoridades nacionales competentes a datos conservados implique el riesgo de injerencia grave en los derechos fundamentales del interesado, implicará que esté supeditado a un control previo ya sea por una autoridad judicial o entidad administrativa independiente.

  - La autoridad judicial o entidad administrativa debe garantizar un equilibrio entre los intereses legítimos vinculados a las necesidades de investigación delictiva y los derechos fundamentales sobre la vida privada y la protección de datos personales que se verían afectados por dicho acceso.

- Sentencia TJUE «Prokuratuur (Condiciones de acceso a los datos relativos a las comunicaciones electrónicas), Asunto C-746/18, apartado 30, 36, 48 a 51».

  - Niega la posibilidad de que se puedan acordar medidas legislativas de conservación de datos con fines de prevención, investigación, descubrimiento y persecución de delitos de manera generalizada e indiferenciada sobre los datos de tráfico y localización.
  - La injerencia grave en los derechos fundamentales consagrados en los arts. 7 y 8 de la Carta que derive del acceso de las autoridades públicas a un conjunto de datos de tráfico o de localización que puedan facilitar información sobre las comunicaciones efectuadas por un usuario de un medio de comunicación electrónica o sobre la localización de los equipos terminales que utilice y que permitan extraer conclusiones precisas sobre la vida privada de las personas afectadas, lo cual hace necesario justificar factores sobre la proporcionalidad temporal del acceso y su duración para justificar la autorización a su acceso.
  - El conjunto de datos de tráfico o de localización de ese tipo, puede permitir extraer conclusiones precisas sobre la vida privada de las personas cuyos datos se han conservado, como los hábitos de la vida cotidiana, los lugares de residencia permanentes o temporales, los desplazamientos diarios u otros, las actividades realizadas, sus relaciones sociales y los círculos sociales que frecuentan, entre otros.
  - Resulta necesario para acometer el acceso a dichos datos un filtro de control previo —ya sea por un órgano jurisdiccional o por una entidad administrativa— salvo en caso de urgencia debidamente justificada.

- Sentencia TJUE «Ligue des Derechos Humanos, Asunto C-817/19, apartado 152».

  - El órgano jurisdiccional u organismo administrativo independiente que interviene en el marco de un control previo en relación a una petición motivada de acceso a datos conservados deberá valorar a los efectos de conceder o denegar la solicitud, si la injerencia en los derechos fundamentales que constituiría tal acceso es grave cuando resulte evidente que el delito en cuestión no forma parte efectivamente de la delincuencia grave.

- Sentencia TJUE «Commissioner of An Garda Síochána y otros, Asunto C-140/20, apartado 42».
  - Para valorar el acceso a los datos conservados se debe respetar los principios generales del Derecho de la Unión, entre los que figura el principio de proporcionalidad, y los derechos fundamentales garantizados por los artículos 7, 8 y 11 de la Carta
- Sentencia TJUE «Cuestión prejudicial planteada por Giudice delle indagini preliminari presso il Tribunale di Bolzano, Asunto C-178/22».
  - El ordenamiento nacional puede posibilitar a que una autoridad judicial, en el seno de una investigación penal, acordar el acceso a un conjunto de datos de tráfico o de localización que le permitan extraer conclusiones precisas sobre la vida privada de un usuario de un medio de comunicación electrónica.
  - Ello exige que se trate de la investigación de delitos castigados por el derecho nacional con una pena máxima de privación de libertad no inferior a tres años (instauración del concepto de delito grave por el TJUE).
  - Que los datos a los que se pretende tener acceso sean pertinentes para constatar los hechos delictivos.
  - La autoridad judicial esta investida con la potestad para denegar el acceso si se solicita en el seno de una investigación sobre un hecho delictivo que no sea grave sobre la base del contexto social de un Estado miembro y bajo su estricto examen de proporcionalidad a la hora de valorar la injerencia en los derechos fundamentales que supondría.

4. Régimen aplicable en la Administración de Justicia: ficheros jurisdiccionales *vs* no jurisdiccionales

Como ya se ha expuesto, la regulación sobre la protección de datos personales en la Administración de Justicia (AJU) queda sometida a las especialidades[75] atinentes de una regulación específica, concretamente, su régimen se encuadra dentro de la LOPJ y la normativa procesal. Esta situación, implica, tal y como veremos a continuación, algunas dificultades a tenor de una normativa tan extensa y fragmentada en consonancia con las peculiaridades y singularidades que cohabitan en esta heterogénea administración, a lo que hay que sumar otro elemento a la ecuación: la colisión que puede

75 Ello supone que les serán de aplicación directa tanto el RGPD, LO 3/18 y LO 7/21 pero con las especialidades adscritas a la LOPJ y a la normativa procesal.

generar los principios elementales que rigen en el seno de los procedimientos judiciales junto a las distintas autoridades y funcionarios como piezas esenciales del funcionamiento del sistema.

De este modo, la tramitación por los órganos judiciales y fiscalías de los procesos en los que sean competentes, así como el aquellos realizados dentro de la gestión gubernativa de la Oficina judicial y fiscal, se regirán por lo dispuesto en el Reglamento (UE) 2016/679, la Ley Orgánica 3/2018 y su normativa de desarrollo. En el mismo sentido en el ámbito penal con respecto a la Ley Orgánica 7/2021 de protección de datos personales tratados con fines de prevención, detección, investigación o enjuiciamiento de infracciones penales y de ejecución de sanciones penales. Si bien, como afirmamos, en sendos casos, con las especialidades recogidas en la LOPJ y la normativa procesal.

La LOPJ introdujo[76] dentro de su libro III relativo al régimen de los juzgados y tribunales, el Titulo III sobre las actuaciones judiciales, un Capítulo I bis a través del art. 236 y sus respectivos subapartados que regula la Protección de datos de carácter personal en el ámbito de la AJU. Este modelo se basa en la distinción entre los ficheros jurisdiccionales y no jurisdiccionales como elemento nuclear, lo cual tendrá importantes efectos a la hora de determinar quienes ostentan la cualidad de responsable de tratamiento, encargado de tratamiento y autoridad de control sobre los datos que abastecen esta administración.

Esta distinción de ficheros trae causa del Reglamento n.º 1/2005, de 15 de septiembre, de los Aspectos Accesorios de las Actuaciones Judiciales[77] que diferenciaba entre fichero jurisdiccional y no jurisdiccional o gubernativo. Los primeros los definía como aquellos que contienen un conjunto organizado de datos de carácter personal, cualquiera que fuere la forma o modalidad de su creación, almacenamiento, organización y acceso, que se han obtenido como consecuencia del ejercicio de la potestad jurisdiccional que corresponde exclusivamente a los jueces y tribunales determinados en las Leyes y en los tratados internacionales. En contraposición, los no jurisdiccionales, los encuadraba en aquellos obtenidos o que consten en los procedimientos gubernativos. El art. 95 del citado Reglamento, disponía que la creación de tales ficheros de carácter personal tendría lugar mediante acuerdo expreso del Consejo General del Poder Judicial publicado en el BOE[78].

76 La última modificación en esta materia la introdujo la disposición adicional tercera de la Ley Orgánica 7/2021, de 26 de mayo, de protección de datos personales tratados para fines de prevención, detección, investigación y enjuiciamiento de infracciones penales y de ejecución de sanciones penales.

77 En sus arts. 86 a 97, bajo la rúbrica «Del establecimiento y gestión de los ficheros automatizados bajo la responsabilidad de los órganos judiciales.

78 Así nace el Acuerdo de 20 de septiembre de 2006, del Pleno del CGPJ por el que se daba creación a sendos ficheros personales dependientes de los órganos judiciales regulando su estructura y medidas de seguridad.

La regulación vigente que consagra el art. 236bis LOPJ disecciona el régimen de aplicación con el mismo espíritu, es decir, sobre la base de que se entenderán como datos con fines jurisdiccionales aquellos incorporados a procesos cuando tengan por finalidad la actividad jurisdiccional. Esto nos hace preguntarnos si ello supone que todos los datos personales que entran en el sistema judicial como consecuencia de un proceso judicial deban ser considerados como jurisdiccionales, *a priori* parece que no cabe duda. Por su parte, el apartado segundo del precepto otorga el tratamiento de datos personales en la AJU al órgano competente y, dentro de él, a quien tenga atribuida la competencia por la normativa vigente. Ello, presupone un nuevo laberinto, teniendo en cuenta los diversos actores a los que se puede atribuir esta condición ya sea; desde la perspectiva interna del funcionamiento del juzgado (con los distintos sujetos con funciones y competencias que tienen asignadas por Ley) como externa del propio funcionamiento organizativo del sistema judicial (Ministerio de Justicia, las Administraciones prestacionales y el CGPJ).

Es decir, el precepto disgrega entre qué datos personales están adscritos a la regulación específica sometida en la AJU de cuáles no. Algunos especialistas que han hecho estudios profundos sobre esta materia como Alejandro Rodríguez[79] entienden que el art. 236bis LOPJ supone una mera declaración de intenciones al considerar necesario que el legislador debiera adaptar sus instituciones a un ámbito que de por sí revela una aparente colisión entre los principios esenciales que rigen en el seno de los procedimientos judiciales como puede ser, entre otros, el principio de publicidad de las actuaciones judiciales en contraposición al derecho de protección de datos donde su principio esencial se sustenta en el sistema basado en el consentimiento del interesado para que autorice el tratamiento de sus datos.

Por otro lado, lo cierto es que la distinción entre la tipología de ficheros deviene elemental, pues como hemos adelantado, dependiendo de su modalidad se expande la protección y/o régimen jurídico que ampara a los datos que se recogen, ya sea sobre el paraguas abierto por el régimen especial de protección de datos de la AJU o, por el contrario, sólo y exclusivamente el de general para aquellos ficheros de datos (de carácter gubernativo) que aún integrados dentro de la AJU se consideran no jurisdiccionales. Todo, en suma, con las connotaciones sobre sus respectivos responsables de tratamiento, encargados de tratamiento y autoridad/es de control.

Esta situación hace que nos paremos en una cuestión central para empezar a vislumbrar esta disgregación que hace la LOPJ que no es otra que lo que debemos entender por función jurisdiccional o judicial lo cual se encuentra, íntimamente, ligado al concepto de independencia judicial. Recordemos

---

79 Alejandro RODRÍGUEZ ROCA. *La protección de datos personales en los juzgados y tribunales: un enfoque desde la perspectiva procesal*. Capitulo I. Ed. Wolters Kluwer, 2021. pp. 30-45.

a estos efectos, que el fundamento principal defendido en el RGPD para otorgar este régimen especial en la AJU (relativo a los ficheros jurisdiccionales) subyace de la defensa de esta independencia judicial. Esta relación entre la independencia judicial y la función jurisdiccional se resume de forma clara en la Sentencia del Tribunal Constitucional 128/2023, de 2 de octubre (FJ 4):

> «La independencia judicial se predica de todos y cada uno de los jueces en cuanto ejercen la función jurisdiccional, quienes precisamente integran el poder judicial o son miembros de él porque son los encargados de ejercerla ex art. 117.1 CE (STC 108/1986, FJ 6). En la STC 238/2012, FJ 7 (con cita literal de la STC 37/2012, de 19 de marzo, FFJJ 4 y 5), dijimos además que la independencia del poder judicial "implica que, en el ejercicio de esta función, están sujetos única y exclusivamente al imperio de la ley, lo que significa que no están ligados a órdenes, instrucciones o indicaciones de ningún otro poder público, singularmente del legislativo y del ejecutivo", y añadimos "que, en el ejercicio de su función constitucional, el juez es libre en cuanto que solo está sujeto al imperio de la ley. O, dicho de otro modo, que los jueces y tribunales son independientes porque están sometidos únicamente al Derecho. Independencia judicial y sumisión al imperio de la ley son, en suma, anverso y reverso de la misma medalla". Con el fin de asegurar la independencia de cada juez o tribunal en el ejercicio de su jurisdicción, "[l]a misma Constitución prevé diversas garantías [...] En primer término, la inamovilidad, que es su garantía esencial (art. 117.2); pero también la reserva de ley orgánica para determinar la constitución, funcionamiento y gobierno de los juzgados y tribunales, así como el estatuto jurídico de los jueces y magistrados (art. 122.1), y su régimen de incompatibilidades (art. 127.2)"; si bien matizamos que esa independencia "tiene como contrapeso la responsabilidad y el estricto acantonamiento de los jueces y magistrados en su función jurisdiccional y las demás que expresamente les sean atribuidas por ley en defensa de cualquier derecho (art. 117.4), disposición esta última que tiende a garantizar la separación de poderes" (STC 108/1986, FJ 6).
>
> En relación con esa independencia judicial, la Constitución atribuye al Consejo General del Poder Judicial una función de garante (STC 108/1986, FJ 7), que no exige "que sea el órgano de autogobierno de los jueces sino en que ocupe una posición autónoma y no subordinada a los demás poderes públicos" (STC 108/1986, FJ 10)».

No obstante, si seguimos el hilo al rededor del concepto de AJU en sentido amplio[80] debemos distinguir entre función jurisdiccional propiamente por un lado (junto a los elementos intrínsecamente unidos a la determinación de la independencia con que debe desarrollarse), y otros aspectos que, más o menos unidos a lo anterior, le sirven de sustento material o personal, por

80 Véase la STC 105/2000, de 13 de abril. Igualmente, resulta descriptiva la doctrina acerca de la distribución de competencias en materia de Administración de Justicia está contenida en las SSTC 108/1986, de 29 de julio, 56/1990, de 29 de marzo, y 62/1990, de 30 de marzo.

otro. En resumen, podemos afirmar, haciendo una interpretación de la doctrina constitucional en correlación con las normas de protección de datos dentro de la esfera de los tribunales que cualquier dato personal que sea recabado por los juzgados —siempre que no sea de índole gubernativo— tendrá la característica de fichero jurisdiccional con las consecuencias derivadas de ello.

Esto entraña un enorme problema que ha sido percibido por varios autores, entre ellos Miguel Marcos[81], pues si llevamos a cabo un análisis de situación del tablero de la AJU en una partida empezada desde hace mucho antes del nacimiento de esta regulación, nos encontramos claras interferencias entre el poder ejecutivo vs judicial. Me explico, pensemos que los distintos SGP y demás aplicaciones (a modo de ejemplo la CDCJ o el SIRAJ), cuyas bases de datos son alimentadas claramente como ficheros jurisdiccionales, pero, sin embargo; su gestión, desarrollo y mantenimiento corresponde al Ministerio de Justicia (poder ejecutivo) o administración prestacional, según los casos. ¿Estamos ante una clara injerencia en la independencia judicial? Los posibles accesos a la información contenida en dichos ficheros jurisdiccionales por parte del poder ejecutivo son claros, no sin pasar por alto al conjunto de empresas privadas subcontratadas que los desarrollan ¿Podría entenderse igualmente como una transgresión en la separación de poderes?

De esta forma, el art. 236ter LOPJ clasifica en el contexto judicial el régimen de los ficheros de datos en el sentido que venimos expresando, esto es: sobre la base del régimen general establecido por el RGPD y las LO que lo desarrollan con las especialidades reguladas en la LOPJ y normativa procesal. Si bien, a diferencia de la normativa general, resalta una distinción importante pues el precepto subraya que no resulta necesario el consentimiento del interesado para que se proceda al tratamiento de los datos personales en el ejercicio de la actividad jurisdiccional.

Si echamos un vistazo a la normativa de aplicación general ex art. 6.1 e) RGPD[82] y 8 de la LO 5/2018 se faculta el tratamiento de datos por obligación legal, interés público o el ejercicio de poderes públicos. Ello tendríamos que enlazarlo con el precepto siguiente de la LOPJ, el art. 236 qúarter, que deja claro que cuando se proceda al tratamiento con fines no jurisdiccionales se estará a lo dispuesto en el Reglamento (UE) 2016/679, la Ley Orgánica 3/2018 y su normativa de desarrollo. En este sentido, cabría preguntarse —dejando aparte las cuestiones gubernativas— qué ocurre con el resto de activida-

---

81 Miguel Marcos Ayjon. «La protección de datos de carácter personal en la Oficina judicial Penal» y «Las múltiples implicaciones de la protección de datos en la justicia penal». *La Ley*, n.° 15682, 2018 y La Ley penal, n.° 132, 2018.

82 Este precepto alude a la licitud del tratamiento estableciendo que todo tratamiento será lícito si se cumple alguna de las condiciones que engloba. En este sentido el apartado e) reza que el tratamiento es necesario para el cumplimiento de una misión realizada en interés público o en el ejercicio de poderes públicos conferidos al responsable del tratamiento.

des y expedientes que se tramitan en los juzgados y no son jurisdiccionales. Me refiero a los expedientes de jurisdicción voluntaria o aquellas actividades relativas al Registro Civil, por ejemplo[83]. La respuesta es que dichos datos quedan amparados por la normativa general de protección de datos.

Por su parte, el art. 236 quinquies LOPJ, viene a establecer a los operadores judiciales (Jueces y Magistrados, Fiscales y Letrados de la Administración de Justicia) la facultad de adoptar las medidas tendentes a la supresión de datos personales de las resoluciones y/o documentos al que pueden acceder las partes en la tramitación de un procedimiento siempre que no fueran necesarios para el derecho a la tutela judicial efectiva. De esta manera, tal y como señala Alejandro Rodríguez[84] se impone la obligación en base a sus respectivos ámbitos competenciales en el sentido de que deben realizar un juicio de utilidad y pertinencia de la información personal que incluye en sus resoluciones en aras de conciliar la publicidad de las actuaciones y resto de principios procesales en relación al derecho de los titulares de dichos datos, considerando así que el legislador ha tomado una medida de un calado tan amplio que puede —según los casos— lindar con los extremos de una posible indefensión o resultar ineficaz a la hora de conciliar los bienes que se encuentran en liza. Por otro lado, el precepto señala en relación a las partes del procedimiento y su defensa y representación que cualesquiera datos personales que conozcan a través de los procedimientos deberán ser tratados por éstas conforme a la normativa general de protección de datos.

Seguimos, la LOPJ continúa en su art. 236 sexies con un conjunto de medidas de seguridad que deben llevar a efecto la correspondiente Administración competente[85] (ya sea el Ministerio de Justicia o al Administración prestacional que tiene transferidas las competencias en materia de justicia). De esta forma, se impone la necesidad de suministrar por su parte, medios tecnológicos adecuados para el tratamiento de datos que entren en sus sistemas. El mismo precepto en su punto cuarto acuerda, en relación al presente estudio una cuestión interesante; en tanto de forma expresa se autoriza tanto al Ministerio de Justicia o a la Comunidad autónoma con competencias en justicia —dentro de las políticas de apoyo a la Administración de Justicia y desarrollo de la gestión electrónica de los procedimientos— la posibilidad de efectuar un tratamiento de datos no personales para el ejercicio de sus competencias de gestión pública. ¿A qué se refiere? La respuesta la tenemos en un ejemplo claro desde la perspectiva práctica de esta autorización[86] como

83 Cuyas regulaciones giran en torno a la Ley 15/2015, de 2 de julio, de la Jurisdicción Voluntaria y Ley 20/2011, de 21 de julio, del Registro Civil donde muchos de los expedientes no son competencia del ejecutor de la potestad jurisdiccional (ex art. 117 CE) sino de los LAJ.

84 Alejandro RODRÍGUEZ ROCA. *La protección de datos personales en los juzgados y tribunales: un enfoque desde la perspectiva procesal.* Capitulo I. Ed. Wolters Kluwer, 2021. pp. 30-45.

85 Ello tiene relación con la imposición que realiza el propio art. 37 LOPJ.

86 Fue incorporada por disposición final 3.9 de la Ley Orgánica 7/2021, de 26 de mayo.

es el denominado: «Portal de datos de Justicia»[87] que tuvo origen como consecuencia de los acuerdos llevados a cabo en la Conferencia sectorial de Justicia. Esta web esboza un conjunto de datos de toda la AJU aportados por parte de sus integrantes. A través de este instrumento se pretende llevar a cabo distintas políticas públicas a través de su análisis y estructuración e interrelación de todos ellos. Todos los datos volcados son de carácter no personal, a modo de ejemplo; datos sobre la CDCJ (tales como ingresos vs pagos, n.º de transferencias, mandamientos, traspasos, tasas todo ello divido por juzgados, jurisdicción y territorio, subastas judiciales llevadas a cabo, entre otros), tipología de actuaciones procesales por territorio (especialmente, sobre actos procesales no presenciales divididos por la plataforma utilizada, la jurisdicción, tipo de actuación procesal..etc.), análisis de datos sobre violencia de género (dividido en delitos, homicidios y asesinatos, órdenes de protección), entre muchos otros. De cualquier forma, el objetivo primordial es disponer de información para la toma de decisiones y la ejecución de políticas públicas basadas en datos y evidencias.

El uso de los datos para su posterior análisis y utilización en políticas públicas ya es un hecho en otros países. Algunos ejemplos son el texto legal francés «LOI n.º 2016-1321 du 7 octobre 2016 pour une République numérique», que permite al sector público acceder a determinados datos (del sector privado) de interés general, la Ley de montes finlandesa que obliga a los propietarios forestales a compartir información relativa a la gestión de los bosques con el sector público, o, la Ley finlandesa sobre el uso secundario de los datos sanitarios y sociales, que crea una autoridad de autorización de datos.

Asimismo, la parte final del art. 236 sexies incluye —por primera vez— la posibilidad a cada Administración de desarrollar e implementar sistemas automáticos de clasificación documental orientados a la tramitación procesal, con cumplimiento de la normativa de interoperabilidad, seguridad y protección de datos que resulte aplicable. Esta nueva opción se encuentra orientada al aprovechamiento del lago de datos que existe dentro de la propia AJU permitiendo su uso con los futuros desarrollos y mejoras en cada uno de los SGP con el objetivo —a medio plazo— de permitir la optimización de los tiempos en la tramitación de los procedimientos. Si bien, recordemos, hace necesario para llevarlo a cabo con un tratamiento de datos sobre los que realiza la automatización de carácter no personal.

Siguiendo el hilo de la regulación obrante en la LOPJ, el art. 236 septies hace referencia a los derechos a los que tienen las partes sobre sus datos dentro de la esfera de la AJU. En este sentido, Eduard Antoni Chaveli[88] resalta que se siguen tratando los derechos ARCO como si tuvieran la misma virtua-

87 https://datos.justicia.es/inicio

88 Eduard Antoni CHAVELI DONET. *Nuevas tecnologías en el comercio: aspectos legales* Véase el capítulo «Protección de datos y ficheros jurisdiccionales». Págs. 193-228.

lidad que en una empresa o cualquier otra Administración Pública en contraposición —como afirman numerosa doctrina— a las especialidades de la AJU, por cuanto los derechos de rectificación y oposición resultan contrarios a las instituciones del Derecho procesal. Ello nos lleva a adentrarnos en el concepto «habeas data» que, algunos autores como Enrique César Pérez-Luño[89], definen como la acción que protege el derecho a la protección de datos personales como cauce procesal para alcanzar la libertad de la persona en la esfera de la informática y que tuvo su origen en la Sentencia del Tribunal Constitucional n.º 254/1993[90] la cual sostiene:

> «con relación al art. 18.4 C.E., que dicho precepto incorpora una garantía constitucional para responder a una nueva forma de amenaza concreta a la dignidad y a los derechos de la persona. Además de un instituto de garantía de otros derechos, fundamentalmente el honor y la intimidad, es también, en sí mismo, un derecho o libertad fundamental, el derecho a la libertad frente a las potenciales agresiones a la dignidad y a la libertad de la persona provenientes de un uso ilegítimo del tratamiento mecanizado de datos (fundamento jurídico 6.º). La garantía de la intimidad, latu sensu, adopta hoy un entendimiento positivo que se traduce en un derecho de control sobre los datos relativos a la propia persona. La llamada libertad informática es así derecho a controlar el uso de los mismos datos insertos en un programa informático (habeas data) y comprende, entre otros aspectos, la oposición del ciudadano a que determinados datos personales sean utilizados para fines distintos de aquel legítimo que justificó su obtención (fundamento jurídico 7.º)»

Los arts. 236 octies a decies LOPJ fijan la estructura competencial en materia de tratamiento de datos personales dentro de la AJU. Si bien, nuevamente, existen dudas sobre las posibles interferencias a la vista de su contenido entre las potenciales colisiones con los principios que vertebran nuestro Estado de Derecho como son la separación de poderes y la independencia judicial.

Pues bien, tras la lectura y análisis de dichos preceptos podemos sacar las siguientes conclusiones:

1. Por un lado, debemos partir de que la protección de los datos en el ejercicio de la potestad jurisdiccional es competencia de los propios órganos jurisdiccionales en el ejercicio de las funciones que les son propias.
2. La autoridad de control respecto a los datos jurisdiccionales corresponde:
    - Al CGPJ y la Fiscalía General del Estado (FGE) en el ámbito de sus competencias.

89 Enrique César Pérez Luño Robledo. *El procedimiento de habeas data: el Derecho procesal ante las nuevas tecnologías*. Dykinson, S.L. 2017.

90 En el mismo sentido las SSTC 94/1998, de 4 de mayo y 11/1998, de 13 de enero.

3. La autoridad de control respecto a los datos no jurisdiccionales y cualesquiera otros tratamientos de datos de la AJU siempre que no sean jurisdiccionales corresponde:
   - A la Agencia Española de Protección de datos (AEPD).
4. Los tratamientos de datos llevados a cabo en el seno del CGPJ y la FGE —siempre que no sean con fines jurisdiccionales— corresponden:
   - A la Agencia Española de Protección de datos (AEPD).

Esta regulación parece dar lugar a una «muñeca rusa» con los consiguientes conflictos que ello puede suponer ya mencionados en relación a: (i) la independencia judicial y el ejercicio de la función jurisdiccional la cual es apoyada por el entramado que compone la estructura de funcionamiento del juzgado y los actores que colaboran en su cumplimiento con las competencias que por Ley tienen atribuidas (LAJ[91] y resto de miembros de la Oficina judicial[92]) en conexión con; (ii) las autoridades de control —con facultades de inspección, sanción y por ende de acceso a la información— como son por un lado el CGPJ[93] como órgano de gobierno de los jueces y «representante del poder judicial» que no puede interferir en la independencia de éstos[94] en sus funciones de juzgar y ejecutar lo juzgado (art. 12 LOPJ) y, por otro lado la FGE; (iii) la AEPD (poder ejecutivo) como autoridad de control sobre los tratamientos llevados a cabo por los anteriores (CGPJ y FGE) en el ejercicio de sus competencias lo que supone, como venimos adverando, nuevamente, una colisión directa de la separación de poderes e independencia judicial a la vista de esta regulación; (iv) a este cóctel hay que sumar que el mantenimiento, desarrollo e implantación de los aplicativos que almacenan todos los datos en la AJU ya sean de carácter jurisdiccional o no, depende —según los casos— del Ministerio de Justicia (poder ejecutivo) o la CC. AA. con competencias transferidas y; (v) al entrecruzamiento de las competencias entre las autoridades de control ha de sumarse el hecho de que una misma cuestión puede reclamarse ante la autoridad de control y en vía judicial[95].

91 El cancerbero para otorgar o no el acceso a estas actuaciones en un proceso judicial recae sobre el Letrado de la Administración de Justicia ex art. 454.4 de la LOPJ.

92 En este sentido conviene recordar nos referimos a los Gestores Procesales, Tramitadores y Auxilios judicial que componen la plantilla del juzgado los cuales dependiendo del territorio se encuentran adscritos al albur del Ministerio de justicia o Administración prestacional con competencias transferidas en justicia.

93 Basta una lectura del art. 122 CE en relación al art. 104 LOPJ.

94 A modo de ejemplo véase el art. 13 LOPJ «Todos están obligados a respetar la independencia de los Jueces y Magistrados» incluido, lógicamente, no sólo los ciudadanos, sino los órganos, instituciones... así como el resto de poderes que configuran el Estado de Derecho.

95 En sentido Nuria Díaz Abad en «La protección de datos en el ámbito judicial: Una visión europea». *Actualidad Administrativa*, n.º 10, Sección Europa, Octubre 2021, Wolters Kluwer LA LEY 9811/2021; lo pone de relevancia al manifestar que este supuesto ha dado

En definitiva, esta radiografía supone un absoluto rompecabezas que tras inmersión realizada para tratar de conocer las peculiaridades que sustenta la protección de los datos en el marco de la AJU, puede dar lugar a una narcosis a la vista de los entresijos que obedecen a la regulación de nuestro país en consonancia con la normativa europea y las peculiaridades que afectan a este sector. De cualquier manera, el tratamiento de los datos en la AJU es una cuestión clave para su uso por medio de tecnologías como la IA. Por estos motivos, nos centraremos a continuación en los principales problemas legales que pueden existir y las posibles alternativas para solventarlos en aras de posibilitar el uso de los datos dentro del sistema judicial, con un objetivo certero: valorar la posibilidad de conseguir un hito más en la transición digital de la justicia como sería la mejora del sistema y funcionamiento por medio de la implantación de nuevas tecnologías sustentadas en los datos.

5. Análisis de las posibles vías para el uso de los datos integrados en la AJU para mejorar el servicio publico

En diversas ocasiones, Luís López Guerra[96] ha defendido que la fortaleza del Estado de Derecho no radica en su rigidez, sino precisamente en su capacidad para adaptarse a los cambios y asegurar la justicia para todos los ciudadanos.

Partiendo de esta afirmación, nuestra actual AJU cuenta con un volumen de datos ingente auspiciado por los diversos aplicativos informáticos que sustentan el funcionamiento del sistema judicial; ¿qué mejor forma para

lugar al planteamiento de una cuestión prejudicial húngara, actualmente pendiente ante el TJUE (asunto Nemzeti Adatvédelmi és Információszabadság Hatóság, C-132/21) en la que se suscita si en el supuesto de que el interesado ejerza simultáneamente su derecho a presentar una reclamación con arreglo al artículo 77.1 del RGPD y su derecho a ejercitar una acción judicial con arreglo al artículo 79.1 del mismo Reglamento procede considerar que una interpretación conforme con el artículo 47 de la CDFUE implica que la autoridad de control y el tribunal están obligados a examinar la existencia de una infracción de modo independiente y, en consecuencia, pueden incluso llegar a resultados divergentes, o bien que la resolución de la autoridad de control goza de prioridad por cuanto se refiere a la apreciación de la comisión de una infracción. También se plantea si debe interpretarse la independencia de la autoridad de control, garantizada por los artículos 51.1 y 52.1 apartado 1, del RGPD en el sentido de que dicha autoridad, al tramitar y resolver el procedimiento de reclamación previsto en el artículo 77, es independiente de cuanto declare mediante sentencia definitiva el tribunal competente en virtud del artículo 79, de manera que puede incluso adoptar una resolución divergente respecto a una misma supuesta infracción.

96 Jurista, Magistrado, Político y Catedrático español. Fue vicepresidente del Tribunal Constitucional de España (1992-1995) y presidente de sección del Tribunal Europeo de Derechos Humanos (2015-2017).

optimizar la capacidad de respuesta de la justicia sino a través de técnicas tendentes a la consecución de automatizaciones a través del procesamiento y correlación de toda la información con la que contamos en aras de aplicar soluciones más eficaces? El uso de innovaciones tecnológicas acordes a la era tecnológica en la que nos encontramos podría impulsar la eficiencia del servicio que prestan los juzgados y tribunales.

Como ya hemos visto, los datos de las personas físicas se encuentran bajo el marco de protección que hemos reflejado:

- En la UE sobre la base del Reglamento (UE) 2016/679 y Directiva (UE) 2016/680
- En el espectro nacional con las LO 3/2018 y 7/2021 y;
- En la esfera de la AJU a través de la LOPJ y la normativa procesal.

En el seno de la AJU podemos encontrar todo tipo de datos con independencia de la clasificación legal que viene estipulada sobre aquellos de índole personal, pues en atención a su tipología (jurisdiccionales vs no jurisdiccionales) difiere —como se ha expuesto— su régimen de protección. En este sentido, piense el lector todo el gigantesco rango de datos con los que cuentan los aplicativos y plataformas que vertebran el funcionamiento de los tribunales. Para hacernos una idea sobre el juego que pueden dar en el supuesto en el que se extraigan, relacionen o conjuguen con otros ya sean del mismo sector o no, se reseñan a continuación una ínfima porción[97] de conocimiento que pueden aportar y se nos ocurren, a modo de ejemplo y sin valorar su posible utilidad, con el objetivo de mostrar una mera ilustración del nicho existente:

- En relación a las partes que participan en el procedimiento: ciudadanos (sexo, edad, n.º de identificación administrativa, dirección, teléfono, email, n.º y tipología de procedimientos en curso, n.º de condenas/absoluciones/estimaciones/desestimaciones...), personas jurídicas (domicilio social, actividad, NIF, todo tipo de informes sobre la vida de las entidades, administradores....), profesionales (colegio profesional, jurisdicción en la que ejercen, tipo de acciones más habituales, preceptos/jurisprudencia más utilizada en apoyo a sus pretensiones, % de escritos de tramite e iniciadores que introducen en el sistema, hora en el día en el que los emiten, localidad donde ejercen, señalamientos/agenda, tipología de recursos interpuestos, % de estimación/desestimación...)...etc.
- Relativos a los funcionarios que permiten el funcionamiento del sistema judicial: % mujeres vs hombres (dividido por territorio, partido judicial, jurisdicción, tipo de funcionario...), % de titulares, interinos,

97 Cada uno de los datos descritos pueden clasificarse, categorizarse y enmarcarse a su vez en multitud de otros que parten del primero.

refuerzos, prolongaciones de jornada, en comisión de servicios, productividad, % de escritos proveídos por día, n.º de clics que realiza por aplicación por hora/día, % de impugnaciones que reciben, % de tasa de resolución por ratio temporal, tasa de estimación/desestimación por materia, carga de trabajo por especialidad en donde ejercen sus funciones, % de bajas laborales por año y modalidad, n.º de actuaciones telemáticas o no realizadas (juicios, comparecencias, actos procesales...) semanales/mes/año...etc.

- Con respecto a los sistemas y plataformas que dan soporte a la actividad jurisdiccional: clases de registro por jurisdicción, carga de trabajo (por territorio, jurisdicción...), media de escritos presentados por tipo de procedimiento, n.º de escritos iniciadores o de trámite recibidos al día por juzgado/jurisdicción/partido judicial/territorio, hora punta de envío/recepción de envíos, movimientos monetarios de los procedimientos judiciales (tipo/clase/recurso/territorio), n.º transferencias/mandamientos por jurisdicción/tipo de procedimiento/causa..., n.º de cumplimientos de condena en atención a la tipología de procedimiento o territorio..., contenido de las resoluciones en atención a multitud de factores (n.º caracteres, palabra más utilizada o hasta el n.º de requisitorias, medidas cautelares, embargos...), n.º de exhortos y modalidad más habitual peticionada/ % de cumplimiento, n.º de horas de grabaciones de actos procesales, n.º de resoluciones firmadas al día, % de piezas abiertas por tipo de jurisdicción/clase de procedimiento/territorio (nulidad de actuaciones, impugnaciones de tasaciones de costas...), tiempos de respuesta en la tramitación de procedimientos (por fase decisoria, jurisdicción, tipología...), n.º subastas judiciales electrónicas (realizadas, localización, subastas desiertas, finalizadas con puja con o sin reserva, forma de terminación de la subasta...), n.º de entradas y registros (por territorio, partido judicial, juzgado...), % de interoperabilidad de cada SGP...etc.
- En cuanto a los presupuestos destinados en justicia: Cantidad presupuestaria destinada a Justicia por cada administración en atención al n.º de habitantes, sedes judiciales, partidos judiciales, n.º de efectivos, n.º de refuerzos...etc.

Estos son algunos datos escogidos de forma aleatoria tras un *brainstorming*, existen infinitos que pueden ser categorizados de mil y una formas, y si pensamos en el resultado de su tratamiento a través de las nuevas tecnologías que están emergiendo en este momento de nuestra historia cabe pensar que permitirían incorporar grandes beneficios para la mejora del funcionamiento de la justicia, como ilustración: conocer la incidencia de criminalidad por zonas, efectividad de la justicia en virtud de la plantilla y carga de trabajo, impactos de las modificaciones normativas en los juzgados, optimización de la relaciones de puestos de trabajo (RPTs), conocimiento del flujo dinerario que mueven los juzgados para su posible inversión, adelantarse a los posibles colapsos que pudieran existir en la Justicia para tomar medidas en aras de evitarlos, apoyar el ejercicio de la actividad jurisdiccional a través de automatizaciones, propuestas de resoluciones, localización de datos en expedientes voluminosos... En definitiva, el abanico de posibilidades resulta ilimitado y depende del objetivo que se trate de alcanzar. Sin embargo, no debemos olvidar los riesgos que a su vez puede suponer una utilización desmedida y sin límites de estas herramientas, pues están en jaque las reglas de convivencia que sustentan los principios, derechos y obligaciones de nuestra sociedad y que configuran, en esencia, el funcionamiento del Estado de Derecho.

Como ya hemos visto, el conglomerado normativo sobre la protección de los datos personales establece un régimen de protección especial para el tratamiento de la información con efectos discriminatorios por motivos de raza u origen étnico, opiniones políticas, religión o creencias, afiliación sindical, condición genética o estado de salud u orientación sexual, o que den lugar a medidas que produzcan tal efecto. Estos datos se reconocen como categorías de datos especiales. En relación a esta protección de categorías de datos, resulta muy interesante la Sentencia del Tribunal Constitucional n.º 76/2019 en donde se analiza la legalidad por parte de los partidos políticos a recopilar datos personales atinentes a las opiniones políticas de las personas en el marco de sus actividades electorales, por considerar que ello, vulnera diversos preceptos constitucionales como son los arts. 9.3, 16, 18.4, 23 y 53.1 CE y a la que más tarde haremos referencia ya que tiene incidencia en el presente apartado del estudio. En este caso, el máximo órgano interpretador de la Carta Magna recuerda que el tratamiento de los datos tiene que realizarse en condiciones que aseguren la transparencia, la supervisión y la tutela judicial efectiva, y se debe procurar que los datos no se recojan de forma desproporcionada y no se utilicen para fines distintos de los que justificaron su obtención.

Pues bien, a la hora de valorar el posible uso de los datos que existen en la AJU una de las claves de bóveda se encuentra en el art. 22 del Reglamento (UE) 2016/679 relativo a las decisiones individuales automatizadas, incluida la elaboración de perfiles que dispone:

> 1. Todo interesado tendrá derecho a no ser objeto de una decisión basada únicamente en el tratamiento automatizado, incluida la elaboración de perfiles, que produzca efectos jurídicos en él o le afecte significativamente de modo similar.
>
> 2. El apartado 1 no se aplicará si la decisión:
>
> a) es necesaria para la celebración o la ejecución de un contrato entre el interesado y un responsable del tratamiento;
>
> b) está autorizada por el Derecho de la Unión o de los Estados miembros que se aplique al responsable del tratamiento y que establezca asimismo medidas adecuadas para salvaguardar los derechos y libertades y los intereses legítimos del interesado, o
>
> c) se basa en el consentimiento explícito del interesado.

3. En los casos a que se refiere el apartado 2, letras a) y c), el responsable del tratamiento adoptará las medidas adecuadas para salvaguardar los derechos y libertades y los intereses legítimos del interesado, como mínimo el derecho a obtener intervención humana por parte del responsable, a expresar su punto de vista y a impugnar la decisión.

4. Las decisiones a que se refiere el apartado 2 no se basarán en las categorías especiales de datos personales contempladas en el artículo 9, apartado 1, salvo que se aplique el artículo 9, apartado 2, letra a) o g), y se hayan tomado medidas adecuadas para salvaguardar los derechos y libertades y los intereses legítimos del interesado.

De esta manera, cualquier persona puede oponerse a un acto que traiga causa de un tratamiento automatizado de sus datos cuando, éste, pueda tener algún tipo de consecuencia o afección sobre su persona. No obstante, se establecen tres casos donde no se tendrá el derecho de oposición como son: (i) para llevar a cabo un contrato entre el interesado y el responsable de tratamiento; (ii) cuando se autorice expresamente por Ley o: (iii) cuando el consentimiento se presta expresamente por el interesado. Si bien, se impone en cualquier caso que se salvaguarden los derechos de estos sujetos que puedan resultar afectados por la decisión o acto automatizado debiendo garantizar el responsable de tratamiento los derechos de los afectados permitiendo hacer posible la intervención humana en el acto que ha producido la automatización e, incluso, el derecho a impugnarla. Además, la excepción que predica el precepto no resulta aplicable a las categorías de datos especiales que vimos con anterioridad, salvo en el caso de que se diera un consentimiento explícito por el interesado para el tratamiento de dichos datos, eso sí, con unos fines concretamente determinados o, en su caso, que el tratamiento resulte necesario por razones de interés público esencial.

Por su parte, el art. 236 ter apartado tercero LOPJ en su CAPÍTULO I BIS relativo a la Protección de datos en la AJU dispone que: «*No será necesario el consentimiento del interesado para que se proceda al tratamiento de los datos personales en el ejercicio de la actividad jurisdiccional, ya sean éstos facilitados por las partes o recabados a solicitud de los órganos competentes, sin perjuicio de lo dispuesto en las normas procesales para la validez de la prueba*».

Esta modificación de la LOPJ que fue realizada por la transposición de la Directiva (UE) 2016/681 parece dar un halo de luz sobre la posibilidad de utilizar los datos obrantes en la AJU para permitir su uso, si bien, con el fundamento exclusivo basado en el ejercicio de la actividad jurisdiccional. Pero ¿cabría interpretar esta salvedad para el uso de los datos de forma automatizada si ello colaborase para dicho fin? La respuesta debe ser negativa pues refiere de forma exclusiva al ejercicio de la actividad jurisdiccional en sentido literal, esto es; para dar respuesta por parte del conjunto de sujetos que componen el poder judicial a los conflictos que se encuentran encarrilados en el seno de los procedimientos judiciales. Sin embargo, podríamos vaticinar que si el legislador desea incorporar el uso de tecnologías como la IA en justicia ese precepto podría ser el lugar para llevar a cabo la habilitación a futuro[98] y abrir la llave a ello. Basta ver dentro de este sector la regulación realizada sobre los datos de carácter no personal que aporta el art. 236 sexies LOPJ[99]. En este caso, para el análisis y utilización los datos en políticas públicas en apoyo a la AJU, así como para el desarrollo de la gestión electrónica de los procedimientos. Sin embargo, el régimen de protección de aquellos de carácter personal que se encuentran entrelazados a éstos —datos no personales— en las bases de datos de la AJU hace que debamos adentrarnos en cómo podría ser viable su uso. Si bien, sin entrar a debatir en las dificultades que supondría la disgregación de los datos en atención a su tipología pues, en ocasiones, ello resultaría muy complejo al albur de la conexión o vinculación que pueden existir entre ellos y el significado que dicha unión despliega.

Como venimos adverando, el camino parece dirigirnos a tomar como piedra angular el art. 22 RGPD para utilizar los datos (personales) integrados en el seno AJU de manera que nos permita perpetrar la forma de cómo llevar a cabo su tratamiento automatizado. Ello, a la vista de su regulación, nos brinda las siguientes opciones:

1. Llevar a cabo una anonimización o seudoanonimización masiva de todos los datos para su posterior uso pues recordemos que los principios de la protección de datos se aplican exclusivamente a toda la información relativa a una persona física identificada o identificable. Si lo pensamos, esto ya ocurre si se acude a las bases de datos de jurisprudencia donde el contenido de las resoluciones se encuentra anonimizado o seudoanonimizado. Aunque, esto no siempre se encuentra exento de discusión pues existen empresas que se están dedicando a la compra del contenido de estas bases de datos con el objetivo de perfilar a los jueces de los órganos judiciales a través de la localización de sus resoluciones y combinación, y así llegar a conocer su criterio de decisión en atención a la materia sobre la que emiten sus dictámenes. En este sentido resulta llamativo que en Francia se ha establecido una limitación de estas prácticas[100] —con penas de hasta 5 años— a quién

98 Véase el art. 22.2 b) RGPD.

99 El art. 236 sexies aparatado cuarto que dispone que «*El Ministerio de Justicia y las Comunidades Autónomas con competencias en la materia, dentro de las políticas de apoyo a la Administración de Justicia y desarrollo de la gestión electrónica de los procedimientos, podrán realizar el tratamiento de datos no personales para el ejercicio de sus competencias de gestión pública, incluyendo el desarrollo e implementación de sistemas automáticos de clasificación documental orientados a la tramitación procesal, con cumplimiento de la normativa de interoperabilidad, seguridad y protección de datos que resulte aplicable*».

100 El art. 33 de la Ley que reforma la justicia en Francia expresamente dispone: «*Los datos de identidad de los magistrados y miembros del Registro no pueden ser reutilizados con el propósito o el efecto de evaluar, analizar, comparar o predecir sus prácticas profesionales reales o presuntas. La violación de esta prohibición se castiga con las sanciones previstas en los artículos 226-18,226-24 y 226-31 del Código Penal, sin perjuicio de las medidas y sanciones*

publique información estadística sobre decisiones y patrones de conducta de las Sentencias dictadas en dicho país.

2. Que se faculte de forma expresa el consentimiento por parte de los interesados para llevar a cabo el tratamiento automatizado de sus datos. En este caso cabría la posibilidad de establecer un *disclaimer* con la finalidad de que los ciudadanos, con carácter previo a interponer una reclamación judicial —y frente a quien se interpone— se les permitiese así mostrar su consentimiento informado en relación a el uso automatizado de sus datos y las posibles decisiones que puedan dar lugar en el seno de un procedimiento judicial. Esta solución también resulta digna de ser polémica, pues daría lugar a las necesarias modificaciones legales sobre las que más tarde nos adentraremos. Sin embargo, el mayor problema nos lo encontraríamos con la imposibilidad de recabar este consentimiento en relación al resto de los datos de procedimientos anteriores ya se encuentren en trámite o archivados que configuran, mayormente, la totalidad del tesoro que conforma el lago de datos de la AJU. Toda esta información serviría de gran ayuda para entrenar a una IA con el objetivo de permitirle entender cómo funciona en esencia nuestro sistema judicial.

Una forma de eludir esta situación —al menos con relación a los datos obrantes en expedientes de la AJU que no se encontrasen en curso sino ya finalizados— podría consistir en aplicar el tratamiento de dichos datos con el régimen del art. 89 RGPD relativo a las garantías y excepciones aplicables al tratamiento de datos personales aplicables con fines de archivo en interés público, fines de investigación científica o histórica o fines estadísticos. La salvaguarda que se impone para que dicho precepto pueda entrar en juego literalmente es la siguiente:

> 1. El tratamiento con fines de archivo en interés público, fines de investigación científica o histórica o fines estadísticos estará sujeto a las garantías adecuadas, con arreglo al presente Reglamento, para los derechos y las libertades de los interesados. Dichas garantías harán que se disponga de medidas técnicas y organizativas, en particular para garantizar el respeto del principio de minimización de los datos personales. Tales medidas podrán incluir la seudonimización, siempre que de esa forma puedan alcanzarse dichos fines. Siempre que esos fines pueden alcanzarse mediante un tratamiento ulterior que no permita o ya no permita la identificación de los interesados, esos fines se alcanzarán de ese modo.
>
> 2. Cuando se traten datos personales con fines de investigación científica o histórica o estadísticos el Derecho de la Unión o de los Estados miembros podrá establecer excepciones a los derechos contemplados en los artículos 15, 16, 18 y 21, sujetas a las condiciones y garantías indicadas en el apartado 1 del presente

previstas en la Ley N.° 78-17, de 6 de enero de 1978, en relación con el procesamiento de datos, archivos y libertades».

artículo, siempre que sea probable que esos derechos imposibiliten u obstaculicen gravemente el logro de los fines científicos y cuanto esas excepciones sean necesarias para alcanzar esos fines.

3. Cuando se traten datos personales con fines de archivo en interés público, el Derecho de le Unión o de los Estados miembros podrá prever excepciones a los derechos contemplados en los artículos 15, 16, 18, 19, 20 y 21, sujetas a las condiciones y garantías citadas en el apartado 1 del presente artículo, siempre que esos derechos puedan imposibilitar u obstaculizar gravemente el logro de los fines científicos y cuanto esas excepciones sean necesarias para alcanzar esos fines.

4. En caso de que el tratamiento a que hacen referencia los apartados 2 y 3 sirva también al mismo tiempo a otro fin, las excepciones solo serán aplicables al tratamiento para los fines mencionados en dichos apartados.

Así, para habilitar este tratamiento será necesario garantizar los derechos y libertades de los titulares de esos datos. Esto supone llevar a cabo las medidas técnicas y organizativas que se sustentan en el principio de minimización de datos, como puede ser desde la anonimización, seudoanonimización o cualesquiera otras medidas que garanticen los derechos de los interesados.

A pesar de esta salvaguarda, la norma establece una doble excepción a la regla sólo aplicable al tratamiento con dichas finalidades:

1. En relación a los fines de investigación científica, histórica o estadística se podrá habilitar por Ley excepciones a los derechos que los usuarios tienen sobre estos datos en materia de acceso, rectificación, limitación de tratamiento y oposición a su uso automatizado en aquellos casos, que el posible ejercicio de estos derechos obstaculice los fines científicos.

2. En relación a los fines de archivo en interés público se posibilita habilitar legalmente las mismas excepciones anteriores, pero con el añadido de suprimir la posibilidad del interesado de su derecho a la portabilidad de sus datos con, nuevamente con la cláusula, de aquellos casos que el posible ejercicio de estos derechos obstaculicen los fines científicos.

Estos casos excepcionales deben conjugarse, a su vez, en cuanto a las categorías especiales de datos personales, con el contenido del art. 9.2 j) del RGPD que permite el tratamiento de estos datos con fines de archivo en interés público, fines de investigación científica o histórica o fines estadísticos, sobre la base del Derecho de la Unión o de los Estados miembros, que debe ser proporcional al objetivo perseguido, respetar en lo esencial el derecho a la protección de datos y establecer medidas adecuadas y específicas para proteger los intereses y derechos fundamentales del interesado.

A pesar de esta alternativa, como bien dispone el precepto, se hace inevitable el acompañamiento de una Ley que, expresamente, permitiese la habilitación. Además, debemos recalcar una vez más y nos cansaremos de hacerlo, las peculiaridades que rigen dentro de la AJU ya expuestas sobre la materia, lo cual adicionalmente nos lleva a sacar a relucir la normativa relativa del archivo judicial donde el art. 458 LOPJ encomienda a los Letrados de la Administración de Justicia competencias en materia de su conservación y custodia. Igualmente, no cabría olvidar el anacrónico y vigente Real Decreto 937/2003, de 18 de julio, de modernización de los archivos judiciales. Sobre este aspecto, resulta interesante la apuesta que realiza la Ley de Eficiencia Digital (LED) cuyo art. 79 aboga por un sistema común de archivo judicial electrónico que facultase el acceso y la conservación a largo plazo de los expedientes y documentos judiciales electrónicos que, a su vez, fuese interoperable con todos los SGP y resto de sistemas de la AJU.

De cualquier forma, tal y como venimos sosteniendo en esta segunda opción resulta insoslayable que se autorice de forma expresa por Ley el uso de los datos obrantes en el lago de la AJU de una forma semejante a la que se hizo con el art. 236 sexies LOPJ para los datos no personales. Otra posibilidad de mayor calado —y ojo que ya la anterior tiene un trasfondo incalculable— sería la creación de un nuevo «Código Procesal Electrónico» que habilitase el uso de la información de las bases de datos de la AJU con la finalidad científica de entrenar a sistemas de IA[101] para que, a futuro, p.e. pudiesen generar propuestas de resolución, validar la admisión de demandas sobre el análisis de la documentación adjunta (requisitos formales, cuestiones relativas a la competencia objetiva, territorial y funcional...etc.), automatizaciones de trámites en atención a los hitos procesales que vayan ocurriendo con propuestas de resoluciones a la vista del curso del proceso o meras automatizaciones (señalamientos automáticos de vistas, pagos o embargos en ejecuciones...etc.) o, si vamos más allá en la hipotética implantación de un sistema de semejante trascendencia para la AJU, la construcción de un nuevo sistema procesal electrónico encomendado para la tramitación y resolución de determinados tipos de procedimiento —se nos ocurren procedimientos de escasa complejidad, sencillos de pequeñas cuantías sometidos actualmente a juicios verbales o monitorios e, incluso, ejecuciones dinerarias a modo de ejemplo— que facultase a los ciudadanos acudir a esta modalidad de procesos donde existiesen determinadas decisiones automatizadas.

101 Parece que esta opción encaja con los denominados «Espacios controlados de pruebas» que regula el Reglamento de IA (RIA) para impulsar y favorecer la innovación, desarrollo y entrenamiento de estos sistemas. El RIA lo somete a un periodo temporal limitado y bajo un plan específico. En el caso de España se ha promulgado, el Real Decreto 817/2023, de 8 de noviembre que viene a regularlos y que deberá ser modificado a la vista del contenido final del RIA en tanto se han añadido muchas novedades en esta materia con respecto a la versión anterior. El art. 59 y ss. RIA permite en el espacio controlado de pruebas, que los datos personales recabados lícitamente con otros fines podrán tratarse únicamente con el objetivo de desarrollar, entrenar y probar determinados sistemas de IA bajo el cumplimiento de una serie de prerrogativas y finalidades; entre las que se encuentra de manera específica, para mejorar la eficiencia y calidad de la Administración pública y los servicios públicos.

Volviendo a centrarnos en la utilización por medios tecnológicos el uso de los datos (personales) resulta importante valorar la STC 76/2019, de 22 de mayo de la que antes hemos adelantado parte de su contenido y en donde, el defensor del pueblo defendió la inconstitucionalidad respecto del apartado primero del art. 58 bis de la Ley Orgánica 5/1985, de 19 de junio, del régimen electoral general, incorporado por la Ley Orgánica 3/2018 y que analizaba las cuestiones sobre protección de datos personales, el principio de seguridad jurídica y todo ello enlazado con la vertiente negativa de la libertad ideológica y derecho a la participación política. El desenlace termina con el dictamen del TC declarando la nulidad del precepto legal que posibilitaba la recopilación de datos personales relativos a las opiniones políticas de los ciudadanos.

Pues bien, la disposición legal que se atacaba autorizaba a los partidos políticos a recopilar datos personales relativos a las opiniones políticas de las personas en el marco de sus actividades electorales. De esta forma, las principales razones sobre las que giraba el recurso —y que tienen correlación con el objeto de estudio— son las siguientes: En este caso, (i) no había determinado por sí misma la finalidad del tratamiento, más allá de la genérica mención al «interés público»; (ii) no se había limitado el tratamiento regulando de forma pormenorizada las restricciones al derecho fundamental, a título ilustrativo como sería el caso de las fuentes sobre las que pueden recogerse los datos personales y las operaciones que pueden realizarse con ellos y; (iii) no se habían establecido las garantías adecuadas para proteger los derechos fundamentales afectados. De esta forma, el precepto impugnado habría incurrido en una doble y simultánea vulneración: la de los arts. 18.4 y 53.1 CE. Es decir, por infringir la reserva de ley y al no respetar el contenido esencial del derecho fundamental a la protección de datos personales.

En definitiva, el alto Tribunal en este caso elucida si es necesario una reserva de ley al albur del contenido esencial del derecho fundamental a la protección de datos personales, a la vista de que, en dicho caso, no existía un paraguas legal para fijar el marco y límites en el que se habilitaba el tratamiento, la finalidad del mismo y las garantías adecuadas frente al concreto uso de la informática que preveía la norma impugnada. En este caso el máximo interpretador de la Carta Magna acaba declarando la inconstitucionalidad y todo ello sobre los motivos que exponemos a continuación.

Para llegar a la conclusión comienza con un profuso análisis de las normas aplicables tanto en la esfera internacional como nacional en materia de protección de datos personales, apoyándose claro ésta en la jurisprudencia del propio Tribunal pues, recordemos, se trata de un derecho fundamental fraguado por vía jurisprudencial. Del mismo modo, inicia su fundamentación con la aclaración conforme al art. 9 RGPD en cuanto al tratamiento de datos personales que revelan opiniones políticas, origen étnico o racial, las convicciones religiosas o filosóficas o la afiliación sindical y el tratamiento de datos genéticos, datos biométricos...etc y su calificación de datos sensibles con la denominación de categoría especial[102], si bien el art. 9.2 RGPD autoriza su tratamiento cuando concurran ciertas circunstancias[103], y siempre previa habilitación de tratamiento con una identificación de **fines de interés público esencial y la apreciación de la proporcionalidad del tratamiento al fin perseguido, así como el establecimiento de «medidas adecuadas y específicas para proteger los intereses y derechos fundamentales del interesado»** ex art. 9.2 g) RGPD. Para más *inri*, recordemos, a los presentes efectos que conforme al art. 9.1 de la LO 3/2018 que el consentimiento del afectado no bastará para levantar la prohibición de tratamiento de datos con una finalidad principal —como resultaba en el supuesto— de identificar su ideología[104], afiliación sindical, religión, orientación sexual, creencias u origen racial o étnico. También, en el caso de la excepción del art. 9.2 letras g), h) e i) RGPD se hace necesario, además, **estar amparados en una norma con rango de ley, que podrá establecer requisitos adicionales relativos a su seguridad y confidencialidad.**

Pues bien, tras el análisis jurisprudencial de los elementos que configuran el derecho fundamental a la protección de datos que se expande sobre el art. 18.4 CE quiero hacer hincapié en las siguientes aseveraciones que menciona la STC por considerarlas de gran relevancia para la cuestión objeto de estudio, como son:

> «Como los demás derechos, el derecho fundamental a la protección de datos personales no tiene carácter absoluto. Puede ser restringido por medio de la ley, siempre que ello responda a un fin de interés general, y los requisitos y el alcance de la restricción estén suficientemente precisados en la ley y respeten el principio de proporcionalidad. A los efectos del presente proceso deben destacarse dos requisitos de esos límites:
>
> - En primer lugar, toda injerencia estatal en el ámbito de los derechos fundamentales y las libertades públicas debe responder a un fin constitucionalmente legítimo o encaminarse a la protección o la salvaguarda de un bien constitucionalmente relevante (...)

---

102 En este sentido el Convenio para la protección de las personas con respecto al tratamiento automatizado de datos de carácter personal, de 28 de enero de 1981 (instrumento de ratificación publicado en el Boletín Oficial del Estado núm. 274, de 15 de noviembre de 1985) cuyo artículo 6 establece que: «*Los datos de carácter personal que revelen el origen racial, las opiniones políticas, las convicciones religiosas u otras convicciones, así como los datos de carácter personal relativos a la salud o a la vida sexual, no podrán tratarse automáticamente a menos que el derecho interno prevea garantías apropiadas. [...].*».

103 Aquellas recogidas en las letras a) a la j) del art. 9.2 RGPD.

104 En relación a la recopilación de datos sobre opiniones políticas en el contexto de actividades electorales, el RGPD en el Considerando 56 dispone: «*Si, en el marco de actividades electorales, el funcionamiento del sistema democrático exige en un Estado miembro que los partidos políticos recopilen datos personales sobre las opiniones políticas de las personas, puede autorizarse el tratamiento de estos datos por razones de interés público, siempre que se ofrezcan garantías adecuadas*».

- En segundo lugar, por mandato expreso de la Constitución, toda injerencia estatal en el ámbito de los derechos fundamentales y las libertades públicas, ora incida directamente sobre su desarrollo (art. 81.1 CE), ora limite o condicione su ejercicio (art. 53.1 CE), precisa una habilitación legal (por todas, STC 49/1999, de 5 de abril, FJ 4). (...)

Esta doble función de la reserva de ley se traduce en una doble exigencia: por un lado, la necesaria intervención de la ley para habilitar la injerencia; y, por otro lado, esa norma legal "ha de reunir todas aquellas características indispensables como garantía de la seguridad jurídica", esto es, "ha de expresar todos y cada uno de los presupuestos y condiciones de la intervención" (STC 49/1999, FJ 4). En otras palabras, "no sólo excluye apoderamientos a favor de las normas reglamentarias [...], sino que también implica otras exigencias respecto al contenido de la Ley que establece tales límites" (STC 292/2000, FJ 15)».

Asimismo, junto a los mencionados requisitos y los potenciales efectos intrusivos en el derecho fundamental, la jurisprudencia del alto tribunal subraya la necesidad de establecer que para el tratamiento y conservación de estos datos resulta ineludible **fijar unas medidas adecuadas de tipo técnico, organizativo y procedimental**[105] cuestión que, aprovechamos para mencionar, también puso en valor en el marco europeo la Sentencia de la Gran Sala de 8 de abril de 2014, asuntos acumulados C-293/12 y C-594/12, Digital Rights Ireland Ltd., apartado 54, donde el Tribunal de Justicia señaló lo siguiente:

«la normativa de la Unión de que se trate debe establecer reglas claras y precisas que regulen el alcance y la aplicación de la medida en cuestión y establezcan unas exigencias mínimas de modo que las personas cuyos datos se hayan conservado dispongan de garantías suficientes que permitan proteger de manera eficaz sus datos de carácter personal contra los riesgos de abuso y contra cualquier acceso o utilización ilícitos respecto de tales datos (véanse, por analogía, en lo que respecta al artículo 8 del CEDH, las sentencias TEDH, Liberty y otros c. Reino Unido de 1 de julio de 2008, n.º 58243/00, §§ 62 y 63; Rotaru c. Rumanía, antes citada, §§ 57 a 59, y S y Marper c. Reino Unido, antes citada, §§ 99)».

De esta manera, el Constitucional llega a la conclusión de que resulta imperativo que estas garantías se encuentren protegidas de manera que «*el tratamiento de datos se realice* ***en condiciones que aseguren la transparencia, la supervisión y la tutela judicial efectiva, y deben procurar que los datos no se recojan de forma desproporcionada y no se utilicen para fines distintos de los que justificaron su obtención.*** *La naturaleza y el alcance de las garantías que resulten constitucionalmente exigibles en cada caso dependerán de tres factores esencialmente: el tipo de tratamiento de datos que se pretende llevar a cabo; la naturaleza de los datos; y la probabilidad y la gravedad de los*

105 Esto ya fue advertido en específicamente en el FJ 10 de la STC 292/2000.

riesgos de abuso y de utilización ilícita que, a su vez, están vinculadas al tipo de tratamiento y a la categoría de datos de que se trate» De forma que, por el contrario, **sí que abre la puerta por no plantear problemas en el grado de injerencia del derecho fundamental con respecto a la recopilación y el procesamiento de datos anónimos**. Así, llega a la importante conclusión de establecer la máxima en cuanto a que: «***El nivel y la naturaleza de las garantías adecuadas no se pueden determinar de una vez para todas (se refiere a las tipologías de datos),*** *pues, por un lado, deben revisarse y actualizarse cuando sea necesario y, por otro lado,* ***el principio de proporcionalidad obliga a verificar si, con el desarrollo de la tecnología, aparecen posibilidades de tratamiento que resultan menos intrusivas o potencialmente menos peligrosas para los derechos fundamentales***».

Como colofón y sobre la síntesis expuesta el TC acuerda justificar la declaración de la inconstitucionalidad por infracción de los arts. 18.4 y 53.1 CE tomando como fundamento:

1. La disposición legal recurrida no determinaba la proporcionalidad en cuanto a la finalidad, límites, y, en definitiva; los presupuestos y condiciones de tratamiento de datos personales de categoría especial en dichos casos, de manera que no especificaba el interés público esencial que justificase la restricción del derecho fundamental.
2. La legitimidad constitucional de la restricción del derecho fundamental a la protección de datos personales no puede estar basada, por sí sola, en la invocación genérica de un indeterminado «interés público».
3. La falta de una reserva de Ley que determinase las garantías adecuadas frente al uso de la informática de forma que autorice y regule dicho uso. Por este motivo, esta insuficiencia no puede ser solventada por vía interpretativa o remisión a los textos normativos que vienen a regular este derecho fundamental o por las autoridades de control.
4. Conforme al art. 9.2 g) RGPD a la vista de la tipología de los datos al ser sensibles resulta ineludible el establecimiento de unas medidas de garantía adecuadas y específicas para proteger los intereses y derechos de los interesados.

Tras la exposición de las conclusiones a las que llega el máximo interpretador de nuestra Constitución nos encontramos ante las siguientes incógnitas en relación a nuestra investigación: ¿Sería necesario en la AJU una habilitación por LO específica que fijase de forma pormenorizada las (4) cuestiones acordadas en la STC? ¿Cabría la posibilidad de dicha inclusión a través de la LOPJ? ¿La única salida sería la anonimización masiva previa a un tratamiento automatizado? ¿Esta última opción sería provechosa con la disociación que ello produciría?

De esta manera, en aras de seguir profundizando en la materia, se estima como necesario analizar dos conceptos que cobran importancia a la vista de lo expuesto en tanto se erigen como vitales en el espíritu de la regulación y jurisprudencia analizada para que, en su caso, se habilite el tratamiento automatizado de los datos (personales) en la AJU, nos referimos a los conceptos sobre: **el interés público y el principio de proporcionalidad.**

I

Una cuestión permanente a nuestro tiempo deviene en cómo determinar la preferencia del interés general sobre el particular con el objetivo de alcanzar una mejora en las reglas de la convivencia social. Al respecto, el Derecho administrativo se postula como protagonista a la hora de dar luz sobre dicho asunto.

El profesor Guillermo Muñoz[106] parte de que debe hacerse una distinción entre interés general entendido como el interés de todos, el interés de la comunidad, el interés del conjunto, el interés social y lo que debemos concebir por interés público, esto es; todos aquellos aspectos conectados con las necesidades públicas colectivas de los ciudadanos (educación, la sanidad, justicia, economía...). El interés general abarca mayor amplitud que el interés público. En cualquier caso, interés público en la esfera jurídico-administrativa equivale a interés general[107] y podemos definirlo como aquel de orden moral superior al interés individual. Es decir, se trata del interés que se encuentra ligado a la tarea de garantizar y asegurar los derechos de los ciudadanos, entendido como concepto cardinal, central y capital en el Estado social y democrático de Derecho.

En este sentido basta observar el contenido del art. 103 CE que no hace, sino que subrayar el sometimiento de toda actuación de la Administración Pública al interés general, de manera que, por medio de los tribunales, deviene el filtro por el que se controla la legalidad de la potestad reglamentaria y el sometimiento a ésta de los fines que la justifican, así lo proclama el art. 106 CE. Según Jaime Rodríguez[108], en nuestro tiempo, a diferencia de antaño donde este interés público basculaba en favor de la Administración como gran corporación, este interés general tiene una connotación humana que reside en la promoción y efectividad de los derechos fundamentales de la

---

106 Guillermo MUÑOZ, «El interés público, conferencia inaugural en el V Congreso de Derecho Público del MERCOSUR, 28 de mayo de 2003», Material para los asistentes a *las XXXIV Jornadas Nacionales y IV Congreso Internacional de Derecho Administrativo sobre «La Responsabilidad en el ámbito del Derecho Público»*, Universidad Nacional del Litoral y Asociación Argentina de Derecho Administrativa, Santa Fé, 2008.

107 El Tribunal Europeo de Derechos Humanos en 1986, el caso «Gemís», realiza un uso indistinto de los términos interés público y utilidad pública.

108 Jaime RODRÍGUEZ ARANA. «El interés general como categoría central de la actuación de las Administraciones Públicas». *Actualidad Administrativa*, n.° 8, Sección A Fondo, Quincena del 16 al 30 abr. 2010, pág. 915, tomo 1, Editorial Wolters Kluwer. LA LEY 2229/2010

persona a través del quehacer y accionar público. En consecuencia, el Estado es quien tiene el papel —utilizando como instrumento la Constitución y las leyes que la desarrollan— de alcanzar y asegurar que los poderes públicos en su conjunto logren el interés general. El profesor García Enterría[109] defendía que, de la significación de las libertades públicas en el Derecho administrativo, el interés general, se encuentra precisamente en la promoción de los derechos fundamentales, así como en preservar la dignidad de la persona y sus derechos inalienables. Una muestra de esta afirmación se encuentra reconocida en el art. 10 CE que promueve la defensa de la dignidad de la persona, los derechos inviolables que le son inherentes, el libre desarrollo de su personalidad, el respeto a la ley y a los derechos de los demás teniendo como fundamento y finalidad alcanzar el orden político y la paz social. Este es el motivo por el que la Constitución impone a los poderes públicos ex art. 9.2 promover las condiciones para que la libertad y la igualdad del individuo y de los grupos en que se integran sean reales y efectivas, así como remover los obstáculos que impidan o dificulten su plenitud.

En suma, podemos aceptar que el interés público se engloba como un derecho fundamental como base y fundamento de nuestro Estado social y democrático de Derecho. Pero los derechos fundamentales no son absolutos. Tienen límites. Basta traer a colación como ejemplo la colisión de derechos que dimanó como consecuencia los estragos de la pandemia mundial del Covid, donde, el Tribunal Constitucional[110] se ratificó en su doctrina reiterando su posición en cuanto a que, los derechos fundamentales no son absolutos o ilimitados al explicar que; al encontrarnos en un escenario en que los límites al ejercicio de los derechos, que indudablemente se dan, se imponen por la necesidad de evitar que un ejercicio extralimitado del derecho pueda entrar en colisión con otros valores constitucionales (STC 42/2000 de 14 de febrero, FJ 2). En este caso se trataba de los valores de la vida, la salud y la defensa de un sistema de asistencia sanitaria cuyos limitados recursos resultaba necesario garantizar adecuadamente a través del confinamiento para hacer frente a la devastación que el virus estaba ocasionando.

Además, el desarrollo y limitación de los derechos fundamentales se encuentra reservado conforme al art. 81 de la CE mediante Ley Orgánica. Sin embargo, el Tribunal Constitucional[111] como máximo interpretador de la Constitución, no niega que la ley ordinaria pueda resultar suficiente para regular el ejercicio de los derechos siempre que respete el contenido esencial de los mismos ex art. 53 CE. Igualmente, afirma que establecer limitaciones puntuales de derechos, incluso fundamentales, no equivale a desarrollarlos

---

109 Eduardo García Enterría, «La significación de las libertades para el Derecho Administrativo». *Anuario de Derechos Humanos*, Madrid, 1981, p. 116.

110 En su Auto 40/2020, de 30 de abril, Rec. de Amparo 2056/2020.

111 Así se pronuncia en las SSTC n.º 76/2019, 86/2017 y 49/1999

siempre que, por las características de las restricciones, no lleguen a desnaturalizarlos. Dentro de la regulación que puede hacer la ley ordinaria cabe, pues, la imposición de limitaciones puntuales a los derechos fundamentales.

Es más, esta limitación resulta elemental por motivos sociales de convivencia o interés público en favor del espíritu del conjunto de derechos fundamentales como vía para alcanzar el orden político y la paz social, a estos efectos la STC de 12 de diciembre de 1986 dispone:

> «... los derechos y libertades fundamentales no son absolutos, pero no lo es menos que tampoco puede atribuirse dicho carácter a los límites a que ha de someterse el ejercicio de tales derechos y libertades. Tanto las normas de libertad como las llamadas normas limitadoras se integran en un único ordenamiento inspirado por los mismos principios en el que, en último término, resulta ficticia la contraposición entre el interés particular subyacente a las primeras y el interés público que, en ciertos supuestos, aconseja una restricción. Antes, al contrario, tanto los derechos individuales como sus limitaciones, en cuanto éstas derivan del respeto a la Ley a los derechos de los demás, son igualmente considerados por el art. 10.1 de la Constitución como "fundamento del orden político y la paz social"».

La citada Sentencia del alto Tribunal[112] viene a ensalzar a los derechos fundamentales como elementos esenciales de un ordenamiento en el que se sustenta una comunidad, destacando el interés público que se halla sobre la tutela de estos derechos. De esta forma, podemos interpretar que el concepto de interés general o público se utiliza como fórmula para limitar los derechos fundamentales en cierta medida, lógicamente, sin desnaturalizarlos. Así, el TC en la meditada resolución señala que: «*Tanto los derechos individuales como sus limitaciones, en cuanto se derivan del respeto a la Ley y a los derechos de los demás, son igualmente considerados por el artículo 101.1 de la Constitución como fundamento del orden político y de la paz social*», y prosigue; «*resulta ficticia la contraposición entre el interés particular subyacente a las primeras (derechos fundamentales) y el interés público que, en ciertos supuestos, aconseja su restricción*».

Así pues, si trasladamos este concepto junto a la jurisprudencia y doctrina que lo desarrolla en consonancia con la materia que es objeto de análisis en este apartado, resulta necesario conectarlas con las consideraciones a las que llega la STC 292/2000, de 30 de noviembre que valora la posibilidad de permitir la cesión de datos entre administraciones para fines diferentes a aquellos para los que habían sido recabados, eso sí, sin el consentimiento ni conocimiento del interesado y con una cobertura con rango inferior a Ley.

Como bien hemos antedicho, la Ley puede imponer límites con el fin de proteger otros derechos constitucionales o bienes constitucionalmente protegidos, siempre que ese límite sea necesario, proporcionado y respetuoso

112 En el mismo sentido la STC de 14 de julio de 1981.

con el contenido esencial del derecho fundamental[113]. En esta dirección la Sentencia se pronuncia sobre la necesidad de que **los poderes públicos están obligados a garantizar la prohibición de que existan fuentes de información sin las debidas garantías con los consiguientes riesgos de acceso, divulgación a la información personal** que ello supondría. En su FJ 9.º afirma la posibilidad de establecer limitaciones al derecho fundamental de protección de datos en cuanto al posible uso de las fuentes de datos obviando las garantías que emanan de su protección y subrayando que:

> «El Convenio europeo de 1981 también ha tenido en cuenta estas exigencias en su art. 9. Al igual que el Tribunal Europeo de Derechos Humanos, quien refiriéndose a la garantía de la intimidad individual y familiar del art. 8 CEDH, aplicable también al tráfico de datos de carácter personal, reconociendo que pudiera tener **límites como la seguridad del Estado** (STEDH caso Leander, de 26 de marzo de 1987, §§ 47 y sigs.), o la **persecución de infracciones penales** (mutatis mutandis, SSTEDH, casos Z, de 25 de febrero de 1997, y Funke, de 25 de febrero de 1993), ha exigido que tales limitaciones estén previstas legalmente y sean las indispensables en una sociedad democrática, lo que implica que la ley que establezca esos límites sea accesible al individuo concernido por ella, que resulten previsibles las consecuencias que para él pueda tener su aplicación, y que **los límites respondan a una necesidad social imperiosa y sean adecuados y proporcionados para el logro de su propósito** (Sentencias del Tribunal Europeo de Derechos Humanos, caso X e Y, de 26 de marzo de 1985; caso Leander, de 26 de marzo de 1987; caso Gaskin, de 7 de julio de 1989; mutatis mutandis, caso Funke, de 25 de febrero de 1993; caso Z, de 25 de febrero de 1997)." Y en FJ 10.º prosigue: "(...) De manera que, privada la persona de aquellas facultades de disposición y control sobre sus datos personales, lo estará también de su derecho fundamental a la protección de datos, puesto que, como concluyó en este punto la STC 11/1981, de 8 de abril (FJ 8), "se rebasa o se desconoce el contenido esencial cuando el derecho queda sometido a limitaciones que lo hacen impracticable, lo dificultan más allá de lo razonable o lo despojan de la necesaria protección».

Asimismo, el TC confirma que **la posible restricción de este derecho (de protección de datos personales) no puede estar basada, por sí sola, en la actividad de la Administración pública**. Ello hace necesario que el legislador tenga la obligatoriedad de establecer cuando concurre el hecho y en qué circunstancias, para justificar la habilitación —y siempre por Ley— que faculte la posibilidad de evadir el derecho a la protección de datos personales.

En la misma dirección el TJUE en su Sentencia de 1 de octubre de 2015[114] (asunto C-201/14 Smaranda Bara y otros contra Preşedintele Casei Naţională

---

113 Así lo declaran las SSTC 110/1984 y 143/1994.

114 ECLI:EU:C: 2015:638 relativo a la Petición de decisión prejudicial planteada por la Curtea de Apel Cluj. *Procedimiento prejudicial —Directiva 95/46/CE — Tratamiento de datos per-*

de Asigurări de Sănătate y otros), que viene a censurar una Ley Rumana que establecía como principio la licitud de transmitir datos personales entre administraciones en pro del interés general sin la autorización o comunicación al interesado. El TJUE deja claro como requisito *sine qua non* para llevar a cabo dicha transmisión de datos, la necesidad de cumplir el denominado principio de calidad[115] que no hace sino establecer la máxima de que, en su caso, una la ley nacional concrete de forma específica y pormenorizada qué datos son los que se pueden ceder y bajo qué circunstancias.

En consecuencia, no existe ningún derecho absoluto, sino que los distintos derechos que coexisten en nuestro ordenamiento jurídico y sobre los que bascula el Estado de Derecho han de ser conjugados para asegurar la compatibilidad de todos ellos en relación al espíritu y los bienes jurídicos que protegen y todo ello con un objetivo claro que no es otro que alcanzar el interés público, de ahí la gran importancia que estriba el conocido principio de proporcionalidad.

II

Como hemos visto, los derechos fundamentales tienen fronteras cuyos límites se encuentran delineados por la Constitución. Estos límites están supeditados por los supuestos en los que, de manera indirecta, cada uno de ellos interfieran con otros derechos también reconocidos en aras de preservar, según el caso, otros derechos o bienes jurídicamente protegidos que deban prevalecer. De esta forma, la limitación de un derecho fundamental según la doctrina del Tribunal Constitucional está amparada siempre que:

1. No pueda ir más allá de lo razonable[116].
2. Cualquier acto o resolución ha de asegurar que las medidas limitadoras sean necesarias para conseguir el fin perseguido[117].
3. Tiene que atender a la proporcionalidad entre el sacrificio del derecho y la situación en la que se halla aquél a quien se le impone[118].
4. En todo caso, dicha limitación debe respetar el contenido esencial[119].

sonales — Artículos 10 y 11 — Información a los interesados — Articulo 13 — Excepciones y limitaciones — Transmisión por una administración pública de un Estado miembro de datos fiscales personales para su tratamiento por otra administración pública.

115 María del Puerto SOLAR CALVO. «Cesión de datos entre administraciones: a propósito de la STJE de 1 oct. 2015». *Diario La Ley*, n 8854, 2016.

116 Así lo declara la STC 53/1986, de 5 de mayo, FJ 3.

117 Véase la SSTC 61/1982, de 13 de octubre, FJ 5; 13/1985, de 31 de enero, FJ 2.

118 En este sentido STC 37/1989, de 15 de febrero, FJ 7.

119 Conforme a las SSTC 11/1981, de 8 de abril, FJ 10; 196/1987, de 11 de diciembre, FFJJ 4 a 6; 120/1990, de 27 de junio, FJ 8; 137/1990, de 19 de julio, FJ 6; 57/1994, de 28 de febrero, FJ 6.

Estos criterios nos llevan a la conclusión de que cualquier medida restrictiva de un derecho fundamental se encuentra supeditada por el principio de proporcionalidad. En este sentido el TC viene a fijar como doctrina para la limitación de un derecho que esta deba resistir el denominado **«triple juicio de proporcionalidad»**. Así lo describe el alto Tribunal en su STC 39/2016, de 3 de marzo, FJ 5.º:

> «En efecto, de conformidad con la doctrina de este Tribunal, la constitucionalidad de cualquier medida restrictiva de derechos fundamentales viene determinada por la estricta observancia del principio de proporcionalidad. A los efectos que aquí importan, basta con recordar que para comprobar si una medida restrictiva de un derecho fundamental supera el juicio de proporcionalidad, es necesario constatar si cumple los tres requisitos o condiciones siguientes: si tal medida es susceptible de conseguir el objetivo propuesto (juicio de idoneidad); si, además, es necesaria, en el sentido de que no exista otra medida más moderada para la consecución de tal propósito con igual eficacia (juicio de necesidad); y, finalmente, si la misma es ponderada o equilibrada, por derivarse de ella más beneficios o ventajas para el interés general que perjuicios sobre otros bienes o valores en conflicto (juicio de proporcionalidad en sentido estricto) [SSTC 66/1995, de 8 de mayo, FJ 5; 55/1996, de 28 de marzo, FFJJ 6, 7, 8 y 9; 207/1996, de 16 de diciembre, FJ 4 e), y 37/1998, de 17 de febrero, FJ 8]».

Volviendo al tema objeto de análisis, el RGPD en su Considerando (4) reconoce que el tratamiento de datos personales debe estar concebido para servir a la humanidad. Además, sostiene que el derecho a la protección de datos no es un derecho absoluto, sino que debe considerarse en relación con su función en la sociedad y mantener el equilibrio con otros derechos fundamentales con arreglo al principio de proporcionalidad.

Como ya hemos visto el TJUE considera necesario para cumplir el requisito de proporcionalidad que toda excepción a la protección de los datos personales y las limitaciones de esa protección no deben exceder de lo estrictamente necesario, en cuanto a que la normativa controvertida que conlleve la injerencia debe establecer reglas claras y precisas que regulen el alcance y la aplicación de la medida en cuestión e impongan unas exigencias mínimas, de modo que las personas cuyos datos se hayan transferido dispongan de garantías suficientes que permitan proteger de manera eficaz sus datos de carácter personal contra los riesgos de abuso. En particular, según Nuria Díaz[120] esta normativa deberá indicar en qué circunstancias y con arreglo a qué requisitos puede adoptarse una medida que contemple el tratamiento de tales datos, garantizando así que la injerencia se limite a lo estrictamente

---

120 Nuria Díaz Abad. «La protección de datos en el ámbito judicial: Una visión europea». *Actualidad Administrativa*, n.º 10, Sección Europa, octubre 2021, Wolters Kluwer LA LEY 9811/2021.

necesario. Además, estas garantías necesarias revisten especial importancia cuando los datos personales se someten a un tratamiento automatizado.

En la misma sincronía nos encontramos lo dispuesto en el Dictamen 1/15 del Tribunal de Justicia – Gran Sala (Acuerdo PNR UE-Canadá), de 26 de julio de 2017[121] cuyos apartados 140 y 141 disponen:

> «140 En cuanto a la observancia del principio de proporcionalidad, la protección del derecho fundamental al respeto de la vida privada en el ámbito de la Unión exige, con arreglo a la jurisprudencia reiterada del Tribunal de Justicia, que las excepciones a la protección de los datos personales y las limitaciones de esa protección no excedan de lo estrictamente necesario (sentencias de 16 de diciembre de 2008, Satakunnan Markkinapörssi y Satamedia, C-73/07, EU:C:2008:727, apartado 56; de 8 de abril de 2014, Digital Rights Ireland y otros, C-293/12 y C-594/12, EU:C:2014:238, apartados 51 y 52; de 6 de octubre de 2015, Schrems, C-362/14, EU:C:2015:650, apartado 92, y de 21 de diciembre de 2016, Tele2 Sverige y Watson y otros, C-203/15 y C-698/15, EU:C:2016:970, apartados 96 y 103).
>
> 141 Para cumplir este requisito, la normativa controvertida que conlleve la injerencia debe establecer reglas claras y precisas que regulen el alcance y la aplicación de la medida en cuestión e impongan unas exigencias mínimas, de modo que las personas cuyos datos se hayan transferido dispongan de garantías suficientes que permitan proteger de manera eficaz sus datos de carácter personal contra los riesgos de abuso. En particular, dicha normativa deberá indicar en qué circunstancias y con arreglo a qué requisitos puede adoptarse una medida que contemple el tratamiento de tales datos, garantizando así que la injerencia se limite a lo estrictamente necesario. La necesidad de disponer de tales garantías reviste especial importancia cuando los datos personales se someten a un tratamiento automatizado. Estas consideraciones son aplicables en particular cuando está en juego la protección de esa categoría particular de datos personales que son los datos sensibles (véanse, en este sentido, las sentencias de 8 de abril de 2014, Digital Rights Ireland y otros, C-293/12 y C-594/12, EU:C:2014:238, apartados 54 y 55, y de 21 de diciembre de 2016, Tele2 Sverige y Watson y otros, C-203/15 y C-698/15, EU:C:2016:970, apartados 109 y 117; véase, en este sentido, TEDH, sentencia de 4 de diciembre de 2008, S. y Marper c. Reino Unido, ECLI:CE:ECHR:2008:-1204JUD003056204, § 103)».

Igualmente, junto a las conclusiones que estamos acometiendo a la vista del presente estudio con elementos clave como son la proporcionalidad, el interés público o el obligado establecimiento de unas medidas específicas para proteger a los interesados ante un tratamiento de sus datos, nos gustaría traer a colación, pues resulta de interés, las Directrices sobre decisiones individuales automatizadas y elaboración de perfiles adoptadas por el Grupo

121 EU:C:2017:592. De forma similar en la Sentencia de 16 de julio de 2020, Facebook Ireland y Schrems, C-311/18, ECLI:EU:C:2020:559, apartado 176.

de Trabajo sobre protección de datos del art. 29[122] adoptadas el 3 de octubre de 2017 y posteriormente revisadas el 6 de febrero de 2018.

En ellas, nos centramos en las conclusiones atinentes al art. 22 RGPD donde parten de la idea del refuerzo que ostenta el interesado sobre el control de sus datos personales apoyándose, además, en el contenido literal del Considerando (71)[123] del Reglamento, el Grupo de trabajo llega en síntesis a las siguientes conclusiones:

1. Como norma, existe la prohibición general de tomar decisiones individuales basadas únicamente en el tratamiento automatizado, incluida la elaboración de perfiles, que produzcan efectos jurídicos o efectos significativamente similares, que;
2. Existen excepciones a esta norma, y;
3. Cuando se aplique una de estas excepciones, deberán existir medidas en vigor para garantizar los derechos y libertades del interesado, así como sus intereses legítimos.

A pesar de la prohibición general, se permite este tipo de tratamientos de datos cuando una decisión esté basada únicamente en el tratamiento automatizado —incluyendo elaboración de perfiles— de manera que ello conlleve unos efectos jurídicos o afecte significativamente a alguien y, siempre: 1) bajo autorización expresa de las salvaguardas de que el Derecho de la Unión o de los Estados miembros[...]; 2) necesario para la conclusión o ejecución de un contrato [...] y; 3) en los casos en los que el interesado haya dado su consentimiento explícito.

Igualmente, ensalza la necesidad de imponer unas medidas de protección obligatorias, tales como el derecho a ser informado (previsto en los artículos 13 y 14 —información específicamente significativa sobre la lógica aplicada, así como la importancia y las consecuencias previstas para el interesado—) y garantías, como el derecho a obtener intervención humana y el derecho a impugnar la decisión (previstos en el artículo 22, apartado 3). Además, de que cualquier tratamiento que entrañe un alto riesgo para los interesados hace necesario la elaboración de una evaluación de impacto por el responsable.

Por otro lado, nos resulta atractiva la interpretación que extrapola del precepto sobre las siguientes cuestiones:

1. Entiende que art. 22 RGPD sólo es aplicable cuando la decisión está basada, únicamente, en el tratamiento automatizado de manera que si

122 Este Grupo de Trabajo se creó en virtud del artículo 29 de la Directiva 95/46/CE. Se trata de un órgano consultivo independiente de la UE en materia de protección de datos e intimidad. Sus funciones se describen en el artículo 30 de la Directiva 95/46/CE y en el artículo 15 de la Directiva 2002/58/CE.

123 Recordemos en este sentido que el considerando 71 afirma que: «dicho tratamiento debe estar sujeto a las garantías apropiadas, entre las que se deben incluir la información específica al interesado y el derecho a obtener intervención humana, a expresar su punto de vista, a recibir una explicación de la decisión tomada después de tal evaluación y a impugnar la decisión».

entran en juego otros factores en el proceso decisivo como puede ser la participación humana, considera que la norma no es aplicable. Si bien, puntualiza, ya que la participación humana debe ser significativa teniendo en cuenta todos los factores que dan como resultado a la toma de decisión y no como un mero gesto simbólico. Para ello, se deberá valorar, identificar y registrar el grado de participación humana en el proceso por parte del responsable de tratamiento.

2. Que la decisión produzca efectos jurídicos o efectos similares sobre la persona. Es decir, resulta necesario que produzca graves consecuencias como resultado del tratamiento (p.e. rescisión de un contrato, denegación de una prestación o ayuda, etc.). Sin embargo, también entienden que les será aplicable incluso cuando no se produzca un efecto jurídico como tal que suponga un cambio en los derechos y obligaciones del interesado, sino que, efectivamente, el interesado pueda verse afectado para exigir una protección conforme al RGPD. En este sentido y a pesar de la dificultad a la hora de delimitar esta frontera describen algunos casos como aquellas decisiones que puedan afectar a circunstancias financieras de una persona, el acceso a servicios sanitarios, en materia laboral, cualesquiera que le coloquen en una posición de desventaja, acceso a la educación...
3. En cuanto a los Derechos del interesado ante una decisión tomada únicamente de forma automatizada hace prioritario cumplir unas obligaciones atinentes a la transparencia (arts. 13, apartado 2, letra f), y art. 14, apartado 2, letra g) del RGPD). Específicamente, hace ineludible poner en conocimiento al destinatario/interesado que se está realizando una decisión automatizada con sus datos[124], informarle sobre la lógica aplicada[125] y explicar la importancia y las consecuencias previstas del tratamiento.
4. Mediadas de salvaguarda para garantizar los derechos, libertades e intereses legítimos ante una toma de decisión automatizada. Entre estas medidas se hace necesario, como mínimo, que el interesado pueda obtener una intervención humana, expresar su punto de vista e, incluso, poder impugnar la decisión. La intervención humana se

124 Según el Considerando (60) del RGPD, «el responsable del tratamiento debe facilitar al interesado cuanta información complementaria sea necesaria para garantizar un tratamiento leal y transparente, habida cuenta de las circunstancias y del contexto específicos en que se traten los datos personales. Se debe además informar al interesado de la existencia de la elaboración de perfiles y de las consecuencias de dicha elaboración».

125 Consejo de Europa en el Proyecto de Informe explicativo sobre la versión modernizada del Convenio 108 del Consejo de Europa, apartado 75: «Los interesados deben tener derecho a conocer la lógica subyacente del tratamiento de sus datos, incluidas las consecuencias de dicha lógica, que lleve a conclusiones definitivas, en particular en casos que supongan la utilización de algoritmos para tomar decisiones automatizadas, incluida la elaboración de perfiles...».

hace elemental de manera que toda revisión deberá ser llevada a cabo por una persona autorizada con la capacidad de poder modificar la decisión. El revisor deberá evaluar todos los datos, incluida la información adicional facilitada por el interesado. Además, siguiendo las prerrogativas del Considerando (71)[126] del Reglamento se deberán llevar a cabo medidas de garantía tales como: (i) explicar la decisión adoptada por el sistema de una manera sencilla a su destinatario; (ii) poner en conocimiento al interesado los derechos que tiene a su disposición incluida la impugnación; (iii) se deberán realizar evaluaciones de los conjuntos de datos y algoritmos sobre los que carbura el sistema para verificar su adecuado funcionamiento.

Teniendo en cuenta esta visión en lo que respecta al tratamiento automatizado de datos personales, resulta esclarecedora la reciente Sentencia del TJUE (sala 1.ª) de 7 de diciembre de 2023[127] (Asunto C-637/21 Petición de decisión prejudicial planteada por el Verwaltungsgericht Wiesbaden) donde se resuelve una cuestión prejudicial sobre si la condición de «decisión individual automatizada» abarca la generación de un valor de probabilidad inferido por un tercero que luego resulta distinto al que posteriormente toma la decisión, con la consiguiente laguna en la protección jurídica que ello supondría[128]. En el caso de autos la empresa «A» proporciona a la «B» información sobre la sobre la solvencia de personas atribuyendo un valor (score o calificación) para predecir su comportamiento sobre la base de procedimientos matemáticos. Sin embargo, es la empresa «B» es la que toma la decisión positiva o negativa sobre la interpretación de dicha información con el trasfondo opaco que podría acontecer a la vista de que la empresa «B» desconoce todos los pormenores del scoring acometida por la «A». De esta manera, el TJUE se pronuncia por primera vez sobre la magnitud de protección del art. 22 RGPD.

---

126 El considerando 71 del RGPD establece lo siguiente: «A fin de garantizar un tratamiento leal y transparente respecto del interesado, teniendo en cuenta las circunstancias y contexto específicos en los que se tratan los datos personales, el responsable del tratamiento debe utilizar procedimientos matemáticos o estadísticos adecuados para la elaboración de perfiles, aplicar medidas técnicas y organizativas apropiadas para garantizar, en particular, que se corrigen los factores que introducen inexactitudes en los datos personales y se reduce al máximo el riesgo de error, [...]».

127 ECLI:EU:C:2023:957.

128 Concretamente se preguntaba al alto tribunal: «¿Debe interpretarse el artículo 22, apartado 1, del [RGPD] en el sentido de que la generación automatizada de un valor de probabilidad relativo a la capacidad futura de un interesado para satisfacer un préstamo constituye ya una decisión basada únicamente en el tratamiento automatizado, incluida la elaboración de perfiles, que produce efectos jurídicos en el interesado o lo afecta significativamente de modo similar, cuando dicho valor, hallado a partir de datos personales del interesado, es transmitido por el responsable del tratamiento a un tercero responsable del tratamiento y este tercero, de un modo determinante, basa en dicho valor su decisión sobre el establecimiento, la ejecución o la extinción de una relación contractual con el interesado?».

Parte de la base de que en el supuesto de autos el concepto de «decisión» se cumple conforme al Considerando (71) RGDP en tanto implica la evaluación de aspectos personales sobre la persona de la que debe tener derecho a no ser objeto ya sea produciendo efectos jurídicos sobre él o afectándole de modo significativamente similar. Es decir, la decisión puede incluir diversos actos con potencial para afectar a un interesado de diversas maneras. Prosigue con la confirmación de que en este caso la decisión era tomada únicamente con un tratamiento automatizado dado que consistía en información generada autónomamente de un valor de probabilidad a partir de datos personales relativos a una persona y acerca de su capacidad para satisfacer un préstamo a futuro. Así, considera que en el supuesto de *litis* la decisión afecta al interesado significativamente en tanto la empresa «A» ha generado y comunicado la probabilidad (score) a la empresa «B» y que ésta sobre su contenido resuelve sobre la concesión o no de un crédito. El TJUE confirma que el derecho del interesado a no ser objeto de una decisión basada únicamente en el tratamiento automatizado es una prohibición de principio cuya inobservancia no necesita ser invocada proactivamente por el interesado, así como que sólo es loable en los casos prescritos en el art. 22, apartado 2 RGPD y bajo las medidas tendentes a salvaguardar los derechos y libertades de los interesados. Por estos motivos expande el ámbito de protección en todo su esplendor en cuanto al concepto «decisión» del art. 22 RGPD sobre la siguiente fundamentación:

> «61 Sin embargo, en circunstancias como las controvertidas en el litigio principal, en las que están implicados tres actores, existiría un riesgo de elusión del artículo 22 del RGPD y, en consecuencia, una laguna en la protección jurídica, si se optara por una interpretación restrictiva de esta disposición según la cual la generación del valor de probabilidad debiera considerarse un mero acto preparatorio y solo el acto adoptado por el tercero pudiera, en su caso, calificarse de «decisión», en el sentido del artículo 22, apartado 1, de dicho Reglamento.
>
> 62 En efecto, en ese supuesto, la generación de un valor de probabilidad como el controvertido en el litigio principal eludiría los requisitos específicos establecidos en el artículo 22, apartados 2 a 4, del RGPD, aun cuando este procedimiento se basa en un tratamiento automatizado y produce efectos que afectan significativamente al interesado en la medida en que la acción del tercero, al que se transmite ese valor de probabilidad, se basa de manera determinante en tal valor.
>
> 63 Además, como ha señalado el Abogado General en el punto 48 de sus conclusiones, por un lado, el interesado no podría invocar, ante la agencia de información comercial que genera el valor de probabilidad que le concierne, su derecho de acceso a la información específica a que se refiere el artículo 15, apartado 1, letra h), del RGPD, a falta de una decisión automatizada de dicha agencia. Por otro lado, aun suponiendo que el acto adoptado por el tercero esté por su parte comprendido en el ámbito de aplicación del artículo 22, apartado 1, de dicho Reglamento por cumplir con los requisitos de aplicación de dicha disposición, ese tercero no podría facilitar tal información específica, ya que generalmente no dispone de ella. (...)

> 65 (...) el Derecho nacional que autoriza la adopción de una decisión individual automatizada debe establecer medidas adecuadas para salvaguardar los derechos y libertades y los intereses legítimos del interesado.
>
> 66 A la luz del considerando 71 del RGPD, tales medidas deben incluir, en particular, la obligación del responsable del tratamiento de utilizar procedimientos matemáticos o estadísticos adecuados, de aplicar las medidas técnicas y organizativas apropiadas para garantizar que se reduzca al máximo el riesgo de error y se corrijan errores, y de asegurar los datos personales de forma que se tengan en cuenta los posibles riesgos para los intereses y derechos del interesado e impedir, entre otras cosas, los efectos discriminatorios en las personas físicas. Estas medidas incluyen, por otro lado, como mínimo el derecho del interesado a obtener intervención humana por parte del responsable, a expresar su punto de vista y a impugnar la decisión. (...)
>
> 73 A la luz de todas las consideraciones anteriores, procede responder a la primera cuestión prejudicial que el artículo 22, apartado 1, del RGPD debe interpretarse en el sentido de que la generación automatizada, por una agencia de información comercial, de un valor de probabilidad a partir de datos personales relativos a una persona y acerca de la capacidad de esta para hacer frente a compromisos de pago en el futuro constituye una «decisión individual automatizada», en el sentido de la mencionada disposición, cuando de ese valor de probabilidad dependa de manera determinante que un tercero, al que se comunica dicho valor, establezca, ejecute o ponga fin a una relación contractual con esa persona».

En cualquier caso, como afirman autores como Lorenzo Cotino[129], el TJUE viene a fijar un criterio garantista y expansivo pese a no aprovechar de forma plena la ocasión para sentar jurisprudencia sobre las decisiones automatizadas y su interacción con la protección de datos personales. Sin perjuicio de ello, por seguro servirá de precedente a futuro con las interferencias que provocará en esta esfera la entrada en vigor del Reglamento (UE) 2024/1689 de Inteligencia Artificial de la UE (RIA).

Como colofón a este apartado muchas son las cuestiones que debemos tener en cuenta para poder utilizar la información (personal) de las bases de datos de la AJU. Las claves podrían resumirse en la necesidad de una Ley que fije los presupuestos y condiciones de manera pormenorizada para el tratamiento de estos datos, todo ello supeditado al interés público de una mejora en el funcionamiento de la justicia debiendo tener en cuenta la proporcionalidad de la medida a la hora de acarrear una limitación al derecho fundamental protegido como es la protección de los datos personales y, siempre, no olvidando la necesidad de garantizar por medio de unas medidas

129 Lorenzo Cotino Hueso, «La primera sentencia del Tribunal de Justicia de la Unión Europea sobre decisiones automatizadas y sus implicaciones para la protección de datos y el Reglamento de inteligencia artificial». *Diario LA LEY*, n.º 80, Sección Ciberderecho, 17 de enero de 2024, LA LEY.

adecuadas y específicas la protección de los intereses y derechos fundamentales del interesado.

6. Un problema añadido: la baja calidad del dato en la AJU

Tal y como hemos expuesto a lo largo del estudio, el lago de datos que suministra el conjunto de aplicativos que se utilizan en justicia es incalculable. Sin embargo, una cuestión importante en la que debemos pararnos para adentrarnos en la viabilidad del uso de toda la información se enfoca en el conjunto de medidas tendentes a construir una adecuada política de gestión del documento electrónico. La finalidad no es otra que facilitar una adecuada extracción de los datos de forma que pueda ser procesada con las nuevas tecnologías emergentes. Ello nos dirige a dos conceptos que se vislumbran como nodos esenciales en este proceso: Interoperatividad y Estructuración.

En cuanto a la primera cuestión ya hemos definido[130] que consiste en la capacidad de los sistemas de información de compartir datos y posibilitar el intercambio de información entre ellos. Si bien, también hemos enfatizado las singularidades de la AJU, entre ellas y especialmente en esta materia; con las disfunciones que supone la coexistencia de sistemas con una misma finalidad como es el caso de los SGP, así como la variedad de aplicativos, sistemas y plataformas que sirven de soporte —tanto interna como externamente al servicio público de justicia— que, además, dentro de este sector la mayor parte carecen de interoperabilidad, como si se tratasen de islas o departamentos estancos. Esta peculiar situación en el entorno de la AJU se ha producido con independencia de los intentos para tratar de reconducirla por medio de las disposiciones legales contenidas en diversas normativas y jurisprudencia[131]. La mejora en la comunicación entre los sistemas en la administración es una tarea pendiente y necesaria —también señalada como una de las claves en la hoja de ruta de los legisladores europeos en el proceso de la transición digital— para impulsar y optimizar, en este caso; el funcionamiento de la justicia. Tal y como se hemos reseñado, el cauce para lograr revertir la situación actual se encuentra en el consenso guiado por la cogobernanza.

---

130 La Ley 18/11 reguladora del uso de las TIC en la AJU en su ANEXO sobre definiciones expone diversos tipos de interoperabilidad distinguiendo entre: (i) interoperabilidad; (ii) interoperabilidad organizativa; (iii) interoperabilidad semántico-jurídica o; (iv) interoperabilidad técnica.

131 Véase a modo de ilustración el contenido del art. 230.6 LOPJ, la disposición adicional 2.ª de la Ley 39/2015, al art. 7 de la Ley Orgánica 2/2012 o la STC 132/2018, de 13 de diciembre...etc.

Siguiendo el hilo y en relación a la segunda cuestión; nos referimos a la estructuración, debemos partir de la diferencia y consecuencias que implica que la información de una base de datos se encuentre estructurada o no. Una de las cuestiones cruciales que se mencionan una y otra vez en todas las normativas que aluden a la explotación automatizada de los datos[132] es la necesidad de que su formato se encuentre estructurado, de uso común y lectura mecánica para facilitar su tratamiento. Asimismo, no podemos obviar que toda información que obra en los archivos electrónicos contiene, también, lo que se denominan como metadatos que permiten extraer más información incardinada dentro de los propios ficheros y que sirven, entre otras cosas, para identificar, autenticar y contextualizar los documentos.

Si partimos de esta aclaración, las consecuencias que se infieren de que un archivo electrónico no se encuentren en un formato estructurado devienen, *a priori*[133], en posibles dificultades para llevar a cabo el procesamiento y explotación de la información que contiene, entre ellas: relativas a la búsqueda y acceso a la información, lentitud en su procesamiento y análisis en comparación a un documento que estuviese estructurado, agravamiento de falta de interoperabilidad de los datos al no encontrarse en un formato estándar...etc.

Es decir, un dato con formato estructurado nos permite buscar y usar la información que obra en él, se suele mostrar en filas y columnas de tal forma que los datos pueden ser fácilmente ordenados y procesados, un ejemplo característico de un documento estructurado es el de una tabla Excel. Por el contrario, como hemos expuesto, un documento electrónico no estructurado, impide categorizar fácilmente los datos que lo integran y, en consecuencia, procesarlos correctamente. De esta forma, una política adecuada de gestión documental electrónica que impusiera como exigencia el formato estructurado de los documentos nos permitiría agilizar el posible uso de su contenido para la utilización de las tecnologías disruptivas ya que se facilita su extracción, consulta, interoperabilidad y gestión.

Una vez hemos comprendido esta cuestión, si nos trasladamos a la esfera de la AJU debemos distinguir entre sistemas o aplicaciones que permiten la estructuración de los datos de las que no. Lógicamente, si tomamos como ejemplos aplicativos como la CDCJ, SIRAJ o el PNJ nos encontramos con herramientas que —pese a su ausencia de interoperabilidad entre ellas— en atención a la tipología de sus características trabajan automáticamente en

132 Un ejemplo se encuentra en el art. 20 RGPD relativo al derecho a la portabilidad de los datos.

133 Decimos en principio pues a medida que pasa el tiempo, los avances tecnológicos nos permiten salvar ciertas dificultades para procesar información no estructurada como puede ser por medio de tecnologías de procesamiento de lenguaje natural (PNL) un ejemplo son las IA entrenadas expresamente para estructurar la documentación para su posterior extracción por medio de tratamiento automatizado.

formatos claramente estructurados. Sin embargo, debemos pensar que una gran porción de los datos que cohabitan dentro de este entorno y que tienen un gran valor tienen su entrada por medio de los escritos y documentos que presentan los ciudadanos y los profesionales de la justicia en los procedimientos judiciales en los que son parte y que, como regla general[134], se incorporan en los expedientes judiciales por las siguientes vías:

1. El registro del decanato del juzgado;
2. Las sedes judiciales electrónicas y;
3. Las plataformas de comunicación bidireccional (LexNet o PSP, según el territorio), en el caso de los profesionales de la justicia[135].

Lamentablemente, estos canales de entrada han provocado, por diversos motivos, que gran parte del volumen documental presentado por los justiciables no se encuentren en formato estructurado, sino como meras fotos de los textos escaneadas sin un formato estándar, provocando que la calidad del dato en la AJU sea baja. Y todo ello con independencia de que, el Real Decreto 1065/2015, de 27 de noviembre, sobre comunicaciones electrónicas en la Administración de Justicia en el ámbito territorial del Ministerio de Justicia y por el que se regula el sistema LexNet, en su ANEXO IV sobre los requisitos de acceso y requerimientos técnicos del sistema, en su apartado cinco, dispone que los escritos o documentos principales del envío, por este sistema de comunicación, deberán ser presentados en el formato PDF/A con la característica OCR (reconocimiento óptico de caracteres). Es decir, generado o escaneado con software que permita obtener como resultado final un archivo en un formato de texto editable sobre cuyo contenido puedan realizarse búsquedas y deberá ir firmado electrónicamente con la firma o firmas de los profesionales actuantes. En caso contrario, el juzgado en virtud del art. 273 LEC[136], deberá requerir a la parte que lo hubiese presentado con un

134 Cabría la posibilidad de incorporar documentación por otras vías como en los casos de exceso de cabida para el sistema de comunicación bidireccional o a través de un acto procesal por medio de una comparecencia que pudiera existir en el procedimiento. De cualquier manera, en sendos casos, una práctica adecuada sería su incorporación posterior en la oficina judicial al expediente judicial electrónico.

135 Conforme al art. 273.3 LEC se encuentran en este sector estando obligado a ello: a) Las personas jurídicas; b) Las entidades sin personalidad jurídica; c) Quienes ejerzan una actividad profesional para la que se requiera colegiación obligatoria para los trámites y actuaciones que realicen con la Administración de Justicia en ejercicio de dicha actividad profesional; d) Los notarios y registradores; e) Quienes representen a un interesado que esté obligado a relacionarse electrónicamente con la Administración de Justicia; f) Los funcionarios de las Administraciones Públicas para los trámites y actuaciones que realicen por razón de su cargo.

136 El art. 273 LEC relativo a la forma de presentación y de los escritos y documentos en su aparto 5.º dispone que: «*El incumplimiento del deber del uso de las tecnologías previsto en este artículo o de las especificaciones técnicas que se establezcan conllevará que el Letrado de la Administración de Justicia conceda un plazo máximo de cinco días para su*

formato incorrecto para subsanación. No obstante, lo cierto es que a día de hoy la praxis diaria de los juzgados es no llevar a cabo —por lo general— este requerimiento, con el consiguiente perjuicio que ello provoca en la calidad del dato de la AJU.

Pero lo cierto, y haciendo un pequeño paréntesis, es que no nos han enseñado y/o formado para llevar a cabo una adecuada calidad de los datos que manejamos en nuestro día a día ya sea en esta esfera u otra. Entonces, ¿cómo lo vamos a llevar a cabo correctamente? ¿Debería existir una formación específica para educarnos en esa dirección a la vista de la sociedad digital que nos espera?

Volviendo al tema, esto nos hace pensar en que si se trata de una cuestión de formatos en la documentación presentada —y por ende de carácter técnico— por qué motivo debe ser el juzgado a través del LAJ el que deba apreciar dicha cuestión cuando; ¿no sería más sencillo que el propio sistema de comunicación bidireccional el que impidiese a las partes/profesionales de la justicia remitir documentación que no estuviera en formato estructurado?

Es cierto que conceptualmente los LAJ tienen atribuidas conforme a los arts. 452 y ss. LOPJ las funciones, entre otras muchas, del ejercicio de la fe pública judicial, la documentación de las actuaciones y de promover el empleo de los medios técnicos, audiovisuales e informáticos en la documentación de los expedientes. Sin embargo, reiteramos, a la vista del estado evolutivo de la técnica lo anacrónico que resulta esta cuestión en tanto consideramos que los sistemas y plataformas deberían impedir la remisión de la documentación a los juzgados cuando esta no estuviese en un formato adecuado, pues sería lo más optimo en aras de incrementar la eficacia y agilización del entramado que configura en funcionamiento de la AJU, así como de por sí una clara mejora en la calidad de las bases de datos que la integran.

Con independencia de esta situación y las medidas tendentes a darle solución que analizaremos a continuación, sí que debemos subrayar que el hándicap de la baja calidad del dato en la AJU —en cuanto a los documentos integrados en los expedientes y aportados por las partes[137]— no debería presentar un obstáculo difícil de ser salvado a medida que pasa el tiempo a la vista de los avances de tecnologías emergentes como la IA que permiten con su uso, en teoría, la extracción de la información contenida en los mismos. El entrenamiento de modelos de IA para extraer datos de documentos no estructurados es un hecho a día de hoy y que va perfeccionándose (desde su reconversión a un formato de tabla estructurada hasta el reconocimiento

subsanación. Si no se subsana en este plazo, los escritos y documentos se tendrán por no presentados a todos los efectos».

137 A diferencia de la entrada de escritos y documentos presentados por las partes en un procedimiento, todas aquellas resoluciones que dimanan de los juzgados —a través de los distintos SGP— siempre es de carácter estructurada.

de entidades, extracción de relaciones, reconocimiento de patrones...etc.) sin perjuicio que ello supone un paso más en la cadena para su explotación en aras de mejorar el servicio público de justicia a través de herramientas de dicha índole.

7. Hacia una nueva realidad para la consecución del fin: la orientación al dato

7.1. La perspectiva liderada desde la UE

Como estamos observando, la organización y el control de los datos se erige como algo fundamental para conseguir los frutos que estos pueden producir con su uso e interrelación. La UE conoce los beneficios que están por venir con una adecuada explotación, lo que ha producido como consecuencia, la elaboración de una serie de normas para fraguar un espacio común de datos interoperado entre los distintos Estados donde debe ponderarse su uso y difusión preservando, siempre, principios esenciales como la privacidad, protección, seguridad y ética.

Como es sabido, la Carta de los Derechos fundamentales de la UE permite a los ciudadanos de la unión ostentar el derecho a la libertad de expresión, que comprende la libertad de opinión y la libertad de recibir o comunicar informaciones o ideas sin que pueda haber injerencia de autoridades públicas y sin consideración de fronteras. Además, tal y como hemos expresado se garantiza el derecho a la protección de los datos de carácter personal fijando que, para el uso y tratamiento, estos, serán utilizados de modo leal, para fines concretos y sobre la base del consentimiento de la persona afectada o en virtud de otro fundamento legítimo previsto por la ley y sometido al control de una autoridad independiente.

Pues bien, si partimos de estas premisas el legislador europeo está tratando de construir un ordenamiento jurídico sólido para lograr el equilibrio entre el uso de los datos y el respeto de los derechos fundamentales de los miembros de la unión. Una cuestión primordial deviene en hacer todo lo posible para llevar a cabo una correcta política de orientación al dato. En este sentido, desde febrero del año 2020 la UE comunicó formalmente una hoja de ruta denominada «Estrategia europea de datos» en la que se estipulan los pasos a seguir para combinar una legislación y una gobernanza adaptadas en la dirección de garantizar la disponibilidad de datos, con inversiones en normas, herramientas e infraestructuras, así como en competencias para el manejo de los datos. Estas políticas no hacen, sino que constituir los puentes normativos con el objetivo de impulsar las denominadas cadenas de valor de datos que se basan en diferentes actividades relativas a los mismos, tales como: creación y recopilación de datos; agregación y organización de datos;

tratamiento de datos; análisis, comercialización y distribución de datos; utilización y reutilización...etc. En definitiva, se trata de establecer un marco jurídico claro para todos los miembros de la UE que facilite la autorregulación y cooperación de sus integrantes de manera que jueguen en igualdad de condiciones y con la debida seguridad jurídica dentro del mercado interior digital.

Sin embargo, no podemos obviar que esta estrategia ya venía indirectamente realizándose con carácter previo a la publicación de la estrategia promovida por medio de normas que, poco a poco, y a medida que iban evolucionando las tecnologías de almacenamiento y producción de información, han ido asentando los cimientos de esta nueva hoja de ruta. A continuación, y de forma resumida, se expondrá parte de este entramado *ex ante* y *ex post* a la estrategia de la UE sobre este importante sector y que, como veremos, tiene sus efectos e impacto en todas y cada una de las esferas (social, político, económico, jurídico, geográfico, medioambiental, meteorológico, sísmico, turístico, empresarial, educativo...) que configuran el conglomerado que sustenta nuestro Estado social (digital) y democrático de derecho que vivimos en nuestros días.

- En materia de protección de datos junto a la legislación que previamente hemos analizado no podemos obviar el Convenio de Estrasburgo de 1981 para la protección de las personas con respecto al tratamiento automatizado de datos de carácter personal, que sirvió como elemento crucial para establecer las bases de la actual regulación en materia de Protección de datos pues su objetivo no es otro que garantizar, en el territorio de cada parte que lo suscribe a cualquier persona física sean cuales fueren su nacionalidad o su residencia, el respeto de sus derechos y libertades fundamentales, concretamente su derecho a la vida privada, con respecto al tratamiento automatizado de los datos de carácter personal correspondientes a dicha persona.
- La Directiva 96/9/CE[138] sobre la protección jurídica de bases de datos y que define a éstas como las recopilaciones de obras, de datos o de otros elementos independientes dispuestos de manera sistemática o metódica y accesibles individualmente por medios electrónicos o de otra forma. Su espectro de protección se expande con independencia de las disposiciones comunitarias en materia de protección jurídica de programas de ordenador, arrendamiento, préstamos y derechos

138 Su art. 6 apartado 2 b) ha sido modificada por la Directiva (UE) 2019/790 sobre los derechos de autor y derechos afines en el mercado único digital incorporando la posibilidad de que el usuario legítimo de una base de datos, bajo ciertos límites, pueda utilizar la información de las bases de datos sin el consentimiento de su autor, siempre que se trate de fines de investigación científica o educativos y no comercial y bajo los límites de la propia Directiva.

afines al derecho de autor de protección intelectual y su duración. Esta regulación viene a determinar quien ostenta la condición de autor de una base de datos, que actos están sujetos a restricciones sobre estas, excepciones, derechos y obligaciones de sus usuarios, entre otras cuestiones.

- El Reglamento (UE) 2018/1807 relativo a un marco para la libre circulación de datos no personales en la Unión Europea tiene por objeto garantizar la libre circulación de datos que no tengan carácter personal mediante el establecimiento de normas relativas a los requisitos de localización de datos, la disponibilidad de los datos para las autoridades competentes y la portabilidad de datos para los usuarios profesionales. Si bien, con las excepciones que atañen a la seguridad pública de cada Estado en correlación con el principio de proporcionalidad. Debemos subrayar que el Reglamento define como tratamiento de datos a toda operación o conjunto de operaciones que se efectúe sobre datos o conjuntos de datos en formato electrónico, ya sea por procedimientos automatizados o no, como la recogida, registro, organización, estructuración, almacenamiento, adaptación o modificación, extracción, consulta, utilización, comunicación por transmisión, difusión o cualquier otra forma de puesta a disposición, cotejo o interconexión, limitación, supresión o destrucción. Para lograr de forma efectiva la libre circulación y portabilidad de estos datos se establecen códigos de conducta para impulsar una economía de datos competitiva enfocada en la transparencia e interoperabilidad para cooperar y lograr una efectiva gestión de la calidad y seguridad de los datos la cual debe estar basada en formatos estructurados, de uso común y de lectura mecánica, incluyendo los formatos abiertos. Así, para lograr la consecución de sus objetivos se precisan y configuran unos parámetros en materia de colaboración entre Estados, evaluación y seguimiento para su consecución.
- El Reglamento (CE) 223/2009 proporciona el marco jurídico general[139] para las estadísticas europeas y su art. 13 establece el programa estadístico europeo. Pues bien, por su parte el Reglamento (UE) 834/2009 por el que se aplica el Reglamento (CE) 716/2007 relativo a estadísticas comunitarias sobre la estructura y la actividad de las filiales extranjeras, resulta interesante en relación a los parámetros que constituye sobre los informes de calidad en materia de datos, esto es para la producción sistemática de estadísticas con niveles

139 En cumplimiento con el art. 12 del Reglamento, el Comité del Sistema Estadístico Europeo, aprobó un Estándar del SEE relativo a la estructura de los informes sobre la calidad. Este Código de buenas prácticas de las estadísticas europeas, de 16 de noviembre de 2017, se erige como la columna vertebral del marco de calidad común del SEE, por el que se establecen estándares para el desarrollo, elaboración y difusión de estadísticas europeas.

comunes de calidad, contenido y frecuencia. Es decir, la norma viene a incorporar indicadores, tanto cuantitativos como cualitativos, de la calidad de los datos basados en su pertinencia, precisión, coherencia, comparabilidad, actualidad, puntualidad, accesibilidad y claridad. Asimismo, y continuando en el campo estadístico como ejemplo y desarrollo a la norma previamente citada, se expone como modelo en el establecimiento de estándares para la mejora de la calidad de los datos estadísticos, el Reglamento (UE) 2019/1700[140] por el que se fija un marco común para las estadísticas europeas relativas a las personas y los hogares, basadas en datos individuales recogidos a partir de muestras. Esta norma resulta de gran valor para al objeto de estudio pues trata de desarrollar medidas tendentes a lograr una calidad adecuada de los datos[141] —en este caso indicadores sociales— para conocer de la manera más leal los resultados estadísticos de los mismos. Entre las cuestiones que nos gustaría destacar, se define a los efectos estadísticos lo que ha de entenderse por microdato[142], dato o microdato agregado precomprobado[143]o metadato[144]. Así, la norma desarrolla de forma clara los distintos parámetros para lograr una alta calidad en la obtención de los datos para confeccionar las estadísticas, entre ellas, los ámbitos y conjuntos de datos que serán objeto de recopilación, el periodo temporal, variables, especificaciones técnicas, formatos, fuentes y métodos, transmisión, marcos de muestreo, requisitos de calidad...etc. En definitiva, se configura un elenco de medidas tendentes a materializar la excelencia en la calidad de los

140 Supuso la modificación de los Reglamentos (CE) n.° 808/2004, (CE) n.° 452/2008 y (CE) n.° 1338/2008 del Parlamento Europeo y del Consejo y se derogan el Reglamento (CE) n.° 1177/2003 del Parlamento Europeo y del Consejo y el Reglamento (CE) n.° 577/98 del Consejo.

141 En este sentido, véanse los distintos Considerandos: (9) afirma que su objetivo es mejorar en materia de datos la calidad, precisión, puntualidad y comparabilidad. De igual forma el (20) dispone que debe establecerse un conjunto básico de variables armonizadas en relación con cada ámbito, con el fin de explotar y difundir mejor los datos de los que dispone la Comisión (Eurostat) y, en particular, como requisito previo para la comparación de datos y los análisis transversales. El (23) expresa que las estadísticas ya no se consideran solo una de las muchas fuentes de información para la formulación de políticas, sino que desempeñan un papel fundamental en el proceso de toma de decisiones. La toma de decisiones basada en datos contrastables exige estadísticas que satisfagan criterios de alta calidad.

142 Observaciones o mediciones no agregadas de las características de cada una de las unidades, sin un identificador directo.

143 Datos o microdatos sin identificadores directos, verificados por los Estados miembros sobre la base de normas comunes de validación, cuando se disponga de estas.

144 La información que se necesita para utilizar e interpretar las estadísticas y que describe los datos de forma estructurada.

datos que serán objeto de análisis para la ejecución de posteriores políticas tendentes a mejorar dicho espectro.

- La Directiva 2003/98/CE[145] estableció un conjunto de normas mínimas que regulaban la reutilización y las prácticas para facilitar la reutilización de los documentos existentes que obran en poder de los organismos del sector público de los Estados miembros, incluidos los órganos ejecutivo, legislativo y judicial. Desde su adopción el volumen de datos ha ido creciendo exponencialmente, así como el avance de la tecnología que permite su análisis y correlación y, en definitiva, su tratamiento y utilización lo cual ha dado lugar a la necesidad de actualizar la misma. Ello ha dado lugar por medio de la Directiva (UE) 2019/1024 relativa a los datos abiertos y la reutilización de la información[146] del sector público que sirve como herramienta para explotar plenamente el potencial de la información del sector público para la economía y la sociedad europeas. Se define como dato abierto aquellos cuyo formato pueda ser utilizado, reutilizado y compartido libremente con cualquier fin: abierto desde el diseño y por defecto. Los efectos de esta norma se extienden a todo documento (sea cual sea su soporte[147]) cuyo suministro sea una actividad que incida en la misión de servicio público de los organismos que conforman el sector público. Se establecen de forma estandarizada unas reglas API[148] que son un conjunto de funciones, procedimientos, definiciones y protocolos para la comunicación de máquina a máquina y el intercambio fluido de datos. Asimismo, trata de impulsar a los organismos públicos la creación de documentos —siempre que sea posible— en formato electrónico que, además, contengan un formato legible por máquina de archivo estructurado que permita a las aplicaciones informáticas identificar, reconocer y extraer con facilidad los datos específicos que contiene.
- Una mención especial, dada su finalidad, es el Reglamento (UE) 2019/881[149] relativo a ENISA (Agencia de la Unión Europea para la

145 Solo se aplicaba a los documentos conservados por organismos del sector público excluyendo de su ámbito de aplicación a las empresas públicas, lo cual ha dado pie, entre otros motivos, a su actualización.

146 Se promueve especialmente la reutilización de los que denomina «datos de alto valor» cuando estos puedan: generar beneficios socioeconómicos o medioambientales importantes y servicios innovadores; beneficiar a un gran número de usuarios, en concreto pymes; contribuir a generar ingresos, y; ser combinados con otros conjuntos de datos.

147 Documento escrito en papel o almacenado en forma electrónica o como grabación sonora, visual o audiovisual.

148 Sobre la base de los principios de disponibilidad, estabilidad, mantenimiento durante la vida útil, uniformidad de uso y normas, facilidad de uso y seguridad.

149 Este deroga el Reglamento (UE) n. 526/2013 que dio origen a ENISA.

Ciberseguridad) y a la certificación de la ciberseguridad de las tecnologías de la información y la comunicación (TIC) y que se conoce como: El Reglamento sobre la Ciberseguridad. Su objetivo es alcanzar un alto nivel de ciberseguridad, ciberresiliencia y confianza en la UE[150] por medio del establecimiento de:

- Un conjunto de objetivos, tareas y aspectos organizativos de la Agencia de la Unión Europea para la Ciberseguridad (ENISA) como instrumento de gobernanza en materia de Ciberseguridad como motor y centro de información y conocimientos de la UE.
- Un marco para la creación de esquemas europeos de certificación de productos, servicios y procesos de las TICs para garantizar un nivel adecuado de seguridad dentro del seno de la unión.

– La Ley de Gobernanza de Datos auspiciada por el Reglamento (UE) 868/2022 relativo a la Gobernanza Europea de Datos cuya extensión no interfiere con el resto de normas que afectan a los datos —ya sean de carácter personal o no— y sus diferentes regulaciones en el marco europeo o nacional de cada Estado. Esta propuesta pretende fijar las condiciones de reutilización de determinadas categorías de datos dentro de la UE que se encuentran en poder de organismos del sector público y a la vez regular una serie de marcos que afectan a: (i) notificación y supervisión para la prestación de servicios de los intermediarios de datos; (ii) un registro de inscripción voluntaria para aquellas entidades que recojan y traten datos que hayan sido cedidos con fines altruistas; (iii) la creación de un Comité Europeo de Innovación en materia de datos. En definitiva, su objetivo es fijar las reglas para facilitar el intercambio de datos con fines de reutilización en sectores como pueden ser: la automoción, los proveedores de servicios de pago, la información en materia de medición inteligente, los datos de la red eléctrica, los sistemas de transporte inteligente, la información medioambiental, la información espacial, el sector sanitario, entre otros. De esta forma, trata de reforzar la confianza en los intermediarios de datos que participarán en los distintos espacios de datos. Además, enfoca su regula-

150 Desde 2013 la UE ha realizado políticas en esta materia sobre la base de la Estrategia de Ciberseguridad de la Unión Europea para orientar la respuesta política de la Unión a las amenazas y riesgos relacionados con la ciberseguridad. El primer acto jurídico en el ámbito de la ciberseguridad de la Unión fue adoptado en 2016 y fue la Directiva (UE) 2016/1148 del Parlamento Europeo y del Consejo que instauró una serie de requisitos relativos a las capacidades nacionales en el ámbito de la ciberseguridad, estableció los primeros mecanismos para mejorar la cooperación estratégica y operativa entre los Estados miembros e introdujo obligaciones relativas a medidas de seguridad y notificaciones de incidentes en todos los sectores fundamentales de la economía y la sociedad, como la energía, los transportes, el agua potable, el suministro y la distribución, la banca, las infraestructuras de los mercados financieros, la sanidad o las infraestructuras digitales, así como para los proveedores de servicios digitales clave (motores de búsqueda, servicios en la nube y mercados en línea).

ción en el apoyo las infraestructuras para la creación de repositorios de datos europeos basados en los principios FAIR[151] que permitan la inteligencia de datos y el aprendizaje automático, todo ello de conformidad con la legislación en materia de protección de datos y de competencia. En resumen, la Ley de Gobernanza de Datos crea los procesos y estructuras para facilitar el flujo e intercambio de datos.

- Distinta de la anterior y de forma que la complementa, se encuentra la Propuesta de Reglamento sobre la Ley de datos («Data act»)[152] cuya finalidad dimana en potenciar el valor en el uso de los datos estableciendo las condiciones para ello. Su misión es estimular la economía de los datos desbloqueando los datos industriales, optimizando su accesibilidad y uso, y fomentando un mercado europeo de la nube competitivo y fiable. A destacar la adopción de medidas que permiten a los usuarios de dispositivos conectados acceder a los datos generados por estos dispositivos y por los servicios relacionados con ellos, también acuerda mecanismos en aras de evitar a los usuarios el sometimiento a cláusulas contractuales abusivas impuestas unilateralmente por los productores de dispositivos, así como vías para que los organismos del sector público puedan acceder a los datos en poder del sector privado cuando concurran circunstancias de extrema urgencia y necesidad. Al mismo tiempo, fija normas para facilitar a los clientes la libertad de cambiar de proveedor de servicios de tratamiento de datos en la nube o medidas para promover estándares de interoperabilidad en el intercambio y tratamiento de datos.
- Igualmente, mención especial y a la que posteriormente analizaremos en profundidad es el Reglamento (UE) 2024/1689 del Parlamento Europeo y del Consejo, de 13 de junio de 2024, del Parlamento Europeo y del Consejo por el que se establecen normas armonizadas en materia de inteligencia artificial (Ley de IA, «IA act» o RIA) esta iniciativa viene a fomentar el desarrollo y la adopción de IA segura y confiable en todo el mercado único de la UE por parte de actores públicos y privados. El texto exhorta a todos los Estados miembros —dado que estos sistemas se alimentan de datos— al establecimiento de unos mecanismos y servicios para reutilizar, compartir y poner en común datos para mejorar su calidad y establecer modelos que retroalimenten estas tecnologías. El enfoque que utiliza el legislador europeo para regular este tipo de tecnologías se fundamenta en el riesgo o amenaza que puede representar una IA en su uso en atención a cada sector y caso (riesgo inadmisible, alto o limitado), todo ello en

151 Los espacios comunes europeos de datos deben hacer que los datos sean fáciles de encontrar, accesibles, interoperables y reutilizables.

152 El 28 de junio de 2023 se alcanzó el acuerdo político para su aprobación a la espera de que se produzca, formalmente.

correlación con los posibles derechos y cuestiones de seguridad que pueden verse comprometidas.

- En sintonía con la anterior se encuentra la Propuesta de Directiva sobre un Régimen de Responsabilidad Civil en materia de IA y en la que luego también nos adentraremos. Esta propuesta se apoya en la Directiva del Consejo (85/374/CEE) de 25 de julio de 1985 en materia de responsabilidad por los daños causados por productos defectuosos. Sus principios y objetivos buscan tratar de alcanzar la seguridad jurídica a lo largo de la cadena de responsabilidad, en particular para el productor, el operador, la persona afectada y cualquier otro tercero. El régimen de responsabilidad se basa en el grado de control sobre un riesgo asociado al funcionamiento y la operación de un sistema de IA.
- Como colofón, y con el objetivo de mejorar todos los servicios públicos a través de la integración y automatización de todas las fuentes de información fiable y contribuir al zenit del mercado único digital hasta su máximo exponente debemos hacer mención, como no podría ser de otra manera, al canal preciso para su consecución que no es sino el Marco Europeo de Interoperabilidad (MEI) y su estrategia[153] que se postula como elemento indispensable para hacer posible una verdadera transformación digital. La Comunicación de la Comisión Europea de 2017 definió la interoperabilidad como *«la capacidad de que las organizaciones interactúen con vistas a alcanzar objetivos comunes que sean mutuamente beneficiosos y que hayan sido acordados previa y conjuntamente, recurriendo a la puesta en común de información y conocimientos entre las organizaciones, a través de los procesos empresariales a los que apoyan, mediante el intercambio de datos entre sus sistemas de TIC respectivos»*. Por tanto, podemos afirmar que el tablero de todas las estrategias digitales de la UE se asienta y entrelazan a través de los escaques que configuran la interoperabilidad en aras de promover la comunicación digital entre los distintos servicios.

El objetivo principal es el establecimiento de un marco normativo técnico que permita proporcionar a los usuarios europeos el acceso común de forma transparente y abierta a los servicios y datos por canales digitales entre todos los sectores, lógicamente, con plena seguridad y respeto a los derechos fundamentales. Estas recomendaciones tratan de orientar a las distintas administraciones implicadas para fomentar la unidad de actuación transfronteriza e intersectorial para la consecución del ansiado un Mercado Único Digital. Los principios que sustentan esta estrategia son: subsidiariedad y proporcionalidad, apertura, transparencia, posibilidad de reutilización, neutralidad tecno-

153 Véase al respecto la Comunicación de la Comisión al Parlamento europeo, al Consejo, al Comité económico europeo y al Comité de las Regiones, Bruselas, 23.3.2017 COM (2017) 134 final Comunicación.

lógica y portabilidad de datos, primacía del usuario, inclusión y accesibilidad, simplificación administrativa, conservación de la información y evaluación de efectividad y eficiencia.

Sobre este aspecto, nos gustaría destacar un acuerdo alcanzado a finales del año 2023 entre el Parlamento Europeo y el Consejo sobre la creación de una Ley en formato de Reglamento sobre la Europa Interoperable. Su propósito no será otro que reforzar e impulsar la interoperabilidad y la cooperación transfronterizas en el sector público en toda la UE para intensificar el intercambio de información a través de soluciones digitales interoperables y reutilizables, tales como programas informáticos de código abierto, directrices, listas de comprobación, marcos y herramientas informáticas, entre otras medidas.

En este sentido cobra especial importancia el Reglamento (UE) 2021/694 del Parlamento europeo y del Consejo de 29 de abril de 2021 por el que se establece el Programa Europa Digital donde obran cinco objetivos interrelacionados como son (i) la informática de alto rendimiento; (ii) la inteligencia artificial (IA), (iii) Ciberseguridad y confianza; (iv) capacidades digitales avanzadas y; (v) despliegue y mejor uso de la capacidad digital e interoperabilidad. Este último objetivo tiene asignado para llevar a cabo soluciones de interoperabilidad un presupuesto de 194 millones de euros. Además, se centra principalmente, en crear un clima de cooperación entre administraciones públicas, empresas y ciudadanos con el fin de alcanzar un ecosistema europeo de infraestructuras digitales y de intercambio de datos de confianza que utilice, entre otros, servicios y aplicaciones basados en tecnologías de registro descentralizado, incluido el apoyo a la interoperabilidad y a la normalización, y fomentando el despliegue de aplicaciones transfronterizas de la Unión basadas en la seguridad y la privacidad desde el diseño.

En definitiva, la interoperabilidad sirve como elemento transversal holístico para dar cumplimiento al conjunto de estrategias en materia digital que se desarrollan en el seno de la UE.

Es decir, el objetivo primordial que busca la UE es la creación de un espacio único europeo de datos, un verdadero mercado único de datos, abierto a datos procedentes de todo el mundo que permitan el uso de estos a través de las distintas tecnologías emergentes. Es decir, unas normas comunes europeas y unos mecanismos de aplicación eficientes que deben garantizar:

- Que los datos puedan fluir en la UE y en todos sus sectores para optimizar los mismos.
- Que en esa transmisión se respeten plenamente las normas y los valores europeos, en particular la protección de los datos persona-

les, la legislación en materia de protección de los consumidores y en materia de competencia.

- Las normas de acceso a los datos y uso de estos para que sean justas, prácticas y claras, que existan mecanismos precisos y fiables de gobernanza de los datos.
- Todo ello bajo el establecimiento de un marco jurídico uniforme en materia de datos y tecnologías que los utilizan, tratando de evitar la fragmentación dentro de los Estados miembros con el pleno respeto a los derechos y valores de la UE.

7.2. La situación al respecto de la Administración en España

La Administración Española siempre ha llevado a cabo las medidas legislativas necesarias sobre la base de las directrices lideradas por la UE. Como no podría ser de otra forma, este proceso de digitalización donde la clave se sustenta en la orientación al dato, a su vez, se encuentra en distintos niveles dependiendo de la administración que se trate como consecuencia del fenómeno que ya hemos expuesto y que se conoce como «la Administración de la administración». No podemos pasar por alto, en relación al tema objeto de análisis, las connotaciones y efectos que imploran al efecto, y que sobrevienen de la redacción del art. 105 b) CE que hace alusión a la necesidad de que los ciudadanos tengan acceso a los archivos y registros administrativos, salvo en lo que afecte a la seguridad y defensa del Estado, la averiguación de los delitos y la intimidad de las personas.

Si exponemos algunas de las claves en formato legal para lograr este enfoque hacia el dato que se perfila como elemento determinante de las políticas tendentes a la consecución de una digitalización adecuada y la puerta para potenciar el uso de tecnologías disruptivas, nos gustaría hacer mención, antes de ahondar en las peculiaridades de esta materia en la AJU, en algunas normas dictaminadas en el marco de la AGE por parte del legislador nacional que han ido fraguando, paso a paso, los puntales de la presente y futura digitalización basada en una arquitectura de información orientada al dato. Es cierto, que algunos de estos textos, no abordan de una forma específica y directa medidas en dicha dirección, pero por el contrario sí que contienen elementos que son relevantes y transversales en la promoción de una cultura enfocada en la buena calidad de los datos y de la gestión de la información, comenzamos.

- Una de las medidas que vienen a constituir las bases de una estructura global para impulsar una mejora de la gestión en la Administración es el Real Decreto 951/2005, por el que se establece el marco general para la mejora de la calidad en la Administración General del Estado. Este RD se enfoca en mejorar la calidad del servicio que debe prestar nuestra AGE, lo cual podemos extrapolar en la materia objeto de estudio en el origen de las primeras políticas llevadas a cabo para organizar una gestión de los datos públicos de forma adecuada, dado que viene a promover una cultura de recogida y análisis de datos del sector público que deben ser precisos, transparentes y a disposición de los ciudadanos. Asimismo, promueve el nacimiento de sistemas de medición y evaluación de la calidad para lograr un servicio público eficaz. Por tanto, podríamos decir que asienta los principios y raíces primigenios en la materia.

- En estos inicios en la gestión de la información existente en la AGE, mención especial desde la perspectiva sectorial conlleva la Ley 27/2006, de 18 de julio, por la que se regulan los derechos de acceso a la información, de participación pública y de acceso a la justicia en materia de medio ambiente la cual incorpora, por primera vez, el derecho de acceso a la información a los ciudadanos de cualquier dato en forma escrita, visual, sonora, electrónica de la información ambiental que obre en poder de autoridades públicas. Además, aprueba un elenco de obligaciones generales a la administración que debe prestar sobre dicho ámbito, contenido mínimo, un proceso de solicitud, forma y formato de la información. A este último término, se dispone que la información se deberá conservar en formas o formatos de fácil reproducción y acceso mediante telecomunicaciones informáticas o por otros medios electrónicos.
- Pues bien, otra norma que vino a instaurar un tablero general para luego permitir el enfoque basado en el formato estructurado de datos con el objetivo de su adecuada explotación es la Ley 56/2007, de Medidas de Impulso de la Sociedad de la Información la cual introduce una serie de innovaciones normativas en materia de digitalización de procesos, servicios en línea y el uso eficiente de la tecnología en aras de llevar a cabo una transición para una beneficiosa prestación de servicios de la Administración Electrónica. Esta norma, a su vez, produjo modificaciones en la Ley 34/2002, de 11 de julio, de Servicios de Sociedad de la Información y del Comercio Electrónico que, al igual que la anterior, no aborda directamente la gestión de datos, pero sí establece el marco legal para la prestación de servicios digitales y comercio electrónico, donde la gestión de datos desempeña un papel crucial.
- Pero no es sino con la Ley 37/2007, de Reutilización de la Información del Sector Público[154] con la que; a la vista de la masiva recolección,

154 La cual se apoya como inicio tras su inicial emisión por el legislador en 2007 en la Directiva 2003/98/CE, de 17 de noviembre de 2003, del Parlamento Europeo y del Consejo, relativa a la reutilización de la información del sector pública. Con carácter posterior, la Ley fue objeto de modificación en sucesivas ocasiones, siendo la última por el RD 24/2021, de 2 de noviembre por el que, entre otras, se traspuso la Directiva (UE) 2019/1024 del Parla-

producción, reproducción y difusión de documentos en soporte digital por parte de las distintas administraciones se empiezan a tomar medidas de armonización tendentes a su uso, para la explotación y reutilización en políticas públicas. En este texto aparece el concepto de «conjuntos de datos de alto valor» definido como aquellos cuyo contenido puede generar un potencial beneficio (socioeconómico, medioambiental, de mejoras en innovación con su uso al servicio público...etc.) con su conjugación con otros datos. Además, alude a que esta tipología de datos deberá estar disponibles —entre administraciones— gratuitamente, ser legibles por máquina, suministrados a través de interfaz de programación de aplicaciones (API) y de posible aportación de forma masiva cuando proceda. Igualmente, se abre a la posible asunción de acuerdos organizativos sobre las condiciones para la publicación y reutilización, el formato de los datos y los metadatos, así como acuerdos técnicos para la difusión. También queda fijado el régimen jurídico para la posible reutilización de los datos ya sea para fines comerciales o no. No obstante, siempre basado en un interés público. Para lograr la gestión de la información con dichos objetivos se establece que en la AGE se facilitarán herramientas informáticas que permitan el acceso en línea a los listados de los documentos que puedan ser ampliamente reutilizables y la búsqueda de los documentos disponibles para su reutilización, con los metadatos pertinentes de conformidad con lo establecido en las normas técnicas de interoperabilidad, accesibles, siempre que sea posible, en línea y en formato legible por máquina. De igual manera, en la AGE[155] se mantendrá actualizado un catálogo nacional de la información pública reutilizable. En cuanto a los formatos para la posible reutilización de los datos se basan en el principio de documentos abiertos «desde el diseño y por defecto» lo que implica: formatos abiertos, accesibles, legible por máquina con los niveles más elevados de precisión y desagregación, fáciles de localizar y reutilizables. También comporta a los metadatos, en la medida de lo posible que deberán cumplir estándares y normas formales. En aras de lograr su objetivo, las administraciones que componen la AGE aportaran los datos dinámicos de los que dispongan para su reutilización inmediatamente después de su recopilación, a través de interfaces de programación de aplicaciones (API) adecuadas y, cuando proceda, en forma de descarga masiva. La puesta a disposición de estos documentos se realizará en los términos establecidos por las normas reguladoras de la Administración Electrónica, la interoperabilidad y los datos abiertos. Finalmente, al

mento Europeo y del Consejo, de 20 de junio de 2019, relativa a los datos abiertos y la reutilización de la información del sector público.

155 Se designan unidades responsables que garanticen la puesta a disposición de la información en los términos del art. 10.bis de propia Ley.

respecto, se imponen unas condiciones generales de reutilización sobre la información[156] en la esfera de la AGE, entre ellas: que el contenido de la información, incluyendo sus metadatos, no sea alterado; que no se desnaturalice el sentido de la información; que se cite la fuente; que se mencione la fecha de la última actualización; cuando la información contenga datos de carácter personal, la finalidad o finalidades concretas para las que es posible la reutilización futura de los datos... Para terminar, se establece un régimen que regula el procedimiento de solicitud de tramitación de las solicitudes de reutilización y un régimen sancionador para cuando se incumplan las reglas sobre el uso de dicha información. En definitiva, podemos afirmar que se consolida una de las primeras normas fundamentales que entraña cuestiones tendentes a la (re)utilización de datos que coexisten en la Administración para impulsar la mejora del servicio público sobre la base de una Administración Electrónica, interoperable, transparente y con datos abiertos.

- Ese mismo año, con la Ley 11/2007, de 22 de junio, de acceso electrónico de los ciudadanos a los Servicios Públicos, se reconoció el derecho de los ciudadanos a relacionarse con la Administración por medios electrónicos, de manera que la implantación de una cultura de transparencia se consolida como eje necesario en la modernización de la Administración, y ello acompañado con la reducción de cargas burocráticas, el empleo de los medios electrónicos para la facilitar la participación, la transparencia y el acceso a la información.
- Como complemento de las anteriores, el legislador español dictó la Ley 19/2013, de 9 de diciembre, de transparencia, acceso a la información pública y buen gobierno, que como consta en el inicio de su preámbulo, se justifica como pilares fundamentales sobre los que se sustente toda acción política. Estas medidas permiten fortalecer las instituciones y favorecer el crecimiento económico y desarrollo social. De este modo, se incrementa la transparencia de la actividad pública, reconoce y garantiza el derecho a la información, así como las obligaciones que deben cumplir los responsables públicos. Es decir, en cierta manera se introduce como catalizador de control para los ciudadanos sobre la gestión y utilización de los recursos públicos. A modo de ejemplo, entre la distinta información que impone la Ley a las administraciones para que pongan en conocimiento a la sociedad, se encuentra: información institucional, organizativa y de planificación, información de relevancia jurídica, información económica, presupuestaria y estadística... Además, toda la información deberá estar publicada en una web bajo la denominación de portal

156 Véase el art. 8 sobre condiciones de reutilización.

de transparencia[157]. Entre las distintas medidas que adopta la Ley, una mención especial a la creación del Consejo de Transparencia y Buen gobierno[158] cuyo fin no es otro que la promoción de la actividad pública.

- Como ya hemos visto, tanto la Ley 39/2015, de 1 de octubre, del Procedimiento Administrativo Común de las Administraciones Públicas como la Ley 40/2015, de 1 de octubre, de Régimen Jurídico del Sector Público vienen a incorporar un paso más en la tramitación electrónica y el funcionamiento electrónico en el Sector Público. En cuanto a las relaciones electrónicas entre las propias Administraciones y las transmisiones de datos se apoyan en el Esquema Nacional de Interoperabilidad (ENI)[159] y el Esquema Nacional de Seguridad (ENS)[160]. El primero comprende el conjunto de criterios y recomendaciones en materia de seguridad, conservación y normalización de la información, de los formatos y de las aplicaciones que deberán ser tenidos en cuenta por las Administraciones Públicas para la toma de decisiones tecnológicas que garanticen la interoperabilidad. El segundo, tiene por objeto establecer la política de seguridad en la utilización de medios electrónicos y está constituido por los principios básicos y requisitos mínimos que garanticen adecuadamente la seguridad de la información tratada. Sendos elementos devienen como el conducto clave para conseguir una AGE orientada al dato.

---

157 https://transparencia.gob.es/

158 Se crea como como organismo público sobre la base de la disposición adicional décima de la Ley 6/1997, de 14 de abril, de Organización y Funcionamiento de la Administración General del Estado. Estará adscrito al Ministerio de Hacienda y Administraciones Públicas. El Consejo de Transparencia y Buen Gobierno tiene personalidad jurídica propia y plena capacidad de obrar. Actúa con autonomía y plena independencia en el cumplimiento de sus fines.

159 Su regulación más profunda se realiza por medio del Real Decreto 4/2010, de 8 de enero, por el que se regula el Esquema Nacional de Interoperabilidad en el ámbito de la Administración Electrónica cuyo objeto es definir los criterios y recomendaciones de seguridad, normalización y conservación de la información, de los formatos y de las aplicaciones que deberán ser tenidos en cuenta por las Administraciones públicas para asegurar un adecuado nivel de interoperabilidad organizativa, semántica y técnica de los datos, informaciones y servicios que gestionen en el ejercicio de sus competencias y para evitar la discriminación a los ciudadanos por razón de su elección tecnológica.

160 Se encuentra desarrollado por el Real Decreto 311/2022, de 3 de mayo, por el que se regula el Esquema Nacional de Seguridad cuya finalidad es definir los principios básicos y requisitos mínimos necesarios para una protección adecuada de la información tratada y los servicios prestados por las entidades de su ámbito de aplicación, con objeto de asegurar el acceso, la confidencialidad, la integridad, la trazabilidad, la autenticidad, la disponibilidad y la conservación de los datos, la información y los servicios utilizados por medios electrónicos que gestionen en el ejercicio de sus competencias.

- No podemos pasar por alto la regulación en materia de protección de datos a la que nos volvemos remitir en su conjunto, así como la reciente Carta de los Derechos Digitales en la que, más adelante, nos centraremos y que trata de regular un conjunto de derechos ante la nueva era digital que nos espera, con el objetivo de sentar unas bases claras para proteger los intereses y las libertades de los ciudadanos en el ámbito digital, garantizando su privacidad y seguridad en internet, así como su derecho a la neutralidad de la red y a una educación digital adecuada. En este sentido, en relación a los derechos digitales de la ciudadanía y su interacción con las administraciones públicas defiende el principio de transparencia y de reutilización de datos de las Administraciones públicas que deberá guiar la actuación de la Administración digital, de conformidad con la normativa sectorial. En particular, promueve la garantía del derecho de acceso a la información pública, la publicidad activa y la rendición de cuentas y considera que se debe velar por la portabilidad de los datos y la interoperabilidad de los formatos, sistemas y aplicaciones. Igualmente, en el marco de las actuaciones administrativas bajo el uso de herramientas de IA defiende el derecho de la ciudadanía sobre su uso, funcionamiento y alcance en cada procedimiento y, en particular, acerca de los datos utilizados, su margen de error, su ámbito de aplicación y su carácter decisorio o no decisorio. Adelantando que, para ello, la ley podrá regular las condiciones de transparencia y el acceso al código fuente, especialmente con objeto de verificar que no produce resultados discriminatorios.

Estas son algunas de las normas que impactan de forma directa en la administración española y cuyo fin no es otro que tratar de consolidar el entramado necesario para la consecución de una verdadera e-administración. En la actualidad existen diversos planes y hojas de ruta[161] para lograrlo, todos, con idéntico objetivo: tratar de exprimir todo su potencial para conjugar la información y obtener el mayor rédito para la mejora de los servicios públicos sobre principios como los que hemos expuesto y que se centran, especialmente; en el uso de formatos y estándares abiertos, legibles por máquina, interoperables, que permitan la (re)utilización de la información, su transparencia y siempre bajo la salvaguarda de los derechos de los ciudadanos.

7.3. El camino seguido en la Administración de Justicia

Como no puede ser de otra manera, estas normas afectan de modo directo a la AJU, pero ello no implica que, a vista de las peculiaridades de esta admi-

161 A modo de ejemplo y sin ánimo de ser exhaustivos nos remitimos a «La Estrategia TIC 2020-2025», «La Estrategia Española de Ciencia, Tecnología e Innovación 2021-2027» o «El Plan de Impulso de las Tecnologías del Lenguaje (Plan TL)», entre otros.

nistración, también exista normativa de ámbito sectorial nacida de forma explícita para su campo de afección, la cual trataremos de analizar a continuación.

Las reglas del juego en el campo de la AJU en la materia venían impuestas desde hace más de una década por medio de la Ley 18/2011, de 5 de julio, reguladora del uso de las TICs en la Administración de Justicia. No obstante, recientemente, ha sido derogada por el Real Decreto-ley 6/2023, de 19 de diciembre, por el que se aprueban medidas urgentes para la ejecución del Plan de Recuperación, Transformación y Resiliencia en materia de servicio público de justicia, función pública, régimen local y mecenazgo[162], cuyo libro primero versa sobre las Medidas de Eficiencia Digital (LED) y Procesal del Servicio Público de Justicia (LEP). Es cierto, que ya hubo un previo intento[163] por el legislador donde trató de implantar estas nuevas medidas en el seno de AJU para adaptarla a la realidad actual pero las circunstancias políticas se impusieron a las necesidades acuciantes de la justicia.

Antes de comenzar a sumergirnos en este nuevo cambio de diseño y apuesta del legislador con la LED sí que resulta de interés esbozar las líneas generales que ya existían en la órbita de la AJU en relación al camino levantado hacia una infraestructura focalizada al dato.

Para ello, la primera piedra que supuso los inicios dentro del sector se encuentra constreñida en la Carta de los Derechos de los ciudadanos ante la Justicia de 2001 la cual atendía a los principios de transparencia, información y atención adecuada de los usuarios de la Justicia, y cuyo nacimiento trae causa de un Pacto de Estado para la reforma de la justicia que se fraguó por aquel entonces bajo la concordia de los distintos grupos parlamentarios.

En el Apartado primero de la Carta bajo la denominación «Una justicia moderna y abierta a los ciudadanos» ya se hacía referencia a la necesidad de incrementar la transparencia de esta administración facultando al ciudadano el derecho a recibir información general y actualizada sobre los juzgados, sus características y requisitos para entablar cualquier acción judicial. Es por ello que defendía que todo ciudadano tenía derecho a recibir información transparente sobre el estado, la actividad y los asuntos tramitados y pendientes

162 En este sentido basta ver su disposición derogatoria única que de forma expresa dispone que «*Queda derogada la Ley 18/2011, de 5 de julio, reguladora del uso de las tecnologías de la información y la comunicación en la Administración de Justicia, así como todas las normas de igual o inferior rango en lo que contradigan o se opongan a lo dispuesto en el presente real decreto-ley*».

163 La disolución anticipada del Congreso de los Diputados y del Senado por Real Decreto 400/2023, de 29 de mayo, de disolución del Congreso de los Diputados y del Senado y de convocatoria de elecciones, propició que los distintos procesos legislativos que se encontraban en tramitación se vieran abocados a caer en el olvido, entre ellos, el Proyecto de Ley 121/000097, de medidas de eficiencia procesal del servicio público de Justicia (BOCG de 22 de abril de 2022) o el Proyecto de Ley 121/000116, de Medidas de Eficiencia Digital del Servicio Público de Justicia (BOCG de 12 de septiembre de 2022).

de todos los órganos jurisdiccionales y para ello encargaba al Ministerio de Justicia, las CC. AA. con competencias en la materia y al CGPJ como los responsables para canalizar esta información y facilitar su consulta. Finalmente, en relación a la Carta, nos gustaría subrayar cuatro de las muchas obligaciones que se imponían por aquel entonces en favor a los ciudadanos como son: (i) el derecho a conocer el contenido actualizado de las leyes españolas y de la Unión Europea mediante un sistema electrónico de datos fácilmente accesible; (ii) el derecho a conocer el contenido y estado de los procesos en los que tenga interés legítimo de acuerdo con lo dispuesto en las leyes procesales; (iii) el derecho a disponer gratuitamente de los formularios necesarios para el ejercicio de acciones ante los tribunales cuando no fuera preceptiva la intervención de Abogado y Procurador y; (iv) el derecho a una justicia ágil y tecnológicamente avanzada otorgando al ciudadano la posibilidad de comunicarse con la AJU a través de correo electrónico, videoconferencia y otros medios temáticos con arreglo a las normas procesales. En definitiva, la Carta vino a sentar los cimientos en el sector justicia para encauzar el desarrollo legislativo posterior en diversos aspectos —donde la orientación al dato no se escapaba en cierta manera de ello— y cuyo resultado es el que vivimos en nuestros días.

Por otro lado, y como ya se ha destacado, la Ley 18/11 supuso en el plano digital de la AJU el mayor avance legal hacia la senda electrónica en el sector justicia. Esta Ley trataba de esbozar de forma conexa al resto de normas sectoriales (tales como la LOPJ o LEC, entre otras) todas aquellas cuestiones que pudieran afectar en el área TIC. Así, tras su promulgación, comenzó una transición de los expedientes físicos a los digitales, un largo camino —desigual y no exento de polémicas[164]— para la consecución de lo que algunos políticos denominaban el «papel 0». Es cierto que, a pesar de la gran importancia de esta norma, el texto no ha sido muy conocido por los profesionales del sector, pues, realmente, no les interfería de una manera directa inicialmente en su día a día[165]. Si bien, a quien realmente les imponía el camino a seguir era a las propias administraciones que proporcionan los medios necesarios para posibilitar la prestación del servicio de la justicia por medios electrónicos, de la forma que sentaba los cimientos hacia la dirección en la que, éstas, debían dirigirse.

164 No debemos olvidar que el nudo gordiano propiciado de la Administración de la administración provocó grandes dificultades para lograr el objetivo principal que buscaba la Ley y que, a día de hoy, prosiguen, basta ver la diferencia en el nivel de digitalización existente por territorios y sus consecuencias, a pesar de los esfuerzos marcados en los últimos años por la cogobernanza.

165 Hay que tener en cuenta que desde su promulgación hasta su derogación la perspectiva tecnológica en el seno de la AJU se ha ido adaptando al camino que marcó la Ley, ello ha supuesto que los profesionales del sector, en su mayor parte, no se vieran afectados por las disposiciones de esta norma.

Sin ánimo de extendernos, ya que no resulta procedente a la vista del presente apartado, algunos hitos que se profirieron tras su promulgación y que nos gustaría recalcar son: la instauración de los derechos que ostentan los ciudadanos —y los deberes que los profesionales tienen— en sus relaciones con la AJU por medios electrónicos[166], las bases para imponer de forma obligatoria el uso de los medios e instrumentos electrónicos en la AJU, el régimen jurídico de la Administración Judicial Electrónica, cuestiones sobre identificación, autenticación y firma por medios electrónicos, los criterios a seguir en materia de la tramitación electrónica de los procedimientos y el expediente judicial electrónico (registro de escritos, comunicaciones y notificaciones electrónicas...etc.), así como las líneas iniciales en materia de cogobernanza en lo que respecta a la esfera digital de la administración. Es cierto, que, si analizamos con perspectiva esta Ley, trató de equiparar en cierta manera la regulación paralela que existía en el plano digital de la AGE, pero adaptada a la perspectiva judicial.

La transición de lo físico a lo digital que propició la Ley 18/11 como puede imaginarse, ha impactado de forma directa en la creación de las bases para una arquitectura electrónica judicial enfocada al dato. No obstante, y tras el tiempo transcurrido, a día de hoy podemos afirmar que ha sido un fracaso absoluto sin que ello deba achacarse a la Ley, sino, más bien, como ya se ha analizado[167], a todo el entorno que rodea a esta administración y sus singularidades. A pesar de ello, nos gustaría resaltar los siguientes hitos en relación al objeto del presenta apartado.

- Entre los derechos que se atribuyen a los ciudadanos y a los profesionales de la justicia nos encontramos el de obtener copias electrónicas de los documentos (siempre que sean parte o acrediten tener interés legítimo), así como el deber que tiene la administración de conservar en formato electrónico los documentos que formen parte de un expediente. Ello, por lógica, debiera implicar que el formato de los documentos donde se contienen los datos fuera estandarizado lo cual trata de cumplirse a través instrumentos que veremos a continuación. Igualmente, se impone el uso de estándares abiertos a la hora de elegir las aplicaciones o sistemas para relacionarse con la AJU. De forma, que la Ley profiere el derecho de acceso y conocimiento por medios electrónicos a los procedimientos[168]. La realidad sobre

166 No podemos olvidar que en todo momento todos estos preceptos se conjugan, a su vez, sobre la base de la LOPJ y las Leyes procedimentales.

167 A estos efectos y por no ser reiterativos, nos remitimos al capítulo donde analizamos los distintos problemas que interfieren en el proceso de digitalización de la AJU.

168 Incluso, su art. 41 alude a que «*Se pondrá a disposición de las partes un servicio electrónico de acceso restringido donde éstas puedan consultar, previa identificación y autenticación, al menos la información sobre el estado de tramitación del procedimiento, salvo que la normativa aplicable establezca restricciones a dicha información y con pleno respeto a lo dispuesto en la Ley de protección de datos...*».

estas cuestiones es que —en la actualidad— en pocos territorios se ha logrado de forma plena.

- Se definió que debía entenderse por expediente judicial electrónico (EJE) y las características que debía contener[169]. En relación a las copias electrónicas de los documentos electrónicos se hacía referencia al formato de los documentos, cierto que no desde el punto de vista técnico como tal, sino en el contenido literal de lo que obre en ellos[170]. Al respecto, esto se ha tratado de resolver con la normativa técnica del CTEAJE que veremos seguidamente.
- Además, se creó el denominado Archivo electrónico de documentos y fija que los documentos electrónicos que deban almacenarse conforme a la (anticuada) legislación vigente[171], deberán conservarse en soportes de esta naturaleza, ya sea en el mismo formato a partir del que se originó el documento o en otro cualquiera que asegure la identidad e integridad de la información necesaria para reproducirlo. En todo caso, esto suponía el deber de asegurar, la posibilidad de trasladar los datos a otros formatos y soportes que garanticen el acceso desde diferentes aplicaciones. En cuanto a los medios o soportes en que se almacenen documentos deberán contar con medidas de seguridad que garanticen la integridad, autenticidad, confidencialidad, calidad, protección y conservación de los documentos almacenados y ajustarse a los requerimientos que garanticen la compatibilidad e interoperabilidad de los sistemas informáticos, así como la normativa relativa a la protección de datos personales.
- Se creó el Registro judicial electrónico[172] con el gran paso que supuso en el proceso de digitalización al instaurarse como canal de entrada de los juzgados. En relación al objeto de estudio, la Ley establecía en relación a su idiosincrasia de funcionamiento que todos los documentos que entrasen por el mismo deberían cumplir los estándares de

169 El art. 26 apartado primero y segundo lo definen el EJE como: «*El expediente judicial electrónico es el conjunto de datos, documentos, trámites y actuaciones electrónicas, así como de grabaciones audiovisuales correspondientes a un procedimiento judicial, cualquiera que sea el tipo de información que contenga y el formato en el que se hayan generado*». Además, «*Se asignará un número de identificación general a aquellos documentos que puedan generar un nuevo procedimiento, que será único e inalterable a lo largo de todo el proceso, permitiendo su identificación unívoca por cualquier órgano del ámbito judicial en un entorno de intercambio de datos*».

170 No obstante, el art. 28.1 «in fine» aludía que, si se alterase el formato original, deberá incluirse en los metadatos la condición de copia.

171 La legislación vigente en el seno de la AJU al respecto data de más de veinte años y su marco se encuentra en el Real Decreto 937/2003, de 18 de julio, de modernización de los archivos judiciales.

172 Así lo recoge el art. 30 y ss. de la Ley 18/11.

formato y requisitos de seguridad que se determinen en el marco institucional de cooperación en materia de administración electrónica.

- Otro intento para la unificación en la tramitación se vislumbra en la obligatoriedad de tener a disposición de los interesados, en aquellos procedimientos donde no fuera preceptiva la asistencia letrada ni representación, en las sedes judiciales electrónicas el acceso a modelos o impresos normalizados que deberán tener a disposición sin otras restricciones tecnológicas que las estrictamente derivadas de la utilización de estándares y criterios de comunicación y seguridad aplicables de acuerdo con las normas y protocolos nacionales e internacionales. Este punto se acontece como uno de los elementos de mayor importancia a la hora de fijar los pilares para una adecuada orientación a formatos estandarizados, donde, una herramienta informática, pueda efectuar la lectura de forma sencilla de la información que pueda contener el documento. Es por ello que la Ley, expresamente, hace referencia a que todo escrito iniciador del procedimiento deberá ir acompañado de un formulario normalizado debidamente cumplimentado en los términos que se establezcan reglamentariamente[173]. Pero, es más, toda presentación de escrito, documentos, dictámenes, informes deberán ir acompañados, en todo caso, de formulario normalizado y, además, cumplir una serie de reglas de firma electrónica para salvaguardar su autenticidad y validez dentro del proceso judicial. De cualquier manera, tras más de diez años desde la promulgación de la Ley 18/11 estas exigencias, por el momento, no se han consumado en una realidad en el seno de la administración. Cuestiones como la presente, se erigen como punto de partida elemental para poder construir una administración orientada al dato.
- Se alude a la actuación judicial automatizada, si bien, debe subrayarse como canto al cielo a la vista de la evolución del contexto tecnológico experimentado en la AJU, y donde se atribuye la definición de las especificaciones, programación, mantenimiento, supervisión y control de calidad, auditoría del sistema de información y de su código fuente al Comité Técnico Estatal de Administración Judicial Electrónica (CTEAJE).
- Esto último nos lleva a mencionar el nacimiento del instrumento que pretendía[174] ser el cauce para vehicular todos los aspectos TIC de la AJU a la vista de la heterogeneidad de la administración, el CTEAJE,

173 Por el momento no ha existido ningún Reglamento que de forma específica regule el contenido de estos formularios normalizados, salvo las prescripciones que se fijan en los ANEXOS del RD LexNet y las GIS del CTEAJE.

174 Decimos que pretendía a la vista del resultado marcado por el transcurso del tiempo, pues desde su nacimiento no ha conseguido alcanzar muchos de los objetivos que se prefijaron con su creación.

que, entre sus funciones, se encuentra las de fijar las bases para el desarrollo del Esquema judicial de interoperabilidad y seguridad (EJIS) de modo que permita, a través de las plataformas tecnológicas necesarias, la interoperabilidad total de todas las aplicaciones informáticas al servicio de la AJU.

Como puede observarse, las semillas para lograr la estructuración de la documentación, el EJE, la interoperablidad y, en definitiva, para la consecución de una e-administración judicial introducidas por la Ley 18/11 resultan variadas. Sin embargo, su eficacia para ser sinceros no ha sido la deseada con las disfunciones que ello ha ocasionado, basta ver el nivel de digitalización real existente en los juzgados si lo comparamos con otras administraciones que configuran nuestro Estado como p.e. Hacienda. Entre los factores que han propiciado este resultado redunda que ante la falta de un cumplimiento no existe o ha existido ninguna consecuencia/sanción para los que son responsables para su ejecución, que no son otras que las propias administraciones (Ministerio de justicia y CC. AA. con competencias transferidas en justicia).

Seguimos, el último punto al que nos referíamos nos lleva a otro de los ejes centrales dentro del apartado objeto de estudio, el denominado: Esquema judicial de interoperabilidad y seguridad (EJIS). Se trata del conglomerado normativo desde la perspectiva técnica cuya finalidad es asegurar un adecuado nivel de interoperabilidad técnica, semántico-jurídica y organizativa entre todos los sistemas y aplicaciones que prestan servicios a la AJU. Ello comprende que su misión es procurar el acceso, integridad, disponibilidad, autenticidad, confidencialidad, trazabilidad y conservación de los datos, informaciones y servicios utilizados en medios electrónicos que se encuentren en las bases de datos de la AJU. El medio para la consecución de este fin se encauza a través del CTEAJE como foro de diálogo entre los diversos actores que configuran el sector justicia.

El EJIS, conforme a la Ley 18/11, a la hora de su elaboración, debe tener en cuenta lo ya establecido en los Esquemas Nacionales de Interoperabilidad y de Seguridad de la AGE, así como las recomendaciones de la Unión Europea, la situación tecnológica de las diferentes Administraciones competentes en materia de justicia y los servicios electrónicos e infraestructuras ya existentes. Además, a estos efectos, se impone la utilización de forma preferente de estándares abiertos. Esta hoja de ruta debe comprender dos cuestiones esenciales como son:

a) El conjunto de criterios y recomendaciones en materia de seguridad, conservación, normalización y volcado de datos de la información, de los formatos y de las aplicaciones que deberán ser tenidos en cuenta por las distintas instituciones y Administraciones y;

b) La política de seguridad en la utilización de medios electrónicos con la fijación de los principios y requisitos básicos para la protección de la información.

A día de hoy, el EJIS como tal se ha reconvertido en lo que se denomina Normativa Técnica (NT) del CTEAJE[175] y gran parte de ella obra en abierto en la propia web[176] del Comité. Haciendo una breve síntesis de los elementos que la configuran podemos destacar:

1. Las bases iniciales del EJIS: contienen el primer modelo de desarrollo que expone los estándares de cumplimiento, principios y desarrollo sobre la materia.
2. Las guías de interoperatividad y seguridad (GIS), entre ellas:
   - GIS de autenticación, certificados y firma electrónica que viene a regular lo relativo a la gestión de firmas electrónicas en el sector justicia, así como tomar en consideración los conceptos conexos de autenticidad de documentos electrónicos y uso de certificados en el marco de la identificación y autenticación de intervinientes cuando no se precise el uso de firma electrónica.
   - GIS del documento judicial electrónico que tiene por objeto establecer los componentes de los documentos judiciales electrónicos y resto de documentos electrónicos susceptibles de formar parte del expediente judicial electrónico, así como la estructura y formato técnicos a fin de garantizar su intercambio.
   - GIS expediente judicial electrónico con la finalidad de fijar o establecer la estructura y formato técnicos del expediente judicial electrónico, así como las especificaciones de los servicios de remisión y puesta a disposición.
   - GIS de digitalización certificada de documentos para estandarizar los requisitos a cumplir en la digitalización de documentos en soporte papel o en otro soporte no electrónico susceptible de digitalización a través de medios fotoeléctricos de modo que se garantice su autenticidad.
   - GIS de copiado autentico y conversión que desarrolla las reglas técnicas de la generación de copias electrónicas y copias papel de documentos judiciales electrónicos, en ambos casos con carácter de copia auténtica, y para la conversión de formato de documentos judiciales electrónicos.
3. Esquemas de intercambio con la definición sintáctica y semántica de los datos y metadatos susceptibles de ser intercambiados (base xsd), de la estructura y formato técnicos del EJE y de los documentos elec-

175 Tanto el EJIS como a día de hoy la NT CTEAJE estaba supeditada conforme al art. 49 Ley 18/11 a las denominadas normas de conformidad que establecerían el ciclo de vida de los servicios y sistemas, acompañada de los correspondientes procedimientos de control debiendo publicarse. A día de la fecha no se tiene conocimiento de las citadas normas y su publicación.

176 https://www.cteaje.gob.es/

trónicos que lo configuran (esquema EJE), así como de cualesquiera otros componentes de los documentos judiciales electrónicos que forman parte del EJE (esquema DJE).

4. Las guías de aplicación[177].
5. La normativa técnica de seguridad, entre la que se encuentra la política de seguridad de la información de la AJU.
6. Formularios[178].
7. Las tablas de datos maestros que configuran gran parte del espíritu de la NT y se postulan como una de las bases clave para una adecuada gestión de la información, pues en ella se describen materias que pueden ser sujetas a intercambio con los ciudadanos y otras administraciones, sus definiciones y codificaciones asociadas en tablas y todo dividido en:

   - Categorías:
     - » Índole general
     - » CENDOJ
     - » FOGASA
     - » En materia penal
     - » Sobre el territorio
     - » Sobre las cosas
     - » Sobre las personas y su representación
     - » Sobre los estándares ISO
     - » Sobre los sistemas
     - » Unidades funcionales
   - Sub-categorías:
     - » Clases de penas y medidas, clases de registros, clasificación de documentos, especialidades, estado del señalamiento, estado de penas y medidas, facultades, hitos, jurisdicciones, materias, motivos de suspensión de señalamientos, tipología de tipos de tramitación, tipos de resolución, tipos de penas y medidas, tipos de recurso, tipos de resolución, tipos de resolución de recursos, tipos de señalamiento, tipos de tramitación).
     - » Relevancias, tipo de fallo, tipo de incidencia y tipo de documento.
     - » Concepto de condena, naturaleza de los importes y tipo de documento.

177 No obra información acerca de las mismas en la web.

178 No obra información sobre los mismos en la web.

» Autoría del delito, grados del delito, grupo del delito, origen de las denuncias, tabla auxiliar de delitos ECRIS, tipos de circunstancias eximentes y modificativas y tipos de reconocimientos judiciales

» Comunidades autónomas, municipios, partidos judiciales, provincias, tipo de vía.

» Naturaleza de objetos y tipo de objetos.

» Colegios profesionales, sexos, situaciones intervinientes, tipos de identificación, tipos de intervinientes, tipos de persona y tipos de representación.

» Idiomas, monedas y nacionalidades.

» Sistemas judiciales, tipos MIME reconocidos

» Centros penitenciarios y otros organismos, fiscalías, instituto de medicina legal, juzgado de paz, servicios comunes y unidades administrativas, unidades funcionales especiales, órganos judiciales.

8. Otros, donde se engloba un conjunto de documentos que configuran parte de la NT como son:

- Los criterios de acceso de los ciudadanos, partes, interesados y demás legitimados a la consulta de los datos, documentos, grabaciones audiovisuales, trámites y actuaciones electrónicas que componen el EJE, respetando las restricciones procesales y protegiendo los datos personales que consten en el mismo.
- Los criterios mínimos que han de contemplarse en la generación del índice electrónico, configurado como el objeto digital que contiene la identificación debidamente ordenada de los documentos electrónicos que componen el EJE.
- Requisitos y recomendaciones técnicas para la práctica de actuaciones procesales no presenciales.
- Los requisitos funcionales que debe cumplir un sistema de grabación audiovisual de las actuaciones procesales, así como otra serie de cuestiones relacionadas con las mismas.

En definitiva, la NT del CTEAJE se postula como el tablero para servir de puente entre la realidad física y la virtual dentro de la Administración Judicial Electrónica y, además, debe estar en continúa actualización y construcción pues sirve de guía a cada una de las administraciones para la consecución de la interoperabilidad y seguridad de la información que gira en la esfera digital de la justicia. Podemos afirmar que se trata del canal necesario para permitir el tránsito y uso de los datos que se encuentran almacenados en los servidores de la AJU.

Por otro lado, otra de las normas a la que debemos hacer mención y que paralelamente a la Ley 18/11 y de forma sinérgica a ésta, posibilita la entrada y salida de la información en los juzgados es el Real Decreto 1065/2015, de 27 de noviembre, sobre comunicaciones electrónicas en la Administración de Justicia en el ámbito territorial del Ministerio de Justicia y por el que se regula el sistema LexNet[179]. Esta normativa habilita la utilización de la plataforma LexNet para la comunicación bidirecccional por vía electrónica entre los juzgados y los procesionales de la justicia, si bien, recordemos, no aplicable a todo el territorio español ya que existe alguna CC. AA. que optó por otros sistemas,[180] haré referencia a algunas aseveraciones que cobran importancia en el presente apartado, entre ellas:

- Sin perjuicio de que la norma estaba concebida para el sistema LexNet establece —en sus disposiciones generales— que todo sistema electrónico de información y comunicación debía regirse por las Bases del Esquema judicial de interoperabilidad y seguridad. De esta manera, impone que todas las aplicaciones y sistemas que se utilicen para comunicarse con la AJU deberán hacer uso de las guías de interoperabilidad y seguridad de las tecnologías de la información y las comunicaciones elaboradas por el CTEAJE en aras de asegurar el acceso, integridad, disponibilidad, autenticidad, confidencialidad, trazabilidad y conservación de los datos, informaciones y servicios.

- En materia de seguridad exige, igualmente, que todo sistema electrónico de información y comunicación deberá cumplir los requisitos mínimos de seguridad fijados en las Bases del Esquema judicial de interoperabilidad y seguridad. Estos requisitos, de conformidad con lo previsto en el artículo 54 de la Ley 18/11, serán desarrollados mediante una guía técnica de seguridad, en línea con lo establecido en las Instrucciones Técnicas de Seguridad de la AGE.

- En cuanto a la operativa funcional del sistema se establece que cualquier escrito que entre dentro de las bases de datos de los juzgados requerirá, por parte del usuario que lo presente, la previa cumplimentación de todos los campos de datos obligatorios que aparecen relacionados en el Anexo III, los cuales se corresponden, supuestamente, con los que hemos mencionado de la Ley 18/11.

---

179 Su predecesor fue el Real Decreto 84/2007, de 26 de enero, sobre implantación en la Administración de Justicia del sistema informático de telecomunicaciones LexNet para la presentación de escritos y documentos, el traslado de copias y la realización de actos de comunicación procesal por medios telemáticos.

180 Nos referimos por ejemplo a Cantabria, Aragón o recientemente País Vasco que utilizan un sistema para compartir la información de los expedientes conocido como PSP a través del SGP Avantius.

- La relación de campos a cumplimentar del ANEXO III, es la siguiente:

ANEXO III

Relación de campos a cumplimentar para la presentación de escritos a través del sistema LexNET

Campo	Observaciones
Nombre y Apellidos del remitente.	De cumplimentación automática.
Código de profesional del remitente.	De cumplimentación automática.
Nombre del Colegio profesional del remitente.	De cumplimentación automática.
Código del Colegio profesional del remitente.	De cumplimentación automática.
Nombre del órgano de destino.	Obligatorio.
Código del órgano de destino.	Obligatorio.
Tipo de procedimiento.	Obligatorio (salvo escritos iniciadores).
Número de procedimiento.	Obligatorio (salvo escritos iniciadores).
Referencia.	Texto informativo. Opcional.
Documento principal.	Obligatorio.
Documento(s) anexo(s).	Opcional
Procurador(es) destinatarios, en caso de traslado de copias.	Relación de Procuradores para seleccionar los destinatarios de las copias. Opcional.

Relación de campos a cumplimentar para la realización de actos de comunicación a través del sistema LexNET

Campo	Observaciones
Nombre del órgano remitente.	De cumplimentación automática.
Código del órgano remitente.	De cumplimentación automática.
Nombre y Apellidos del destinatario.	Obligatorio.
Código de profesional del destinatario	Obligatorio.
Nombre del Colegio profesional del destinatario.	Obligatorio.
Código del Colegio profesional del destinatario.	Obligatorio.
Tipo de procedimiento.	Obligatorio.
Número de procedimiento.	Obligatorio.
Documento principal.	Obligatorio.
Documento(s) anexo(s).	Opcional.

- Finalmente, en relación a los requisitos de acceso y requerimientos del sistema y en lo que afecta al objeto del presente apartado, se impone que el escrito o documento principal deberá ser presentado en el formato PDF/A con la característica OCR (reconocimiento óptico de caracteres), es decir, deberá haber sido generado o escaneado con software que permita obtener como resultado final un archivo en un formato de texto editable sobre cuyo contenido puedan realizarse búsquedas y deberá ir firmado electrónicamente con la firma o firmas de los profesionales actuantes. Además, aquellos documentos que se adjunten a los escritos procesales deberán ser presentados según su contenido en alguno de los formatos que las GIS del Catálogo de Estándares y la GIS del Documento Judicial Electrónico establezcan para este cometido. Recomendando, en su promulgación, los siguientes: .pdf,.rtf,.jpeg,.jpg,.tiff,.odt,.zip

En apoyo a este RD LexNet el art. 273 apartado 5.° LEC atribuye a los LAJ, como directores de los procedimientos, la labor de requerir a la parte que no presente la documentación por vía electrónica de forma adecuada y con todas las especificaciones técnicas fijadas, para inquirir a las partes en su cumplimiento, de esta forma el legislador pretendió promover dentro del EJE una adecuada estructuración de la información que confluye en los escritos presentados. Así, y en el caso de que tras dicho requerimiento no fuera subsanada la presentación electrónica en la forma prevista, la norma procesal estipula que dichos escritos y documentos se tendrán por no presentados. Resulta interesante el símil de como el LAJ además de guiar el procedimiento en el plano procesal debe encauzarlo también desde la perspectiva tecnológica.

Ante estos acontecimientos, si realizamos una valoración de las normas que instauró el legislador sobre esta materia, especialmente, en lo que corresponde al presente apartado y que hemos puesto en valor, y lo correlacionamos con la realidad acaecida en el día a día de los juzgados, podemos afirmar sin duda que el resultado no ha sido el esperado. El proceso de digitalización hacia una orientación al dato para su uso en justicia ha progresado, eso no se puede negar, pero no se ha completado. Seguimos en una transición que, además, resulta desigual y se encuentra en distintas fases según el territorio. Los primitivos cimientos legales para su consecución se encuentran afianzados, si bien a la vista del estado de la realidad tecnológica se han vuelto en cierta manera un poco desfasados. Las causas de este rendimiento resultante son variadas; desde una inestabilidad política que ocasiona una dejación en mantener una dirección conjunta y constante pasando por una falta de recursos económicos para llevar a cabo de forma adecuada las prerrogativas fijadas por el legislador y, todo ello, acompañado de una falta de obligatoriedad como ya hemos mencionado de los actores responsables para su ejecución, así como toda una multitud de factores que convergen en la AJU[181].

Desde 2015 pocos han sido los avances reales y palpables dentro de la AJU en relación a una mejora en la estructura arquitectónica digital que permita la utilización, de manera efectiva, de la información que existe en las bases de datos de la administración. Luego, ante esta falta de acceso y calidad de los datos en el sector y la creciente dependencia de éstos en aras de posibilitar los pertinentes análisis como resultado de su interrelación y correlación para mejorar la toma de decisiones, surge en 2022 y de la mano del CTEAJE el denominado: Manifiesto del dato en Justicia.

Este postulado trata de identificar los principios sobre los que construir un espacio público de datos en justicia a partir del equilibrio entre los distintos intereses que convergen en la generación e intercambio de datos. El documento defiende como punto de partida la necesidad de considerar los datos en el sector justicia como un bien público para garantizar los intereses

181 Algunos se han puesto en relieve p.e. la Administración de la administración y todas sus consecuencias y, en especial en este sector: la fragmentación en compartimientos estancos de los sistemas de producción de datos e información como si fuesen islas, dificultades para la reutilización de los datos, falta de interoperabilidad de los sistemas, inadecuada orientación de los datos...

generales, los derechos fundamentales y la calidad de estos. Los objetivos que marca son los siguientes:

1. Los datos como bien público y de libre acceso. La producción y utilización de los datos de justicia sirve para contribuir a garantizar la separación de poderes, el cumplimiento de la ley, la garantía de los derechos fundamentales y libertades públicas de la ciudadanía mediante un mayor conocimiento de cómo funciona la AJU y la evaluación de impacto de los posibles cambios normativos.
2. El uso de los datos para promover innovación y mejoras en la AJU. El estudio y análisis de los datos que obran en justicia permitirá conocer la eficacia real del funcionamiento del sistema judicial y resto de elementos que circunscriben en Estado de Derecho.
3. Los datos como herramienta necesaria de la gestión pública. Se hace imperioso la creación de instrumentos que permitan llevarla a cabo por medio de la identificación y definición de indicadores que reflejen la realidad del funcionamiento del sistema judicial.
4. Un sistema de gobernanza adecuado. Los distintos actores que interfieren en la AJU hacen necesario que colaboren a través de un óptimo sistema que promueva el acceso y calidad de los datos de manera que a mayor participación mejor resultado.

En definitiva, este manifiesto busca obtener datos de alto valor que identifiquen los intereses generales con el cumplimiento de unos estándares de calidad[182] con el ánimo de utilizar herramientas de IA —incluidas tecnologías de gestión de datos masivos (Big data), de salvaguarda de información *(Blockchain)* y sistemas de redes neuronales— para exprimir al máximo las bases de datos de justicia. De esta manera, los poderes públicos y la ciudadanía podrán conocer la eficacia del funcionamiento de las instituciones, así como el impacto de medidas normativas y políticas públicas. Finalmente, trata de promover al igual que la senda impuesta en la UE la creación de condiciones tendentes a la reutilización de los datos y políticas de acceso abierto. Por estos motivos, alude a la necesidad de una interconectividad entre los distintos organismos para volcar la información y permitir su aprovechamiento de manera que pone en alza la necesidad de impulsar la cohesión territorial mediante los mecanismos de cogobernaza y la instauración de sistemas de intercambio de información entre todos los sectores tanto públicos como privados. Además, encomienda la elaboración de pautas y condiciones de control y seguridad de la información que deberán ir a acompañadas de una necesaria formación de los operadores.

182 Recordemos a estos efectos los principios de pertinencia, precisión, actualidad, puntualidad, accesibilidad, comparabilidad, coherencia... que proclama el Reglamento (UE) 834/2009 de la Comisión sobre estadísticas comunitarias en relación a los informes de calidad.

El manifiesto busca unos magníficos objetivos que, adicionalmente, se encuentran perfectamente alineados con el guion asentado en el seno de la UE y la AGE. Sin embargo, y a pesar de haber sido constituido en el marco de la cogobernanza y cristalizado por medio del CTEAJE, volvemos de nuevo a pensar que resulta insuficiente dado que carece de un carácter obligatorio en cuanto a todos los ingredientes que deben confluir para su efectiva implementación.

La última novedad a la que tenemos que hacer referencia en este apartado del capítulo y que trata de servir como nuevo catalizador para la consecución de una adecuada gestión de los datos en la AJU es: la Ley de Eficiencia Digital (LED) recientemente aprobada y que viene a sustituir a su predecesora, la Ley 18/11. Antes de entrar a analizar algunos aspectos de este nuevo tablero que se impone en el proceso de digitalización y, en especial, en lo atinente a la orientación al dato, debemos acudir a los motivos y causas que han propiciado este nuevo marco de actuación, que no son otras que como denomina el propio Real Decreto Ley, sino para hacer efectivo la ejecución de la decisión de la Comisión Europea, el 13 de julio de 2021, del Plan de Recuperación de España, con el objetivo de impulsar la inversión pública y privada dentro de un programa de reforma estructural de gran calado sometido a cuatro ejes trasversales como son: (i) la transición ecológica, (ii) la transformación digital, (iii) la cohesión social y territorial y; (iv) la igualdad de género.

La realidad de nuestros días, la evolución cultural, tecnológica y social han hecho ineludible una reestructuración de los recursos públicos para que sean enfocados a una mejor gestión para alcanzar una eficiencia, transparencia y optimización de los recursos de la administración. Es aras de la consecución de este propósito, la LED se centra en que todos los territorios cuenten con sistemas comunes, de características análogas, interoperables, como garantía de derecho fundamental de acceso a la justicia en una igualdad de condiciones, motivo por el que esta nueva apuesta legislativa ensalza la cogobernanza.

En este sentido la LED viene a imponer, **por primera vez, la obligación de las administraciones competentes en materia de Justicia de garantizar la prestación del servicio público de Justicia por medios digitales**, equivalentes, de calidad y **que aseguren en todo el territorio del Estado** una serie de servicios, entre los que se encuentran, como mínimo: **(i) la itineración de expedientes electrónicos y la transmisión de documentos electrónicos entre cualesquiera órganos judiciales o fiscales, (ii) la interoperabilidad de datos entre cualesquiera órganos judiciales o fiscales, (iii) el acceso a los servicios, procedimientos e informaciones de la Administración de Justicia que afecten a la ciudadanía, y; (iv) la identificación y firma de los intervinientes en actuaciones y servicios no presenciales**.

Este nuevo acontecimiento, pretende servir como pasarela y piedra angular que se ansiaba desde hace tiempo, pues viene acompañado de unas medidas que abogan por la importancia capital que tienen los datos en nuestra sociedad (digital) actual, y todo con el ánimo de llevar a cabo con su uso —dispone la Ley— estrategias que coadyuven a mejoras dentro de este sector. La propia exposición de motivos alude a la potenciación del EJE mediante un cambio de paradigma, pues se pretende pasar de una orientación al documento que venía llevándose a cabo para enfocarse en la orientación al dato. El sustento de este nuevo prisma sugiere la necesidad de adaptarnos a la sociedad contemporánea digital para emplear; con evidencia y certidumbre y a través de los datos, una planificación y elaboración de estrategias que permitan ayudar a implantar mejoras en las políticas empleadas en el sector[183].

Lo primero que llama la atención de la LED es que se postula como el Belerofonte[184] TIC en justicia pues promueve el uso de estas tecnologías tomando como principios básicos, entre otros[185], la portabilidad e interoperabilidad de los datos, informaciones y servicios que gestione en el ejercicio de sus funciones. Además, destaca que las TIC tendrán carácter instrumental de soporte y apoyo a la actividad jurisdiccional, con pleno respeto a las garantías procesales y constitucionales. De esta manera, no resulta baladí que junto a la obligatoriedad impuesta a todas las administraciones sobre la interoperabilidad de los sistemas para la itineración de expedientes[186] que previamente hemos mencionado, además, se instituya como servicios electrónicos esenciales en toda la AJU en consonancia con el presente apartado nuevos elementos como son: un registro común de datos para el contacto electrónico de ciudadanos y profesionales, otro registro para el personal de justicia[187] o los denominados portales de datos. No obstante, lo cierto es que el nuevo paradigma que la LED trata de instituir tiene su fundamento en asentar la posibilidad de que ciudadanos y profesionales tengan acceso al procedimiento y su información por vía telemática, ya sea por medio del

183 La exposición de motivos incide que nuevo punto de vista permitirá identificar, entre otros, un impacto de género, educativo, geográfico, económico, de edad, o por razón de discapacidad. Será necesario, pues, que, desde el mismo momento del diseño de los sistemas informáticos de Justicia, se aborde específicamente cuáles son, sobre quiénes se produce y por qué surge cada tipo de brecha, y, a través de este análisis, se dispongan los mecanismos necesarios para su eliminación o reducción.

184 Héroe de la mitología griega cuyas mayores hazañas fueron domar al caballo alado Pegaso y matar a la Quimera.

185 También promueve la seguridad jurídica digital, el acceso, autenticidad, confidencialidad, integridad, disponibilidad, trazabilidad, conservación.

186 Resulta de notoria importancia que no sólo se impone para dentro de la AJU sino, también, en relación a cualquier administración que pueda tener realización con ésta ya sean Administraciones públicas, y sus organismos públicos y entidades de derecho público vinculadas y dependientes.

187 En relación a ello, ya desde hace bastante tiempo, la LOPJ en su art. 481 ya aludía a la existencia de un Registro Central de personal funcionario al servicio de la Administración de Justicia.

sistema de la carpeta justicia[188] (de forma semejante a la carpeta ciudadana en la AGE[189]) o, a través de la sede judicial electrónica[190]. Nos gustaría resaltar que en materia de datos se incorporan las siguientes novedades:

- En cuanto a las condiciones y garantías del intercambio electrónico de datos en entornos cerrados dentro de justicia vendrán impuestos por el CTEAJE, y sobre aquellas administraciones o entidades de fuera deberán ser establecidas mediante un convenio. En todo caso los datos deben estar sometidos a un formato estructurado[191].
- Se fijan importantes novedades con la implantación de medidas sobre la integridad y registro de tratamiento pues se impone que los sistemas cuenten con un registro que permita la trazabilidad del usuario conforme a la normativa de protección de datos en tanto realice operaciones de recogida, alteración, consulta, comunicación, incluidas las transferencias, y combinación o supresión. Además, estos registros harán posible determinar la justificación, la fecha y la hora de tales operaciones, así como la persona que realiza la consulta o comunicación de los datos personales y la identidad de los destinatarios.
- Todo escrito iniciador de un procedimiento deberá ir acompañado de un formulario normalizado conforme a los términos que fije el CTEAJE. Asimismo, todo documento generado y presentado de forma automatizada ya sea en forma de escritos y documentos iniciadores o de trámite deberán cumplir los requisitos procesales, así como los requisitos técnicos que se determinen por normativa de esa naturaleza[192].
- Se introduce el principio general de la orientación al dato en justicia con la obligatoriedad del uso de modelos de datos, con el objetivo de alcanzar y mejorar los siguientes campos del sector como son:
  - La interoperabilidad de los sistemas informáticos a disposición de la Administración de Justicia.
  - La tramitación electrónica de procedimientos judiciales.

---

188 Se trata de un servicio que facilitará la consulta y notificación electrónica de resoluciones judiciales.

189 Con la que además dispone la LED que deberá interoperar con ella ex art. 13.5.

190 La Ley alude que se podrá tener acceso al expediente judicial electrónico, a la presentación de escritos, a la práctica de notificaciones y a la agenda de señalamientos e información, de los sistemas habilitados de videoconferencia.

191 Así lo dispone el art. 36.1 LED «*Los sistemas informáticos y de comunicación utilizados en la Administración de Justicia posibilitarán el intercambio de información entre órganos judiciales, así como con las partes o interesados, en formato de datos estructurados*».

192 En consonancia con ello, el art. 42 LED alude a que deberá constar de forma necesaria: La identidad de la persona que lo presente, el órgano judicial, la oficina judicial u oficina fiscal a los que va dirigido, el tipo y número de procedimiento al que se debe incorporar y la fecha de presentación.

- La búsqueda y análisis de datos y documentos para fines jurisdiccionales y organizativos.
- La búsqueda y análisis de datos para fines de estadística.
- La anonimización y seudonimización de datos y documentos.
- El uso de datos a través de cuadros de mandos o herramientas similares, por cada Administración Pública en el marco de sus competencias.
- La gestión de documentos.
- La autodocumentación y la transformación de los documentos.
- La publicación de información en portales de datos abiertos.
- La producción de actuaciones judiciales y procesales automatizadas, asistidas y proactivas, de conformidad con la ley.
- La aplicación de técnicas de inteligencia artificial para los fines anteriores u otros que sirvan de apoyo a la función jurisdiccional, a la tramitación, en su caso, de procedimientos judiciales, y a la definición y ejecución de políticas públicas relativas a la Administración de Justicia.
- La transmisión de datos entre órganos judiciales, administraciones públicas y asimismo con los ciudadanos y ciudadanas o personas jurídicas, de acuerdo con la ley.

– Por el Ministerio de Justicia pondrá a disposición una plataforma de interoperabilidad de datos[193] para la transmisión de información en modelos y estándares de datos, y formato estructurado poniéndola a disposición del conjunto de administraciones prestacionales para posibilitar el intercambio masivo de información con fines de agilización de procesos y eficiencia procesal.

– Todo documento presentado electrónicamente debe conservarse en dicho formato de manera que permita garantizar la autenticidad, integridad y conservación del documento, así como su consulta con independencia del tiempo transcurrido desde su emisión. Se asegurará en todo caso la posibilidad de trasladar los datos a otros formatos y soportes que garanticen el acceso desde diferentes aplicaciones. En relación a todos aquellos que se encuentren aportados en papel en el procedimiento se deberán digitalizar por la oficina judicial e incorporar al EJE.

– Se define el EJE como el conjunto ordenado de datos, documentos, trámites y actuaciones electrónicas, así como de grabaciones audiovisuales, correspondientes a un procedimiento judicial, cualquiera

193 A su vez será interoperable con la Plataforma de intermediación de datos de la AGE.

que sea el tipo de información que contengan y el formato en el que se hayan generado.

- Distinta de la plataforma de interoperabilidad de datos es el sistema común de intercambio de documentos y EJE cuya finalidad es la itineración de estos entre distintas oficinas judiciales por aplicación de las leyes procesales. El Ministerio de Justicia pondrá a disposición este sistema debiendo el resto de administraciones con competencias transferidas garantizar la interoperabilidad con los SGP que utilicen.
- Se incorporan importantes novedades con efectos procesales en materia de actos de comunicación telemáticos con la implantación de la comparecencia por la carpeta justicia o sede electrónica, así como por medio de la Dirección Electrónica Habilitada (DEH) o el Punto Común de actos de Comunicación. De esta manera, cualquier canal electrónico utilizado para la realización de comunicaciones unidireccionales o bidireccionales estarán metadatados y orientados al dato, y asegurarán la entrada, incorporación y tratamiento de la información en forma de metadatos conforme a esquemas comunes, y en modelos de datos comunes e interoperables.
- Se incorporan las actuaciones automatizadas, proactivas y asistidas que permitirán por medio de los sistemas informáticos utilizados en la AJU a automatización de las actuaciones de trámite o resolutorias simples, que no requieren interpretación jurídica[194].
- En relación a la promoción de la transparencia en justicia, y de la mano del portal de datos (abiertos) de la AJU se proporcionará información sobre la actividad y carga de trabajo y cualesquiera otros relevantes. Por este motivo todas las administraciones deberán promover la utilización, reutilización y comparación de los datos y la información suministrada en los portales, siempre bajo la salvaguarda de las prescripciones sobre la normativa de protección de datos. Así, la LED alude a que los SGP y las aplicaciones utilizadas en justicia habrán de permitir la extracción automatizada de los datos necesarios para la elaboración de la información pública de los portales.
- Se consolida el EJIS sobre el conjunto de NT del CTEAJE y correlacionadas, a su vez, con el ENI y ENS de la AGE, con las peculiaridades y adaptaciones que suponen en justicia. Además, se introduce que las instrucciones técnicas del CTEAJE bajo la denominación de «instrucciones técnicas de interoperabilidad», también formarán parte del EJIS.

194 A modo de ejemplo se exponen algunas tales como: El numerado o paginado de los expedientes, la remisión de asuntos al archivo cuando se den las condiciones procesales para ello, la generación de copias y certificados, la generación de libros, la comprobación de representaciones o. la declaración de firmeza, de acuerdo con la ley procesal.

- Todo sistema de información y comunicación que se utilice en la AJU deberá ser interoperable. Así, corresponderá al CTEAJE la definición de los metadatos que debe contener todo documento judicial y metadato complementario. Además, en todo caso, será de obligado cumplimiento en ENI y la normativa europea de interoperabilidad.
- En materia de ciberseguridad la senda es igualitaria, pues todos los aspectos concernientes a ella (organizativos, técnicos, físicos y de cumplimiento de la normativa) son asumidos por el CTEAJE. De tal forma que toda decisión sobre esta materia será publicada en el BOE, el PAGAJ y en las sedes judiciales electrónicas. Igualmente, deberá complementarse con el ENI y ENS de la AGE.
- El EJIS en todo su conjunto deberá estar actualizado y mejorado de forma continua en paralelo al progreso de los servicios de administración electrónica, de la evolución tecnológica y a medida que vayan consolidándose las infraestructuras que lo apoyan.

– En cuanto a la reutilización de aplicaciones y transferencia de tecnologías y el directorio general de información de tecnología judicial se introduce la posibilidad de ceder el uso de estas a cualquier institución judicial o administración pública sin necesidad de convenio. Además, se impone la obligatoriedad de que cualquier administración, con carácter previo a la adquisición, desarrollo o mantenimiento de una aplicación para su uso en el sector, tenga la obligación de consultar el directorio general del Ministerio de Justicia y de cualesquiera otras administraciones. Motivo por el que, en el caso de que exista una solución disponible para su reutilización estará obligado a utilizarla ex art. 47 Ley 40/2015.

Estas son algunas de las novedades que trae consigo la nueva Ley que regula las TIC en justicia en relación a todos aquellos puntos que conciernen al tema objeto de estudio. A tenor de su contenido, resulta cuanto menos ambiciosa en muchos de los puntos mencionados, veremos la realidad que acontece con el paso del tiempo. Lo que sí podemos afirmar sin duda al respecto es que se alienta, poco a poco, un acercamiento de la AJU a la AGE tratando de evitar la disparidad que tradicionalmente se venía producido sobre el fundamento de las peculiaridades que sobrevuelan en la AJU. Esta teoría coge fuerza, más si cabe, en la esfera de la orientación y gestión de los datos. Ello trae sentido visto el contenido de la hoja de ruta europea y los factores circunstanciales que han hecho posible este nuevo contexto. Por estos motivos, vamos a proceder a pronosticar el posible futuro que nos espera a corto medio plazo.

8. El futuro en la AJU con las medidas hacia una adecuada arquitectura de información digital

No podemos obviar que la diversidad de actores que entran en juego en el ecosistema justicia (con las diferentes luchas de poder que entablan cada uno de ellos en aras de mantener o alcanzar un mayor protagonismo o en palabras coloquiales: «su parte del pastel») supone un hándicap en el logro de que todos caminen en una misma dirección, más si cabe, desde una perspectiva tecnológica. Tras la pandemia originada por el COVID se ha puesto en valor la importancia de los distintos instrumentos de cooperación institucional como herramienta para la consecución de una serie de metas marcadas. Ello ha sido uno de los motivos por los que la UE ha impuesto entre sus objetivos; el impulso de medidas para fomentar la cohesión territorial y social[195].

En el marco tecnológico este papel en la esfera judicial venía encomendado al CTEAJE cuyas competencias, composición, funciones, organización y funcionamiento se encuentra regulado por el Decreto 396/2013, de 7 de junio. Pues bien, la nueva LED promueve un papel de mayor protagonismo a este organismo, pues le atribuye dos funciones para tratar de desatar el nudo gordiano en el proceso de digitalización:

1. El impulso de la cogobernanza de la administración digital de la Justicia, y;
2. El impulso y coordinación del desarrollo de la transformación digital.

Esto hace que deba asumir importantes responsabilidades con impacto directo en las directrices a imponer para la forma de conservar la información obrante de la denominada administración judicial electrónica. Entre ellas algunas ya conocidas y sin ánimo de ser exhaustivos; la definición y validación de la funcionalidad y seguridad de los programas y aplicaciones que se pretendan utilizar en la AJU, es el encargado de fijar y mantener actualizado el EJIS y las plataformas tecnológicas necesarias con el fin de alcanzar la interoperabilidad de los aplicativos, así como en materia de ciberseguridad establecer el marco organizativo promoviendo el marco, definición y desarrollo normativo para velar por su efectivo cumplimiento a través del Subcomité de Seguridad. Para lograr que el CTEAJE cumpla sus funciones con sintonía a la AGE, todo se coordina a través del Comité de Dirección para la Digitalización de la Administración.

A su vez, la LED trae consigo un foro de diálogo amplio vehiculado por el denominado Consejo Consultivo para la transformación digital de la AJU donde todas las administraciones favorecerán debatirán y analizarán toda iniciativa, diseño, desarrollo y producción de sistemas que se lleven a cabo en colaboración con el sector privado y los colectivos principalmente afectados[196].

195 La decisión de la Comisión Europea, el 13 de julio de 2021, del Plan de Recuperación de España, con el objetivo de impulsar la inversión pública y privada dentro de un programa de reforma estructural de gran calado sometido a cuatro ejes trasversales como son: (i) la transición ecológica, (ii) la transformación digital, (iii) la cohesión social y territorial y; (iv) la igualdad de género.

196 Entre ellos, las Organizaciones sindicales. Asociaciones profesionales de jueces y juezas, fiscales y letrados y letradas de la Administración de Justicia, Consejos Generales de la

En consonancia con el papel protagonista que tienen los instrumentos de cogobernaza en el contexto de la orientación al dato de justicia cobra especial trascendencia las medidas enfocadas a la normalización de la documentación y los datos que circulan en ella y, en definitiva, su necesaria estructuración. Recordemos a estos efectos, que los canales de entrada tradicionales de información en el sector son: las sedes judiciales electrónicas, las plataformas de comunicación bidireccional (LexNet y sucedáneos) y el registro del decanato del juzgado.

Pues bien, la LED da un giro de tuerca con la creación de un Registro Común para toda la AJU para la presentación de escritos y comunicaciones dirigidas a los órganos que, además, será complementario e interoperable con los registros de entrada ya existentes. La vía para alcanzar la plena interoperabiliad con la creación de este nuevo canal de entrada no es otra que, por medio de otra herramienta, nos referimos a la utilización de modelos o impresos normalizados.

Así, el art. 33 LED refiere al inicio de procedimientos por medios electrónicos distinguiendo: (i) si la tipología del procedimiento no precisa la intervención de defensa y representación en cuyo caso la sede judicial electrónica deberá contener de forma accesible y sin otras restricciones tecnológicas el conjunto de formularios para que pueda hacer valer sus derechos[197], y; (ii) En caso de los profesionales de la justicia[198] a los que se les impone que todo escrito iniciador deberá ir acompañado de un formulario normalizado debidamente cumplimentado en los términos que establezca el CTEAJE. Asimismo, la LED en su art. 38 sobre los documentos generados y presentados de forma automatizada hace alusión a que los escritos y documentos iniciadores o de trámite presentados de forma automatizada deberán cumplir los requisitos procesales y técnicos que se impongan en la normativa correspondiente. Además, no debemos pasar por alto como ya hemos expuesto, que el sistema LexNet y su operativa funcional establece que cualquier escrito que

---

Abogacía, la Procura y los Graduados y Graduadas Sociales, Asociaciones y Organizaciones Empresariales, así como la asociación o asociaciones de empresas de electrónica, tecnologías de la información, telecomunicaciones y digitalización, El Colegio Oficial de Registradores de la Propiedad y Mercantiles de España, El Consejo General del Notariado, La Federación Española de Municipios y Provincias, Secretaría General de Administración Digital...

197 En este sentido de forma equivalente y en la perspectiva procesal el art. 438.1 párrafo 2.º LEC alude a la vista de esta modalidad de procedimientos que en el juzgado o en la sede judicial electrónica deberán existir formularios o impresos normalizados a disposición del ciudadano para que pueda formalizar la contestación a la demanda.

198 El art. 273.1 LEC impone que «*Todos los profesionales de la justicia están obligados al empleo de los sistemas telemáticos o electrónicos existentes en la Administración de Justicia para la presentación de escritos, iniciadores o no, y demás documentos, de forma tal que esté garantizada la autenticidad de la presentación y quede constancia fehaciente de la remisión y la recepción íntegras, así como de la fecha en que éstas se hicieren*».

entre dentro de las bases de datos de los juzgados requerirá, por parte del usuario que lo presente, la previa cumplimentación de todos los campos de datos obligatorios que aparecen relacionados en su Anexo III.

Como resultado de esta nueva apuesta que parece que sentará las bases para una gestión más adecuada de la información, se hace prioritario el apoyo en una tramitación orientada al dato y sustentada en el uso de formularios para la normalización de la documentación y facilitar así su legibilidad por máquina, teniendo como vía de entrada antedichos canales de comunicación telemática a los juzgados.

El espíritu por el que la UE está apostando bascula en que los Estados miembros utilicen el uso de estos formularios incorporados a los sistemas informáticos o de gestión para facilitar, mejorar e impulsar una tramitación orientada al dato, estructurando los documentos e incrementando así la calidad de la información existente en los procedimientos, además, no podemos obviar que al fin y al cabo sirven para homogeneizar los procedimientos entre los países de la UE.

Un claro ejemplo de esta posición se vislumbra en los mecanismos de Cooperación Jurídica Internacional (CJI) desplegados por los Reglamentos (UE) sobre la materia. A modo de ilustración en los mecanismos de Cooperación Jurídica Internacional para la satisfacción de créditos dentro de la Unión Europea como son; el Monitorio europeo y el Procedimiento de Escasa Cuantía regulados en Reglamento (CE) n.º 1896/2006 y Reglamento (UE) n.º 2015/2421, respectivamente. En sendos casos se establecen unos formularios de uso obligatorio que se encuentran estandarizados para presentar la demanda, reconvención, requerimiento de subsanación, declaración de ejecutividad...etc., que sirven para homogeneizar el proceso entre los distintos países de la UE.

En la esfera procesal junto a los ejemplos ya mencionados, debemos subrayar que el primer procedimiento que se sustenta bajo esta modalidad se contempla en el Procedimiento Especial de Microempresa[199] (PEM) regulado en el libro III del Real Decreto Legislativo 1/2020, de 5 de mayo, por el que se aprueba el texto refundido de la Ley Concursal (TRLC) y que trae origen de la transposición de la Directiva (UE) 2019/1023 sobre marcos de reestructuración preventiva y exoneración de deudas. La finalidad de este procedimiento

199 Este procedimiento ha sido pensado para un sector clave de nuestra economía pues —conforme a los datos recogidos en la exposición de motivos de la Ley— puede afectar al 93,82 % del total de empresas españolas que dan trabajo al 31,63 % del empleo total. El requisito objetivo para su aplicabilidad (ex art. 685 TRLC) es que se trate de deudores que sean personas naturales o jurídicas que lleven a cabo una actividad empresarial o profesional y que: (i) Hayan empleado durante el año anterior a la solicitud una media de menos de diez trabajadores, y; (ii) tengan un volumen de negocio anual inferior a setecientos mil euros o un pasivo inferior a trescientos cincuenta mil euros según las últimas cuentas cerradas en el ejercicio anterior a la presentación de la solicitud.

busca dos objetivos: La reducción de los costes fijos tradicionales del concurso de acreedores y simplificar la tramitación, agilizando y acortando la duración de los procedimientos concursales de su ámbito. Sin entrar al fondo de las peculiaridades del PEM sí que me gustaría destacar a la vista del presente estudio, que conlleva grandes innovaciones como es, entre otras particularidades; que la forma y celebración de los actos procesales se realiza mediante presencia telemática y a través de formularios normalizados, así como que los todos los actos de comunicación se practicarán por medios electrónicos.

Este procedimiento se apoya en dos plataformas para su tramitación:

1) El Servicio Electrónico de formularios normalizados del procedimiento especial de micro-empresas.

La plataforma nace sobre la base de la disposición adicional 4.ª de la citada transposición a través de la Ley 16/2022, como elemento clave de guía y tramitación de estos procedimientos.

El servicio electrónico dispone de hasta 31 formularios normalizados (5 generales, 14 en los casos de Plan de continuación y 11 en caso de liquidación), sobre distintos hitos dentro del procedimiento que están a disposición de los ciudadanos de forma gratuita (ya sean acreedores, deudores como los profesionales encargados en su defensa y representación). Las condiciones de acceso y modo de funcionamiento de este servicio electrónico se encuentran recogidos en la Orden JUS/1333/2022, de 28 de diciembre.

Este servicio electrónico interopera con LexNet, si bien por el momento tan sólo con los escritos iniciadores pues los restantes formularios se guardaran en la plataforma y deberán ser presentados directamente por LexNet por la vía tradicional que revertera a los SGP. Es decir, supone un apoyo en la tramitación del procedimiento especial, pero no sustituye a día de hoy en ningún caso a las funciones propias que en este sentido tienen encomendadas los SGP.

El Ministerio de Justicia dictó la Instrucción 2/2023 del Secretario General para la innovación y calidad del servicio público de justicia, cuya entrada en vigor fue en el 26 de junio del mismo año, y en la que dispone la obligatoriedad del órgano judicial de comprobar el uso efectivo de estos formularios normalizados y su adecuada cumplimentación y, en caso de que no fuera correctamente realizada, ni subsanada previo requerimiento del juzgado, se impone la instrucción de que sea rechazada la petición.

2) Plataforma electrónica de liquidación de activos concursales (PLABI).

Ligada al servicio electrónico de formularios del procedimiento especial de micro-empresas se encuentra esta plataforma estatal electrónica de liquidación de activos de los deudores insolventes.

Tiene origen en los mismos parámetros normativos que la anterior, si bien en este caso con una finalidad distinta, aunque coordinada, que no es otra que; la liquidación, publicidad, catalogación de los activos que deban enajenarse de la micro-empresa en insolvencia para la obtención del mayor precio de los bienes con el ánimo de satisfacer el máximo porcentaje de los créditos del deudor. Las condiciones de acceso, publicación de los bienes, guías e instrucciones se encuentran reguladas en la Orden JUS/1333/2022, de 28 de diciembre.

El PLABI es de acceso universal, sin coste y abierto al público. Algunas de las operaciones y peticiones de información requieren de identificación por alguno de los sistemas utilizados ante la Administración Pública, como Cl@ve, certificado electrónico o DNIe. En sus futuras versiones se incorporará la posibilidad de detallar los activos en cuanto a su descripción, categorización y aspecto visual, con la inclusión de fotografías de esos bienes en venta.

Sendos aplicativos buscan de forma coordinada una publicidad automática de los datos y mayor transparencia. Igualmente, ayudarán a incrementar la calidad del dato como consecuencia del análisis de estos formularios ya que se podrá obtener información en tiempo real sobre el número de empresas, el volumen económico adeudado, el número de trabajadores/as afectados/as, el de contratos, de acreedores o el de sectores económicos más lastrados por insolvencias. El legislador pretende conocer a través de estos datos una información que le permitirá, presuntamente, llevar a cabo políticas públicas que le ayuden a mejorar, en última instancia, el funcionamiento de la Justicia y de la economía en general.

En definitiva, los primeros pasos en la AJU ya se están llevando a cabo para consolidar un engranaje robusto para llevar a cabo una tramitación y/o gestión de la información enfocada a la calidad de los datos que permitan la extracción y uso de toda la información para fraguar y fortalecer la adopción de políticas tendentes a la mejora del servicio público prestado a los ciudadanos. Un ejemplo reciente sobre estas medidas se encuentra en la comunicación vertida por el Ministerio de justicia de 24 de octubre de 2023[200] en la que se alude a la herramienta de análisis de datos DATALAB que configura una infraestructura tecnológica que permite recopilación de información de diversas aplicaciones desarrolladas por el Ministerio[201] permitiendo la posibilidad de realizar visualizaciones avanzadas, mapas geo-referenciados o informes específicos.

200 Véase nota de prensa publicada al respecto en la que la Ministra pone a disposición de los Secretarios de Gobierno y las CC. AA. la mencionada herramienta que, a su vez, se trata de un servicio con el que también tienen acceso; tienen acceso la Abogacía General del Estado, la Fiscalía General del Estado (FGE), el Consejo General del Poder Judicial (CGPJ), la Agencia Española de Protección de Datos o el Instituto Nacional de Toxicología y Ciencias Forenses, entre otros.

201 En el documento de forma expresa refiere a algunas como: Cita Previa o la Automatización de las Cuentas de Consignación, así como la de los Trámites Procesales Electrónicos o las Comunicaciones Electrónicas con otras administraciones.

Sin embargo y con independencia del nacimiento de aplicativos como el que acabamos de mencionar, nos encontramos con muchos frentes abiertos y pendientes de finiquitar para poder aunar todos los ingredientes esenciales para consolidar una verdadera gestión del cambio que supondrá a su vez una nueva realidad dentro del sector justicia.

9. Conclusiones

El estado crítico que presenta nuestra Administración de Justicia junto a la evolución tecnológica de nuestros días, se postula como una oportunidad para la implantación de nuevas herramientas basadas en el análisis de datos que permitan desatascar el embudo actual que tiene lastrados a los juzgados. Parece que las tradicionales carencias en los medios económicos, materiales y de personal que amenazan a la estructura y adecuado funcionamiento del sistema pueden tener solución (o al menos ayuda o apoyo), presumiblemente, gracias a estos —posibles— avances adaptados a la administración y su engranaje. La clave se encuentra en los datos que alimentan el sistema judicial y su concepción como bien público esencial con el objetivo de reciclarlos y sonsacar las conclusiones que puedan elucidar tras su análisis y valoración para la aplicación de políticas específicas para erradicar las disfunciones del sistema.

Si logramos alcanzar los objetivos establecidos para superar estos nuevos retos pronto podríamos contar con sistemas o herramientas, entre otros, que posibiliten proponer una legislación adaptada a la actual tratando de pulir las deficiencias que produce la vigente en aras de perfeccionar el sistema legislativo y sus actuales incongruencias como consecuencia del ingente número de leyes que lo compone; sistemas de jurisprudencia y doctrina que sirvan de apoyo a los juzgados y tribunales para proporcionarles referencias aplicables de legislación comunitaria, estatal o foral de casos semejantes al que se encuentra en disputa de manera que dichas recomendaciones proporcionen mejoras en los tiempos de respuesta de resolución, o, incluso; la implantación de herramientas que proporcionen automatizaciones de trámites repetitivos a lo largo de los procedimientos permitiendo ganar tiempo para poder invertirlo en otras tareas necesarias para el adecuado funcionamiento de los juzgados. Una cosa está clara para poder alcanzar estas posibilidades todo pasa por el análisis semántico del contenido del EJE y ello hace ineludible la ejecución de unas tareas previas.

La UE está liderando el camino para dirigir a los distintos Estados de forma coordinada en una misma dirección, para adaptar esta nueva etapa del proceso de digitalización a nuestras sociedades de manera que se pueda consolidar una verdadera «economía de datos». El objetivo es claro y pasa por implantar los avances tecnológicos enfocados al servicio de las personas sobre la base de un entramado de datos que sean de fácil acceso, utilización y tratamiento, lo que viene a denominarse: «un espacio y mercado único de datos». La hoja de ruta está diseñada y llevándose a cabo con todo lo necesario para alcanzar el éxito, los marcos legislativos que la sostienen se erigen como cruciales para una adecuada transición, especialmente, en materias clave como la protección de los datos, la explotación, uso y reutilización de la información, así como las medidas tendentes en alcanzar la interoperabilidad para que todo fluya coordinadamente en consonancia con una adecuada gobernanza para lograr el éxito en la circulación de estos activos que, como aducimos, se erigen como el nuevo petróleo del S.XXI y es necesario para alimentar y obtener el máximo partido en el uso de tecnologías disruptivas.

Sin embargo, como dice el refrán «no es oro todo lo que reluce» ¿es posible que se hayan pasado por alto cuestiones esenciales en este nuevo cambio de paradigma? ¿estamos preparados para esta nueva concepción y cambio social? ¿podrían contravenirse derechos y libertades elementales en el actual funcionamiento de nuestro Estado de Derecho? ¿Es viable llevarlo a cabo con la infraestructura existente, particularmente, en el contexto de justicia? No todo desarrollo tecnológico es progreso, en lo que debería invertirse es en el progreso.

Uno de los elementos centrales que convergen en la aplicabilidad de estas metodologías se encuentra relacionada con en el derecho fundamental a la protección de los datos personales y sus connotaciones, en tanto todo ciudadano, tiene derecho a controlar cualquier dato que permita su identificación o que pueda constituir una amenaza con su utilización, ya sea en el ámbito público o privado. Por este motivo, resulta ineludible una regulación sólida que posibilite el tratamiento, almacenamiento e interrelación de los datos con respecto pleno a este derecho.

Como hemos visto, en la actualidad, la regulación sobre la materia resulta en gran medida garantista en pro de hacer prevalecer el derecho a la intimidad de los individuos en cuanto al posible uso de sus datos salvo determinadas excepciones prescritas en la Ley. Sin embargo, hay que subrayar la dificultad añadida que entraña el masivo y denso desarrollo legal sobre la materia, que, a su vez, se trasluce en el espectro sectorial de cada administración. Así, uno de los hándicaps consiste en la complejidad que entraña su absoluta comprensión a la vista de todos los nexos con los que tiene correlación. A estos efectos, basta efectuar una lectura a la pieza angular en este sector como es el Reglamento (UE) 2016/679 que consta de 173 considerandos y 99 preceptos y que sirve como «prospecto», guía o instrucción a los distintos Estados miembros para el desarrollo de sus regulaciones internas sobre esta materia, a lo que hay que sumar el resto de leyes de ámbito europeo, Estatal y, en el presente caso, sectorial en la esfera de la AJU. Esto nos lleva a la conclusión de que la base legal que comporta este derecho se percibe como una Matrioska[202].

202 Se trata del conjunto de muñecas tradicionales rusas creadas en 1890 donde su originalidad

De cualquier forma, tras un análisis de todo el marco legal, con carácter general, los posibles usos de los datos personales basculan sobre: (i) el consentimiento del interesado; (ii) una habilitación legal que así lo declare y en la que se determine de forma específica los supuestos y finalidades del tratamiento y; (iii) una anonimización o seudoanonimiazación de los datos puesto que de esta forma quedan excluidos del marco de protección. Igualmente, la fijación de unas medidas técnicas, organizativas y procedimentales se conciben como las líneas primordiales para mantener el control en el uso de los datos y asegurar la transparencia, supervisión y tutela judicial efectiva de manera que sirvan de muro o mecanismo de control para que no circulen de forma desproporcionada con la consiguiente vulneración de los principios y fundamentos que rigen el espíritu de su protección. Además, a todo ello hay que añadir el hecho que de habilitarse este tratamiento —en todo caso— debe apoyarse en el interés público y el principio de proporcionalidad sin que sea viable una restricción del derecho basada, por si sola, en la actividad de la administración pública. Es decir, podemos afirmar que existen multitud de puertas u obstáculos para el libre uso de esta tipología de datos y que sirven de contrapeso para equilibrar la balanza entre su uso libre y la intimidad de los titulares de esos datos. No obstante, no todos los datos existentes en la administración son de carácter personal por lo que, respecto a éstos, el único obstáculo para su explotación masiva deviene en la falta de interoperabilidad y, en definitiva, de estructuración de la información.

Una vez esbozadas las posibilidades que conciernen al uso de los datos, por si ello no fuera poco, el estudio se adentra en el marco de la AJU —con las peculiaridades que van asociadas a ella— llegando como conclusión a un resultado semejante al citado en cuanto al conjunto de potenciales vías para alcanzar un uso automatizado de la información existente en las bases de datos de esta administración como serían: (i) una anonimiazación o seudoanonimización masiva aunque ello pudiera suponer en cierta manera una pérdida del valor asociado en ocasiones a dichos datos; (ii) la creación de un código procesal electrónico para determinados procedimientos donde todo aquel que quiera resolver una controversia por la vía judicial sobre dichas materias de forma expresa otorgue el consentimiento del uso de sus datos; (iii) abrir la vía que otorga el uso de los datos con fines de archivo en interés público, fines de investigación científica o histórica o fines estadísticos, para lo cual haría necesario una Ley que facultase dicha habilitación en los términos de protección que fijan las reglamentaciones sobre la materia para garantizar los derechos y libertades de los titulares de esos datos (nos referimos a medidas técnicas y organizativas que se sustentan en el principio de minimización de datos); (iv) parece que otra opción trae consigo la Reglamento (UE) en materia de IA (RIA) con los denominados «espacios controlados de pruebas» (arts. 59 y ss.) donde los datos perso-

consiste en que se encuentran huecas y en su interior albergan una nueva muñeca, y esta a su vez a otra, en un número variable que puede ir desde cinco hasta el número que se desee.

nales recabados lícitamente con otros fines podrán tratarse únicamente con el objetivo de desarrollar, entrenar y probar determinados sistemas de IA bajo una serie de requisitos que en el siguiente capítulo desarrollamos.

En todo este ecosistema, adicionalmente, para alcanzar un adecuado tratamiento y explotación de los datos se hace indispensable correcta política de orientación al dato. En este sentido la UE está apostando por la denominada «estrategia europea de datos» para combinar una legislación y una gobernanza adaptadas en la dirección de garantizar la disponibilidad de cadenas de valor de datos que se basan en diferentes actividades relativas a los mismos, tales como: creación y recopilación; agregación y organización; tratamiento; análisis, comercialización y distribución; utilización y reutilización de este bien preciado. El objetivo resulta claro y no es otro que tratar de exprimir todo su potencial para conjugar la información y obtener el mayor rédito para la mejora de los servicios públicos sobre principios que se centran, especialmente; en el uso de formatos y estándares abiertos, legibles por máquina, interoperables, que permitan la (re)utilización de la información, su transparencia y siempre bajo la salvaguarda de los derechos de los ciudadanos.

Si nos trasladamos al espectro de la AJU y su proceso de digitalización, en todo momento desde su inicio se ha visto impactado con normas que tratan los principios previamente expuestos, sin embargo, el resultado a pesar de todo no ha sido el deseado. La transición de lo físico a lo digital que trajo consigo la Ley 18/11 se ha visto bloqueada por los diversos factores y entorno que siempre ha rodeado a esta administración junto a sus singularidades, a saber: desde una inestabilidad política que ocasiona una dejación en mantener una dirección conjunta y constante pasando por una falta de recursos económicos para llevar a cabo de forma adecuada las prerrogativas fijadas por el legislador añadido a una falta de obligatoriedad de los actores responsables para su ejecución de las prerrogativas establecidas en la Ley sobre esta materia. Por tanto, el resultado a lo largo del tiempo en cuanto a la calidad del dato en la AJU no es el más deseado en nuestro presente.

Sin perjuicio de ello, la Ley 18/11 sirvió de puente y enlaza con la nueva LED que trata de cumplir los objetivos que en su día fueron marcados. Sin duda, basado en un fortalecimiento del EJIS (actual NT del CTEAJE) para promover la interoperabilidad técnica, semántico-jurídica y organizativa entre todos los sistemas y aplicaciones que prestan servicios a la AJU, así como la promoción de estándares abiertos. La LED trata de superar los impedimentos subyacentes de la Administración de la administración centrándose en que todos los territorios cuenten con sistemas comunes, de características análogas, interoperables, como garantía de derecho fundamental de acceso a la justicia en una igualdad de condiciones, motivo por el que esta nueva apuesta legislativa ensalza la co-gobernanza potenciando al CTEAJE.

En definitiva, se trata de cambiar la tradicional orientación al documento que venía llevándose a cabo para enfocarse de forma clara en la orientación al dato. Ello supone que junto a las diversas medidas que contiene de ámbito tecnológico en aras de vehicular esta nueva transición, se centre de manera especial y por su importancia en los canales de entrada de información de esta administración y, para ello, crea un Registro Común de entrada para toda la AJU como filtro para llevar a cabo este objetivo, y ello apoyado por el uso de modelos e impresos normalizados.

De esta manera se da cumplimiento al espíritu labrado por la UE que trata de encomendar a los Estados miembros el uso de estos formularios incorporados a los sistemas informáticos o de gestión para facilitar, mejorar e impulsar una tramitación orientada al dato, estructurando los documentos e incrementando así la calidad de la información existente en AJU, además, no podemos obviar que al fin y al cabo sirven para homogeneizar los procedimientos entre los distintos países de la UE.

En cualquier caso, debemos resaltar —al igual que hemos adverado en otros capítulos— un claro acercamiento entre la regulación que afecta a la AJU y a la AGE, tratando de evitar la disparidad que tradicionalmente se venía producido entre sendas administraciones. Esta teoría coge fuerza, más si cabe, en la esfera de la orientación y gestión de los datos. Ello trae sentido visto el contenido de la hoja de ruta europea y los factores circunstanciales que han hecho posible este nuevo contexto unido a que lo que se pretende es evitar las consecuencias de la descentralización y diversificación de las Administraciones europeas y nacionales.

¿Somos los seres humanos polvo en la inmensidad? Desde que comenzó el proceso digitalización podemos declarar con total convicción que somos polvo y datos.

CAPÍTULO II

INTELIGENCIA ARTIFICIAL (IA) EN JUSTICIA: UNA REALIDAD EN NUESTRO TIEMPO

1. Introducción

El capítulo tiene la finalidad de analizar los posibles usos, aplicaciones, beneficios y riesgos que puede traer consigo la implantación de tecnologías de Inteligencia Artificial (IA) adaptadas al marco de la Administración de Justicia (AJU) con el objetivo de mejorar el servicio que presta al conjunto de la sociedad.

En nuestros días, aunque los ciudadanos no se percaten o, al menos, la gran mayoría, estamos rodeados de sistemas cuyo funcionamiento se encuentra asociado a estas tecnologías. Quién no usa el móvil o el ordenador de forma asidua, prácticamente, desde que se despierta por la mañana hasta que se acuesta ya sea para relacionarse, trabajar, investigar, como herramienta de ocio...etc. Estos avances conllevan un gran abanico de beneficios para el ser humano[203], especialmente, en el espectro del conocimiento universal que ni tan siquiera habían sido valorados hace poco más de veinte años, pero también entrañan grandes riesgos que pasan inadvertidos como consecuencia de lo que podríamos llamar «la erótica de los datos»[204].

---

203 VINUESA, R., AZIZPOUR, H., LEITE, I. *et al.* «The role of artificial intelligence in achieving the Sustainable Development Goals». *Nat Commun* 11, 233 (2020). El estudio contrapone los posibles beneficios del uso de la IA con los 17 Objetivos de Desarrollo Sostenible (ODS) y los 169 objetivos acordados internacionalmente en la Agenda 2030 para el Desarrollo Sostenible llegando a la conclusión de que puede tener impactos positivos y negativos y que el 82 % de la sociedad podría beneficiarse del uso de esta tecnología.

204 Así lo denomina el periodista Juan ARNAU en un artículo de *ELPAIS* de 1 de enero de 2024 bajo el titulo «La erótica de los datos conduce a la robotización de las personas».

Un gran porcentaje de los ciudadanos —con independencia de su estrato social— utiliza estos dispositivos cuyas herramientas permiten, bajo un presunto sentimiento absoluto de libertad y de forma desapercibida[205], guiar a la población en su forma de actuar o decidir. Esto podría suponer a medio plazo un problema añadido al sometimiento de la «anestesia» otorgada por estos avances tecnológicos en la población, y no es otro que los derechos y libertades que han fraguado la sociedad democrática en la que convivimos, puedan estar siendo objeto de mutación bajo el sometimiento a una zombificación de las personas y homogenización de sus conductas.

Un ejemplo extrapolado de este pensamiento sale a la luz en el uso de plataformas de video donde, el propio programa a la vista de las reproducciones previamente realizadas y cualesquiera otros datos, te dirige a otras posibles opciones que pueden ser objeto de atracción (o no) en atención a toda información[206] interrelacionada que pudiera ostentar la base de datos sobre el usuario, desde anteriores metrajes visualizados (reparto, música, dirección, tipo de género, producción) o, incluso, ligados a los datos del perfil del cliente tales como la edad, sexo, nacionalidad, horarios de conexión... etc. y cualesquiera otros que pueda imaginar el lector. Sin ir más lejos, de forma semejante acontece con las grandes plataformas de venta de artículos online, las cuales con técnicas de aprendizaje automático realizan un perfilado del usuario para tratar de atraerlo a que siga consumiendo determinados productos tomando como partida cualquier información relevante como puede ser del historial de compra, las visualizaciones que el consumidor hubiera realizado previamente, sus listas de deseos o dirigiéndole a productos de determinadas marcas o fabricantes como contraprestación al pago que éstos hubieran realizado al portal de venta. Este tipo de realidad es un hecho en nuestros días.

Si nos paramos a pensar en las posibles consecuencias del almacenamiento, análisis y procesamiento de la información que volcamos en la red, así como la adicción que esta produce en el comportamiento de los ciudadanos, entenderíamos el motivo de por qué los grandes CEOs de Silicon Valley no dejan a sus hijos utilizar al libre albedrío estas herramientas. ¿Nos estamos sometiendo a un control en el que gracias a la información que existe en la red de nuestra intimidad podría dar lugar a la destrucción de nuestra libertad?

Una cosa esta clara, desde el momento en el que atravesamos como ciudadanos a la esfera digital, toda acción realizada en dicho espectro queda guardada en cierta manera por medio de los datos que generamos en ese mundo incorporal. De ahí, la importancia y valor que traen consigo todos

205 M. Ferraris, *Postveritá e altri enigmi*, Bologna, 2017, p. 13. P. Baños, Así se domina el mundo, Barcelona, 2017, pp. 266 y ss.

206 Se trataría de los *prompts*, comandos o instrucciones del desarrollador o programador de la aplicación para que permita a través de un algoritmo alcanzar un determinado resultado.

esos datos por los que a día de hoy existen luchas encarnizadas para alcanzar su control (¿y protección?) con miras a maximizar su potencial. El nuevo colonialismo del S.XXI está canalizándose en esta dirección.

La IA se encuentra presente en multitud de áreas cuyo impacto está empezando a suponer estragos en la forma en la que, por el momento, se encuentra planteada nuestra convivencia social. Ello hace necesario un replanteamiento a todos los niveles que uno pueda llegar a imaginar, sin saber de forma cierta, el posible desenlace y contexto al que nos puede conducir, pues desconocemos hasta qué punto y consecuencias puede tornar el camino a la vista de su potencial desarrollo.

Algunos de los sectores afectados son el empleo[207] pues las automatizaciones que posibilitan estás tecnologías hace innecesario la ejecución de ciertos trabajos repetitivos y rutinarios. Si bien, ello implicará una (re)adaptación[208] y formación para los nuevos empleos vinculados al nuevo contexto creado por estas. Pero no sólo se verán perjudicados estos empleos, sino los efectos los estamos viviendo en muchos otros campos, como puede ser el caso de cualquier actividad ligada a los contenidos de texto o audiovisuales ya que la IA es capaz de generar material de todo tipo ya sea en formatos de voz, texto o imagen, con el consiguiente trasfondo a todos los sectores correlacionados con estos como pueden ser la música, el cine, videojuegos, traducciones, derechos de autor...etc. ¿Dónde están los límites (legales) del vasto mundo de internet en cuanto a la información sobre la que pueden alimentarse éstas tecnologías? ¿A caso existen?

A su vez, se está incrementando la información y desinformación, pues, aunque este proceso de digitalización impulse las posibilidades difusión también trae como resultado la posibilidad de crear información falsa verosímil (un ejemplo sería los *deepfakes*) con los graves efectos que ello puede acarrear en todos los ámbitos que se puedan imaginar.

La salud es un sector que está viviendo una absoluta revolución con las posibilidades que otorga la IA mejorando el diagnostico e investigación a través del análisis de datos o imágenes permitiendo identificar patrones y necesidades personalizadas e, incluso, sugerir a los profesionales de la medicina ideas o razonamientos para apoyar sus decisiones.

En materia de asesoría gracias al potencial del análisis de datos también está permitiendo potenciar la toma de decisiones en diversos sectores ade-

207 Según el informe McKinsey Global Institute analysis el 60 % de los trabajos pueden ser objeto de automatización gracias al uso de tecnologias como la IA. De forma semejante el Informe sobre el futuro de empleo del foro económico mundial de 2023 estima una destrucción de los puestos de trabajo actuales entorno al 141 % y el 35 %.

208 El informe del Institute of Bussiness Value de IBM de 2023 calcula que la implementación de IA y la automatización requerirá que casi el 40 % de la mano de obra vuelva a capacitarse en los próximos 3 años.

más del sanitario, como el financiero, agropecuario, medioambiental, entre otros, pues permite reducir los riesgos y optimizar los recursos bajo la interrelación de los datos que pueden afectar al resultado con la ventaja de llevarlo a cabo en un tiempo récord.

Como venimos exponiendo, el efecto expansivo de la IA está poniendo en jaque la estructura de convivencia pues a pesar de otorgar enormes oportunidades globales que pueden transformar y mejorar el bienestar humano, la paz y su prosperidad, no debemos obviar que también incrementa los riesgos en caso de que no se implemente de forma segura, centrada en la mejora nuestra especie y de manera responsable. Por estos motivos, los distintos países están empezando a colaborar de forma multilateral para afrontar y tratar de reducir los peligros que pueden acarrear estas tecnologías. Así, nace la conocida como Declaración Bletley de 1 de noviembre de 2023, donde hasta 28 países[209] (incluidos EE. UU. y China) se comprometieron a colaborar para alcanzar la gobernabilidad en el uso y consecuencias de la IA.

A todo ello, debemos recalcar la dificultad (o imposibilidad) que comporta configurar los límites y marcos legislativos para llevar a cabo una adecuada regulación en esta materia, en tanto, no se puede regular algo cuando no existe y cuando ya existe llegamos tarde. Los legisladores tienen uno de los mayores retos de este siglo con el hándicap de ir en todo momento por detrás de toda la evolución que está aconteciendo, y todo ello en suma al desconocimiento de los posibles futuros usos, aplicaciones, áreas y sectores a los que puede afectar estas tecnologías.

Pues bien, en torno a la descripción general expuesta y el terremoto que está provocando, el presente texto tratará de ahondar en los posibles efectos en la escala de Richter dentro del contexto «Justicia» y «Administración de Justicia». De esta manera, como dos caras de la misma moneda, aunque distintas, al ser la segunda la vía para alcanzar la primera, se profundizará en las posibilidades de implantación de estos avances en el sector, sus consecuencias, utilidades o riesgos que pueden sufragar sobre la base del actual engranaje del sistema, el cual viene a sustentar uno de principales avatares sobre los que bascula los valores superiores del Estado Social y Democrático de Derecho.

Con carácter previo, antes de analizar la trascendencia presente y futura que pudiere acontecer en el plano judicial, debemos empezar por definir qué se entiende por IA.

209 Australia, Brasil, Canadá, Chile, China, Unión Europea, Francia, Alemania, India, Indonesia, Irlanda, Israel, Italia, Japón, Kenia, Reino de Arabia Saudita, Países Bajos, Nigeria, Filipinas, República de Corea, Ruanda, Singapur, España, Suiza, Turquía, Ucrania, Emiratos Árabes Unidos, Reino Unido de Gran Bretaña e Irlanda del Norte, Estados Unidos de América.

2. Una aproximación al concepto de IA

Si observamos el significado de las palabras que componen el término IA, paradójicamente se contraponen entre ellas en tanto, por un lado, inteligencia alude a la capacidad de entendimiento, comprensión o sentido como una cualidad del ser humano y el resto de seres vivos en mayor o menor medida, mientras que, artificial, evoca a algo hecho por el hombre que no es natural. De esta manera y como afirma Guzmán Saviron[210] se trata de una palabra compuesta que es un oxímoron en sí misma, pues inteligente es contrario a artificial, al ser la inteligencia lo que desarrolla lo artificial.

La RAE lo define como la disciplina científica que se ocupa de crear programas informáticos que ejecutan operaciones comparables a las que realiza la mente humana, como el aprendizaje o el razonamiento lógico.

Los orígenes históricos del concepto traen causa de dos matemáticos: (i) Alan Turing[211], que en 1950 en un artículo filosófico[212] ya hizo referencia a una aproximación de lo que se conoce hoy en día por IA, y que es consagrado como uno de los padres de la ciencia de computación y precursor de la informática moderna, así como conocido por su test en el que trataba de indagar si las máquinas eran capaces de pensar y cuyo desarrollo en el tiempo se ha consolidado como un concepto importante en el campo de la filosofía de la IA, y; (ii) Jhon McCarthy[213], quien —junto con M. L. Minsky, N. Rochester y C. E. Shannon— en agosto de 1955 llevaron a cabo la realización de un proyecto de investigación en el que junto a otros diez destacados científicos de diversas disciplinas intentaban «averiguar cómo hacer que las máquinas utilicen el lenguaje, formen abstracciones y conceptos, resuelvan tipos de problemas hasta ahora solo al alcance de los humanos y mejoren a éstos». La premisa sobre la que se asentaba tan pretensión era la asunción de que, «en principio, cualquier aspecto del aprendizaje o cualquier otro rasgo de la inteligencia puede ser descrito de una manera tan precisa que se puede conseguir que una máquina lo simule». La idea básica era, por tanto, crear máquinas capaces de realizar tareas que requieren una inteligencia humana mediante la imitación o réplica de los procesos del pensamiento»[214].

---

210 Guzmán E. Saviron Díez. «Justicia Inteligente y "Justicia Artificial"». *Revista Canaria de Administración Pública. Innovación Pública y Administración Digital en RCAP* – n.º 2. 2023.

211 Ian Mathison Turing (Paddington, Londres; 23 de junio de 1912-Wilmslow, Cheshire; 7 de junio de 1954) fue un matemático, lógico, informático teórico, criptógrafo, filósofo y biólogo teórico británico.

212 Turing, A. M.: «Computing machinery and Intelligence Mind a quarterly review of psychology and Philosophy». Vol. LIX. No 236.j, octubre 1950.

213 John McCarthy (Boston, Massachusetts, 4 de septiembre de 1927-Stanford, California, 24 de octubre de 2011), fue un prominente informático que recibió el Premio Turing en 1971 por sus importantes contribuciones en el campo de la Inteligencia Artificial.

214 Jose Ignacio Solar Cayón., *La Inteligencia Artificial Jurídica. El impacto de la innovación*

En el presente, existen multitud de definiciones que tratan de contextualizar y englobar este concepto a la vista de los avances que han ido sucediendo en torno al mismo.

Según la Comisión Europea[215] el término «inteligencia artificial» se aplica a los sistemas que manifiestan un comportamiento inteligente, pues son capaces de analizar su entorno y pasar a la acción —con cierto grado de autonomía— con el fin de alcanzar objetivos específicos. Además, estos sistemas pueden consistir en un programa informático (asistentes de voz, programas de análisis de imágenes, motores de búsqueda, sistemas de reconocimiento facial y de voz), pero la IA también puede estar incorporada en dispositivos de hardware (robots avanzados, automóviles autónomos, drones o aplicaciones del internet de las cosas).

Por su parte, el Comité Económico y Social Europeo en su Dictamen[216] sobre la Inteligencia artificial: las consecuencias de la inteligencia artificial para el mercado único (digital), la producción, el consumo, el empleo y la sociedad delimita que: «La IA es un concepto que engloba muchas otras (sub) áreas como la informática cognitiva (cognitive computing: algoritmos capaces de razonamiento y comprensión de nivel superior —humano—), el aprendizaje automático (machine learning: algoritmos capaces de enseñarse a sí mismos tareas), la inteligencia aumentada (augmented intelligence: colaboración entre humanos y máquinas) o la robótica con IA (IA integrada en robots)».

En definitiva, puede resumirse en que se trata de una combinación de tecnologías que agrupa datos, algoritmos y capacidad informática[217]. De esta manera, Ana Jimenez Castellano[218] entiende a la IA como una rama de la computación como puede ser la traumatología en la medicina. Dentro de esta rama lo que encontramos es un conjunto de algoritmos, de recetas matemáticas y lógicas que tratan de simular comportamientos inteligentes.

---

tecnológica en la práctica del Derecho y el mercado de servicios jurídicos, Aranzadi, Cizur menor (Aranzadi), 2019, pp. 21-22.

215 Comunicación de la Comisión sobre Inteligencia Artificial para Europa. Bruselas, 25.4.2018 COM(2018) 237 final.

216 Dictamen del Comité Económico y Social Europeo sobre la «Inteligencia artificial: las consecuencias de la inteligencia artificial para el mercado único (digital), la producción, el consumo, el empleo y la sociedad» (2017/C 288/1). Ponente Catelijne Muller.

217 Así lo dispone el Libro Blanco de la Comisión Europea sobre la Inteligencia Artificial – un enfoque europeo orientado a la excelencia y la confianza. Bruselas 19.2.2020 COM(2020) 65 final.

218 Entrevista de Aitor Berás a Ana Jiménez Castellanos, socia en el área de Technology Consulting en EY, Artificial Intelligence & Data Science. En *Infolibre*, el 27.09.2020.«¿Qué es la inteligencia artificial?».

Así, Silvia Barona[219], siguiendo a Stuart Russel y Peter Norvig, considera que hay cuatro tipos de inteligencia artificial: Los sistemas que imitan como piensan los humanos, que son capaces de tomar decisiones autónomas y resolver problemas y también tienen capacidad de aprendizaje; los sistemas que actúan como humanos e imitan su comportamiento; los que utilizan el pensamiento lógico racional humano, capaces de inferir una solución a un caso a partir de una información sobre un contexto dado; y, por último, los sistemas que emulan la forma racional del comportamiento humano, como los sistemas inteligentes o expertos.

Por su parte, Arend Hintze[220] diferencia entre otros cuatro tipos en los que se pueden clasificar los sistemas dotados de IA: (i) Las máquinas reactivas, no tienen memoria y no pueden utilizar experiencias pasadas para la toma de decisiones. Así bien, actúan en función de lo que ocurre en cada momento, siendo adecuadas para realizar determinadas tareas. Un ejemplo claro es jugar al ajedrez, actúan basándose en la disposición de las fichas en el tablero, pero no recuerdan partidas anteriores; (ii) Máquinas con memoria limitada, tampoco son capaces de aprender, pero sí son capaces de almacenar datos pasados. Un ejemplo son los coches autónomos, capaces de conducir solos; (iii) Máquinas con una teoría de la mente: son capaces de entender y expresar emociones e ideas, así como también pueden trabajar en equipo y adaptar su comportamiento a lo que ocurre a su alrededor, y; (iv) Máquinas con una conciencia propia que, a partir de sus estados internos, pueden predecir comportamientos y sentimientos ajenos.

Otros autores como Javier Ercilla[221] aseguraran que la IA es un concepto en constante evolución, que comprende tanto el aprendizaje máquina, como procesamiento de lenguaje natural, sistemas expertos, visión y habla artificial y robótica. Además, en sintonía con Arend Hintze, considera que debemos distinguir diversos niveles de IA —sobre la base de la Teoría de las Inteligencias Artificiales— diferenciando entre: IA estrecha o débil que puede dividirse en dos subtipos y que habilita para realizar tareas concretas, replicando y en ocasiones superando, a la inteligencia humana en una determinada labor. El primer subtipo sería la IA débil en su esencia más básica que es incapaz de retener información del pasado y se limita a ejecutar tareas específicas (p.e. reconocimiento y clasificación de imágenes) pero que con independencia de ello sus tareas de procesamiento superan con creces las que pudiera efectuar cualquier ser humano, aunque no aprenden y se pueden «engañar» de forma sencilla. El segundo subtipo sería la IA débil de memoria limitada

219 Silvia Barona Vilar. «Reflexiones en torno al 4.0 y la inteligencia artificial en el proceso penal», *Ius Puniendi*, vol. 7, 2018, pp. 313-336.

220 Arend Hinze. «Understanding the four types of AI, from reactive robots to self-aware beings». *The Conversation*, 2016.

221 Javier Ercilla García. «La inteligencia Aritificial en la Justicia: Asistentes IA Judiciales y Jueces IA». *Revista Aranzadi de derecho y nuevas tecnologías*, n.º 53, 2020.

que en este caso sí que permitiría retener información de forma transitoria para actuar sobre la base de la misma, aunque de una forma limitada (p.e. vehículos autónomos) de manera que cuando dejan de necesitar dicha información la desechan (reconocer la dirección y velocidad de los elementos que le rodean). En cuanto al segundo tipo de IA sería la IA fuerte o general que estaría facultada para resolver cualquier problema del mundo real, sin un límite específico para el que fuere programada, con capacidad de aprendizaje *(machine learning)* que como resultado llegase a soluciones autónomas. En tercer y último lugar la Super IA como elemento superior al anterior cuyo paso evolutivo permitiría alcanzar la autoconsciencia que facultaría a la propia IA considerarse por sí misma como un ente.

Por su parte, Andrew Moore[222], Decano de la Facultad de Ciencias de la Computación en la Universidad Carnegie Mellon, postula que «La inteligencia artificial es la ciencia y la ingeniería para hacer que las computadoras se comporten de una manera que, hasta hace poco, creíamos que requería de inteligencia humana».

Igualmente, hay que recalcar que **el desarrollo de la IA se encuentra ligado, íntimamente, a la disponibilidad de los datos que son procesados mediante algoritmos**.

De esta manera **los algoritmos**, son el elemento fundamental sobre el que se sustenta el eslabón o motor para el funcionamiento de una IA, desde una perspectiva matemática donde tradicionalmente se han estudiado[223], no es sino un grupo de órdenes consecutivas que presentan una solución a un problema o tarea. Autores como Iñigo de Miguel Beriain y Miren Josune Pérez Estrada[224] los definen como series de ecuaciones matemáticas que se entrelazan para proporcionar un resultado, una instrucción concreta, que sirve para solucionar el problema planteado, gracias a la consideración de un número de variables que varía sustancialmente de un caso a otro. ¿Podría asemejarse de algún modo a una Ley o Reglamento? Autores como Andrés Boix[225] así lo declararan al justificar que los algoritmos pueden ser considerados como tal al cumplir una función equivalente a las normas jurídicas pues reglan y predeterminan una determinada actuación. En el mismo sentido se ha posicionado el Derecho italiano a través de su Consejo de Estado en la

222 Frase original: «Artificial intelligence is the science and engineering of making computers behave in ways that, until recently, we thought required human intelligence».

223 Se remonta a la matemática de la antigua Grecia, con el algoritmo de Euclides.

224 Iñigo DE MIGUEL BERIAIN y Miren JOSUNE PÉREZ ESTRADA. «La inteligencia artificial en el proceso penal español: un análisis de su admisibilidad sobre la base de los derechos fundamentales implicados». *Revista de Derecho UNED*, núm. 25, 2019.

225 Andrés BOIX PALOP. «Los algoritmos son Reglamentos: La necesidad de extender las garantías propias de las normas reglamentarias a los programas empleados por la administración en la adopción de decisiones». *Revista de Derecho Público: Teoría y método*. Marcial Pons Ed. Jurídicas y sociales. Vol. 1 2020 pp. 223-270.

Sentencia de 8 de abril de 2019[226] en cuanto a que un algoritmo es una regla jurídica general sujeta a los mismos principios de transparencia y accesibilidad que se aplican las normas.

Las tres componentes principales de un algoritmo son: la entrada (input), que consiste en la información proporcionada al algoritmo para que pueda trabajar y ofrecer la solución esperada; el proceso, que es el conjunto de pasos que el algoritmo sigue para llegar a la solución utilizando los datos de entrada; y finalmente, la salida (output), que es el resultado generado por el algoritmo. En resumen, un algoritmo se define como una secuencia finita de instrucciones que son realizables, libres de ambigüedad y que permiten resolver diversos tipos de problemas de manera genérica.

En la actualidad, según Agustí Cerrillo[227] gran parte de los sistemas de inteligencia artificial se fundamentan en algoritmos de aprendizaje automático que, justamente, se desarrollan con base en el adiestramiento de los datos que le son suministrados para ajustar los logros. En este sentido pone de manifiesto que la complejidad inherente a este tipo de algoritmos pues puede acabar por imposibilitar la identificación de los datos considerados en orden a conseguir un determinado resultado, con la consiguiente consecuencia de ocasionar un vacío de transparencia.

Por su parte, en cuanto al otro ingrediente básico de la IA, nos estamos refiriendo a la información de la que se nutre para operar, podemos englobarla en el término «macrodato» definido por el Parlamento Europeo[228] como «la recopilación, análisis y acumulación constante de grandes cantidades de

---

226 El asunto surge en un procedimiento de provisión de puestos de trabajo de personal docente, cuando los recurrentes detectan que la decisión adoptada no respondía ni al nivel educativo ni a la zona geográfica solicitada. La asignación de los puestos había sido determinada por un algoritmo cuyo funcionamiento no se hizo público. Además, las resoluciones administrativas carecían de motivación. La Sentencia considera que el algoritmo es una regla jurídica general y que como tal: i) La regla, aun declinada de forma matemática, posee pleno valor jurídico y administrativo; ii) En ese sentido, está sometida a los principios generales de la actividad administrativa, como aquellos de publicidad, transparencia, razonabilidad y proporcionalidad; iii) No cabe dejar espacio a la discrecionalidad en la aplicación del algoritmo; iv) La Administración ha de velar por los intereses en presencia, realizando pruebas, actualizaciones y sistemas de perfeccionamiento del algoritmo, en especial en el caso de aprendizaje progresivo y de deep learning; v) Desde el punto de vista del control judicial, el algoritmo o software se entiende a todos los efectos como un acto administrativo informático y el órgano jurisdiccional ha de evaluar la corrección del proceso automatizado en todas sus vertientes.

227 Agustí Cerrillo i Martínez. «El impacto de la inteligencia artificial en las Administraciones públicas: estado de la cuestión y una agenda», en Cerrillo I Martínez, A. y Peguera Poch, M. (coords.), *Retos jurídicos de la inteligencia artificial*, Thomson Reuters Aranzadi, Cizur Menor. (Aranzadi), 2020, p. 83.

228 Resolución de 14 de marzo de 2017, sobre las implicaciones de los «macrodatos» en los derechos fundamentales: privacidad, protección de datos, no discriminación, seguridad y aplicación de la ley [2016/2225 (INI)].

datos, incluidos datos personas, procedentes de diferentes fuentes y objeto de un tratamiento automatizado mediante algoritmos informáticos y avanzadas técnicas de tratamiento de datos utilizando tanto datos almacenados como datos transmitidos en flujo continuo, con el fin de generar correlaciones, tendencias y patrones (analítica de macrodatos)».

De esta forma, a su vez, los beneficios y riesgos en el uso de IA se encuentran relacionados con el campo de las ciencias de datos, especialmente, con el ya citado Big data o analítica de datos, así como el Machine learning y Deep learning. El primero como ya hemos visto, refiere al análisis de grandes conjuntos de datos tratando de encontrar patrones, tendencias o relaciones para obtener como resultado información valiosa derivada de su interrelación. El segundo es un subcampo de IA que se centra (a partir de datos y los resultados tras su interrelación) en el desarrollo de algoritmos y modelos que permitan desarrollar mejoras automáticas para realizar de forma más optima cualquier tarea y/o acción determinada previa programación, es decir, la creación de nuevos algoritmos[229]. El tercero es una subcategoría del segundo donde a través de redes neuronales artificiales muy complejas puede aprender y hacer predicciones a partir de los datos (p.e. reconocer imágenes o generar voz, entre otras). El Big data se centra en las fuentes de los datos y su naturaleza para permitir alimentar a herramientas como el Machine learning y Deep learning que con su análisis posibilitan el aprendizaje computacional.

Pero ¿sería posible aplicar estos avances en el ámbito de la Justicia? ¿Existirían riesgos en su implantación? ¿Qué beneficios y/o utilidades podrían aportar? Antes de abarcar estas incógnitas pasaremos a explorar los distintos caminos y posturas que están adoptando los actores internacionales en aras de fraguar una regulación que asiente los parámetros y elementos básicos que debería cumplir, con carácter general, el desarrollo de una IA cualquiera que fuese su ámbito de aplicación para, con carácter ulterior, focalizarnos en el campo judicial.

3. Una radiografía internacional sobre los pasos que se están llevando a cabo en el desarrollo y uso de IA

La IA se ha convertido en una prioridad estratégica para los distintos países del mundo con el objetivo de mejorar la eficiencia, reducir los costes de productos y servicios, impulsar la calidad y reducir la tasa de errores dentro de cualquier campo que podamos imaginar.

---

229 Estos pueden clasificarse en diferentes tipos: algoritmos de aprendizaje supervisado, no supervisado y por refuerzo.

A la hora de construir una regulación sólida sobre la materia, algunas de las principales cuestiones que traslucen entre las políticas de los distintos Estados en este proceso transitorio normativo son aquellas que afectan a la protección de datos y a la privacidad, la transparencia, la supervisión humana, la vigilancia, la administración y los servicios públicos, los vehículos autónomos o, riesgos de cualquier tipo, incluso, aquellos atinentes a los sistemas de armas autónomas letales, entre otros.

La mayoría de los países están elaborando sus estrategias y planes de acción nacionales de ámbito digital donde, la IA, se constituye como elemento transversal en el proceso. En este sentido Canadá junto a EE. UU. y China fueron pioneros en lanzar una estrategia nacional de IA. Estas estrategias y planes de acción destacan, entre otras cosas, en la necesidad de desarrollar marcos éticos y legales para garantizar que la IA sea desarrollada sobre la base de los valores y derechos fundamentales. En el camino para la consecución de este objetivo los países se están apoyando en comisiones de expertos de todos los sectores y poco a poco, se aprecia que llegan a las mismas conclusiones lo cual será objeto de exposición a continuación.

En consecuencia, pasamos a realizar un trazado sobre las principales políticas realizadas en el ámbito internacional por los distintos países que se encuentran a la cabeza en esta materia.

3.1. Canadá

Es considerado un líder global en el campo de IA dada la gran inversión[230] que está realizando. Una muestra de ello se observa desde hace algún tiempo en materia de vehículos automatizados pues ya poseen legislación que permite el establecimiento de programas piloto[231] para el uso automatizado de coches, autobuses o microbuses en los que, en todo caso; «el conductor debe permanecer en el asiento del conductor del vehículo en todo momento y supervisar el funcionamiento del vehículo, a menos que sea aprobado para la prueba sin conductor».

En relación a la protección de datos y privacidad tienen varias leyes a nivel provincial y federal para la protección de la información personal, mención especial de la «Loi sur la protection des renseignements personnels et les documents électroniques» (LPRPDE)[232] cuyos pilares para el uso de los datos

230 En 2017 el gobierno federal invirtió 125 millones de euros con el objeto de desarrollar un liderazgo de pensamiento global sobre las implicaciones económicas, éticas, políticas y legales de los avances en inteligencia artificial.

231 El 18 de abril de 2018, se otorgó la aprobación del Proyecto de Ley No. 165, que enmienda el Código de Seguridad Vial de Québec y permite pruebas piloto con vehículos automatizados.

232 La Loi sur la protection des renseignements personnels et les documents électroniques (LPRDE, en anglais: PIPEDA, abréviation de Personal Information Protection and Electronic Documents Act).

subyacen en la necesidad de recabar el consentimiento para recoger, utilizar y divulgar la información personal de un individuo, con sujeción a una lista de excepciones específicas, todo ello de una forma similar a la que establece el Reglamento General de protección de datos de la UE[233].

En 2018 dictó la Directiva sobre la toma de decisiones automatizada[234] para las instituciones federales que tiene como objetivo ayudar a comprender mejor y garantizar una aplicación ética y responsable de la IA que sea compatible con los principios básicos del derecho administrativo, la transparencia, la rendición de cuentas, la legalidad y la equidad procesal.

En 2019 el gobierno federal nombró un Consejo Asesor sobre IA con el objetivo de examinar cómo aprovechar las fortalezas de Canadá para garantizar que los avances en IA reflejen los valores canadienses, como los derechos humanos, la transparencia y la apertura. Más tarde en 2020 creó el Centro Internacional de experiencia para el avance de IA sobre la base de un desarrollo responsable[235].

En el año 2022 presentó diversos proyectos de Ley como la implementación de la Carta Digital (Proyecto de Ley C-27) la cual sigue en tramitación en la actualidad y trata de abarcar cuestiones trascendentales en el proceso de digitalización del país como son: una Ley de Protección de la Privacidad del Consumidor, la Ley del Tribunal de Protección de Datos e Información Personal y la Ley de Inteligencia Artificial y Datos, así como la incorporación del mecanismo para realizar las enmiendas consecuentes y relacionadas con otras leyes. Este texto plantea la creación de un Código de Conducta voluntario para el uso de sistemas avanzados de IA para incrementar la seguridad y confianza en su uso a la vista de su exponencial evolución. Además, distingue entre la regulación gubernamental y la regulación en el sector privado debiendo, en sendos casos, asegurar la rendición de cuentas. Igualmente, está barajando la instauración de un comisionado independiente funcionarial (IA dent) para llevar a cabo las auditorias necesarias y/o verificar el cumplimiento de la regulación aplicable (p.e. posibles impactos en la privacidad y derechos humanos relacionados con el uso de IA), así como que también pueda asumir funciones en materia de regulación, investigación e incluso facultades sancionadoras ante posibles incumplimientos en el sector.

3.2. EE. UU.

El gigante norteamericano no se ha quedado atrás en la regulación del uso de IA, en sus inicios se centró en la regulación legislativa en el ámbito de los

233 Reglamento (UE) 2016/679 del Parlamento Europeo y del Consejo de 27 de abril de 2016.

234 Esta Directiva de decisión automatizada entró en vigor en enero de 2020 en el ámbito administrativo.

235 UNESCO Science Report: the Race Against Time for Smarter Development. Paris: UNESCO. 11 de junio de 2021.

vehículos autónomos. A modo de ejemplo ya en 2011, el Estado de Nevada adoptó la primera legislación relativa a la prueba de vehículos autónomos[236]. La citada ley define el vehículo autónomo como un «vehículo motorizado sin control o monitoreo activo de un operador humano». De igual manera también establece los requisitos para la prueba de dichos vehículos, y ordena que se emitan reglamentos que regulen su operación. En la misma dirección se han elaborado en Florida[237], Arizona[238] y California[239].

En 2016 el legislador americano permitió la investigación y desarrollo de IA con restricciones basadas fundamentalmente en la protección de la seguridad pública y enfocada en la evaluación del riesgo[240]. De esta forma más tarde se creará la denominada Comisión de seguridad Nacional de IA[241].

En febrero de 2019, los Estados Unidos lanzó la Iniciativa americana sobre IA[242] en forma de una orden ejecutiva. Se trata de la estrategia de todo el país cuyo objetivo es concentrar los recursos del gobierno federal para entre otras cuestiones: invertir en investigación y desarrollo de IA, fomentar la apertura de datos, modelos y recursos informáticos del gobierno, la creación de estándares técnicos para sistemas de IA confiables, seguros e interoperables e incluso priorizar programas de formación para que la población adquiera habilidades para el uso de la IA. Los principios sobre los que establece la base legal en el desarrollo de IA son de forma resumida los siguientes:

- Fomento de la confianza pública en la IA a través del desarrollo de sistemas fiables y útiles.
- Participación pública de los ciudadanos y agencias de IA así como la divulgación y transparencia para fomentar amplia información y que los ciudadanos y agencias puedan participar en el desarrollo de los pilares de una buena IA.
- Calidad de la información, resulta elemental contar con buena calidad de datos para alimentar de forma adecuada a la IA.
- Transparencia en la evaluación y gestión de riesgos.

---

236 Chapter 482A - Autonomous vehicles.

237 FLA. STAT. § 316.85 (2019).

238 Exec. Order No. 2015-09, Aug. 25, 2015, 22 Ariz. Admin. Reg. 87.

239 CAL. VEH. § 38750 (West 2014).

240 Véase el informe de la Casa Blanca emitido por el Insituto Nacional de Ciencia y Tecnología (October 2016). «Preparing for the Future of Artificial Intelligence».

241 Concretamente, el 13 de agosto de 2018, la Sección 1051 de la Ley de Autorización de la Defensa Nacional John S. McCain del año fiscal 2019 (PL 115-232).

242 Memorandum for the heads of Executive Departments and Agencies. 11 de febrero de 2019.

- Estudio de costes/beneficios en la introducción de la IA (económicos, ambientales, salud pública, seguridad y equidad)
- Flexibilidad, equidad y no discriminación.
- Seguridad y protección, se debe tener en cuenta el desarrollo de sistemas seguros y los riesgos que puede conllevar el uso de IA.

En el año 2022 el presidente Joe Biden presentó la denominada Declaración de derechos de IA[243] sometida a los siguientes principios: (1) sistemas seguros y eficaces bajo el sometimiento de controles de implementación, identificación y mitigación de riesgos y monitoreo constante durante el ciclo de vida de la IA. Los sistemas deben estar diseñados para evitar usos e impactos no deseados debiendo llevarse a cabo informes y evaluaciones independientes que acrediten su correcto uso; (2) Mecanismos de protección contra la discriminación algorítmica tanto para los diseñadores, desarrolladores como para el resto de agentes que trabajan en la configuración e implementación de sistemas automatizados, de esta forma deben llevarse a cabo medidas proactivas y continúas para garantizar que no se produzca ningún tipo de discriminación. Para ello se promueven las evaluaciones de equidad como parte del diseño del sistema, pruebas previas al despliegue y en curso, y una supervisión organizativa sobre el funcionamiento; (3) Protección para evitar la práctica abusiva de datos de forma que sólo sean utilizados bajo el consentimiento del titular mostrando su permiso y conformidad en cuanto a la recopilación, el uso, el acceso, la transferencia y la eliminación de sus datos. Igualmente, determinados datos sensibles sólo podrán utilizarse bajo condiciones especiales y supervisadas por posibles revisiones éticas. También se establecen límites para proteger la privacidad y libertades civiles ya que se prohíbe la vigilancia y monitoreos continuados en campos como la educación, vivienda o cualesquiera otras que puedan limitar derechos y/o oportunidades; (4) Toda persona debe tener conocimiento que está siendo objeto de una decisión realizada por un sistema automatizado, así como poder conocer y comprender los motivos del resultado acaecido. Los propios sistemas deben proporcionar la documentación en lenguaje sencillo sobre el funcionamiento del propio sistema y la explicación pormenorizada del resultado que, además, debe ser de fácil compresión. Asimismo, se deberá informar sobre la persona y organización responsable del sistema. Será obligatorio por motivos de transparencia la emisión publica de informes que incluyan evaluaciones de calidad sobre estos aspectos; (5) Todo ciudadano debe tener la opción de optar a no estar sometido a una decisión automatizada debiendo la Ley especificar una alternativa humana o de otro tipo. Igualmente, en todo momento debe permitirse la posibilidad de apelar o recurrir cualquier impacto sometido a una decisión automatizada. Final-

243 Blueprint for an AI Bill of Rights: Making automated systems work for the amercian people. 4 October 2022.

mente, aquellos campos susceptibles de ser sensibles en la aplicación de estas tecnológicas (justicia, el empleo, educación y salud) deberán adaptarse de forma especial a este principio a la vista de los posibles resultados adversos y de alto riesgo que puedan acontecer.

A la vista de los impactos que está ocasionando la implantación de estos sistemas, en el caso de Nueva York[244], desde 15 de abril de 2023 las empresas tienen prohibido utilizar herramientas automatizadas para contratar candidatos o promover empleados, a menos que las herramientas hayan sido auditadas de forma independiente para detectar sesgos.

Otro importante hito resultó del acuerdo voluntario en 2023 entre las principales empresas líderes[245] de IA del país donde se comprometieron a gestionar los posibles riesgos que puede ocasionar esta tecnología de manera que se someten a medidas de transparencia con la instauración de mecanismos como: pruebas de seguridad de sus sistemas por expertos externos e internos antes de su lanzamiento, marcas de agua que visualicen la detección de resultados hechos por IA, informar públicamente de las capacidades, riesgos y limitaciones de la IA, investigar los riesgos en materia de sesgos, discriminación y la invasión de privacidad. Igualmente, se comprometían a compartir la información con otras empresas, gobiernos, sociedad civil y el mundo académico en materia de gestión de riesgos.

De esta manera, en el mismo año y, casualmente, días previos a la famosa Declaración Bletley de 1 de noviembre de 2023 mencionada anteriormente, tuvo nacimiento una orden ejecutiva sobre la IA más segura y confiable para el ciudadano americano[246]. Entre sus particularidades hace mención a medidas que afectan a la creación de nuevos estándares de seguridad (p.e. exige a los desarrolladores compartan los resultados de sus pruebas de seguridad y otra información crítica con que pueda suponer un riesgo grave al gobierno), mejora la protección de la privacidad, promueve la equidad y los derechos civiles, defiende a los consumidores y trabajadores, y trata de impulsar la innovación y la competencia, así como el liderazgo estadounidense.

Un ejemplo ligado a estos últimos acontecimientos se encuentra reflejado de forma pública en el hecho de que el pasado mes de marzo de 2024 el gobierno americano considero a la plataforma TikTok[247] como una amenaza para la seguridad nacional por sus posibilidades para ser empleada para operaciones de espionaje o manipulación pública. De esta manera, y como

244 Como consecuencia de la promulgación de la Ley de Auditoría Sesgada de la Ciudad de Nueva York (Ley Local 144) en noviembre de 2021.

245 Tales como Google, Meta, Microsoft, Amazon, Open AI, Anthropic e Inflection AI.

246 Nota informativa de la Casa Blanca donde el presidente Joe Biden alude a la orden ejecutiva de IA segura y confiable el 30 de octubre de 2023.

247 Se trata de una red social para compartir videos de corta duración cuyo funcionamiento se apoya en algoritmos de Machine learning.

respuesta; aprobó un proyecto de Ley en el que vetará el uso de la red social china si la empresa propietaria no se aviene a venderla. Parece que la nueva era digital está suponiendo la aparición de tensiones geopolíticas como consecuencia de los efectos que pueden acarrear la utilización de estas tecnologías donde las fronteras tradicionales no permiten hacer frente al espectro digital.

3.3. China

En el continente asiático, el 20 de julio de 2017 el Consejo de Estado de China publicó un Plan de Desarrollo de la Inteligencia Artificial de la Próxima Generación[248]. El Plan establece los objetivos estratégicos a largo plazo para el desarrollo de la Inteligencia Artificial en China. Este programa contiene las «medidas de garantía», como el desarrollo de un sistema de reglamentación y el fortalecimiento de la protección de la propiedad intelectual, para promover el desarrollo de la inteligencia artificial. El instrumento cuenta con tres etapas (2020, 2025 y 2030) y determina los objetivos para la construcción de un marco normativo y ético con el fin de fortalecer la investigación sobre cuestiones jurídicas, éticas y sociales relacionadas con la IA e instaurar los marcos legales y éticos para garantizar el desarrollo adecuado de la IA. Concretamente, se llevarían a cabo investigaciones sobre cuestiones jurídicas relacionadas con las aplicaciones de la IA, incluida la confirmación de la responsabilidad civil y penal, la protección de la privacidad y la propiedad, y la utilización de la seguridad de la información.

En cuanto a los vehículos autónomos es de reseñar que, desde el 11 de abril de 2018, cuentan con normativa estatal[249] de ensayo en carretera de estos vehículos y que establecen los requisitos necesarios para su puesta en marcha, si bien de una forma similar a los fijados por la normativa estadounidense. En el año 2019, al menos ocho ciudades, incluyendo Beijing, Shanghai, Shenzhen y Chongqing, ya han publicado sus normas locales en esta materia.

En relación al reconocimiento facial, resulta sorprendente el proyecto chino sobre un sistema de videovigilancia —con una red de más de 20 millones de cámaras compartiendo la información a través de una nube— cuya finalidad, según manifiestan, es la de luchar contra el crimen, mantener la estabilidad social, así como para la prevención de protestas y manifestaciones, algo que

248 Gong Xin Bu Ke [2017] No. 315, Dec. 14, 2017 por la que el Comité Central del Partido Comunista Chino y el Consejo de Estado de la República Popular China instaron a los órganos de gobierno de China a promover el desarrollo de la IA hasta 2030.

249 Zhineng Wanglian Qiche Daolu Ceshi Guanli Guifan [Administrative Rules on Intelligent and Connected Vehicle Road Testing (Trial)] (MIIT, MPS & MOT, Apr. 11, 2018, effective May 1, 2018).

se asemeja cada más a las previsiones realizadas por George Orwell en su famosa novela titulada 1984.

De forma paradójica en 2021 el Ministerio de Ciencia y Tecnología de la República popular publicó un «Código ético para la próxima generación de IA»[250] como herramienta de orientación a las personas e instituciones relevantes que participan en actividades relacionadas con la IA. Este Código se construye sobre seis requisitos que son la mejora del bienestar humano, la promoción de la equidad y la justicia, la protección de la privacidad y la seguridad, la garantía de la capacidad de control y la confiabilidad, el fortalecimiento de la responsabilidad y la mejora de la alfabetización ética.

En 2023 se aprobaron paralelamente dos importantes leyes[251] sobre este campo: La Ley General reguladora de IA y una Ley reguladora de IA generativa. Ambas con una inspiración en modelos regulativos occidentales[252] pero sometidas al sistema del socialismo chino.

En relación a la primera, los principios que proclama en el desarrollo a sistemas de IA tanto para investigadores y desarrolladores, proveedores y usuarios son: los principios de seguridad y robustez; apertura (Openness), transparencia y explicabilidad; responsabilidad proactiva (Accountability) y equidad e igualdad. Igualmente se fomentará el uso de energías eficientes, para la protección del medio ambiente en el desarrollo de estas tecnologías. El texto se centra en las personas de manera que, específicamente, declara que la investigación y el desarrollo, el suministro o el uso de la IA deben estar centradas en las personas y dirigir la su uso hacia el bien. Garantizar que los humanos puedan supervisar y controlar continuamente la IA, con el objetivo último de promover siempre el bienestar de la humanidad. Además, estipula un sistema de listas negativas que supone estar sujeto a concesión de permisos para el desarrollo de productos y servicios de IA basado en el posible daño potencial para la seguridad nacional, el interés público, los derechos e intereses legales de las personas y organizaciones y el orden económico. Asimismo, se instauran los espacios de prueba (sandbox) que deberá proveer la autoridad nacional responsable, que también deberá impulsar a su vez la formación de equipos técnicos especializados. Entre diversas cuestiones aclara el régimen de responsabilidad por incumplimiento, sancionador y el de responsabilidad extracontractual.

En cuanto a la segunda, tiene como objetivo promover el desarrollo de la IA generativa (algoritmos, modelos u otras reglas) y sus aplicaciones estándar (servicios de generación de texto, imágenes, sonidos, vídeos), salvaguardar la seguridad nacional y los intereses públicos sociales, y proteger los derechos

---

250 Se encuentra redactado por el Comité Profesional Nacional para la Gobernanza de la IA de Nueva Generación el 25 de septiembre de 2021.

251 Carlos B. FERNÁNDEZ. «China aprueba una regulación de la inteligencia artificial y de la inteligencia artificial generativa» *Diario La Ley*. Ciberderecho 31/08/2023.

252 Especialmente, al Reglamento europeo de IA y la propuesta de Convenio Internacional sobre IA de la OCDE.

e intereses legítimos de los ciudadanos, las personas jurídicas y las organizaciones. Si bien, tan sólo resulta aplicable a los usos puestos a disposición al público y no al uso de servicios de IA por parte de las empresas.

En definitiva, podemos observar que los tres países están invirtiendo en investigación y desarrollo para la instauración de marcos legales que giran en torno a evitar la discriminación, garantizar la protección de datos, la privacidad, incrementar la transparencia, la confiabilidad, rendición de cuentas o la seguridad. En el caso de Canadá se apuesta por un enfoque progresista basado en la garantía de principios éticos en el desarrollo de esta tecnología. En lo que respecta a EE. UU. se ha centrado en aspectos como la seguridad pública y contra la discriminación algorítmica. La postura de China parece más estratégica y a largo plazo con especial atención al uso de la IA para la vigilancia y el control social en «equilibrio» con la protección de los derechos individuales.

3.4. Otras iniciativas internacionales clave en materia ética e IA

No podemos pasar por alto que las consecuencias derivadas de esta revolución digital auspiciada por la implantación de IA en nuestro entorno, han desembocado en una respuesta no sólo de los distintos gobiernos, sino también de organizaciones internacionales, el sector privado y las organizaciones de la sociedad civil lo cual ha derivado en variadas iniciativas de autorregulación ante los retos éticos que plantea el uso de IA y sus posibles consecuencias en todas las esferas que uno pueda imaginar, a saber: relacionadas con la toma de decisiones, el empleo y el trabajo, la interacción social, la atención médica, la educación, los medios de comunicación, el acceso a la información, la brecha digital, los datos personales y la protección del consumidor, la igualdad de género, el medio ambiente, la democracia, el Estado de derecho, la seguridad y la policía, el doble uso y los derechos humanos y las libertades fundamentales...etc. Teniendo como resultado el nacimiento de normas y principios éticos no vinculantes para guiar el desarrollo y el uso de la IA. Nos gustaría mencionar, sucintamente, algunas de ellas como:

- la Recomendación de la UNESCO sobre la Ética de la Inteligencia Artificial (2021)[253]. Tiene el objetivo de proporcionar un marco universal de valores, principios y acciones para orientar a los Estados y el sector privado en: (i) La formulación de sus leyes, políticas y cualquiera acciones relacionadas con estas tecnologías para asegurar la ética

253 Nace en la Conferencia General de la Organización de las Naciones Unidas para la Educación, la Ciencia y la Cultura (UNESCO), reunida en París del 9 al 24 de noviembre de 2021, en su 41.ª reunión.

en todas las etapas de la vida de un sistema IA; (ii) La protección, promoción y respeto a los derechos humanos y las libertades fundamentales; (iii) El fomento del diálogo multidisciplinario y pluralista, y; (iv) promover el acceso equitativo a los avances y los conocimientos en el ámbito de la IA.

- La iniciativa global de la asociación de normalización IEEE sobre ética de los sistemas autónomos e inteligentes[254]. En ella se elaboran unos estándares para configurar un marco de diseño ético alineado y unas normas conocidas como P7000. Su objetivo es lograr un enfoque unitario en materia ética sobre aspectos como la transparencia, rendición de cuentas y la priorización de valores.
- Declaración de Montreal para la IA responsable del foro sobre el desarrollo responsable en 2017[255]. Nace de la confluencia entre multitud de consultas públicas y asambleas ciudadanas y aboga por el valor de los principios esenciales como son el bienestar, privacidad e intimidad, respeto a la autonomía, responsabilidad, participación democrática, equidad, solidaridad, diversidad e inclusión, prudencia y desarrollo sostenible. Actualmente, a raíz de dicha declaración cuentan con un observatorio urbano de IA (GOUAI[256]) con la finalidad de contribuir a la estandarización de iniciativas, investigación y reflexión de estas tecnologías.
- Los principios de la Asilomar Conference Grounds de California de 2017. En ella se elaboraron unas (23) directrices para el desarrollo responsable de la IA para la garantía de la seguridad, la protección y los derechos de las personas y la sociedad. Todo ello para fomentar la seguridad a largo plazo, el liderazgo en investigación técnica y la orientación cooperativa.

Presentadas estas iniciativas en el siguiente epígrafe veremos el posicionamiento en el marco de la UE para afrontar los nuevos horizontes que trae consigo la IA.

4. Principios y necesidades que debe cumplir el desarrollo de la IA: la perspectiva europea

Los beneficios de la incorporación a nuestras vidas de sistemas de IA como se ha puesto en relieve pueden afectar a diversos sectores, resulta

254 Ethically Aligned Design - A Vision for Prioritizing Human Well-being with Autonomous and Intelligent Systems. 2019. pp. 1-294.

255 Disponible en: https://gouai.cidob.org/resources/montreal-declaration-for-a-responsible-development-of-artificial-intelligence/

256 The Global Observatory of Urban Artificial Intelligence.

meridiano que las ventajas pueden ser múltiples en términos de eficiencia, precisión, seguridad, ahorro y optimización de recursos, lo que por seguro permitirá promover una transformación y mejora de la economía y sociedad en su conjunto. No obstante, para lograr ese fin y a la vista del potencial exponencial que supedita estas tecnologías, debemos evitar los riesgos que puede acarrear una implantación anárquica y sin control, particularmente, sobre la posible injerencia que pudiera tener en las libertades y derechos consolidados en nuestra era. Los tecnólogos afirman que la IA no debe considerarse un fin en sí misma, sino un instrumento al servicio de las personas para mejorar nuestras vidas de manera que nos permita perfeccionar y complementar la adopción de decisiones y su razonamiento gracias a las capacidades que ostenta. Por esta razón, José Manuel Beiro[257], defiende que ese carácter instrumental es lo que debería vertebrar el régimen jurídico y valores éticos que queramos otorgar a su regulación.

Resulta ineludible la creación de un nuevo *Corpus iuris digitalis* que contemple el conjunto de principios que deben regir en este campo valorados bajo el prisma de un enfoque responsable, sostenible y respetuoso con los derechos fundamentales. Por estos motivos, la UE está llevando a cabo políticas tendentes a fraguar una normativa en esta dirección para tratar de embridar los posibles riesgos en la aplicación de la IA y posicionarse como líder y pionero en este sector. Precisamente, consciente de la relevancia que tiene la IA en la vida de los ciudadanos de la Unión podemos tomar como punto de partida la aprobación del Reglamento (UE) 679/2016 de protección de datos[258] y la primera estrategia europea sobre IA de 2018[259], desde entonces, han ido surgiendo normativas de diversa índole: genéricas, cartas, declaraciones institucionales o proyectos, todos ellos, como sostiene Guzman Saviron[260], pivotando sobre el carácter antropocéntrico y antropogénico. Es decir, desarrollado por el hombre y para el hombre. A continuación, pasa-

---

257 José Manuel Beiro Magán. «Debate sobre Etica e Inteligencia Artificial». *Actualidad Civil*, n.º 11, 2022. Ed. La Ley.

258 Contiene disposiciones sobre la adopción de decisiones basada únicamente en el tratamiento automatizado, lo que abarca la elaboración de perfiles. Las personas afectadas tienen derecho a ser informadas de la existencia de toma de decisiones automatizada y a recibir información significativa sobre la lógica aplicada en la misma, así como sobre la importancia y las consecuencias previstas de este tratamiento para ellas. En tales casos, también tienen derecho a obtener intervención humana, a expresar su punto de vista y a impugnar la decisión.

259 Comunicación a la Comisión al Parlamento Europeo, al Consejo, al Comité económico y social europeo y al Comité de las Regiones: Inteligencia artificial para Europa. Bruselas 25.4.2018 COM(2018) 237 final. Posteriormente, en 2021 ha sido objeto de revisión por la Comunicación a la Comisión al Parlamento Europeo, al Consejo, al Comité económico y social europeo y al Comité de las Regiones: Fomentar un planteamiento europeo en materia de inteligencia artificial. Bruselas 21.4.2021 COM(2021) 205 final.

260 Guzman E. Saviron Díez. «Debate sobre Ética e Inteligencia Artificial». *Actualidad Civil*, n.º 11, 2022. Ed. La Ley.

mos a sintetizar las más significativas en relación al objeto del estudio dentro del epicentro de la UE.

4.1. La Comunicación de la Comisión Europea de 2019 sobre cómo generar confianza en la IA y su despliegue centrado en el ser humano[261]

Este documento esboza un borrador —de enorme valor ya que sienta las bases para el desarrollo de sistemas de IA— elaborado por un grupo de expertos de alto nivel enumerando un conjunto de directrices éticas que deben tenerse en cuenta para abordar un marco regulador aplicable a los desarrolladores, proveedores y usuarios de IA.

El texto gira en torno al logro de una IA fiable con tres componentes clave de una regulación como es: (i) ser conforme a la ley; (ii) respeto a los principios éticos, y; (iii) sólida. De esta manera para comprobar el cumplimiento de estos tres pilares se detalla a continuación los requerimientos que deben ser aplicados a todo sistema de IA para una implementación correcta y proporcionada, adoptando un enfoque basado en el impacto.

1) Intervención y supervisión humana.

Todo sistema de IA debe servir de ayuda a las personas para posibilitar adoptar mejores elecciones sobre la base de cuanta más información (datos) sobre la que deba basarse la decisión, mejor. No obstante, no deberá limitar o disminuir la autonomía humana de manera que para evitarlo se vuelve como esencial la existencia de una supervisión humana. Dependiendo del sistema de IA y su sector de aplicación deben garantizarse diversos grados o medidas de control, incluyendo la posibilidad de explicar las decisiones y motivos de la decisión adoptada[262]. Asimismo, somete a que la supervisión deba lograrse a través de mecanismos de gobernanza con un enfoque de participación humana (human in/on the loop[263] y human in the command)[264].

261 Comunicación a la Comisión al Parlamento Europeo, al Consejo, al Comité económico y social europeo y al Comité de las Regiones: General Confianza en la Inteligencia Artificial centrada en el ser humano. Bruselas, 8.4.2019. COM(2019) 168 final.

262 A estos efectos, recordar que el Reglamento (UE) 679/2016 general de protección de datos da a las personas el derecho a no ser objeto de una decisión basada únicamente en el tratamiento automatizado cuando produzca efectos jurídicos en los usuarios o les afecte significativamente de modo similar (art. 22 del RGPD).

263 Human-in-the-loop (HITL) se refiere a la intervención humana en cada ciclo de decisión del sistema, lo que en muchos casos no es posible ni deseable. Human-on-the-loop (HOTL) se refiere a la capacidad de la intervención humana durante el ciclo de diseño del sistema y a la supervisión del funcionamiento del sistema.

264 Human-in-command (HIC) se refiere a la capacidad de supervisar la actividad global del sistema de IA (incluido su impacto más amplio económico, social, jurídico y ético) y a la

2) Solidez y seguridad técnicas.

La fiabilidad de un sistema de IA tiene que sustentarse en que los algoritmos con los que trabaja sean seguros, fiables y sólidos para resolver las incoherencias que se puedan producir durante las distintas fases del ciclo vital del sistema. Para ello, debe garantizarse un plan de contingencia para afrontar las posibles manipulaciones de datos o algoritmos. En consecuencia, se hace necesario integrar mecanismos de seguridad durante el funcionamiento del sistema, pero también desde el diseño del mismo. Es decir, deben instaurarse procesos para evaluar posibles riesgos asociados al uso de los sistemas.

3) Privacidad y gestión de datos.

Con el fin de que los ciudadanos puedan confiar en el uso de la IA se hace necesario que a su vez éstos tengan pleno control en el tratamiento de sus datos de manera que no se utilicen para perjudicarlos o discriminarlos —como sucede, por ejemplo, con las decisiones algorítmicas discriminatorias[265]— por estos motivos deviene fundamental salvaguardar junto a la protección de los datos personales la calidad de los datos que alimentan el sistema en aras de evitar posibles sesgos, inexactitudes o errores. Para lo cual, debe garantizarse asimismo la integridad de los datos debiendo en cada fase de desarrollo del sistema poner a prueba el entrenamiento, error y resultado.

4) Transparencia.

Resulta ineludible una trazabilidad de los sistemas lo que supone que se debe registrar y documentar toda la información circundante al funcionamiento del sistema, sobre la totalidad del proceso que dio lugar a la toma de decisión del sistema (p.e. descripción de la recogida y el etiquetado de datos, algoritmo utilizado...). Además, debe posibilitarse el conocimiento de los motivos y justificación del por qué el algoritmo toma la decisión en todos los sentidos que uno pueda imaginar incluyendo las capacidades, limitaciones y responsables del sistema de IA.

5) Diversidad no discriminación y equidad.

El conjunto de datos *(data lake)* que utiliza el sistema de IA (tanto para su entrenamiento como para el funcionamiento) puede verse afectado por la inclusión de sesgos históricos[266] involuntarios lo que podría dar lugar a

---

capacidad de decidir cuándo y cómo utilizar el sistema en cada situación determinada. Esto puede incluir la decisión de no utilizar un sistema de IA en una situación concreta, establecer niveles de discreción humana durante el uso del sistema o garantizar la capacidad de imponerse a una decisión tomada por el sistema.

265 Frederic J. ZUIDERVEEN BORGUESIUS. «Strengthening Legal Protection against Discrimination by Algorithms and Artificial Intelligence», *The International Journal of Human Rights*, vol. 24, núm. 10, 1-22.

266 Autores como Daniel Innerarity explican en relación a estos sesgos que las predicciones basadas en datos no se refieren al futuro, sino al pasado y rehúyen las perspectivas de mejora.

una discriminación (in)directa. De igual manera los propios algoritmos que sustentan su funcionamiento. De ahí la importancia de verificar desde el principio los elementos base que permiten el funcionamiento del sistema con equipos de diseño diversificados y que fomenten la participación ciudadana.

6) Bienestar social y ambiental.

Todo desarrollo de IA debe tomar en cuenta el impacto que puede producir en el mundo y los animales que le rodean para fomentar una sostenibilidad y responsabilidad ecológica. Además, ello debe estar apoyado por una visión no sólo desde una perspectiva individual sino como beneficio de sociedad en conjunto.

7) Rendición de cuentas.

Supone la implantación de mecanismos que garanticen la responsabilidad y rendición de cuentas de estos sistemas tanto antes como después de su funcionamiento. Tienen que poder ser fiscalizables para evaluarlos tanto por auditorías internas como externas. En todo caso, debe reducirse al máximo los posibles impactos negativos haciendo uso de mecanismos de evaluación de impactos proporcionales a la magnitud de los riesgos que puedan inferir. De manera que, en el caso de que se produzca algún efecto negativo adverso, deberá existir vías que garanticen la reparación.

Tal y como podemos observar estos principios convergen y tienen conexión con las posturas adoptadas en la esfera internacional sobre la materia que hemos puesto en relevancia, lo que en cierta forma permite vislumbrar un halo de luz en el camino hacia la ineludible regulación y gobernanza mundial en este sector.

4.2. Directrices éticas para una IA fiable: Grupo de expertos independiente de alto nivel sobre IA[267]

El núcleo del texto pretende construir las bases de cómo debería regularse la IA bajo el respeto de los derechos fundamentales y respaldada por (4) principios éticos, todo ello en consonancia al desarrollo, despliegue y utilización de esta tecnología.

Parte de la idea que el conjunto de derechos que son exigibles en la legislación internacional de derechos humanos, Tratados de la UE y la Carta de la UE que deben ser asimismo cumplidos por los sistemas de IA de manera que, a su vez, este requisito puede suponer que debamos adentrarnos en reflexiones éticas para identificar de una forma más adecuada todo aquello

267 En el año 2019 salió a la luz este dictamen configurado por un grupo de expertos independientes que fue designado en el año anterior para colaborar con la Comisión en el desarrollo de un marco general fiable para la IA.

que «debemos hacer» en lugar de lo que «podemos hacer» (actualmente) con la tecnología.

Derechos fundamentales.

- Respeto a la dignidad humana. Supone que todas las personas han de ser tratadas con el respeto y no como simples objetos o datos que pueden filtrarse, ordenar, puntuar, dirigir, condicionar o manipular. Todo sistema de IA deberá desarrollarse con respeto y protección a la integridad física y mental de los seres humanos, identidad personal, cultural y acorde a sus necesidades[268].
- Libertad individual. Los seres humanos deben ser libres de tomar decisiones por sí mismos. Como resultado implica que en el uso de IA se deba evitar cualquier coerción ilegítima (in)directa, las amenazas a la autonomía mental y la salud mental, la vigilancia injustificada, el engaño y la manipulación injusta. Es decir, que no se produzca ninguna restricción de sus derechos y libertades reconocidos por las sociedades modernas.
- Respeto a la democracia, la justicia y el Estado de Derecho. Todo sistema de IA deberá apoyar e impulsar los procesos democráticos, el respeto a la pluralidad de valores y las propias elecciones de las personas. Igualmente, al cumplimiento de la Ley con respeto de las garantías procesales y la igualdad ante la Ley.
- Igualdad, no discriminación y solidaridad. En el funcionamiento de una IA debe asegurarse que no se produzcan resultados sesgados, así como que se respete a las personas y grupos potencialmente vulnerables[269].
- Derechos de los ciudadanos. Todo sistema de IA deberá suponer una mejora y optimización de las políticas adoptadas por los gobiernos en la prestación de servicios públicos a los integrantes de la sociedad.

3. Principios éticos.

- El principio del respeto de la autonomía humana. Todo sistema de IA deberá mantener que cada ser humano mantenga una autonomía plena y efectiva sobre si misma de manera que no deberá

268 E. HILGENDORF, «Problem Areas in the Dignity Debate and the Ensemble Theory of Human Dignity», en: D. GRIMM, A. KEMMERER, C. MÖLLERS (eds.), *Human Dignity in Context. Explorations of a Contested Concept*, 2018, pp. 325 y ss.

269 La Carta de los Derechos Fundamentales de la Unión Europea recoge en su art. 21, relativo a la no discriminación, los motivos de discriminación siguientes, que pueden servir como punto de referencia, entre otros: el sexo, la raza, el color, los orígenes étnicos o sociales, las características genéticas, la lengua, la religión o las convicciones, las opiniones políticas o de cualquier otro tipo, la pertenencia a una minoría nacional, el patrimonio, el nacimiento, la discapacidad, la edad o la orientación sexual.

subordinar, coaccionar, engañar, manipular, condicionar o dirigir a los seres humanos. Ello hace necesario que deberán diseñarse centrados en las personas de forma que aumenten complementen y potencien sus aptitudes cognitivas, sociales y culturales. En este sentido la supervisión y control humanos sobre los procesos de trabajo de los sistemas de IA deviene como esencial.

- El principio de prevención del daño. Todo sistema de IA debe ser seguro y proteger la dignidad humana, así como asegurar su integridad física y mental. Se deberá mostrar especial atención a los despliegues de sistemas que puedan ocasionar potenciales daños o efectos adversos con las consiguientes medidas de prevención para evitarlos.
- Principio de equidad tanto desde el punto de vista sustantivo como procedimental. Todo sistema de IA debe garantizar una distribución justa e igualitaria de los beneficios y costes, y asegurar que las personas y grupos no sufran sesgos injustos, discriminación ni estigmatización. Además, el uso de sistemas de IA no debería conducir jamás a que se engañe a los usuarios (finales) ni se limite su libertad de elección. En la perspectiva procedimental implica que cualquier persona pueda oponerse a la decisión adoptada por una IA y por las personas que las manejan. Para ello se debe poder identificar a la entidad responsable de la decisión y explicar los procesos o motivos del resultado arbitrado por una IA.
- Principio de explicabilidad. Se expone como elemento vertebrador para conseguir que los ciudadanos confíen en estos sistemas. Todo proceso de IA debe ser transparente y las decisiones deben poder explicarse a cualquier persona que pueda verse afectada por la misma. Cuando un modelo/algoritmo (por la combinación de factores que entraron en juego) haga difícil su explicabilidad, trazabilidad, auditabilidad...etc.[270] requerirá especial atención y supervisión sobre la base de su injerencia y posibles consecuencias.

En definitiva, todos estos principios o prescripciones éticas abstractas pueden servir de orientación en la búsqueda de un marco jurídico para el funcionamiento de estos sistemas dentro de nuestro entorno social. De esta manera, se debe buscar el equilibrio entre las ventajas e inconvenientes y sus posibles dilemas, que siempre existirán, para lograr una adecuada implantación. Lógicamente, nunca deberán pasar por alto determinados derechos fundamentales y principios de carácter absoluto como es el caso de la dignidad humana. Los autores de esta hoja de ruta llegan a la conclusión que para construir una IA fiable deben cumplirse los siguientes requisitos que deben complementarse en armonía y de forma simultánea: (i) debe ser lícita y cum-

270 Estos casos se denominan «algoritmos de caja negra».

plir todas las leyes y reglamentos aplicables; (ii) ha de garantizar todos los principios y valores éticos y; (iii) debe ser robusta tanto técnica como social.

4.3. El Libro Blanco sobre la inteligencia artificial: un enfoque europeo orientado a la excelencia y la confianza[271]

Este documento parte de la base de los grandes beneficios que puede traer consigo la implantación de la IA, pero asume que conlleva una serie de riesgos potenciales que se deben evitar, tales como; la opacidad en la toma de decisiones, el incremento de discriminaciones o el uso con fines delictivos. Además, subraya que el impacto del uso de estas tecnologías debe considerarse desde una perspectiva de sociedad en conjunto. De esta manera, considera esencial valorar el prisma del desarrollo de IA basado en un enfoque que promueva el respeto de los derechos fundamentales, especialmente la dignidad humana, el pluralismo, la inclusión, la ausencia de discriminación y la protección de la privacidad y de los datos personales.

Para lograr un ecosistema de excelencia en el proceso de instauración de estas tecnologías ratifica la necesaria asunción de los (7) principios éticos previamente analizados. En este sentido el texto enumera una serie de acciones estratégicas centrándose en el impulso de la colaboración de esfuerzos entre todos los Estados miembros con la creación de lo que denomina «centros de excelencia de innovación y pruebas» para lograr un amplio espectro —tanto del sector público como privado— a la hora de fijar las futuras bases regulativas.

También, pone en relieve la insoslayable mejora de la capacitación de los ciudadanos impulsando programas educativos en materia digital[272] para facilitar la transición en el uso de estas tecnologías a la vista del impacto que está infiriendo, cada vez más, en nuestro día a día. La hoja de ruta considera como una de las acciones clave el aseguramiento del acceso a los datos e infraestructuras informáticas como motor para el óptimo funcionamiento de la IA. En este sentido plantea la necesidad de aunar esfuerzos de cooperación entre los distintos actores internacionales para adquirir un ecosistema de confianza en el uso de algoritmos primando en todo caso las medidas que fuesen necesarias para asegurar la protección y respeto a los valores europeos en su implantación.

---

271 Emanado de la Comisión europea el 19 de febrero de 2020 COM(2020) 65 final.

272 Como pueden ser en materias para llevar a cabo un mejor uso de los datos y de las tecnologías basadas en la inteligencia artificial, como el análisis del aprendizaje y el análisis predictivo, con el objetivo de mejorar los sistemas educativos y formativos y adaptarlos a la era digital.

Asume que, en el camino de construir la regulación del sector y a la vista de la evolución de estos sistemas, puede suponer uno de los grandes retos en el proceso, a saber; la opacidad (efecto caja negra), la complejidad, la impresionabilidad o un comportamiento parcialmente autónomo. Además, las características de estos sistemas pueden poner en jaque los derechos fundamentales asentados en materia de protección de datos personales, privacidad y no discriminación (piense a modo de ilustrativo que la capacidad de procesamiento y análisis de una IA que podría tener la habilidad, incluso, para rastrear y desanonimizar datos).

De esta manera, alude a la cuestión clave de delimitar la responsabilidad civil a la vista de los diversos riesgos que puede acarrear el uso de IA con el obstáculo que supone la dificultad de efectuar un seguimiento, en ocasiones, para esclarecer o conectar los motivos y responsabilidades derivadas de una decisión automatizadas (con la consiguiente posible opacidad) subrayando la necesaria adaptación de nuestro actual ordenamiento jurídico hacia estas nuevas realidades. Por estos motivos, pone sobre la mesa la posibilidad de modificar las actuales reglas procesales sobre la carga de la prueba, considerando que deben explorarse medidas para reducir el peso probatorio que exigen las actuales legislaciones para posibilitar la demostración de forma más sencilla en cuanto a la responsabilidad de aquellos agentes que sean los productores.

Asimismo, enumera una serie de requisitos que deben cumplirse para salvaguardar el correcto funcionamiento de aquellos sistemas y aplicaciones que puedan entrañar un riesgo elevado:

a) Datos de entrenamiento. Deberán respetar los valores y normas de la UE, cumplir estándares de seguridad, que fueren suficientemente representativos y su uso no podrá tener resultados no que supongan discriminación.

b) Conservación de registros de datos. Ante la posible complejidad y opacidad de muchos de estos sistemas para verificar el cumplimiento de las normas aplicables se hace necesario la conservación del registro sobre la programación de algoritmos, los datos empleados para entrenar al sistema y los resultados a consecuencia de su uso. En consecuencia, resulta indispensable documentar las metodologías de programación y entrenamiento, los procesos y las técnicas utilizadas para construir, probar y validar los sistemas.

c) Transparencia y suministro de información. En el objetivo de alcanzar la confianza en el uso resulta ineludible facilitar información clara, concisa y comprensible relativa a las capacidades y limitaciones de los sistemas de IA. Igualmente, informar cuando una persona interactúa o no con un sistema de IA.

d) Solidez y exactitud. Los sistemas deben desarrollarse de una forma responsable y tras una valoración de riesgos previa. De esta forma deben garantizarse requisitos de reproducibilidad de los resultados, así como que sean capaces de lidiar con los posibles errores e incoherencias que se puedan reproducir. El sistema debe ser resiliente ante ataques o intentos de manipulación de los datos o algoritmos.

e) Supervisión humana. Esto supone que ningún sistema deba socavar la autonomía humana. Además, toda decisión del sistema deberá ser revisada y validada por un humano con la posible intervención posterior. Igualmente, que permita durante su funcionamiento un seguimiento y desactivación, en su caso.

f) Requisitos específicos en materia de identificación biométrica remota. Como consecuencia de los múltiples riesgos que puede suponer la recopilación y uso de esta tipología de datos para el reconocimiento facial en lugares públicos deberán establecerse medidas para su tratamiento pudiendo variar en atención al principio de proporcionalidad sobre la base del objetivo, contexto y alcance.

Además, cabe reseñar que en todo caso cada uno de estos requerimientos estarán sometidos a evaluaciones de conformidad de obligado cumplimiento a lo largo de todo el ciclo de vida del sistema. Para ello, considera crucial una estructura de gobernanza europea a fin de evitar la fragmentación de responsabilidades, incrementar la infraestructura de los Estados miembros y garantizar que Europa se provea a sí misma de la capacidad necesaria para probar y certificar los productos y servicios provistos de IA.

Estos principios éticos deben ser parte integrante del desarrollo de sistemas de IA, si bien tal y como advierte Brent Mittlestadt[273], para guiar el desarrollo ético, el despliegue y la gobernanza de la IA no basta con realizar una aproximación ética, sino que es necesaria la implementación de un marco normativo. Por esta razón, en el objetivo de alcanzar una gobernanza para la adecuada configuración de la estructura normativa la UE en 2021 promovió una revisión de su estrategia en materia de IA que viene a actualizar el planteamiento adoptado en 2018.

4.4. El nuevo Plan coordinado europeo sobre IA[274]

El objetivo de la hoja de ruta se circunscribe a fomentar las políticas necesarias para lograr un liderazgo europeo en IA centrada en el ser humano sobre la base de la cooperación de los Estados de manera que se propicie

---

273 MITTELSTADT, B. (2019), «Principles Alone Cannot Guarantee Ethical AI», *Nature Machine Intelligence*, vol. 1, núm. 11,2019, 501-507.

274 Nace como anexo a la estrategia de 2018 previamente planteada por la Comunicación a la Comisión al Parlamento Europeo, al Consejo, al Comité económico y social europeo y al Comité de las Regiones: Inteligencia artificial para europa. Bruselas 25.4.2018 COM(2018) 237 final. En este caso Bruselas 21.4.2021 COM(2021) 205 final

la puesta en marcha real en materia de armonización de prioridades estratégicas e inversiones sobre este sector para maximizarlo y competir a escala mundial[275]. Se trata de una revisión del plan anterior como consecuencia de los continuos avances y maduración tecnológica que se está surgiendo día a día como en la robótica o el internet de las cosas (IdC) que, a su vez, potencian los sistemas de IA. La aspiración de esta guía se realiza en un enfoque de IA centrada en el ser humano, fiable, segura, sostenible e inclusiva. De esta manera propone (4) objetivos primordiales que a su vez se subdividen en (17) capítulos.

1. Establecer unas condiciones favorables para el desarrollo y adopción de la IA en la UE. Estas premisas se sustentan en tres requisitos como son: (i) un adecuado marco de gobernanza que permita la coordinación; (ii) datos que sirven de carburador con características de alta calidad, seguros y sólidos; (iii) Infraestructura informática acorde para el almacenaje, análisis y tratamiento de altos volúmenes de datos.

2. Convertir a la UE en lugar de excelencia: Desde el laboratorio hasta el mercado. La investigación e innovación de sistemas sobre todo el ciclo de vida de una IA basados como acción horizontal. Esta iniciativa promueve la creación de centros de innovación digital que proporcionan acceso a conocimientos técnicos y experimentación para promover la inversión (asesoramiento financiero, formación y desarrollo de capacidades para la transformación digital).

3. Garantizar que la IA esté al servicio del ser humano y mejore la sociedad. El planteamiento de la implantación de esta tecnología puede ayudar a resolver problemas complejos para incrementar el bien público social (p.e. atención sanitaria, la agricultura, la educación, el empleo, la administración de la infraestructura, la energía, el transporte y logística, el espacio, los servicios públicos). De esta manera, la UE sí que se centrará en un marco regulador horizontal (mundial) de IA marcado por cuestiones de seguridad y derechos fundamentales, la responsiblidad de la IA y una revisión de la legislación sectorial vigente en materia de seguridad.

4. Forjar un liderazgo estratégico en los ámbitos de gran impacto. Especialmente por los efectos que puede acarrear el uso de estos sistemas para sectores como son: el medio ambiente, la salud, robótica, sector público, movilidad, asuntos internos y agricultura. En materia de servicios públicos puede contribuir a la mejora y eficacia en áreas que

275 Este pacto en común en la UE ya fue ratificado en la Declaración de cooperación en el ámbito de la inteligencia artificial firmada por todos los Estados miembros y Noruega, abril de 2018.

impulsen la interacción, participación y acercamiento con los ciudadanos y gobiernos, obtención de capacidades analíticas inteligentes, mejora y optimización del sector público e, incluso, en el apoyo a procesos democráticos.

En consecuencia, este cronograma revisado busca situar a la UE como líder mundial para el desarrollo y despliegue de IA a través de la aplicación de acciones conjuntas para evitar la fragmentación de políticas sobre esta materia. Es decir, persigue fomentar la cooperación entre los distintos Estados para coordinar de forma unida prioridades e iniciativas comunes de IA en aras de lograr consolidar el uso de esta tecnología de forma ética, segura y centrada en el ser humano. A continuación, se muestra un cuadro informativo sobre las estrategias de los Estados miembros sobre IA.

Estrategias nacionales relativas a la IA, Estados miembros de la UE y Noruega (por fecha de adopción inicial)

PAÍS	ESTADO	FECHA
Austria	En curso	
Bélgica	En curso	
Bulgaria	Publicado	Diciembre de 2020
Croacia	En curso	
Chipre	Publicado	Enero de 2020
Chequia	Publicado	Mayo de 2019
Dinamarca	Publicado	Marzo de 2019
Estonia	Publicado	Julio de 2019
Finlandia	Publicado	Octubre de 2017
Francia	Publicado	Marzo de 2018
Alemania	Publicado	Noviembre de 2018
Grecia	En curso	
Hungría	Publicado	Septiembre de 2020
Irlanda	En curso	
Italia	En curso	
Letonia	Publicado	Febrero de 2020
Lituania	Publicado	Marzo de 2019
Luxemburgo	Publicado	Mayo de 2019
Malta	Publicado	Octubre de 2019
Países Bajos	Publicado	Octubre de 2019
Noruega	Publicado	Enero de 2020
Polonia	Publicado	Diciembre de 2020
Portugal	Publicado	Junio de 2019
Rumanía	En curso	
Eslovaquia	Publicado	Julio de 2019
Eslovenia	En curso	
España	Publicado	Diciembre de 2020
Suecia	Publicado	Mayo de 2018

***A fecha de abril de 2021**

4.5. El Reglamento (UE) 2024/1689 de IA[276] (RIA)

Fruto de los pasos fijados en la mencionada hoja de ruta, el Parlamento europeo aprobó[277] la primera Ley para regular la IA con la pretensión de posibilitar su implantación en nuestro presente (y futuro) sobre principios insoslayables como son los derechos fundamentales, la democracia, el Estado de Derecho y la sostenibilidad.

La regulación, como veremos a continuación, se basa en unas obligaciones necesarias a llevar a cabo en función de los riegos potenciales y el nivel de impacto que puede acarrar el uso de estos sistemas. Este enfoque basado en el riesgo y su repercusión para los derechos y la seguridad ha sido valorado como la opción más adecuada en el pensamiento del legislador europeo. Las obligaciones que se fijan en la Ley se promueven tanto *ex ante* como *ex post* de la vida de los sistemas en aras de garantizar —en todo momento— el respeto de los derechos fundamentales y reducir posibles riesgos de decisiones que pudieran ser erróneas o sesgadas, especialmente, en sectores críticos como pueden ser la educación, formación, empleo o la aplicación de la Ley, entre otros. El conjunto de normas armonizadoras que constituye el RIA es de aplicación a todos los ámbitos, sin perjuicio del derecho vigente en la UE[278].

Antes de entrar a fondo, llama la atención que la norma ensalza como característica principal de los sistemas de IA lo que denomina la «**capacidad de inferencia**» que viene a definir como el proceso de obtención de resultados de salida ya sean; predicciones, contenidos, recomendaciones o decisiones, que **tienen el poder de influir en entornos físicos y/o virtuales**, así como la propia capacidad de los sistemas de IA para deducir modelos o algoritmos, o ambos, a partir de información de entrada o datos[279]. Precisamente, la capacidad de inferencia de un sistema de IA trasciende al tratamiento básico de datos, al permitir el aprendizaje, el razonamiento o la modelización de manera que, incluso, ésta, podría ocasionar en un sistema de IA cambios

276 La forma de Reglamento no es una decisión arbitraria ya que resulta de aplicación directa a todos los Estados de la UE ex art. 288 del TEFUE de manera que el efecto que pretende es incrementar la seguridad jurídica a través de una armonización para evitar la fragmentación normativa.

277 Fue respaldado por la Eurocámara con 523 votos a favor, 46 en contra y 49 abstenciones.

278 El Considerando (9) alude en particular a la regulación dentro de la UE en materia de protección de datos, protección de los consumidores, derechos fundamentales, empleo, protección de los trabajadores y seguridad de los productos, que se encontrarán complementados con las disposiciones del RIA.

279 El Considerando (12) refiere a que estas técnicas que permiten la inferencia al construir un sistema de IA incluyen estrategias de aprendizaje automático que aprenden de los datos cómo alcanzar determinados objetivos y estrategias basadas en la lógica y el conocimiento que infieren a partir de conocimientos codificados o de una representación simbólica de la tarea que debe resolverse.

autónomos como consecuencia de sus capacidades de aprendizaje durante su ciclo de vida.

Por otro lado, también nos gustaría adelantar, como cuestión reseñable, lo que define como «Sistemas de IA para la identificación biométrica remota en tiempo real de personas físicas» que en algunos lugares como es el caso de China son utilizados, como ya hemos recalcado, de forma habitual desde hace algún tiempo. En contraste, el legislador europeo mantiene la prohibición de uso de sistemas de estas características en tanto suponen una clara interferencia con derechos fundamentales como la libertad o intimidad. Sin embargo, no cierra del todo su uso pues sí que permite de forma limitativa (bajo previa autorización judicial o administrativa independiente de un Estado y en situaciones de urgencia) y en (3) casos puntuales que veremos más adelante, para aprovechar en determinadas circunstancias las cualidades de estos sistemas, siempre, sobre las máximas y espíritu de la proporcionalidad, necesidad y el valor superior del interés general.

Otra novedad que trae consigo el RIA con respecto a su versión previa[280], trasluce en la distinción por motivos de seguridad jurídica entre: los modelos de IA de uso general y los sistemas de IA. La diferencia consiste en que los primeros suelen entrenarse con grandes volúmenes de datos y con metodologías de aprendizaje variadas (supervisada, no supervisada o por refuerzo). Además, los modelos de IA son componentes esenciales e integrados de los segundos (los sistemas de IA) que, a su vez, pueden modificarse, perfeccionarse o transformarse en nuevos modelos. Por estos motivos, el RIA viene a establecer a su vez una subclasificación junto a unas obligaciones específicas aplicables entre: los modelos de IA de uso general y aquellos modelos de IA de uso general que entrañan un riesgo sistémico[281], y que formen parte o estén integrados a su vez de un sistema de IA. Es decir, viene a imponer distintas medidas, requisitos u obligaciones que se han de cumplimentar ya sea trate de modelos o sistemas de IA con independencia de que formen un conjunto o conjuntos de sistemas[282].

280 Nos referimos a la propuesta de Reglamento de IA que sirvió de base al actual. Bruselas, 21.4.2021 COM(2021) 206 final 2021/0106 (COD).

281 El Considerando (110) alude a ejemplos de que se entiende por riesgo sistémico como cualquier efecto negativo real o razonablemente previsible en relación con accidentes graves, perturbaciones de sectores críticos y consecuencias graves para la salud y la seguridad públicas, cualquier efecto negativo real o razonablemente previsible sobre los procesos democráticos y la seguridad pública y económica o la difusión de contenidos ilícitos, falsos o discriminatorios.

282 El Considerando (100) viene a explicar esta situación en tanto dispone que: Cuando un modelo de IA de uso general esté integrado en un sistema de IA o forme parte de él, este sistema debe considerarse un sistema de IA de uso general cuando, debido a esta integración, el sistema tenga la capacidad de servir a diversos fines. Un sistema de IA de uso general puede utilizarse directamente e integrarse en otros sistemas de IA.

Además, el nuevo RIA ensalza **la normalización como elemento fundamental para proporcionar soluciones técnicas comunes a los proveedores** y permitir así el cumplimiento del Reglamento cuya finalidad no es otra que la armonización jurídica en consonancia con el estado actual de la técnica. Para ello, se apoya en elementos clave, entre ellos: medidas tendentes a la alfabetización en materia IA, creación de espacios controlados de pruebas, o, un marco de gobernanza robusto para coordinar y apoyar su aplicación en el seno de la UE.

El Reglamento se estructura en un total de XIII Capítulos sobre los que pasamos a realizar una visión general de aquellas cuestiones relevantes que más nos llaman la atención.

I. Disposiciones generales: objeto, ámbito de aplicación y definiciones.

Con el RIA se pretende alcanzar la armonización legislativa en la búsqueda de mejorar el funcionamiento del mercado interior y la implantación de IA centrada en el ser humano y fiable en consonancia con todas las garantías y principios que se proclaman en la UE. Resulta llamativo que **el RIA no será aplicable a ninguna actividad de investigación, prueba o desarrollo de IA y tampoco para aquellas personas físicas que utilicen sistemas de IA en el ejercicio de actividades personales y no profesionales**. En cualquier caso, ello trae origen en tratar de fomentar la innovación a través de dicha excepción.

Se define al sistema de IA de la forma más neutra posible con la pretensión de tratar de resistir en el paso del tiempo dada la constante evolución de estas tecnologías. De esta manera, delimita a la IA como el «*un sistema basado en una máquina que está diseñado para funcionar con distintos niveles de autonomía y que puede mostrar capacidad de adaptación tras el despliegue, y que, para objetivos explícitos o implícitos, infiere de la información de entrada que recibe la manera de generar resultados de salida, como predicciones, contenidos, recomendaciones o decisiones, que pueden influir en entornos físicos o virtuales*».

Además, este apartado contiene un conjunto de definiciones pormenorizadas sobre conceptos clave que vertebran la Ley para evitar dudas sobre su posible interpretación. Entre ellos, se fija quienes son los principales participantes de la cadena de valor de una IA ya sean públicos o privados tales como el: proveedor, responsable de despliegue, representante autorizado, importador, distribuidor y operador[283]. En este sentido, resulta relevante el concepto sobre **responsable de despliegue** pues engloba a toda persona física o jurídica, autoridad pública, órgano u organismo que utilice un sistema de IA bajo su propia autoridad, salvo cuando su uso se enmarque en una actividad personal de carácter no profesional.

283 Esta engloba a su vez: un proveedor, fabricante del producto, responsable del despliegue, representante autorizado, importador o distribuidor.

En esta sección también se hace alusión a la importancia de la **alfabetización en materia de IA** prescribiendo a los proveedores y responsables de despliegue de sistemas IA la adopción de medidas para la formación en este sector, teniendo en cuenta para ello los previos conocimientos técnicos, experiencia, educación y su formación de las personas o colectivos que van a utilizar los sistemas.

II. Prácticas de IA prohibidas.

Como hemos recalcado en el inicio, el enfoque de la Ley se somete al riesgo de uso de IA. Si bien, expresamente, el RIA recopila una lista de prácticas prohibidas en el presente título como son aquellos sistemas que promuevan:

- Técnicas subliminales que trasciendan la conciencia de una persona o de técnicas deliberadamente manipuladoras o engañosas con el objetivo o el efecto de alterar de manera sustancial el comportamiento de una persona o un colectivo de personas, mermando de manera apreciable su capacidad para tomar una decisión informada y haciendo que tomen una decisión que de otro modo no habrían tomado, de un modo que provoque, o sea razonablemente probable que provoque, perjuicios considerables a esa persona, a otra persona o a un colectivo de personas.
- Sistema que exploten alguna de las vulnerabilidades de una persona o colectivo ya sean sobre su edad, discapacidad, situación económica o social, con la finalidad o efecto de alterar su comportamiento o le pueda provocar perjuicios.
- Cualesquiera para evaluar o clasificar a personas físicas o a colectivos de personas durante un período determinado de tiempo atendiendo a su comportamiento social o a características personales o de su personalidad conocidas, de manera que dicha puntuación les pueda provocar un trato desfavorable o perjudicial.
- Sistemas de IA para realizar evaluaciones de riesgos de personas para evaluar, valorar o predecir el riesgo basado en un perfilado del sujeto con la sola excepción de aquellos para valorar la implicación de una persona en una actividad delictiva que se base en hechos objetivos y verificables relacionados con la misma.
- Aquellos sistemas que creen o amplíen bases de datos de reconocimiento facial mediante la extracción no selectiva de imágenes faciales de internet o de circuitos cerrados de televisión.
- El uso de sistemas de IA para inferir las emociones de una persona física en los lugares de trabajo y en los centros educativos, excepto cuando el sistema de IA esté destinado a ser instalado o introducido en el mercado por motivos médicos o de seguridad.

- Sistemas de categorización biométrica que clasifiquen individualmente a las personas físicas sobre la base de sus datos biométricos para deducir o inferir su raza, opiniones políticas, afiliación sindical, convicciones religiosas o filosóficas, vida sexual u orientación sexual; esta prohibición no incluye el etiquetado o filtrado de conjuntos de datos biométricos adquiridos lícitamente.
- El uso de sistemas de identificación biométrica remota en tiempo real en espacios de acceso público, salvo que sea con alguno de los siguientes fines:
  a) La búsqueda selectiva de posibles víctimas concretas de secuestro, trata de seres humanos o explotación sexual de seres humanos, así como búsqueda de personas desaparecidas;
  b) La prevención de una amenaza específica, importante e inminente para la vida o la seguridad física de las personas físicas o de un atentado terrorista, y;
  c) La detección, la localización o identificación de una persona sospechosa de haber cometido un delito a fin de llevar a cabo una investigación o un enjuiciamiento penal o de ejecutar una sanción penal por alguno de los delitos mencionados en el ANEXO II[284] que se corresponden con la Decisión Marco 2002/584/JAI del Consejo[285], para el que la normativa en vigor en el Estado miembro implicado imponga una pena o una medida de seguridad privativas de libertad cuya duración máxima sea, al menos de cuatro años, según determine el Derecho de dicho Estado miembro.

El despliegue de esta tipología de sistemas debe ser únicamente para confirmar la identidad de la persona que constituya el objetivo específico y como previamente hemos suscitado, además, el uso se encuentra **supeditado a una autorización** realizada por la autoridad judicial o administrativa independiente o sin ella por motivos de urgencia[286], atendiendo a las pruebas

284 Se trata de los siguientes tipos de delitos: terrorismo, trata de seres humanos, explotación sexual de menores y pornografía infantil, tráfico ilícito de estupefacientes o sustancias psicotrópicas, tráfico ilícito de armas, municiones y explosivos, homicidio voluntario, agresión con lesiones graves, tráfico ilícito de órganos o tejidos humanos, tráfico ilícito de materiales nucleares o radiactivos, secuestro, detención ilegal o toma de rehenes, delitos que son competencia de la Corte Penal Internacional, secuestro de aeronaves o buques, violación, delitos contra el medio ambiente, robo organizado o a mano armada, sabotaje, participación en una organización delictiva implicada en uno o varios de los delitos enumerados en esta lista.

285 Decisión Marco 2002/584/JAI del Consejo, de 13 de junio de 2002, relativa a la orden de detención europea y a los procedimientos de entrega entre Estados miembros (DO L 190 de 18.7.2002, p. 1).

286 En estos casos se podrá utilizar el sistema sin la autorización previa pero sometido posteriormente a su ratificación en las 24h posteriores y en el caso de que fuere recha-

objetivas o a los indicios claros que se le presenten en relación a alguno de los *numerus clausus* mencionados y bajo el sometimiento de la **proporcionalidad, necesidad y el valor superior del interés general**, en particular, menciona el texto sobre limitaciones temporales, geográficas o personales. Además, el Reglamento estipula que deberán tenerse en cuenta aspectos tales como: i) la naturaleza de la situación que dé lugar al posible uso, y en particular la gravedad, probabilidad y magnitud del perjuicio que se produciría de no utilizarse el sistema, y; ii) las consecuencias que tendría el uso del sistema en los derechos y las libertades de las personas implicadas.

III. Sistemas de Alto riesgo.

Se trata de todos aquellos que acarrean un riesgo efectivo para la salud, la seguridad, los derechos fundamentales de las personas físicas o pudiesen influir sustancialmente en el resultado de una toma de decisión. El Reglamento en su ANEXO III incluye (con la posible adición a futuro) un conjunto de sistemas de esta modalidad de manera tasada. Igualmente, la norma fija unos requisitos obligatorios para el posible uso de estos sistemas tales como:

- Un adecuado sistema de gestión de riesgos interactivo, continuo, planificado y documentado durante todo el ciclo de vida de la IA con pruebas y actualizaciones.
- En el caso de que los sistemas impliquen el entrenamiento de modelos de IA será necesario que los conjuntos de datos para esa «instrucción» cumplan requisitos de validación y prueba sometidos a prácticas de gobernanza y gestión bajo criterios de la UE. Estos datos de entrenamiento deberán ser pertinentes, representativos, carecerán de errores y estarán completos. Además, para la validación y prueba del entrenamiento se deberá tener en cuenta algunos criterios como la finalidad prevista, disponibilidad, cantidad y adecuación de los conjuntos de datos, características geográficas, conductuales o funcionales. También deberán garantizar la vigilancia, detección y corrección de sesgos asociados o el tratamiento de categorías especiales de datos[287].
- La documentación técnica de un sistema de IA de alto riesgo se preparará antes de su introducción al mercado o puesta en servicio y se mantendrá actualizada.
- Todo sistema de alto riesgo deberá contar con archivos de registro mientras están en funcionamiento, con el fin de garantizar la trazabi-

zada el uso se interrumpirá con efecto inmediato y todos los datos, así como los resultados y la información de salida generados por dicho uso, se desecharán y suprimirán inmediatamente.

287 Recordemos que se encuentran recogidos en el art. 9 del Reglamento (UE) 2016/679 de Protección de datos.

lidad del funcionamiento del sistema durante todo su ciclo de vida y con posibles alertas que aperciban situaciones que puedan suponer un riesgo.

- Estos sistemas deberán diseñarse y desarrollarse sobre la transparencia para que los responsables de despliegue interpreten, conozcan su funcionamiento, características, capacidades y limitaciones del funcionamiento del sistema.
- En todo momento estos sistemas serán diseñados y desarrollados para que puedan ser vigilados por personas durante su funcionamiento. Es decir, la finalidad es que se pueda prevenir o reducir al mínimo el posible riesgo sobre la salud, seguridad o derechos fundamentales.
- Todo sistema de esta modalidad deberá alcanzar un adecuado nivel de precisión, solidez y ciberseguridad. Aquellos cuyas funcionalidades les permitan continuar aprendiendo durante su ciclo de vida deberá tener la capacidad de subsanar o mitigar cualquier posible sesgo que pudiera producir a causa de su uso.
- Todo actor interviniente en el ciclo de vida de estos sistemas tiene una serie de obligaciones. A modo de ejemplo, los proveedores deberán contar con un sistema de gestión de calidad, serán los encargados de elaborar la documentación técnica, conservar los archivos de registros, asegurar que los sistemas sean sometidos a evaluaciones de conformidad, llevar a cabo medidas correctoras cuando sea necesario y notificarlas...etc. Por su parte, los responsables de despliegue adoptaran las medidas técnicas y organizativas necesarias para utilizar los sistemas conforme a las instrucciones de uso, asegurando el uso conforme a la finalidad prevista y vigilando su correcto funcionamiento, encomendará la supervisión humana del sistema a personas con la competencia, formación y autoridad necesarias, también deberá asegurarse que los datos de entrada sean suficientemente representativos conforme a la finalidad prevista del sistema IA. Igualmente, deberán en caso de existir algún riesgo informar al proveedor, distribuidor, importador, autoridad de vigilancia de mercado y demás autoridades garantes, así como suspender el funcionamiento del sistema ante un incidente o defectuoso funcionamiento. También estarán obligados a conservar los archivos de registro del sistema cuando estén bajo su control, entre otras.
- Con carácter previo al despliegue de un sistema de IA de alto riesgo será necesario llevar a cabo una evaluación de impacto relativa a los derechos fundamentales.
- Cada Estado deberá designar un órgano como autoridad encargada de la evaluación, designación y notificación de los organismos de

evaluación de la conformidad, así como de su seguimiento. Todo ello en la forma y procedimiento/s previstos por el Reglamento.

- Se proveerá unas normas de evaluación de conformidad, certificados y registros.

IV. Normas de transparencia para determinados sistemas de IA.

Entre ellas implica que todo proveedor garantizará su labor de poner en conocimiento de forma clara y precisa cuando una persona esta interactuando con una IA[288] siempre que el sistema: i) interactúen con seres humanos; ii) generen contenido sintético de audio, imagen, vídeo o texto, en estos casos velarán por que los resultados de salida del sistema de IA estén marcados en un formato legible por máquina y que sea posible detectar que han sido generados o manipulados de manera artificial.

Por su parte, los responsables de despliegue deberán informar[289] de manera clara: i) cuando utilicen un sistema de reconocimiento de emociones o de un sistema de categorización biométrica a la persona que se encuentre expuesto a él; ii) Con el despliegue de un sistema de IA que genere o manipule imágenes o contenidos de audio o vídeo que constituyan una ultrasuplantación debiendo hacer público que estos contenidos o imágenes han sido generados o manipulados de manera artificial[290]; iii) con el despliegue de un sistema de IA que genere o manipule texto que se publique con el fin de informar al público sobre asuntos de interés público divulgarán que el texto se ha generado o manipulado de manera artificial[291].

V. Modelos de IA de uso general.

Este capítulo incorpora la sub-clasificación entre modelos de IA de uso general y los modelos de IA de uso general con riesgo sistémico[292]. Para

---

288 Esta obligación no se aplicará a los sistemas de IA autorizados por ley para detectar, prevenir, investigar o enjuiciar delitos, con sujeción a las garantías adecuadas para los derechos y libertades de terceros, salvo que estos sistemas estén a disposición del público para denunciar un delito penal.

289 Esta obligación no se aplicará a los sistemas de IA utilizados para la categorización biométrica y el reconocimiento de emociones que hayan sido autorizados por ley para detectar, prevenir e investigar delitos, con sujeción a las garantías adecuadas para los derechos y libertades de terceros y de conformidad con el Derecho de la Unión.

290 Esta obligación no se aplicará cuando la ley autorice su uso para para detectar, prevenir, investigar o enjuiciar delitos. Cuando el contenido forme parte de una obra o programa manifiestamente creativos, satíricos, artísticos, de ficción o análogos, las obligaciones de transparencia establecidas en el presente apartado se limitarán a la obligación de hacer pública la existencia de dicho contenido generado o manipulado artificialmente de una manera adecuada que no dificulte la exhibición o el disfrute de la obra.

291 Esta obligación no se aplicará cuando el uso esté autorizado por ley para detectar, prevenir, investigar o enjuiciar delitos, o cuando el contenido generado por IA haya sido sometido a un proceso de revisión humana o de control editorial y cuando una persona física o jurídica tenga la responsabilidad editorial por la publicación del contenido.

292 Por riesgo sistémico el art. 3 RIA apartado 65) dispone que es: un riesgo específico de

ello, se entenderá como modelo de IA de uso general con riesgo sistémico cuando concurra alguna de las siguientes características:

- Tiene capacidades de gran impacto evaluadas a partir de herramientas y metodologías técnicas adecuadas basadas en indicadores y parámetros de referencia.
- Sobre la base de una decisión de la Comisión y sustentada a raíz de una alerta puesta en conocimiento de un grupo de expertos científicos, tiene capacidades de gran impacto sobre la base de los criterios del ANEXO III.
- Por capacidad de gran impacto se entiende cuando la cantidad acumulada de cálculo utilizada para su entrenamiento, medida en operaciones de coma flotante, sea superior a 1025.
- Estos umbrales podrán ser objeto de modificación por la Comisión en función de los avances tecnológicos, como las mejoras algorítmicas o la mayor eficiencia del hardware, cuando sea necesario, para que los umbrales reflejen el estado actual de la técnica.

Esta distinción desemboca de igual manera sobre las obligaciones que deben tener los proveedores ya se trate de un modelo de IA de uso general o de uso general con riesgo sistémico que por seguridad, además de cumplir las obligaciones de los primeros, se añaden otras más con el ánimo de salvaguardar el posible impacto que pudiesen ocasionar.

VI. Medidas de apoyo a la innovación.

Así, trata de promover un marco que favorezca la innovación y desarrollo con el paso del tiempo con medidas como los espacios controlados de pruebas que faciliten el desarrollo, la prueba y la validación de sistemas durante un periodo limitado y bajo un plan específico para llevar a cabo ensayos. En el caso de España se ha promulgado, ante la propuesta previa del RIA, el Real Decreto 817/2023, de 8 de noviembre, que establece un entorno controlado de pruebas para el ensayo del cumplimiento de la propuesta de Reglamento del Parlamento Europeo y del Consejo por el que se establecen normas armonizadas en materia de inteligencia artificial cuyo régimen jurídico es la evaluación y adecuación de aquellos sistemas de IA que puedan llevar a cabo estas prácticas dentro de nuestro ámbito nacional. Si bien, tras la reciente promulgación del RIA en su versión final implica que tengamos que llevar a cabo modificaciones —para adaptar nuestra regulación nacional a las variadas modificaciones entre la propuesta de RIA y su versión definitiva— en aras de poder proporcionar un entorno controlado que fomente la innovación

las capacidades de gran impacto de los modelos de IA de uso general, que tienen unas repercusiones considerables en el mercado de la Unión debido a su alcance o a los efectos negativos reales o razonablemente previsibles en la salud pública, la seguridad, la seguridad pública, los derechos fundamentales o la sociedad en su conjunto, que puede propagarse a gran escala a lo largo de toda la cadena de valor.

y facilite el desarrollo, el entrenamiento, la prueba y la validación de sistemas innovadores de IA durante un período limitado antes de su introducción en el mercado o su puesta en servicio.

La utilidad de estos espacios controlados no es vana pues tienen el objetivo de contribuir a la mejora de la seguridad jurídica, apoyo e intercambio de mejores prácticas, fomentar la innovación, competitividad y desarrollo de ecosistemas IA, contribuir al aprendizaje, así como facilitar y acelerar el acceso al mercado de los sistemas de IA. Debemos resaltar que estos espacios controlados estarán sometidos a la supervisión de las autoridades competentes, ya sean nacionales o supranacionales.

Nos llama la atención que conforme al art. 59 RIA **en el espacio controlado de pruebas, los datos personales recabados lícitamente con otros fines podrán tratarse únicamente con el objetivo de desarrollar, entrenar y probar determinados sistemas de IA** dentro del propio espacio controlado de pruebas, y siempre y cuando se cumplan todas las condiciones siguientes:

- Que los sistemas se desarrollen por una autoridad pública u otra persona física o jurídica que proteja un interés público esencial en uno o varios de los siguientes ámbitos:
  - La seguridad y la salud públicas, incluidos la detección, el diagnóstico, la prevención, el control y el tratamiento de enfermedades y la mejora de los sistemas sanitarios.
  - La protección y mejora de la calidad del medio ambiente, biodiversidad, la protección contra la contaminación, las medidas de transición ecológica, la mitigación del cambio climático y las medidas de adaptación a este.
  - La sostenibilidad energética.
  - La seguridad y la resiliencia de los sistemas de transporte y la movilidad, las infraestructuras críticas y las redes.
  - **La eficiencia y la calidad de la administración pública y de los servicios públicos**.
- Que los datos fueran necesarios para cumplir alguno de estos objetivos.
- Siempre bajo mecanismos de supervisión y de respuesta para mitigar posibles riesgos.
- Que los datos personales que se traten se encuentren en un entorno de tratamiento de datos funcionalmente separado, aislado y protegido, bajo el control del proveedor potencial.
- Que los proveedores solo puedan compartir los datos recabados originariamente de conformidad al Derecho de la UE en materia de protección de datos y los datos personales creados en el espacio controlado de pruebas no puedan salir de ese espacio.

- Que el tratamiento de datos personales en ese contexto no dé lugar a medidas o decisiones que afecten a los interesados y sus derechos protegidos por la UE.
- Que los datos personales tratados en ese contexto se protejan con medidas técnicas y organizativas y se eliminen una vez se concluya la participación en ese espacio. En el mismo sentido sobre los archivos de registro del tratamiento de datos salvo excepción establecida por la UE o el Derecho nacional.
- Que se conserve una descripción completa y detallada del proceso y la lógica subyacentes al entrenamiento, la prueba y la validación del sistema de IA. Igualmente, que se publique una síntesis del proyecto de IA desarrollado en el espacio controlado de pruebas, junto con sus objetivos y resultados previstos, en el sitio web de las autoridades competentes.

Pero, por si no fuera poco, el RIA abre la puerta ex art. 60 y ss. a pruebas de sistemas de IA de alto riesgo en condiciones reales fuera de los espacios controlados de pruebas, siempre, bajo autorización y supervisión de la Comisión mediante un acto de ejecución con unos elementos detallados del plan de la prueba en condiciones reales y bajo una serie de prescripciones a cumplir y por un tiempo máximo no superior a seis meses.

VII y VIII. Gobernanza y bases de datos para sistemas de IA de alto riesgo.

Ya hemos resaltado en alguna ocasión la importancia que tiene la gobernanza en un proceso, como no puede ser de otra manera también se encuentra reflejada en este sector y ello se ve plasmado con la creación del Comité Europeo de IA cuya misión es contribuir a la cooperación entre los distintos Estados para garantizar la aplicación efectiva y armonizada del Reglamento. Igualmente, el Comité estará apoyado por:

- La denominada Oficina de IA que ejercerá las labores de Secretaria del Comité.
- Dos subgrupos permanentes para impulsar una plataforma de cooperación e intercambio entre las autoridades de vigilancia del mercado y notificar a las autoridades cuestiones relacionadas con la vigilancia del mercado y los organismos notificados, respectivamente. Además, el subgrupo permanente de vigilancia del mercado debe actuar como grupo de cooperación administrativa (ADCO)[293].

293 En el sentido del artículo 30 del Reglamento (UE) 2019/1020 relativo a la vigilancia del mercado y la conformidad de los productos y por el que se modifican la Directiva 2004/42/CE y los Reglamentos (CE) n.° 765/2008 y (UE) n.° 305/2011 (Texto pertinente a efectos del EEE.) viene a establecer la composición de la Red ADCO cuyos integrantes serán representantes de cada Estado miembro, incluidos un representante de cada oficina de enlace única a que se y un experto nacional opcional, los presidentes de los ADCO y representantes de la Comisión.

- El Comité tiene la potestad de establecer otros subgrupos de carácter permanente o temporal para asuntos específicos.
- Un foro consultivo representado por una selección equilibrada de partes interesadas, incluidos la industria, las empresas emergentes, las pymes, la sociedad civil y el mundo académico, para proporcionar conocimientos técnicos y asesorar al Comité y la Comisión.
- Un Grupo de expertos científicos independientes destinado a respaldar las actividades de garantía del cumplimiento previstas en el presente Reglamento, que también servirá de asesoramiento y apoyo de la Oficina de IA.

Además, cada Estado miembro deberá designar una autoridad nacional de supervisión con el fin de verificar la aplicación y ejecución del texto dentro de sus fronteras. En el caso de nuestro país se ha llevado a cabo a través del Real Decreto 729/2023, de 22 de agosto, por el que se aprueba el Estatuto de la Agencia Española de Supervisión de Inteligencia Artificial.

Entre las medidas de gobernanza también destaca la creación de una base de datos para sistemas de IA de alto riesgo independientes que será accesible públicamente.

IX. Vigilancia poscomercialización, intercambio de información y vigilancia del mercado.

Entre las medidas *ex post* de los sistemas IA de alto riesgo y de los modelos de IA de uso general, nos encontramos un conjunto de obligaciones entre las que nos gustaría destacar la necesidad de que los proveedores establezcan y documenten un sistema de vigilancia poscomercialización que debe ser proporcionado a la naturaleza de las tecnologías de IA y los riesgos que tengan asociados. Este plan deberá documentar y analizará de manera activa y sistemática los datos pertinentes del resultado del sistema de IA.

Los proveedores de sistemas de IA tras su comercialización deben compartir, comunicar e investigar los posibles incidentes y defectos de funcionamiento relacionados con la IA durante su ciclo de vida.

Igualmente, se establecen mecanismos de asistencia mutua, vigilancia del mercado y control de sistemas de IA de uso general a través de las autoridades de vigilancia, la Oficina de IA y cualesquiera otras[294], especialmente, para la supervisión de las pruebas en condiciones reales.

En todo caso se impone el deber de confidencialidad en este proceso por la Comisión, las autoridades de vigilancia del mercado, los organismos noti-

294 Nos referimos a las autoridades u organismos públicos nacionales encargados de supervisar o hacer respetar las obligaciones contempladas en el Derecho de la Unión que conforme al art. 77 RIA tendrán, respecto al uso de sistema de IA de alto riesgo del ANEXO III, la facultad de solicitar cualquier documentación creada o conservada con arreglo al presente Reglamento y de acceder a ella.

ficados y cualquier otra persona física o jurídica que participe en la aplicación del Reglamento

X. Códigos de conducta.

La Oficina de IA y los Estados promoverán y facilitarán códigos de conducta, con mecanismos de gobernanza, destinados a fijar las especificaciones y soluciones técnicas adecuadas para cumplir los requisitos establecidos por cada uno de los sistemas en relación al Reglamento.

Finalmente, los títulos XI, XII y XIII se destinan a la delegación de poderes y procedimientos del Comité, sanciones y las disposiciones finales, respectivamente.

En cualquier caso, podemos afirmar que con el RIA nace la primera regulación en el seno de la UE con un impacto directo en el proceso de transición digital, teniendo un efecto similar —probablemente— al que tuvo en su día el RGPD al que, además, se encuentra íntimamente ligado. Este cuerpo legal viene a tratar de imponer una seguridad jurídica —desde una concepción ética y bajo el pleno respeto de los derechos fundamentales— para el uso de sistemas de IA dentro de las fronteras europeas con el objetivo de servir de punta de lanza en el liderazgo mundial del sector, en concordancia y en una vía horizontal al conjunto de iniciativas llevadas a cabo de forma sinérgica por la UE[295].

Es cierto que el texto no regula de una manera directa y pormenorizada cuestiones clave que ya están siendo objeto de debate con el uso de estos sistemas, nos referimos a las áreas como la responsabilidad o la propiedad intelectual. Algunos autores[296] entienden que el texto está pensado para los desarrolladores, fabricantes y usuarios de IA dejando en el olvido a los perjudicados por el uso de estos sistemas y los posibles mecanismos de garantía o tutela de sus derechos. Sin embargo, parece que el legislador europeo —por el momento— entiende que se encuentran amparados por el RGPD.

5. Iniciativas (normativas) tendentes al uso de IA aplicada al sector justicia

Estamos vislumbrando el nuevo horizonte que trae consigo esta nueva etapa o revolución digital auspiciada por la aparición y uso de sistemas de

295 Nos referimos a textos para encumbrar estas iniciativas de revolución digital como la Ley de Gobernanza de Datos, la Directiva relativa a los datos abiertos, la Ley de Servicios Digitales (LSD) o la Ley de Mercados Digitales (DSA), entre otras muchas.

296 Como es el caso de LORENZO COTINO, H., JOSÉ A. CASTILLO, IDOIA SALAZAR, RICHARD BENJAMINS, M.ª CUMBRERAS, ADAYA M.ª ESTEBAN. «Un análisis crítico constructivo de la Propuesta de Reglamento de la Unión Europea por el que se establecen normas armonizadas sobre la Inteligencia Artificial (Artificial Intelligence Act) Texto». *Diario LA LEY*, 2 de Julio de 2021, LA LEY. LA LEY 7980/2021.

IA pero: ¿y sus oportunidades dentro del sector justicia? En seguida vamos a tratar de conocer algunas de las principales propuestas existentes —por el momento— relacionadas con este ámbito.

Para ello, el primer punto de partida en la esfera judicial con un valor incalculable, dado su gran impacto, es estudio que fue llevado a cabo en diciembre de 2018 por la Comisión europea para la eficiencia de la justicia (CEPEJ).

5.1. La Carta ética europea sobre el uso de la inteligencia artificial en los sistemas judiciales y su entorno de la CEPEJ

El meritado documento va destinado a los actores públicos y privados responsables del diseño y despliegue de herramientas y servicios de IA que implican procesamientos de decisiones judiciales y datos, así como a los autores responsables de construir un marco regulatorio sobre el desarrollo, auditoria o uso de tales herramientas y servicios dentro de la AJU.

Nadie duda sobre las posibles ventajas en el uso de estas herramientas para mejorar la eficiencia y calidad de la justicia, pero también nos incitan al debate considerando el estado actual de nuestro sistema judicial, pues la incorporación de estos instrumentos pueda dar lugar a problemas y riesgos que deben sopesarse y abordarse en su proceso de implantación en aras de aprovechar su máximo potencial bajo los valores que rigen en el seno de la UE.

En esta dirección se encomienda la Carta de la CEPEJ, partiendo por el establecimiento de (5) principios básicos que deberían estar sujetos a cualquier aplicación de estos sistemas dentro de la AJU, con los ulteriores seguimientos y evaluaciones por los distintos actores —internos y externos— que participan en el funcionamiento de la administración, incluso, también aquellos de carácter ajeno e independiente, para pulir poco a poco el proceso de implantación de estas tecnologías en este sector.

1. Principio del respeto por los derechos fundamentales. Cualquier sistema de IA como herramienta ya sea para resolver una disputa, ayudar a la toma de decisiones judiciales o como instrumento de orientación ciudadana en el sector debe asegurar, en todo caso, el derecho de acceso al juez y a un juicio justo bajo los principios procesales de la igualdad y contradicción, así como la esencia de las normas que vertebran nuestro Estado de Derecho, con especial énfasis, en la independencia judicial.
2. Principio de no discriminación. Ello supone que dado el absoluto potencial de procesamiento de datos que pueden llevar a cabo estos sistemas para desarrollar su finalidad, deberán tomarse medidas para garantizar que en ningún momento se reproducen o agrava una posible discriminación, especialmente, sobre aquellos datos sensibles[297]

297 Véase el art. 4, apartados 13, 14 y 15, y art. 9, y Considerandos (51)-(56) del RGPD.

como pueden ser los de origen racial o étnico, antecedentes socioeconómicos, opiniones políticas, creencias religiosas o filosóficas, afiliación sindical, datos genéticos, datos biométricos, datos relacionados con la salud o datos relacionados con la vida sexual u orientación sexual. En caso de que se aperciba una vulneración de este tipo se deberán llevar a cabo medidas correctivas para su limitación en aras de evitar riesgos de aparición de sesgos.

3. Principio de calidad y seguridad. Se refiere a que todo procesamiento de decisiones y datos judiciales deberá utilizar fuentes certificadas y datos intangibles con modelos concebidos bajo un enfoque multidisciplinar. Además, los modelos y algoritmos deben almacenarse y probarse en entornos seguros.
4. Principio de transparencia, imparcialidad y equidad. Se hace necesario lograr un equilibrio entre la propiedad intelectual y la transparencia (acceso al proceso de diseño), imparcialidad (ausencia de sesgo), priorizando los intereses de la justicia. Ello supone promover aplicativos de código fuente abierto que permita la explicabilidad de su funcionamiento de forma sencilla y que se lleven a cabo de forma periódica auditorias independientes, ya sean públicas y/o privadas.
5. Principio bajo el control de usuario. Estos sistemas deben incrementar la autonomía del usuario para que pueda revisar en cualquier momento las decisiones judiciales y los datos que han producido dicho resultado. Además, se debe informar que la solución ofrecida por una IA puede ser vinculante, las distintas opciones y derechos que tiene a su disposición cuya rúbrica obra en el art. 6 del Convenio Europeo de Derechos Humanos (CEDH)[298] como son el de acceder a un tribunal y el derecho a recurrir, entre otros.

---

298 El art. 6 del CEDH recoge el derecho a un proceso equitativo estableciendo: «*1. Toda persona tiene derecho a que su causa sea oída equitativa, públicamente y dentro de un plazo razonable, por un Tribunal independiente e imparcial, establecido por ley, que decidirá los litigios sobre sus derechos y obligaciones de carácter civil o sobre el fundamento de cualquier acusación en materia penal dirigida contra ella. La sentencia debe ser pronunciada públicamente, pero el acceso a la sala de audiencia puede ser prohibido a la prensa y al público durante la totalidad o parte del proceso en interés de la moralidad, del orden público o de la seguridad nacional en una sociedad democrática, cuando los intereses de los menores o la protección de la vida privada de las partes en el proceso así lo exija no en la medida en que sea considerado estrictamente necesario por el tribunal, cuando en circunstancias especiales la publicidad pudiera ser perjudicial para los intereses de la justicia. 2. Toda persona acusada de una infracción se presume inocente hasta que su culpabilidad haya sido legalmente declarada. 3. Todo acusado tiene, como mínimo, los siguientes derechos: a) a ser informado, en el más breve plazo, en una lengua que comprenda y de manera detallada, de la naturaleza y de la causa de la acusación formulada contra él; b) a disponer del tiempo y de las facilidades necesarias para la preparación de su defensa; c) a defenderse por sí mismo o a ser asistido por un defensor de su elección y, si carece de medios para pagarlo, a poder ser asistido gratuitamente por un abogado de oficio, cuando los intereses de la justicia*

Tras estas líneas la Carta esboza un profundo estudio tendente a proporcionar una visión a los protagonistas responsables de acometer decisiones públicas atinentes a éste área, de manera que vienen a crear una hoja de ruta para que puedan valorar las claves del fenómeno que puede acarrear la «justicia predictiva». Para ello, trata de aclarar cuestiones diversas sobre la naturaleza de estos sistemas de procesamiento de datos —especialmente de jurisprudencia— poniendo sobre la mesa sus limitaciones técnicas y teóricas.

Además, analiza los beneficios y riesgos que puede ocasionar el uso de estas herramientas, donde, existen partidarios que consideran que propiciaran ventajas en términos de transparencia, previsibilidad y estandarización de resoluciones lo cual reverterá en una descarga del colapso judicial y mejora de la calidad del servicio público, frente a ello, nos encontramos a los detractores que señalan las limitaciones y el sesgo que produce cuando la decisión sea adoptada a través de una máquina, pues defienden que ello podría conllevar connotaciones que pudiesen resquebrajar los elementos que sustentan el funcionamiento del Estado de Derecho y los propios sistemas judiciales.

De esta manera, el documento viene a sugerir —a la vista de lo potenciales peligros de este fenómeno— un enfoque cauteloso donde se impulse el debate público social de todas las personas interesadas ya sean profesionales jurídicos, empresas de tecnología jurídica, científicos, ciudadanos... en aras de poder valorar desde diversos puntos de vista; el impacto que supondría la implantación de estas aplicaciones en los sistemas judiciales y diseñar de forma conjunta un marco ético para, en su caso, llevar a cabo su implantación resiliente.

A continuación, exponemos algunos de los aspectos más significativos a nuestro modo de ver que se suscitan en texto.

Las principales utilidades que puede aprovechar el campo judicial de acuerdo a la CEPEJ pueden enfocadas en las categorías siguientes: Buscadores avanzados de jurisprudencia, resolución de disputas en línea (ODR), asistencia en redacción de escrituras, análisis (predictivo, escalas), categorización de contratos según diferentes criterios y detección de cláusulas contractuales divergentes o incompatibles, «Chatbots» para informar a los litigantes o apoyarlos en sus procedimientos legales. Además, aluden a posibles beneficios no exentos de polémica, especialmente, en la justicia civil, comercial y administrativa, así como en materia penal a la hora de prevenir delitos, riesgo de reincidencia y evaluación del peligro.

Pues bien, teniendo en cuenta el recurso esencial como son los datos para alimentar el funcionamiento de estas tecnologías, se plantea el debate en

así lo exijan; d) a interrogar o hacer interrogar a los testigos que declaren en su contra y a obtener la citación e interrogatorio de los testigos que declaren en su favor en las mismas condiciones que los testigos que lo hagan en su contra; e) a ser asistido gratuitamente de un intérprete si no comprende o no habla la lengua empleada en la audiencia».

torno al trasfondo que puede derivar de su procesamiento para entrenar los sistemas.

Hay que distinguir entre los datos «en bruto» como pudieran ser todas las sentencias que obran en una base de datos jurisprudencial, de los datos agregados que han dado lugar a esa previa Sentencia, es decir, todo el trámite y desenlace que ha ido aconteciendo en un proceso judicial que ha provocado su resultado. A estos efectos, la propia CEPEJ en su informe trae a colación la definición del Comité Consultivo del Convenio 108 del Consejo de Europa sobre Big Data para explicar la importancia de esta cuestión: «*La creciente capacidad tecnológica para recopilar, procesar y extraer conocimiento nuevo y predictivo de gran volumen, velocidad y variedad de datos. En términos de protección de datos, los principales problemas no solo se refieren al volumen, la velocidad y la variedad de datos procesados, sino también al análisis de los datos utilizando software para extraer conocimiento nuevo y predictivo para la toma de decisiones con respecto a individuos o grupos*»[299]. A la presente cuestión, debemos sumar los problemas que plantea los cambios en la formación de jurisprudencia y las prerrogativas en materia de protección de datos circundante al mundo judicial (incluyendo el nombre de los distintos profesionales que participan en el proceso). En relación a esto último, pone de manifiesto que ante el volumen y la variedad de información contenida en las decisiones judiciales, combinada con la creciente facilidad de referencias cruzadas con otras bases de datos (pone de ejemplo incluso a las redes sociales), hace imposible, en la práctica, garantizar que la persona en cuestión (incluida el juez) no pueda ser reidentificada —a pesar de que sus datos se encontrarían bajo la protección amparada por la legislación de protección de datos— a lo que hay que añadir los riesgos que podría suponer ante la posibilidad de llevarse a cabo elaboración de perfilados, discriminaciones, distorsiones en el sistema acuciantes en materia de competencia y desigualdad según quien tenga acceso o no a estos sistemas... etc.

Asimismo, resalta que toda implantación de IA para el procesamiento de decisiones judiciales se basa en el procesamiento del lenguaje natural y aprendizaje automático del propio sistema con un claro objetivo: identificar la relaciones entre los diferentes parámetros y patrones que convergen en la toma de la decisión de manera que, posteriormente, a través de un entrenamiento se creen modelos que permitan predecir o prever ante una circunstancia semejante una posible futura decisión judicial. Sin embargo, a pesar del valor agregado que ello supondría, a saber; ayudar a jueces a la toma de decisiones con propuestas del sistema o la posibilidad de predecir o anticipar con cierto porcentaje el posible resultado de un litigio, entre otras. La CEPEJ vuelve a enfatizar en que la fiabilidad del modelo (o función) de un sistema de IA depende en gran medida de la calidad de los datos utilizados

299 T-PD (2017) 1, Directrices sobre la protección de las personas con respecto al procesamiento de datos personales en un mundo de big data.

y de la elección de la técnica de aprendizaje automático con la problemática circundante a todo ello. Pero, además, se adentra desde un punto de vista filosófico en la viabilidad de que una máquina pueda llevar a cabo un razonamiento judicial valorando todos los parámetros que influyen en la decisión sobre todo subjetivos e inherentes al propio ser humano (su cultura, emociones, historia, prejuicios, concepto de equidad, y en definitiva la personalidad derivada de la experiencia de la vida...) es viable que una IA pueda discernir en el seno de un proceso judicial entre: ¿Qué hechos son relevantes? ¿Cuáles están probados? ¿Qué regla les son aplicables? ¿Cuál es el significado de esta regla con respecto al caso que se decidirá? ¿Qué fuente debe prevalecer entre una variedad de fuentes en conflicto? Se llega a la conclusión de que la coherencia general de las decisiones judiciales nunca se logra al completo en tanto están presentes un conjunto de factores intrínsecamente humanos que justifican el razonamiento o postura utilizado por un juez. Una muestra de esta aseveración se pone de manifiesto por autores como Xavier Linant[300], al denotar que existen multitud de factores que entran en juego a la hora de interpretar la Ley y su naturaleza teleológica y contenciosa, en tanto según el argumento esgrimido sobre unos mismos hechos puede conducir a dos realidades distintas.

Finalmente, como corolario al estudio consideran que estas herramientas de IA planteadas para el campo judicial, cuyo funcionamiento bascula en un análisis de jurisprudencia y métodos estadísticos, no reproducen de ninguna manera el razonamiento legal, pero si pueden intentar acercarse, aunque existen riesgos en el proceso y variables a tener en cuenta tales como el contexto del régimen de protección de datos o los sesgos analíticos derivados de la razón del ser humano que, en caso de no poder eliminarse, deben identificarse. De este modo, promueven como elemento necesario para adecuada integración llevar a cabo un proceso de diseño transparente enfocado por y para el ser humano que se encuentre inspirado por un marco ético.

De aquí adelante en el tiempo, se han promovido multitud de resoluciones y conclusiones en el marco de la UE que conectan con el proceso de digitalización y las oportunidades que puede traer consigo la IA adaptada a la esfera judicial y que, a su vez, se ven interrelacionadas con las propuestas —muchas ya citadas en el presente trabajo[301]— que se están llevando a cabo en el seno de la UE sobre los beneficios, riesgos, regulación y cualesquiera cuestiones vinculadas a la implantación de estas tecnologías en nuestro presente actual. Nos gustaría subrayar algunas de ellas que conectan con los planes en materia de IA y Justicia pues vienen a evaluar cuestiones que se deben tener en cuenta durante el proceso.

---

300 Xavier LINANT DE BELLEFONDS (19) 94), «L'utilisation des systèmes expertos en droit comparé», *Revue internationale de droit comparé*, Vol. 46, núm. 2, pág. 703-718.

301 A modo de ejemplo el libro Blanco de la IA, El RIA, el RGPD o la Directiva (UE) 2016/680 entre otras muchas.

5.2. Conclusiones del Consejo de la UE «Acceso a la justicia: aprovechar las oportunidades de la digitalización»[302]

Este documento muestra su preocupación por la dependencia que poco a poco está adquiriendo la justicia con el entorno digital, en particular los procesos automatizados servidos por sistemas de IA y su aplicación práctica, lo que hace necesario llevar a cabo un seguimiento humano y fomentar la transparencia sobre el funcionamiento para crear así un entorno de confianza. En este sentido considera prioritario reforzar la coordinación e interoperabilidad a escala de la UE, especialmente, en los datos que sustentan el alimento de estos sistemas permitiendo que la información pueda estar disponible, ser de lectura automática, fiable, reutilizable y analizable, utilizando el ECLI, entre otros medios.

Si bien, por un lado, esta declaración reconoce las utilidades que pueden aportar acelerando la capacidad de respuesta de los órganos jurisdiccionales, la coherencia de sus resoluciones y la calidad de las mismas, pero por otro subraya que el uso de estas herramientas no debe interferir en el poder de decisión del juez y su independencia. Defiende que las resoluciones judiciales deben ser siempre dictadas por seres humanos y no pueden delegarse en una herramienta de inteligencia artificial.

Además, llama la atención a la problemática que puede acontecer derivada de la complejidad del funcionamiento que ira tornando de estos sistemas de IA, lo cual provocará un «efecto caja negra» que no permita entender, responsabilizar o esclarecer cómo se ha llegado a un determinado resultado. Esta situación provocará interferencias en materia de posibilidad de impugnación de aquellas decisiones tomadas con estos sistemas con la consiguiente vulneración a un juicio justo y a la tutela judicial efectiva.

Por estos motivos, aboga por el estudio y decisión de requisitos para el diseño, desarrollo, implantación, uso y evaluación de estos sistemas de IA en el sector justicia. Entre estas medidas pone en alza la posibilidad de prohibir aquellas automatizaciones cuyas decisiones sean opacas o inexplicables de manera que no cumplan unos niveles mínimos de transparencia, comprensibilidad, verificabilidad, solidez, exactitud, seguridad y rendición de cuentas, así como unos requisitos para evitar efectos discriminatorios. Para ello considera indispensable el sometiendo a evaluaciones previas a la puesta en funcionamiento.

302 (2020/C 342 I/01) que datan del 14 de octubre de 2020

5.3. Comunicación de la Comisión al Parlamento Europeo sobre la digitalización de la justicia en la UE: Un abanico de oportunidades[303]

La presente Comunicación viene a plasmar un nuevo enfoque para la digitalización de la justicia basado en un programa de instrumentos normativos, financieros e informáticos que pueden utilizar los distintos agentes de nuestros sistemas judiciales en función de sus necesidades. Parte del concepto de que cualquier cuestión revertida en justicia sobre digitalización debe llevarse a cabo con el pleno respeto a los derechos fundamentales, la protección de datos personales, la tutela judicial efectiva, a un juez imparcial y los principios de proporcionalidad y subsidiariedad.

En relación a los sistemas de IA y su aplicación al segmento justicia, tras referirse a los beneficios que trae consigo (mejoras que afectan al aprovechamiento eficiente de la información, acceso a la justicia o duración menor de los procesos judiciales) y los riesgos y desafíos (opacidad y sesgos) que entran en juego, se remite a las prescripciones del Libro Blanco sobre IA. En este sentido, entiende que estos sistemas deben servir de apoyo sin interferir en las decisiones de los jueces. Además, alude al uso cada vez más implantado de estas tecnologías por las autoridades judiciales del entorno de la UE para cuestiones como la anonimización de resolución, transcripción de audio a texto traducción automática, chatbots que facilitan el acceso a la justicia y automatizaciones de procesos en materia organizativa, planificación, priorización, categorización...etc. Por esta razón, pone en valor la prioritaria coordinación a escala de la UE para evitar la duplicidad de esfuerzos con políticas como son la disponibilidad de conjuntos de datos públicos del poder judicial para retroalimentar a los sistemas, para ello se remite a la Directiva (UE) 2019/2024[304], sin perjuicio que debe prestarse especial atención a la calidad de los datos de aprendizaje utilizados, su representatividad, pertinencia y contexto al que van destinados.

Como ya hemos aludido, la toma de decisiones debe ser adoptada por un ser humano y en este contexto sólo el juez puede garantizar el respeto a los derechos fundamentales, encontrar el equilibrio de intereses y reflejar los cambios constantes de la sociedad a la vista de los conflictos sociales que van emergiendo. Así, el juez debe conocer el funcionamiento de una IA que le pueda servir de apoyo, junto a toda la información de la que se sirve para dar lugar a una propuesta de resolución que pueda ser perfectamente explicable.

---

303 Comunicación de la Comisión al Parlamento Europeo, al Consejo, al Comité económico y social europeo y al Comité de las Regiones sobre la digitalización de la justicia en la UE: Un abanico de oportunidades. Bruselas 2.12.2020 COM(2020) 710 final.

304 Directiva (UE) 2019/1024 relativa a los datos abiertos y la reutilización de la información del sector público (DO L 172 de 26.6.2019, p. 56).

5.4. Informe de los derechos fundamentales de la UE (FRA)[305]: Construir correctamente un futuro, la IA y los derechos fundamentales

Se trata de un estudio[306] que recopiló información de los agentes implicados en el diseño y uso de los sistemas de IA en sectores públicos y privados clave sobre cómo abordar cuestiones relevantes relacionadas con los derechos fundamentales.

Todo el texto gira sobre el marco global regulatorio que debe sumergir el uso de IA y que se compone, fundamentalmente, de la Carta de los Derechos Fundamentales de la UE y de la Convención Europea de Derechos humanos. Estos sistemas y su uso pueden interferir con multitud de derechos fundamentales en cualquier sector de aplicación. Por este motivo, considera esencial la utilización de evaluaciones de impacto que tengan en cuenta: (i) la naturaleza y el alcance de las variables tecnológicas de la IA; (ii) incluidos grados de automatización y complejidad; (iii) así como posibles daños. También, el uso de listas de comprobación o herramientas de autoevaluación desarrolladas a escala europea e internacional que prevean los niveles de impacto, según la actividad, sobre los derechos fundamentales.

Es necesario garantizar la supervisión efectiva y el régimen de responsabilidad derivada de su uso de una manera especial en el campo de la protección de datos personales. Se debe evaluar cualquier resultado que pueda ser potencialmente discriminatorio y mostrar especial atención en la complejidad de entender y explicar —en ocasiones— los algoritmos de aprendizaje automático. De manera, se destaca la importancia de que toda decisión automatizada deba ser revisada por humanos, dando la posibilidad de impugnarla dando la transparencia sobre dónde y cómo, por lo que, en consecuencia, cualquier persona deberá saber si se ha utilizado este sistema en la toma de una decisión que le supone una afección.

5.5. Resolución del Parlamento Europeo sobre la inteligencia artificial en el Derecho penal y su utilización por las autoridades policiales y judiciales en asuntos penales[307]

Este dictamen comienza haciendo alusión al uso por parte de varios Estados miembros de sistemas y aplicaciones de IA para fines coercitivos y judiciales auspiciado, en parte, por una ausencia de regulación.

305 https://fra.europa.eu/es

306 Este informe del año 2021 se basa, a su vez, en conclusiones previas de otros trabajos relacionados como son: el informe sobre tecnológica de reconocimiento facial: consideraciones relativas a los derechos fundamentales en el ámbito policial (2019), Informe de calidad de los datos e IA: mitigar sesgos y errores para proteger los derechos fundamentales (2019) y el Informe sobre Big Data: Discriminación en la toma de decisiones con soporte de datos (2018).

307 La inteligencia artificial en el Derecho penal y su utilización por las autoridades policiales y judiciales en asuntos penales, 6 de octubre de 2021. P9_TA(2021)0405 - (2020/2016(INI)).

De esta manera entiende que el uso de IA en el Derecho penal se basa, presuntamente, en las promesas de reducción de la delincuencia y la adopción de decisiones más objetivas. A pesar de los posibles ventajas que puede aportar en el trabajo de las autoridades policiales y judiciales en su lucha contra la criminalidad, expone que todo desarrollo y la explotación de sistemas de IA implican la contribución de múltiples personas, organizaciones, componentes de máquinas, algoritmos de software y usuarios humanos en entornos a menudo complejos, por lo que se hace inevitable contar con un adecuado marco de gobernanza unido a un modelo de responsabilidad legal en el ámbito de Derecho penal por los posibles efectos nocivos que puede arraigar el uso de estos sistemas.

Además, confirma que el uso de IA como herramienta en el cumplimiento de la Ley entraña grandes riesgos —en ocasiones inaceptables— tanto para los derechos fundamentales, como la opacidad en la toma de decisiones, posibles discriminaciones, errores en los algoritmos y su retroalimentación al resto del sistema, riesgos en la privacidad y datos personales, libertad de expresión e información, presunción de inocencia...etc. Por consiguiente, toda decisión apoyada en el uso de IA con fines de prevención, investigación, detección o enjuiciamiento de infracciones penales o de ejecución de sanciones penales, debe clasificarse como de alto riesgo cuando tenga potencial para afectar a la vida de las personas. Así, cualquier herramienta de IA desarrollada o utilizada por las autoridades policiales o judiciales debe, como mínimo, ser segura, robusta, fiable y apta para su finalidad, respetar los principios de minimización de datos, rendición de cuentas, transparencia, no discriminación y explicabilidad, y que su desarrollo, despliegue y uso deben estar sujetos a una evaluación de riesgos y a una estricta comprobación de los criterios de necesidad y proporcionalidad, debiendo guardar proporción las salvaguardas con los riesgos identificados.

Igualmente, subraya el potencial sesgo y discriminación derivado del uso de aplicativos de IA y su aprendizaje automático en tanto muchos de esos sesgos pueden ser inherentes a los conjuntos de datos subyacentes, especialmente, basados en datos históricos, introducidos por los desarrolladores de los algoritmos o generados cuando los sistemas se aplican en entornos del mundo real. De esta forma, estos sesgos inherentes tienden a aumentar gradualmente, perpetuándose y amplificando la discriminación. Por esta razón, se considera prioritario el establecimiento de medidas de seguridad en aras de evitar estos efectos.

En contrapartida, llama la atención sobre la posible asimetría que puede dar lugar entre los que emplean sistemas de IA y quienes se encuentran sujetos a sus efectos, un ejemplo característico que revela esta circunstancia se percibe con las posibles afecciones en el derecho de defensa de los sospechosos y su dificultad para obtener información sobre el funcionamiento del sistema, lo cual conlleva a la complejidad de su impugnación ante los tribunales.

De este modo, aboga por la construcción de un marco jurídico, específico, claro y preciso que regule las condiciones, las modalidades y las consecuencias del uso de herramientas de IA en el ámbito de las actuaciones policiales y judiciales, así como los derechos de las personas afectadas y procedimientos que tienen a su disposición.

El texto también exhorta su preocupación por el uso de estas tecnologías para fines de vigilancia masiva o de elaboración de perfiles, como está ocurriendo en algunos países fuera de la UE. Por estos motivos, pone en relevancia las posibles consecuencias adversas en el ámbito policial y judicial derivadas del exceso de confianza de aquellas decisiones presuntamente objetivas adoptadas sobre la base de datos, perfiles y recomendaciones que hace una máquina. Luego, toda decisión con efectos legales (dentro o fuera de un procedimiento judicial) debe ser tomada por un ser humano a quien se le pueda rendir cuentas, al igual de que podrá ser impugnada. En el marco judicial llama poderosamente la atención que la presente propuesta insta a la Comisión que prohíba el uso de IA y tecnologías conexas para proponer decisiones judiciales sobre la base de la discrecionalidad soberana de los jueces y su toma de decisiones caso por caso.

En materia de transparencia y el uso de IA en el presente contexto entiende prioritario que todo sistema y algoritmo pueda ser auditable por la policía, el poder judicial, entidades independientes e, incluso, por los propios ciudadanos. Igualmente, defiende la necesaria trazabilidad de los sistemas de IA y los procesos decisorios con el establecimiento de una documentación obligatoria que exponga sus funciones, defina las capacidades y limitaciones del sistema y haga un seguimiento de dónde se originan los atributos definitorios de una decisión, posibles efectos colaterales... En definitiva, la constitución de unas evaluaciones de impacto sobre los derechos fundamentales en el espectro policial y judicial de estos sistemas. Todo ello, no cabe olvidar, promovido con una formación especializada para consolidar una cualificación profesional adecuada en aras de que los responsables de la toma de una decisión apoyada por IA puedan conocer los riesgos potenciales, entre ellos, de los posibles sesgos que alimentan estos sistemas.

Finalmente, y a pesar del creciente uso de la actuación policial predictiva con análisis de conjuntos de datos en la búsqueda de patrones y correlaciones en garantía del cumplimiento de la Ley, recuerda que no pueden corresponder a la cuestión de la causalidad dada la imposibilidad de hacer predicciones fiables sobre el comportamiento individual de manera que no debe constituir la única base de una intervención. En apoyo, ruega por la prohibición permanente del uso de análisis automatizados o el reconocimiento en espacios accesibles al público de otras características humanas, como los andares, las huellas dactilares, el ADN, la voz y otras señales biométricas y de comportamiento.

5.6. Kit de herramientas global sobre IA y el Estado de derecho para el poder judicial elaborado por la UNESCO[308]

Este documento pretende proporcionar a los operadores judiciales el conocimiento y herramientas necesarias para comprender los beneficios y riesgos de la IA en su trabajo. En este sentido acerca a los operadores judiciales conceptos de IA en relación a las decisiones algorítmicas ensalzando aspectos que se deben tener en cuenta en materia de sesgos y discriminación, los posibles impactos que la IA puede tener sobre los derechos fundamentales (privacidad, libertad de expresión, acceso a la información, protección contra la discriminación, derecho al acceso a los tribunales, juicios y audiencias justos e imparciales y debido proceso legal), expone casos reales y tendencias regulatorias y jurisprudenciales para afrontarlas, así como herramientas para poder comprender el impacto ético que pueden producir estos sistemas.

El kit opera como herramienta de capacitación y de transferencia de conocimiento, desarrollo de habilidades y actitudes para los profesionales de la justicia y se compone de (4) módulos que son:

- Introducción a la IA y Estado de derecho.

  En este módulo recalca ciertos aspectos esenciales que se deben tener en cuenta relativos a los datos y conjuntos de datos que se incorporan a los sistemas de IA tales como: acceso a los datos, precisión de los datos, calidad de los datos, representatividad de los datos, propiedad de los datos, almacenamiento de los datos y su minimización, protección de datos y privacidad, infraestructura de los datos, auditorias de los sistemas, transparencia de los mismos y ciberseguridad.

- Adopción de IA en el poder judicial.

  La clave de esta sección se centra en el análisis sobre los pros y contras de implementar la IA en los sistemas judiciales describiendo elementos estratégicos de este sector tales como: el inicio de la generación automatizada de documentos legales, la posible dependencia excesiva de la asistencia de IA, los sesgos éticos y legales implícitos de los sistemas, los desafíos en materia de transparencia, responsabilidad, protección de datos y seguridad, la necesaria confianza en la percepción pública para implantar estas tecnologías que más tarde se desarrollan en el siguiente módulo.

- Desafíos legales y éticos de la IA.

  Este capítulo se centra en la explicación a los actores de IA las cuestiones elementales éticas de transparencia algorítmica y la rendi-

308 Publicado en 2023 por La Organización de las Naciones Unidas para la Educación, la Ciencia y la Cultura. UNESCO.

ción de cuentas en el poder judicial. Para ello, se centra en defender principios esenciales de la ética de IA como son: equidad y sesgo; transparencia y explicabilidad; política de privacidad y protección de datos; obligaciones y responsabilidad; seguridad y robustez; autonomía humana y supervisión; repercusiones sociales, ambientales y económicas; inclusividad y diversidad; colaboración y enfoques multidisciplinares.

Además, trata de poner en relieve que las herramientas de IA incorporan elecciones de los tomadores de decisiones anteriores y, por tanto, incorporan el sesgo de dichas decisiones; lo cual requiere comprender por el actor de IA estas cuestiones para tenerlas en cuenta, investigándolas y evaluándolas asegurando una adecuada evolución de los sistemas.

- Derechos Humanos e IA.

  Este apartado realiza un análisis profundo sobre los impactos que la IA puede producir en los derechos humanos ante su despliegue presente y futuro. Uno de los ejemplos que saca a colación es el impacto que supone sobre la presunción de inocencia las herramientas de vigilancia predictiva o reconocimiento facial que no pueden ser una predeterminación de culpabilidad o servir de prueba suficiente para refutar la presunción de inocencia. El uso de herramientas de evaluación de riesgos para tomar decisiones justas sobre la libertad va a requerir profundos desafíos éticos, técnicos y estadísticos sobre todo en materia de diseño de los sistemas para evitar sesgos en ellos modelos de capas de datos y de promover la transparencia y responsabilidad.

  De esta manera, establece las siguientes premisas que deben regir en la IA: (i) cuanto mayor sea el riesgo para los derechos humanos, más estrictas deben ser las normas legales para el uso de la tecnología; (ii) no se debe permitir aplicaciones de IA que discriminen; (iii) si se utiliza un sistema de IA para interactuar con humanos en el contexto de servicios públicos (justicia) se debe informar al usuario de la opción de consultar a un profesional previa solicitud y sin demora.

En definitiva, este kit de herramientas trata de implementar un modelo pedagógico experimental dirigido a los operadores de la justicia y la sociedad civil que contiene un gran valor educativo para conocer el telón de fondo que implica la incorporación de IA en la AJU.

5.7. El RIA y el ecosistema justicia

Ya hemos podido comprobar la normativización constituida por el legislador europeo basada en un enfoque supeditado al riego potencial y el nivel de impacto que puede acarrear el uso de estos sistemas. También, regula la existencia de IA prohibidas salvo en circunstancias tasadas de carácter excepcional que están habilitadas por la proporcionalidad, necesidad y el valor superior del interés general.

En este sentido, el uso de sistemas de IA para la identificación biométrica remota en tiempo real con fines de garantía del cumplimiento del derecho queda prohibido salvo para la búsqueda de determinadas víctimas de un delito, incluidas personas desaparecidas; determinadas amenazas para la vida o la seguridad física de las personas físicas[309] o amenazas de atentado terrorista; y la localización o identificación de los autores o sospechosos de los delitos enumerados en el ANEXO II[310] del Reglamento cuyo origen deviene en la Decisión Marco 2002/584/JAI del Consejo, cuando dichas infracciones se castiguen en el Estado miembro de que se trate con una pena o una medida de seguridad privativas de libertad cuya duración máxima sea de al menos cuatro años. Asimismo, cualquier uso de un sistema de identificación biométrica remota en tiempo real en espacios de acceso público con fines de garantía del cumplimiento de derecho debe estar autorizado de manera expresa y con carácter previo, por una autoridad judicial o por una autoridad administrativa independiente de un Estado miembro salvo en circunstancias de urgencia cuya ratificación deberá realizarse en las 24 horas siguientes.

Si acudimos al RIA y sus posibles efectos en la esfera judicial tenemos varias cuestiones a conocer:

1. Se debe reiterar la premisa de que un sistema de IA si no está entrenado con datos de buena calidad con los requisitos de rendimiento, precisión y solidez o su diseño no es adecuado a las prescripciones del RIA podría producir discriminaciones, impedir el ejercicio de importantes derechos procesales fundamentales, como el derecho a la tutela judicial efectiva y a un juez imparcial, así como el derecho a la defensa y a la presunción de inocencia, sobre todo cuando dichos sistemas de IA no sean lo suficientemente transparentes y explicables

309 Este concepto es susceptible de interpretación y en Considerando (33) del RIA alude a que también puede englobar en los casos de una perturbación grave de infraestructuras críticas que conforme al art. 2, punto 4, de la Directiva (UE) 2022/2557 del Parlamento Europeo y del Consejo, entraría en juego cuando la perturbación o destrucción de dichas infraestructuras críticas suponga una amenaza inminente para la vida o la seguridad física de una persona, también al perjudicar gravemente el suministro de productos básicos a la población o el ejercicio de la función esencial del Estado.

310 Se trata de los siguientes tipos de delitos: terrorismo, trata de seres humanos, explotación sexual de menores y pornografía infantil, tráfico ilícito de estupefacientes o sustancias psicotrópicas, tráfico ilícito de armas, municiones y explosivos, homicidio voluntario, agresión con lesiones graves, tráfico ilícito de órganos o tejidos humanos, tráfico ilícito de materiales nucleares o radiactivos, secuestro, detención ilegal o toma de rehenes, delitos que son competencia de la Corte Penal Internacional, secuestro de aeronaves o buques, violación, delitos contra el medio ambiente, robo organizado o a mano armada, sabotaje, participación en una organización delictiva implicada en uno o varios de los delitos enumerados en esta lista.

ni estén suficientemente bien documentados[311]. De ahí que se clasifiquen como sistemas de alto riesgo varios cuyo fin es la garantía del cumplimiento de derecho a la vista de sus posibles consecuencias adversas y para conservar la confianza en la población, garantizar la rendición de cuentas y unas vías de recurso efectivas.

2. En consonancia con la presunción de inocencia el Considerando (42) prohíbe el uso de sistemas IA para las evaluaciones de riesgos realizadas con respecto a personas físicas para evaluar la probabilidad de que cometan un delito o para predecir la comisión de un delito real o potencial **basándose únicamente** en la elaboración de perfiles de esas personas físicas o la evaluación de los rasgos y características de su personalidad. En cualquier caso, dicha prohibición no se refiere a los análisis de riesgos que no estén enfocados en la elaboración de perfiles de personas o en los rasgos y características de la personalidad de las personas, como los sistemas de IA que utilizan los análisis de riesgos para evaluar la probabilidad de fraude financiero por parte de empresas sobre la base de transacciones sospechosas; o las herramientas de análisis de riesgo para predecir la probabilidad de localización de estupefacientes y mercancías ilícitas por parte de las autoridades aduaneras sobre la base —por ejemplo— de las rutas de tráfico conocidas. Tampoco se aplica la prohibición a los sistemas de IA utilizados para apoyar la valoración humana de la implicación de una persona en una actividad delictiva que ya se base en hechos objetivos y verificables directamente relacionados con una actividad delictiva[312].

3. De esta manera, se encuentran incluidas como sistemas de IA de alto riesgo, entre otros: aquellos destinados por las autoridades garantes del cumplimiento de Derecho para evaluar el riesgo de que una persona sea víctima de delitos, como los polígrafos y otras herramientas similares —que en nuestra legislación procesal sí que se encuentra vedado por el momento[313]—, y utilizados para evaluar la fiabilidad

311 Recordemos a estos efectos que existen excepciones como las relativas al art. 50 RIA que ya hemos expuesto.

312 Véase el art. 5.1 d) RIA.

313 La incorporación de un sistema de IA para la evaluación de riesgo y detección de la fiabilidad de una persona sobre polígrafos o herramientas similares en el seno de un procedimiento judicial, rompería todos los principios esenciales del ordenamiento jurídico constitucional. Ello produciría un quebrantamiento de derechos fundamentales como puede ser la presunción de inocencia, derecho de defensa y la no autoincriminación (art. 24 CE), la dignidad de la persona (art. 10 CE), derechos a la intimidad (art. 18 CE) entre otros. Los sistemas como los que se describen no son métodos utilizados por el sistema judicial español, aunque sí por las FCSE como herramienta que facilita el ejercicio de sus labores investigadoras ya sea con el ánimo de detectar un indicio de criminalidad o para la prevención de delitos. La razón fundamental de que no estén incardinados dentro de

de las pruebas durante la investigación y enjuiciamiento de delitos, dispone el RIA en su Considerando (59) en la medida que no esté prohibido para evaluar el riesgo de que una persona cometa un delito o reincida, no solo sobre la base de la elaboración de perfiles de personas físicas o la evaluación de rasgos y características de la personalidad o comportamientos delictivos pasados de personas físicas o grupos de personas, o para elaborar perfiles durante la detección, la investigación o el enjuiciamiento de delitos.

4. Ya hemos visto los requisitos para el uso de un sistema de identificación biométrica remota en tiempo real, pero el RIA también prevé en su art. 26.10 la utilización de estos sistema en diferido para los casos de una investigación de una persona sospechosa de haber cometido un delito o condenada, en cuyo caso el responsable de despliegue solicitará *ex ante* o sin demora indebida y a más tardar en un plazo de cuarenta y ocho horas, a una autoridad judicial o administrativa cuyas decisiones sean vinculantes y estén sujetas a revisión judicial, una autorización para utilizar ese sistema, salvo cuando se utilice para la identificación inicial de un posible sospechoso sobre la base de hechos objetivos y verificables vinculados directamente al delito. Cada utilización deberá limitarse a lo que resulte estrictamente necesario para investigar un delito concreto. Es más, en caso de que se deniegue la autorización, dejará de utilizarse el sistema de identificación biométrica remota en diferido objeto de la solicitud de autorización con efecto inmediato y se eliminarán los datos personales asociados al uso del sistema de IA de alto riesgo para el que se solicitó la autorización.

5. De esta manera, el Considerando (61) de forma expresa clasifica de alto riesgo —en consonancia con el ANEXO III— los sistemas destinados a la Administración de Justicia a la vista de los posibles riesgos potenciales sobre el Estado de Derecho, las libertades individuales y el derecho a la tutela judicial efectiva y a un juez imparcial. En parti-

nuestro sistema judicial es porque resultan contrarios a los principios de nuestro ordenamiento jurídico procesal ya que, de no ser así, se perdería seguridad jurídica a un proceso con todas las garantías. Un Juez a la hora de valorar el conjunto de las pruebas en un procedimiento (de cualquier jurisdicción) lo realiza bajo la denominada «sana crítica» que es el arte de juzgar atendiendo a la bondad y verdad de los hechos, sin vicios ni error; mediante la lógica, la dialéctica, la experiencia, la equidad y las ciencias y artes afines y auxiliares y la moral, para alcanzar y establecer, con expresión motivada, la certeza sobre la prueba que se produce en el proceso. El Tribunal Supremo en Sentencia 4957/2010, de 29 de Septiembre de 2010, se pronuncia sobre la vulneración del derecho a la tutela judicial efectiva por haberse rechazado la práctica de la prueba del polígrafo, señalando que «*el detector de mentiras o polígrafo no puede reemplazar la función de los Tribunales de valorar las pruebas practicadas en el acto del juicio oral bajo los principios de publicidad, inmediación y oralidad, y que se trata de una prueba que no tiene reconocida ninguna validez en el ordenamiento jurídico español*».

cular, alude a los utilizados por una autoridad judicial o en su nombre para ayudar a las autoridades judiciales a investigar e interpretar los hechos y el Derecho y a aplicar la ley a unos hechos concretos. Así, refiere que la utilización de herramientas de IA puede apoyar el poder de decisión de los jueces o la independencia judicial, pero no debe sustituirlas[314]: la toma de decisiones finales debe seguir siendo una actividad humana. En la versión final del RIA también incluye en este campo como sistema IA de alto riesgo —que no ocurría en la propuesta de RIA— los sistemas destinados a ser utilizados por organismos de resolución alternativa de litigios con esos fines, cuando el resultado de los procedimientos pueda surtir efectos jurídicos a las partes.

Sin embargo, excluye de forma expresa como alto riesgo aquellos sistemas de IA destinados a actividades administrativas meramente accesorias que no afectan a la administración de justicia propiamente dicha en casos concretos, como la anonimización o seudonimización de resoluciones judiciales, documentos o datos, la comunicación entre los miembros del personal o las tareas administrativas. En este sentido el Considerando (53) y el art. 6.1.3 RIA enuncia como sistema que no influye sustancialmente en un resultado de la toma de decisión ya sea humana o automatizada cuando se cumple una o varias de las siguientes condiciones:

a) El sistema esté destinado a realizar una tarea de procedimiento delimitada, p.e. transformar de datos no estructurados a datos estructurados, un sistema de IA que clasifique por categorías los documentos recibidos o que se utilice para detectar duplicados. Es decir, presentan riesgos limitados que no aumentan si a su vez se utiliza un sistema clasificado por el RIA como alto riesgo.

b) Aquellos cuando la tarea realizada tiene la finalidad de mejorar el resultado de una actividad previa llevada a cabo por un ser humano. Es en este caso, sólo añadiría un nivel adicional a la actividad humana de mejora, como puede ser en materia del lenguaje utilizado de los términos previamente redactados.

c) Que el sistema de IA esté destinado en detectar patrones de toma de decisiones o desviaciones respecto de patrones de toma de decisiones anteriores. El riesgo sería menor debido a que el sistema de IA se utiliza tras una valoración humana previamente realizada (pasada) y no pretende sustituirla o influir en ella sin una revisión adecuada por parte de un ser humano.

d) Que el sistema de IA esté destinado a una tarea que sólo sea preparatoria para su evaluación pertinente a efectos de los sistemas de IA enumerados en el ANEXO III del Reglamento, con lo que la posible repercusión de los resultados de salida del sistema sería muy escasa

314 Esto es una cuestión controvertida que luego tratamos más adelante.

en términos de representar un riesgo para la subsiguiente evaluación. Es decir, apunta a soluciones inteligentes para la gestión de archivos, lo que incluye funciones diversas tales como la indexación, la búsqueda, el tratamiento de texto y del habla o la vinculación de datos a otras fuentes de datos, o bien los sistemas de IA utilizados para la traducción de los documentos iniciales.

6. Tal y como hemos puesto en valor, entre las medidas de innovación que promueve el RIA se encuentran los espacios controlados de pruebas y cuyo art. art. 59 abre la veda a que en el espacio controlado de pruebas, los datos personales recabados lícitamente con otros fines podrán tratarse únicamente con el objetivo de desarrollar, entrenar y probar determinados sistemas de IA dentro del propio espacio controlado de pruebas, y siempre y cuando se cumplan una serie de condiciones, entre las que se encuentra que los sistemas se desarrollen por una autoridad pública u otra persona física o jurídica que proteja un interés público esencial en uno o varios ámbitos, entre los que se encuentra: La eficiencia y la calidad de la administración pública y de los servicios públicos. Pues bien, en dicho precepto también hace mención a estos espacios de pruebas con finalidades como son la prevención, investigación, detección o enjuiciamiento de delitos o de ejecución de sanciones penales, incluidas la protección frente a amenazas para la seguridad pública y la prevención de dichas amenazas, y bajo el control y la responsabilidad de las autoridades garantes del cumplimiento del Derecho, donde el tratamiento de datos personales en los espacios controlados de pruebas para la IA se basará en un Derecho específico, de la Unión o nacional y cumplirá las condiciones acumulativas del art. 50.1 RIA.
7. Además, los ciudadanos tienen a su disposición los derechos al recurso y a la explicación ex. arts. 85 y 85 RIA. En el primer caso, sin perjuicio de la vía administrativa o judicial, toda persona física o jurídica que tenga motivos para considerar que se ha infringido lo dispuesto en el RIA podrá presentar reclamaciones ante la autoridad de vigilancia del mercado pertinente. En el segundo, cualquier persona que se vea afectada por una decisión que el responsable del despliegue adopte basándose en los resultados de salida de un sistema de IA de alto riesgo que figure en el ANEXO III, con excepción de los sistemas enumerados en su punto 2 (relativo a infraestructuras críticas), y que produzca efectos jurídicos o le afecte considerablemente del mismo modo, de manera que considere que tiene un efecto perjudicial para su salud, su seguridad o sus derechos fundamentales, tendrá derecho a obtener del responsable del despliegue explicaciones claras y significativas acerca del papel que el sistema de IA ha tenido en el proceso de toma de decisiones y los principales elementos de la decisión adoptada.

5.8. El Real Decreto-ley 6/2023 que trajo consigo las nuevas medidas de eficiencia digital y procesal[315]

Este texto conocido como «Ley Ómnibus», tiene el fundamento para para cumplir los objetivos marcados por la UE y, concretamente, con la hoja de ruta guiada por el denominado «Plan Next Generation EU» y sus fondos asociados, encomendados para promover la inversión europea en aras de superar las secuelas derivadas de la Covid-19 donde el objetivo primario deviene en construir y lograr una Europa renacida más digital, ecológica y resiliente.

Las pretensiones del legislador español con esta Ley desde una visión como es la del objeto de estudio, consisten en avanzar un paso más dentro del proceso de digitalización de la AJU, tratando de implementar un nuevo hito en el proceso enfocado hacia un cambio de pensamiento por medio de un conjunto de medidas —tanto procesales como digitales, pero especialmente éstas últimas pues se deroga la Ley 18/2011 que venía regulando las TICs en la AJU— que abogan por la importancia capital que tienen los datos en nuestra sociedad actual, con el ánimo de disponer de su uso para llevar a cabo estrategias que coadyuven a mejoras dentro de este sector. En este sentido y en relación a la materia objeto de análisis, la propia exposición de motivos hace alusión a la potenciación del Expediente Judicial Electrónico (EJE) mediante un cambio de paradigma, pues se pretende pasar de una orientación al documento que venía llevándose a cabo hasta el momento para enfocarse en la orientación al dato para posibilitar la implantación —en un futuro cercano— de lo que denomina como: actuaciones automatizadas, proactivas y asistidas, que suponen una propuesta pionera dentro de la Administración (judicial) Electrónica de nuestro país y que pasamos a exponer de forma detallada a continuación.

Pues bien, dentro de las medidas digitales el Capítulo VII en los arts. 56 y ss. se define lo que debe entenderse por actuación automatizada estipulando que se trata de toda actuación procesal que produce un sistema de información, que previamente ha sido programado para que, sin necesidad de intervención humana, en cada caso singular, lleve a cabo una acción de trámite o resolutorias simples, que no requieren de una interpretación jurídica. Así, se concreta de forma explícita algunos casos como son: el numerado o paginado de expedientes, la remisión de asuntos al archivo, generación de copias y certificados, generación de libros, comprobación de representaciones[316] o

315 Real Decreto-ley 6/2023, de 19 de diciembre, por el que se aprueban medidas urgentes para la ejecución del Plan de Recuperación, Transformación y Resiliencia en materia de servicio público de justicia, función pública, régimen local y mecenazgo.

316 En relación a este punto entendemos que se trata, meramente, de una comprobación superficial sobre los datos que obran en el poder y no sobre el trasfondo jurídico que podría conllevar la interpretación del jurídica de un poder para pleitos (p.e. en relación al

la mera declaración de firmeza cuando proceda conforme a la Ley. Es decir, se trata *a priori* lo que el RIA en su Considerando (53) define como actividades administrativas meramente accesorias y cuyos ejemplos expone con las condiciones que refleja en su art. 6.1.3 RIA.

Por su parte, el art. 56.3 define a una actuación proactiva como un subtipo de las automatizadas, las cuales llevan a cabo una acción que es autorizada por los sistemas de información sin una intervención humana, que aprovechan la información obrante en, ojo, no sólo del EJE sino de un expediente de cualquier Administración Pública con un fin determinado, ya sea para generar avisos o efectos directos a otros fines distintos, en el propio EJE u otros expedientes conforme a la Ley.

De esta manera, el Comité Técnico Estatal de la Administración Judicial Electrónica (CTEAJE) —como instrumento de cogobernanza y colegiación de esfuerzos en el ámbito judicial— será el responsable de promover la coordinación con otras Administraciones públicas para identificar qué actuaciones pueden ser objeto de actuaciones proactivas, así como para definir las cuestiones técnicas de compatibilidad/interoperatividad para llevarlo a cabo. Si bien y como garantía, al menos, en el seno de la AJU, se deberá garantizar que cualquier actuación automatizada y proactiva pueda ser objeto de identificación, trazabilidad e identificación. Además, en cualquier caso, pueda posibilitarse que dicho acto sea ejecutado de forma no automatizada, así como llevar a cabo su deshabilitación o revertir aquellas que ya hubiera sido objeto de automatización.

Por su parte, se considera conforme al art. 57 de medidas digitales una actuación asistida aquella por la que el sistema de información de la AJU genera un borrador total o parcial de documento complejo basado en datos, pudiendo estar producido por algoritmos, que pueda servir de fundamento o apoyo a una resolución judicial o procesal. En este caso, claramente, nos encontraríamos ante un sistema de los declarados por el RIA como de «alto riesgo». Por este motivo se hace necesaria la participación humana en tanto el precepto prosigue advirtiendo que, en ningún caso, el borrador documental generado constituirá por sí sólo una resolución judicial o procesal sin la consiguiente validación de la autoridad competente. Además, el sistema de IA sólo generará el borrador de resolución al arbitrio de la libre voluntad del usuario de forma que pueda modificarlo en el caso de que solicite su generación. De esta manera, el art. 57.3 dispone que la validación de esta resolución por la autoridad que corresponda (Juez, Fiscal o LAJ) deberá realizarse en el ámbito de sus respectivas competencias bajo su identificación, auten-

tipo de acción ejercitada y las facultades que son necesarias para su ejercicio) pues en ese caso, si nos atenemos formalmente al contenido del RIA y de las propia Ley ómnibus y sus medidas digitales, supondría una interpretación jurídica y/o aplicación de la Ley que se correspondería, en su caso, con una actuación asistida.

ticación o firma electrónica según prevea la Ley y bajo las prescripciones procesales que sean exigibles.

Finalmente, el art. 58 recoge unos requisitos comunes a todas estas actuaciones ya sean automatizadas, proactivas o asistidas otorgando al CTEAJE la responsabilidad de llevar a cabo la programación, mantenimiento, supervisión, control de calidad, auditoria del sistema y código fuente. Asimismo, cualquier criterio de decisión será público y objetivo debiendo dejar constancia de la decisión adoptada en todo momento.

En relación a este tipo de actuaciones automatizadas en los sistemas de la AJU, debemos citar como garantía de transparencia y control el contenido del art. 31 de medidas digitales sobre la integridad y registro de actividad, en tanto exige que todo sistema TIC de la AJU debe conservar un registro de las actividades de tratamiento conforme a la normativa de protección de datos. Además, viene a fijar de forma expresa que este registro —en correlación con los sistemas de tratamiento automatizado— deberá trazar cualquier; recogida, alteración, consulta, comunicación (incluidas las relativas a transferencias, combinación o supresión de datos). Igualmente, se exige hacer constar la fecha y la hora de tales operaciones, así como la persona que realiza la consulta o comunicación de los datos personales y la identidad de los destinatarios ya se trate de personal en labores de administración, mantenimiento y soporte de sistemas, de inspección de los mismos, usuarios o de cualesquiera que se trate.

La incorporación de esta revolucionaria regulación se produce por primera vez en el seno de la Administración (Judicial) Electrónica española pues no existía ningún precedente previo tan pormenorizado[317], constituyendo, de este modo y como ya hemos adelantado, un nuevo hito en el proceso de digitalización al abrir la vía al uso e implantación de tecnologías disruptivas acordes a nuestro tiempo presente y futuro para coadyuvar a la mejora de los servicios públicos.

Efectivamente, no es menos cierto que podría entenderse que el preludio de la implementación de estas actuaciones automatizadas ya se preconizó —indirectamente— en las leyes administrativas, en tanto el art. 41 de la Ley 40/2015 definía como actuación administrativa automatizada a cualquier acto o actuación realizada íntegramente a través de medios electrónicos por una Administración Pública en el marco de un procedimiento administrativo y en la que no haya intervenido de forma directa un empleado público. De esta manera, su apartado segundo alude a que previa implantación sería necesario que un órgano —entendemos que se correspondería a la Comisión Sec-

---

317 Ni siquiera en la Ley 39/2015 de 1 de octubre, del Procedimiento Administrativo Común de las Administraciones Públicas que regula las relaciones de la Administración con los ciudadanos o la Ley 40/2015, de 1 de octubre, de Régimen Jurídico del Sector Público que regula las relaciones internas entre las administraciones y con sus órganos, organismos públicos y entidades vinculados o dependientes.

torial de la Administración Electrónica (CSAE)— deberá encargase de la definición de las especificaciones, programación, mantenimiento, supervisión y control de calidad y, en su caso, auditoría del sistema de información y de su código fuente. Asimismo, continua el art. 42 de la Ley 40/2015, poniendo en relieve que cada administración pública podrá adoptar sistemas de firma automatizada tanto de sello electrónico como para el establecimiento de Códigos Seguros de Verificación (CSV) para posibilitar la comprobación del documento a través de la Sede Judicial Electrónica (SJE).

Por su parte, la Ley 39/2015, en su art. 27 hace referencia a la validez y eficacia de las copias realizadas por las Administraciones Públicas a través de esta modalidad de actuación automatizada. Incluso, también el art. 66 prevé la posibilidad de que el sistema normalizado implementado en una Administración pueda incluir comprobaciones automáticas de la información aportada por el solicitante que da pie al inicio de un procedimiento administrativo, respecto a los datos almacenados en sistemas propios o pertenecientes a otras Administraciones. Esta última apreciación, se ve plasmada de una manera semejante en la AJU —como hemos visto— en el art. 56.3 de medidas digitales que ha traído consigo la Ley Ómnibus bajo la denominación de actuación proactiva.

Asimismo, en materia administrativa para la imposición de sanciones por infracciones de orden social y expedientes liquidatorios de cuotas de la Seguridad social, el Real Decreto 688/2021, de 3 de agosto, por el que se modifica el Reglamento general sobre procedimientos para la imposición de sanciones por infracciones de orden social y para los expedientes liquidatarios de cuotas de las Seguridad Social (RGPSOS) trajo consigo como afirma Leonor Moral[318], la primera potestad sancionadora automatizada (de carácter opaca de imposible verificación por parte del interesado y que por ende soslaya los derechos de contradicción y defensa) sobre la base de sus arts. 43 y ss. pues vino a incorporar un sistema algorítmico predictivo[319] que facilita el análisis y cruce de datos de distintas administraciones con propuestas de resolución y actas de infracción. En este caso, se define actividad automatizada, como cualesquiera realizada por medios electrónicos en la inspección de trabajo y Seguridad Social (SS) donde la intervención del personal con funciones inspectoras participe de forma indirecta. Para ello, se establece como requisito previo a una actuación automatizada que exista una resolución del Director de la inspección de trabajo y SS publicada en la sede judicial electrónica

318 Leonor MORAL SORIANO. «Decisiones automatizadas, Derecho administrativo y argumentación jurídica» en Joaquín GARRIDO MARTÍN y Ramon VALDIVIA JIMÉNEZ (Coords.) y Fernando H. LLANO ALONSO (Dir.) de *Inteligencia Artificial y Filosofía del Derecho*. Ed. Laborum. 2022.

319 El sistema detecta indicios de infracciones administrativas sobre los que se decide recabar y cruzar datos para evacuar la correspondiente acta de infracción o incluso iniciar un expediente sancionador.

con una serie de requisitos[320]. En consecuencia, abre la puerta en su art. 44 a que su sistema de información, a través de actuaciones automatizadas, emita propuestas de resolución y actas de infracción a través de los datos, antecedentes e informes que obren en los sistemas y bases de datos de toda la AGE. El art. 45 determina el contenido que debe obrar en las actas de infracción que deberán ir firmadas con el sello electrónico cualificado de la inspección de trabajo y SS. Por su parte, el art. 46 establece los plazos de notificación, alegaciones o aquietamiento de las actas de infracción y el art. 47 refiere a la tramitación, instrucción y terminación del proceso sancionador según el curso que vaya adoptando (pago u oposición). A la vista de esta regulación, parece a todas luces que esta herramienta se ha diseñado legalmente sobre la pre-existencia del sistema informático al que sirve de base, con los consiguientes riesgos que ya han sido mencionados, especialmente, en materia de opacidad.

De cualquier forma, y volviendo al campo de la AJU, las primeras reformas para llevar a cabo la incorporación de éstas novedades están empezando a vislumbrarse en nuestra legislación procesal —particularmente sobre las actuaciones automatizadas— pues una muestra de ello trae causa a las medidas procesales auspiciadas por la Ley Ómnibus con la modificación de leyes procesales como nuestra Ley de ritos procesales civiles y, concretamente, su art. 24.2 LEC que alude a que: «*El otorgamiento apud acta por comparecencia personal o electrónica deberá ser efectuado al mismo tiempo que la presentación del primer escrito o, en su caso, antes de la primera actuación, sin necesidad de que a dicho otorgamiento concurra el procurador. La representación procesal se acreditará mediante consulta automatizada orientada al dato que confirme la inscripción de esta en el Registro Electrónico de Apoderamientos Judiciales, cuando el sistema así lo permita. En otro caso, se acreditará mediante la certificación de la inscripción en el Registro Electrónico de Apoderamientos Judiciales*». En la misma dirección confluye la nueva disposición adicional novena de la LEC relativa a las funciones procesales llevadas a cabo por sistemas electrónicos, pues hace referencia a que en el momento en el que los Sistemas de Gestión Procesal (SGP) posibiliten la realización automatizada de funciones informativas, de certificación, de las comprendidas en el art. 145 LEC, generación de libros, así como procesales de constancia, dación de cuenta e impulso, será responsable la Administración competente sobre la formación de los funcionarios para el cumplimiento

320 Concretamente, la determinación de los supuestos en los que se hará uso de dicha actuación, el órgano u órganos competentes según los casos, para la definición de especificaciones, programación, mantenimiento, supervisión y control de calidad del sistema de información. Asimismo, se indicará el órgano que debe ser considerado responsable a efectos de impugnación. En estos supuestos, el Organismo Estatal Inspección de Trabajo y Seguridad Social deberá identificarse y garantizar la autenticidad del ejercicio de su competencia mediante el uso del Sello Electrónico Cualificado de la Inspección de Trabajo y Seguridad Social.

de su obligación del uso correcto de tales funcionalidades del sistema, así como del propio LAJ que velará —como director técnico procesal— por su correcto uso para la eficacia de su funcionalidad y de la supervisión del servicio. De manera sincronizada a estos efectos, el art. 40.2 de medidas digitales dispone que tendrán la consideración de copias auténticas de un documento judicial electrónico aquellas emitidas —cualquiera que sea su soporte o cambio de formato que se produzca— bajo la firma del LAJ y de las cuales se obtenga copia automatizada siempre que esté provista de sello electrónico y que: (i) el documento original se encuentre en el EJE y; (ii) que se permita comprobar que la firma o sello electrónico coincida con la del documento.

Sin lugar a dudas el proceso de implementación normativa para permitir el uso de tecnologías emergentes como la IA se encuentra en sus inicios en el ecosistema judicial. No es menos cierto que a expensas de las directrices europeas en aras de converger de una forma coordinada y homogénea a la hora de establecer las bases sólidas necesarias para su correcta implantación. No obstante, ello no impide que podamos confirmar que nos encontramos viviendo una nueva etapa dentro del proceso de transición y transformación de nuestra Administración (digital) Judicial.

6. Posibles utilidades en justicia de tecnologías de IA

Antes de proseguir en el estudio sobre los posibles usos y oportunidades que pueden aportar estos avances digitales, nos gustaría partir de la clara **distinción entre lo que supone una robotización como actuación automatizada y una decisión automatizada** pues consideramos que se trata de una cuestión nuclear para comprender las claves del proceso de implantación de estas tecnologías. En este sentido, autores como Raquel Castillejo[321] recalcan esta distinción de una forma explícita en tanto la automatización refiere a procedimientos o series de acciones relacionadas entre sí de modo que una conduce necesariamente a la otra, conducción que se delega total o parcialmente en el uso de un intermediario tecnológico no humano y, aquellas otras, que se encuentran interpeladas a su vez; con la inteligencia artificial que va más allá e implica que ese elemento tecnológico no humano puede trascender total o parcialmente la condición de intermediario y convertirse en agente activo, además de tener capacidad de aprendizaje y de toma de decisiones. Es decir, tal y como hemos visto reflejado de forma individualizada bajo el prisma de las nuevas medidas digitales incorporadas por la «Ley

321 Raquel Castillejo Manzanares. «Digitalización y/o Inteligencia Artificial», en Sonia Calaza López y Mercedes Llorente Sánchéz-Arjona (Dras.). *Inteligencia Artificial Legal y Administración de Justicia*, Thomson Reuters Aranzadi. (Aranzadi), 2022, págs. 55-85.

Ómnibus» como actuaciones automatizadas/proactivas y asistidas. Pues bien, a continuación, pasamos a exponer bajo distintos bloques, un conjunto de funcionalidades informáticas —muchas de ellas recogidas por los textos y autores que previamente hemos citado— que podrían permitirnos, ya sea bajo una automatización simple o conexa con el auxilio de IA, una optimización y mejora que trascienda en la calidad y eficiencia del servicio público de justicia. En concreto se abren numerosas oportunidades con el fin de: (i) facilitar y agilizar la actividad de la oficina judicial ahorrando tiempo y recursos a la Administración de Justicia; (ii) en el apoyo, mejora y gestión en la toma de decisiones en la administración (administrativas, judiciales o de asistencia a la investigación judicial y fiscal); (iii) como medida para el acercamiento y mejora de la justicia a los operadores jurídicos, personas jurídicas y ciudadanos avanzando en el concepto de justicia inteligente y abierta. Seguidamente, procedemos a exponer algunos ejemplos.

6.1. IA y la Gestión de recursos

En el capítulo referente a los datos de la AJU, entre otras cuestiones, se describe en inmenso lago de información con el que contamos en la Administración que si lo conectamos al uso de estas tecnologías nos podría dar infinidad de posibilidades para mejorar la gestión de los recursos para una adecuada reestructuración de los mismos de manera que nos permitiese adaptarlos a las necesidades del servicio. Entre las potencialidades que nos podrían aportar:

a) Sistemas de regorganización y adaptación de Unidades judiciales a las cargas de trabajo según la situación. Esta herramienta estaría sustentada con las bases de datos[322] interconectadas que pudiesen aportar cualquier tipología de información circundante de la zona y cuyo procesamiento y análisis nos permitirían recalcular, por periodos temporales, si los juzgados existentes en cada partido judicial son suficientes o no para, según la situación, adaptarlos. Un claro ejemplo, sería una reorganización en un partido judicial sobre la base de la criminalidad existente[323] lo cual nos posibilitaría dentro de la AJU dotar a dicha zona con mayores medios de actuación; crear más

322 Como pueden ser los cuadros de mando de las distintas aplicaciones que se utilizan en los juzgados, los datos que obren en el CGPJ (estadísticas, PNJ, productividad de sus miembros...etc.), cualesquiera datos en poder del Ministerio de Justicia (relativos a refuerzos, efectividad de los mismos, productividad, sistema de registros, aplicativos de amplia escala que afectan a toda la AJU...etc.), cualesquiera bases de datos del resto de administraciones públicas...etc.

323 Estos datos a día de hoy pueden conocerse por datos objetivos de una zona tales como pudieran ser en n.º. de las actuaciones policiales, n.º de entradas y registros, n.º condenas...etc. en correlación con los del resto del territorio nacional.

unidades judiciales, incrementar las relaciones de puestos de trabajo (RPTs), remitir más efectivos...etc.

b) Sistemas de optimización legislativa presente y futura. Gracias al procesamiento y análisis de todos los resultados derivados de la aplicación de una norma legal en correlación con cualquier referencia conectada a ella (desde el índice de procedimientos incoados en su aplicación, hasta los resultados e incidencias derivados de ellos como p.e. los recursos procesales sus estimaciones/desestimaciones e, incluso, los medios personales y materiales empleados por la administración, la población afectada y su localización, etc...) podrían permitirnos perfeccionar las Leyes preexistentes, igual que mejorar nuestro ordenamiento jurídico-procesal para generar una sinergia con el resto de nuestra legislación nacional y europea. Adicionalmente, nos habilitaría para adelantarnos a predecir los posibles impactos que pudiera suponer una futura regulación tanto en el ordenamiento existente como en los recursos desplegados en la Administración ante una modificación normativa. También, la previsión y prevención de posibles colapsos judiciales de manera que se pudieran llevar a cabo medidas tendentes a su elusión.

c) El metaverso[324] aplicado a la esfera de la AJU: Judicial Omniverse. Esta posibilidad fue apercibida por Javier Ercilla[325] y, a modo resumen, consistiría en la creación de una reproducción virtual del funcionamiento de la AJU (sus procesos, procedimientos, flujos de trabajo, incidentes, organización, etc...) de manera que se pudiera utilizar ese meta-verso como entorno de prueba y someterlo a cualquier acción para ver el comportamiento que se produciría en el gemelo digital y, en atención al mismo, valorar su aplicación o no a la realidad. Entre los beneficios que podría producir esta simulación de la organización de la AJU de un país, el autor hace mención a multitud de ellos, como pueden ser: desde la identificación de cuellos de botella y áreas de mejora hasta como herramienta de planificación y diseño para mejorar la eficiencia del sistema (organizativos o legales)[326], herramienta

324 Los Metaversos se pueden definir como recreaciones virtuales realizadas a través de ingeniería de hardware y software en correlación con tecnologías hoy en día emergentes que utilizan la realidad virtual en convergencia con el uso masivo de datos, la Inteligencia Artificial (IA) o el *Blockchain*, entre otras. Todo ello, con la finalidad de construir un nuevo universo virtual para forjar una dimensión o dimensiones digitales que podrían ser o no semejantes a la real, y cuyas posibilidades de programación son múltiples a pesar de que, por el momento, se desconoce la amplitud e impacto que pudiesen acarrear.

325 J. Ercilla García, Gutierrez Mayo, E., O´Mullony de Pablos, J. M., Barrio Andrés, M. Hermosa Espeso, M., Castiñeira Alvariño, J. M. «Desafíos del Metaverso». Román García-Varela Iglesias. *Actualidad Civil* (coord.). Debate jurídico Actualidad Civil, n.º 4. 2023.

326 Ello permitiría estudiar tanto la eficiencia organizativa en medios materiales y personales

de evaluación de distintos escenarios para comparar sus resultados e impactos que producirían o, como herramienta útil para la formación y el aprendizaje a los usuarios ante un escenario «real» puedan ver sus resultados. El autor concluye que este sistema virtual no sólo mejoraría la justicia en general, sino que también ofrecería a los responsables la oportunidad de tener una visión más amplia de la forma en que se están llevando a cabo los procedimientos judiciales y la organización del Sistema Judicial.

6.2. IA y su apoyo previo o durante la acción judicial

Se trataría de todas aquellas herramientas de ayuda tanto para el ciudadano como los profesionales de la justicia para asistirles antes de interponer una acción ante los tribunales. Nos estaríamos refiriendo a cualquier información relevante a cuestiones que atienen a sus conflictos y sus posibles soluciones ya sean judiciales o extrajudiciales.

a) Asistentes virtuales cognitivos, Chatbots, agentes virtuales oficiales especializados en distintas materias (laboral, familiar, violencia de género, impagos, desahucios...etc). Su finalidad será explicar a los ciudadanos de una forma sencilla y coloquial la información que soliciten sobre su caso específico. Es decir, p.e. que informasen sobre los derechos que tiene a su disposición, vías de resolución del conflicto (judiciales o extrajudiciales), el lugar al que tiene que acudir, trámites que debe seguir, estado en el que se encuentre su procedimiento previa identificación, etc.

b) Sistemas de valoración estratégica para afrontar un conflicto. En este caso, nos referimos a todas aquellas herramientas de justicia predictiva que nos permitirían valorar las probabilidades de resultado en el ejercicio de una acción (judicial o extrajudicial) a tenor de cómo afrontemos una reclamación, de manera que con dicha información se pueda adoptar la mejor decisión. Resulta claro que ello comportaría un masivo tratamiento de datos —incluyendo incluso perfilado de jueces sobre la base de sus resoluciones judiciales— que, a su vez, pondría en jaque el prejuicio humano con lógica matemática sustentada por los algoritmos[327].

desplegada en la AJU, como la relativa a los procedimientos judiciales vigentes, en sendos haciendo pruebas que denotasen qué opción es la más adecuada para mejorar las ineficiencias del sistema.

327 Álvaro PEREA GONZÁLEZ. «Justicia Predictiva: una solución al pleito masa». *Tribuna. Tecnología. Cinco días*. El país. Marzo de 2021.

c) Sistemas de apoyo a la argumentación jurídica para profesionales de la justicia. Se trataría de herramientas que de forma automática permitiese —a los abogados, procuradores, graduados sociales, administradores concursales...etc— formular el esqueleto de contratos, demandas y escritos de trámite tomando como referencia una base de datos a su vez alimentada de información básica de cada caso concreto, como puede ser; el supuesto de hecho, las normas que resulten aplicables, datos personales de la parte, n.º de procedimiento, etc... de esta forma la aplicación generaría un borrador del cuerpo del escrito (incluso con apoyo jurisprudencial) que deberá ser visado y complementado por el usuario.

6.3. IA y sus beneficios en la tramitación y gestión procesal

Con la aplicación de técnicas enfocadas en este campo el impulso en la tramitación y gestión de los procedimientos se vería beneficiado dando un servicio más adecuado a los estándares de nuestro tiempo y por seguro una mejora notable al actual sistema judicial. Su implementación supondría una reducción de los tiempos de respuesta en los procedimientos judiciales gracias a la incorporación de robotizaciones autónomas ligadas a trámites procesales simples implementados a los SGP que sirven de puente digital para la tramitación de los procedimientos y que, a su vez, se verían incentivados aún más si estuviesen dotados de la interconexión/interoperabilidad con otros aplicativos del ecosistema digital de la AJU. Existen autoras como Sonia Calaza y Mercedes de Prada[328] que consideran que la integra digitalización del procedimiento —con el adecuado apoyo de la IA— no sólo podría permitir una mejora en la ordenación, coordinación y control de los actos procesales sino también una maximización de la eficiencia judicial en un triple orden económico: procesal[329], material[330] y temporal[331].

a) Implantación de automatizaciones. Los SGP suponen el core para la tramitación de los expedientes judiciales, cuentan con una amplia base de datos (modelos o formularios de resolución, fases, hitos y estados de

328 Sonia Calaza López y Mercedes de Prada Rodríguez. «Juez y parte en el entorno digital: De Kieslowski al metaverso». *El proceso Judicial en un marco cultural y digital* en Sonia Calaza Lopez, Antonio José Quesada Sánchez (Dirs.) y Mercedes de Prada Rodríguez (Coord.). Colección cultura y derecho. Ed. Colex. 2023. Pág. 109.

329 Las fases prescindibles serían omitidas y en todo caso el automatismo telemático de ciertos actos supondría una mejor gestión procesal del expediente.

330 Se reduciría de forma drástica el trabajo humano rutinario que se traduciría en un ahorro en costes de personal.

331 La rapidez de la máquina a la hora de asimilar y ordenar los datos es incomparable a la humana.

todos los procedimientos...etc.) por estos motivos con la implantación de automatizaciones sobre la base de una tramitación guiada por modelos de resoluciones sobre la diferente casuística en un proceso judicial, permitiría centrar los recursos humanos en otras fases del proceso de mayor complejidad. Existen algunos autores como David Mellado Ramirez[332] que se postulan a favor de soluciones tecnológicas de este tipo por motivos evidentes y fundados en el diseño del proceso donde, muchas actuaciones, la mayoría, no exigen tales habilidades humanas. A modo de ejemplo considera que el impulso procesal no debiera estar en manos de personas, pues ralentiza el proceso mismo, sino que deben ser las máquinas las que gobiernen el procedimiento del proceso. Siguiendo este pensamiento, una posibilidad para que nos entienda el lector, sería p.e. en los casos en los que una cuenta expediente de la CDCJ existiese una cantidad pecuniaria y el juzgado previamente hubiera acordado su entrega/pago, éste se realice autónomamente o, de modo semejante, cuando en una ejecución cuyo despacho ya ha sido acordado y notificado al ejecutado, se efectúen las averiguaciones de bienes, así como en su caso los embargos de una forma automática y bajo los parámetros de los títulos ejecutivos y de conformidad al curso que este tornando la ejecución. En sendos casos, la decisión principal o título generador de la consecuencia (resolución judicial) ya está adoptada y nos encontraríamos ante una reducción de la carga de trabajo del elemento humano que permitiría centrarla en otros campos relacionados con el proceso judicial. Es decir, cualquier tarea repetitiva derivada de un acto judicial previo podría automatizarse ya sea; el paginado de expedientes, declaraciones de firmeza, cálculo de plazos en función de las fechas que aparecen como datos, comprobaciones automáticas de situación concursal de una empresa en función del NIF y tipo de proceso judicial, actos de comunicación telemáticos, incluso aquellos datos estándar de las resoluciones repetitivos relativos al nombre de las partes, fechas...etc. También, sería viable como señalan autores como Nieva-Fenoll[333], apercibir de forma automática posibles casos de cosa juzgada, litispendencia o acumulación de acciones.

b) Herramientas que permitiesen la mejora de la gestión-tramitación de los procedimientos con el juego que nos da la tecnología se nos ocurren:

- Clasificador documental automatizado: El Machine learning nos permitiría clasificar automáticamente los documentos que entran a

332 MELLADO RAMÍREZ, D., PEREA GONZÁLEZ A., BUENO BENEDI M., FERNÁNDEZ HERNÁNDEZ CLR., SIMÓN CASTELLANO, P., «Diálogos para el futuro judicial XXXIII. Inteligencia artificial y Justicia: perspectivas y horizontes», *Diario La Ley*, n.º 9946, Sección Plan de Choque de la Justicia/Encuesta, Wolters Kluwer, 2021.

333 Jordi NIEVA-FENOLL. *Inteligencia Artificial y proceso judicial. Proceso y Derecho*. Ed. Marcial Pons. 2018.

través de LexNet a los órganos judiciales facilitando el trabajo a los decanatos y a los juzgados.

- Reconocimiento de entidades nominales: Sistema que permitiese identificar, dentro de los documentos que conforman el EJE, las sintagmas nominales que aparecen en la documentación anexa al EJE, por ejemplo; personas jurídicas, físicas, direcciones, cantidades, fechas... de esta manera se mostrarían enlaces directos a dichos documentos. Es decir, una especie de filtro dentro del EJE que jugaría con el OCR[334] (reconocimiento óptico de caracteres) de los documentos que lo componen. También, podría aplicarse como filtro de búsqueda de las resoluciones del propio Tribunal. Es decir, podría ser una funcionalidad implementada en el propio visor del EJE.
- Anonimizador de documentos: permitiría producir documentos sobre la base del original, pero anonimizandos o pseudoanonimizados de aquellos datos personales que son susceptibles de protección.
- Textualización de medios audiovisuales: posibilita la generación documentos de texto a partir de archivos audiovisuales.
- Sistema de dictado adaptado a los tecnicismos jurídicos: Por medio de técnicas de procesamiento del lenguaje natural permitiría a los jueces, fiscales y LAJs emitir oralmente resoluciones que se transcriban para agilizar los tiempos.
- Sistema de traducción automática en tiempo real que reduciría los costes del proceso y los tiempos en la tramitación de un procedimiento.
- Herramientas que permitiesen vincular fuentes jurídicas de datos con la legislación aplicable (constituciones y convenciones, leyes, jurisprudencia y teoría jurídica). Si lo pensamos, unidas a los actuales sistemas de bases de datos de jurisprudencia con técnicas de visualización de datos podrían ilustrar los resultados de búsqueda tendentes a casos semejantes lo cual facilitaría bastante el trabajo con el consiguiente ahorro de tiempo.
- Asistente procesal: Sería una especie de auxiliar IA ligado al SGP que pudiese guiar a la autoridad judicial según el tipo de procedimiento, ya sea en atención a la modalidad del delito o cuestión

334 El sistema LexNet regulado en el RD1065/2015, de 27 de noviembre, sobre comunicaciones electrónicas en la Administración de Justicia en el ámbito territorial del Ministerio de Justicia y por el que se regula el sistema LexNET, en su ANEXO IV sobre los requisitos de acceso y requerimientos técnicos del sistema, en su apartado cinco, dispone que los escritos o documentos principales del envío, por este sistema de comunicación, deberán ser presentados en el formato PDF/A con la característica OCR.

procesal que fuere, con sus plazos, alertas según los hitos procesales, con la funcionalidad de mecanizar cálculos derivados del proceso[335], supervisar los estados del procedimiento a los efectos de avisar automáticamente para resolver si está pendiente...etc.

6.4. IA y la decisión judicial

En este caso tendríamos que distinguir entre sistemas que permitan elaborar, siempre a voluntad del usuario, proposiciones de borradores de resolución en correlación a su grado de complejidad.

a) Propuestas de resolución de trámite simples. Sería la evolución del supuesto derivado de una automatización básica que previamente hemos descrito y que lo que hace es que el sistema cumpla con la consecuencia que trae causa de su título generador. Es decir, siguiendo el hilo, sería una evolución sometida a propuestas de resolución sencillas emitidas por el sistema como pudieran ser la declaración de la caducidad de la instancia o el archivo del recurso devolutivo porque la parte recurrente no ha comparecido ante el tribunal en el plazo legalmente previsto por el legislador, o cualesquiera otras resoluciones robotizadas —carentes de complejidad— que pudieran llevarse a cabo tras la comprobación automática de que la documentación obrante en el EJE como sería en el caso de verificar la demanda y si la documentación anexa a la misma o el número de los documentos coincide con los manifestados en el escrito iniciador o, entrando a otro subnivel de evolución; en atención al análisis previo la verificación del poder de representación o la competencia del tribunal para conocer el asunto, etc... De esta manera, el sistema podría crear de forma autónoma una resolución judicial que debe ser validada por el usuario.

b) Propuestas de resolución de fondo complejas. En este caso sobre el análisis del caso concreto, precedentes y jurisprudencia aplicable, el sistema podría generar las propuestas de resolución al usuario (Juez, Fiscal o LAJ) para su posterior valoración como mecanismo de apoyo.

c) Herramientas conducentes a llevar a cabo un apoyo en la valoración de la prueba. Se trataría de herramientas que coadyuvasen al Juez en la valoración de los hechos que son objeto de enjuiciamiento. En este caso, autores como Jordi Nieva-Fenoll[336] distinguen hasta tres posi-

335 Nos referimos a cuestiones como propuestas de suspensión de condenas, cancelación de antecedentes penales, cantidades restantes de pago en la ejecución, cálculo de tasaciones de costas.

336 NIEVA-FENOLL, Jordi., «Inteligencia artificial y proceso judicial: Perspectivas ante un alto tecnológico en el camino», en Sonia CALAZA LÓPEZ y Mercedes LLORENTE SÁNCHÉZ-ARJONA (Dras.). *Inteligencia Artificial Legal y Administración de Justicia*, Thomson Reuters Aranzadi. (Aranzadi), 2022, págs. 417-435.

bles utilidades que podría aportar la IA, aquellas que posibilitasen la revisión de los parámetros de valoración de la prueba, la elaboración de hipótesis y, eventualmente, la concreción con menor subjetividad de los llamados «estándares probatorios» como consecuencia de la elaboración de hipótesis, las exponemos:

- Robot de alertas durante la práctica de la prueba y Sistema de análisis sobre la veracidad de las declaraciones. Se trataría de un sistema, como una especie robot de funcionamiento automático durante los actos judiciales, que tuviera la funcionalidad de pronosticar la credibilidad de las personas[337] de manera que, mediante un sistema de alertas, pusiera en conocimiento al juez la existencia de posibles causas de engaño que pudieran estar aconteciendo. De esta forma, el Juez, podría poner más atención en esos instantes que el sistema le alerta para que realice sus consiguientes valoraciones al respecto conforme a la sana crítica. Es decir, el resultado devendría simplemente en una especie de apoyo al juez guiado por la herramienta, que podría ayudarle también en la motivación. Además, autores como Javier Ercilla[338] sostienen la posibilidad de un subtipo de estos sistemas para ayudar a la valoración de prueba cuyas conclusiones se basan en una interpretación semejante al anterior llevada a cabo algoritmos a través de los rasgos físicos (análisis del lenguaje, gestos, tono de voz, microexpresiones faciales...etc) con el objetivo de evaluar la veracidad de lo manifestado ya sea por la parte, perito o testigo durante sus declaraciones pero, en este caso, en formato de pericia. Es decir, las conclusiones que derivasen de estos sistemas podrían ser utilizadas como instrumento de defensa en el juicio por medio de una pericial que dispusiera —tras el análisis de toda la fase probatoria durante el juicio— el porcentaje de veracidad de las declaraciones vertidas en el procedimiento. Sin embargo, el encaje procesal en este caso sería complejo a la vista de nuestro ordenamiento jurídico ya que, en opinión del autor, la única vía para poder llegar a admitir dicha prueba podría ser, en su caso, como diligencia final a través de la aportación de una pericial efectuada por el sistema sobre la propia grabación del juicio.
- Sistemas de elaboración de hipótesis. El sistema propondría un conjunto de hipótesis sobre los datos que le va suministrando el juez

337 Sobre la base de criterios como pudieran ser las condiciones ambientales de la observación sobre la que se declara, teniendo en cuenta la herramienta si el interrogado estuvo lejos o cerca de lo observado, si había más o menos luz, si había consumido alguna sustancia o si estuvo en una situación de estrés, entre otros puntos de interés, la respiración, el lenguaje no verbal...etc.

338 Javier Ercilla García. «La inteligencia artificial en la Justicia: Asistentes IA judiciales y Jueces IA» *Revista Aranzadi de derecho y nuevas tecnologías*, n.° 53, 2020

en relación a la prueba practicada de manera que generaría posibilidades sobre lo que ha podido acontecer. De esta forma, el sistema por sí mismo contendría una base de datos de casos antiguos que conjugaría con los nuevos. Sin embargo, Nieva-Fenoll en este caso hace referencia a dos grandes inconvenientes sobre estos sistemas de IA, por un lado, la falta de creatividad de la máquina que conlleva a que sea esclava de hipótesis de relatos que sucedieron sólo en el pasado[339], pero que no tienen que ver con el presente, y, además, no cabe olvidar por otro lado que esos datos, como se ha dicho, serán de procesos antiguos, lo que provocará que si los mismos no fueron juzgados correctamente —y eso no es posible saberlo a ciencia cierta— provocará que en caso positivo se arrastren los errores de los mismos a las hipótesis generadas por el sistema.

- Finalmente, alude a la posibilidad del uso de IA para la concreción de estándares probatorios sostenido a su vez por otros autores[340], entre ellos, Ferrer Beltrán. Así, se permitiría otorgar mayor seguridad jurídica a los operadores jurídicos para justificar sus posiciones en el procedimiento, aunque, es cierto que en muchos casos estos son meramente intuitivos, de esta manera la IA podría ayudar en la guía sobre dichas pautas permitiendo aportar más credibilidad al ser más pormenorizada sobre la base de sus capacidades de procesamiento y análisis mediante la elaboración de un mayor rango de posibilidades, incluso, ayudando a la redacción de las mismas a través de la conjunción de los hechos con los argumentos jurídicos que las defendiesen y la jurisprudencia que los avalase.
- Sistemas de realidad virtual hacia realidades mixtas[341] en sedes judiciales. Estos sistemas aplicados a futuro en la justicia han sido ideados por autores como José M. Castiñeira[342] con el objetivo de

---

339 Esta cuestión no es baladí y tiene efectos en relación de cualesquiera datos de los que se alimente una máquina de IA para llevar a cabo conclusiones, pues dichos resultados pueden estar «contaminados» por sesgos históricos atinentes a la propia cultura social, entre otros.

340 FERRER BELTRÁN, Jordi. *La valoración racional de la prueba*, Madrid 2007; GONZÁLEZ LAGIER, Daniel. *Quaestio facti. Ensayos sobre prueba, causalidad y acción*, Lima, 2005 y; TARUFFO, Michele, *La prueba de los hechos*, trad. de Jordi FERRER BELTRÁN de la *prova dei fatti giuridici*, Milano 1992, Madrid 2002.

341 En el año 1994, Paul Milgram y Fumio Kishino hablaron de un continuo realidad-virtualidad para describir el espectro que oscila entre lo completamente virtual, y lo que es completamente real. El área intermedia, en la que la realidad interactúa con elementos o entornos virtuales, se conoce como realidad mixta. Esta puede construirse tanto enriqueciendo nuestro mundo con objetos virtuales e información (lo que se llama «Realidad Aumentada») como enriqueciendo el mundo virtual con objetos reales (que se conoce como «Virtualidad Aumentada»).

342 CASTIÑEIRA ALVARIÑO, J. M., GUTIERREZ MAYO, E., O´MULLONY DE PABLOS, J. M.,

incorporar nuevas formas de visualizar información en la aportación y valoración probatoria. En este sentido Castiñeira defiende que la inmersión en realidad virtual en las salas de vistas permitiría introducir al Juez y a las partes, en un entorno preparado para reconstruir; sucesos, calcular riesgos y consecuencias de ciertos estados de cosas; o visualizar mejor detalles implicados[343]. Así, la reconstrucción virtual añadiría capas de información y sería presentada en un archivo RV[344] elaborado por alguna de las partes o un perito pudiendo ser sometido a contradicción.

6.5. IA y la ayuda en la investigación delictiva

Estos aplicativos tendrían la finalidad de predecir eventos futuros sobre la valoración de posibles potenciales riesgos o peligros como pueden ser los relativos a producirse un crimen, posibilidades de reincidencia delictiva o riesgo de fuga, entre otros. De este modo, podrían servir de ayuda de una manera relevante a los FCSE, fiscales o jueces en una instrucción[345]. Es relevante aclarar que todos estos aplicativos en su funcionamiento se apoyarían sobre datos estadísticos en su análisis, de ahí que muchos ingenieros y programadores consideran que tales sistemas son en realidad actuariales y no de IA en sentido estricto, aunque, ello dependerá de cómo vaya evolucionando el desarrollo tecnológico en cada caso.

a) Herramienta de predicción y evaluación de riesgos[346]. Dentro de este campo pueden existir multitud de posibilidades de aplicación como pueden ser:

- Sistemas policiales predictivos: ya sea para valorar en qué áreas geográficas hay mayor probabilidad de actividad criminal, perfiles de personas con mayor posibilidad de cometer delitos...etc. Es decir, permitirían gestionar los recursos de las FCSE para incrementar la

---

Barrio Andrés, M. Ercilla García, J., Hermosa Espeso. «Desafíos del Metaverso». Román García-Varela Iglesias. *Actualidad Civil* (coord.). *Debate jurídico Actualidad Civil*, n.º 4. 2023.

343 Para ello pone el ejemplo de visualizar por este medio una edificación sometida a un procedimiento por vicios constructivos que propiciasen daños personales o materiales, o para imaginar el origen de unos daños.

344 Se trata de un formato de video patentado y desarrollado por RealNetworks su lanzamiento fue en 1997.

345 Piense el lector que los resultados podrían servir de mayor fundamento para valorar cuestiones como pueden ser desde el destino o no mayor vigilancia, patrullas...etc. a ciertas zonas, acordar o no una medida cautelar de privación de libertad, imponer o no una orden de protección, conceder o no un permiso penitenciario...

346 El Proyecto de Ley de Enjuiciamiento Criminal recoge, en su art. 485, la utilización de instrumentos de valoración del riesgo de violencia o reincidencia criminal.

eficiencia del trabajo policial. Autores como Carlota Cuatrecasas[347] distinguen dentro de estos sistemas, entre aquellos de predicción de delitos, identidades delictivas, víctimas de delitos y de delincuentes.

- Sistemas de justicia predictiva. En este caso, se sustentan en base a modelos actuariales de evaluación de riesgos donde cada posible factor de riesgo[348] tiene asignado un valor numérico para, posteriormente, el sistema haga una combinación y ponderación de todos ellos a través de un algoritmo y poder así proporcionar una puntuación o nivel de riesgo[349] que permita servir de apoyo a la toma de una determinada decisión.

b) Herramientas para la investigación criminal. Este bloque englobaría cualesquiera aplicaciones, sistemas y soportes que permitiesen —bajo el uso de tecnología sustentada por IA— mejorar la eficiencia de los procesos de investigación de delitos, a saber; tecnologías de reconocimiento facial para buscar a sospechosos e identificar a víctimas, el de reconocimiento automático de matrículas, identificación por voz, reconocimiento del habla y de patrones en la misma[350], sistemas biométricos de reconocimiento escritura y firmas, tecnologías de lectura de labios, vigilancia auditiva, investigación y análisis autónomos de bases de datos identificadas, instrumentos de detección del comportamiento, herramientas autónomas para detectar fraudes financieros y la financiación del terrorismo... y un sin fin de aplicaciones que el lector pueda imaginar potenciales o futuras, que la tecnología pueda aportar para mejorar los procesos de investigación criminal.

6.6. IA como sistema online de resolución de controversias con tramitación automatizada

Nos referimos a cualquier sistema o plataforma que permitiese automatizar la tramitación de procedimientos judiciales o pre-judiciales en aras de agilizar y adelantar todo lo necesario para, posteriormente, posibilitar la adopción de una decisión o propuesta para resolver un conflicto según nos encontremos

347 Carlota Cuatrecasas Monforte. *Inteligencia Artificial como herramienta de investigación criminal: Utilidades y riesgos potenciales de su uso jurisdiccional*, Ed. LA LEY, 2022.

348 Esto serían parámetros asignados según las características de la persona analizada, tales como, entre otras, los antecedentes penales, los antecedentes policiales y judiciales (existencia de órdenes de busca captura...etc.), edad, sexo, los cargos penales pendientes, adicción a sustancias tóxicas...

349 Véase Desmarais, S., & Lowder, E. (2019). «Pretrial Risk Assessment Tools». *Safety+-Justice Challenge*. Págs. 4-5.

350 Nos referimos a la capacidad que nos ofrecerían estas tecnologías para que, tras un procesamiento masivo de datos sobre cualesquiera datos de un proceso de investigación (conversaciones telefónicas, diligencias de investigación...etc.), permitiese detectar posibles palabras clave que enmascararían en delito.

en vía judicial o extrajudicial. En este sentido, tomando como paraguas las Sedes Judiciales Electrónicas (SJE) se trataría de crear Tribunales y Sistemas alternativos de resolución de controversias de tramitación automatizada en línea sobre determinadas materias concretas (p.e. procesos civiles de escasa cuantía y complejidad, monitorios, reclamaciones por sanciones administrativas de tráfico...etc.) donde, el usuario, según la opción por la que opte, de forma voluntaria y previo consentimiento a someter su controversia bajo dichos medios, podría tener una resolución a su disputa de una manera más ágil y con plenas garantías. Ello daría lugar a dos opciones que pudiesen estar ligadas entre sí:

- Cibertribunal: Como previamente hemos adelantado, la idea consistiría en la programación de un tribunal online a través de una plataforma que estuviera dotada de las funcionalidades automatizadas para soportar una tramitación IA que permitiese sobre la misma una toma de decisión o la práctica de la prueba para llevarla a cabo. Es decir, el sistema —sobre determinados procedimientos simples previamente acotados competencialmente— ejecutase una tramitación en línea automatizada en el sentido más amplio que uno se pueda imaginar (con formularios e interfaces para recabar la reclamación y su documentación, así como el traslado a la contraparte para su previsible oposición...) de manera que, una vez tengamos a disposición sendas versiones objeto de controversia y su prueba, la decisión quedaría sometida al Juez. En este caso, el cibertribunal se sustentaría en un procedimiento escrito frente a la oralidad e inmediación que rigen en la actualidad en nuestro sistema procesal con carácter general.
- Sistemas ODR o de negociación automática: Se trataría de un software que permitiese por vía extrajudicial de forma automática y sobre un determinado tipo de reclamaciones; el traslado de ofertas de una parte a otra formuladas por un sistema experto de IA que tuviese en cuenta todas las circunstancias que rodean al supuesto en concreto a la hora de realizar una propuesta de solución al caso.

Estos son las principales aplicativos que podrían permitir la concepción de una AJU 2.0 con la incorporación de IA y las mejoras que trae consigo. Sin embargo, toda cara tiene su cruz y la implementación de tecnologías disruptivas supondría para nuestro actual sistema procesal graves riesgos que pasamos a valorar a continuación.

7. Impactos y riesgos potenciales en el sistema procesal derivados de la IA

Tal y como hemos expuesto, la incorporación de tecnologías como la IA en el sector justicia permitirían ostensibles mejoras de nuestro sistema judicial. Sin embargo, existen muchos detractores que defienden que la ciberjusticia con la aplicación de robotizaciones a través de IA puede suponer el principio del fin de los principios esenciales que sustentan nuestro sistema procesal[351]. Es más, en ningún caso una mecanización debería producir una merma de las garantías del sistema judicial a costa de los derechos y libertades de los ciudadanos[352]. A estos efectos, conviene recordar el contenido del art. 14 del Pacto Internacional de Derechos Civiles y Políticos de 1996 que dispone:

> «Todas las personas son iguales ante los tribunales y cortes de justicia. Toda persona tendrá derecho a ser oída públicamente y con las debidas garantías por un tribunal competente, independiente e imparcial, establecido por la ley, en la substanciación de cualquier acusación de carácter penal formulada contra ella [...] Toda persona acusada de un delito penal tendrá derecho a que se presuma su inocencia hasta que se demuestre su culpabilidad de acuerdo con la ley».

El potencial de la IA y sus posibles impactos en la aplicación de la Ley y el sistema judicial puede amplificar sesgos existentes. Además, los **derechos a la libertad, seguridad y un juicio justo** pueden entrar en conflicto con el uso de estas tecnologías y los resultados que disponen (piense el lector p.e. en sistemas de vigilancia predictiva, evaluación de riesgos de reincidencia, entre otros.) todo unido con el efecto caja negra que dificulta la explicación e impugnabilidad de dichas conclusiones como consecuencia de la complejidad del funcionamiento de estos sistemas.

Por otra parte, existen autores como María Marcos[353] que bajo un punto de vista legal niega a todas luces que una IA esté investida de jurisdicción o competencia para llevar a cabo la potestad de juzgar o ejecutar lo juzgado, de esta manera hace un paralelismo asimétrico con los supuestos en los que, un tribunal no puede pronunciarse al carecer de jurisdicción o competencia objetiva para resolver una determinada cuestión, si la Ley no le otorga dicha potestad. Pero ¿cabría otorgársela por Ley a una IA? Ya hemos visto *a priori* que conforme al espíritu de la regulación sobre la materia que está fraguando la UE la capacidad decisoria de un asunto judicial debe estar sometida, siempre, a un humano. Eso sí, no se impide a la máquina realizar propuestas de resolución que, en su caso, sean validadas por la autoridad competente. Por tanto, podemos afirmar que en principio estamos lejos en nuestra legislación de poder contar con un juez-robot autónomo.

---

351 Vicente PÉREZ DAUDI. «La Transformación digital de la Justicia» en Sonia CALAZA LÓPEZ y Mercedes LLORENTE SÁNCHÉZ-ARJONA (Dras.) y José Carlos MUINELO COBO (Coord.). *Digitalización de la Justicia: Prevención, investigación y enjuiciamiento*, Thomson Reuters Aranzadi. (Aranzadi), 2022, págs. 461-491.

352 Silvia BARONA VILAR. *Algoritmización del derecho y de la justicia, de la Inteligencia Artificial a la Smart Justice*. Ed. Tirant lo Blanch, Valencia, 2021, p. 661.

353 María MARCOS GONZÁLEZ. «Procesos Judiciales y procesos automatizados» en Sonia CALAZA LÓPEZ y Mercedes LLORENTE SÁNCHEZ-ARJONA (Dras.) y José Carlos MUINELO COBO (Coord.). *Digitalización de la Justicia: Prevención, investigación y enjuiciamiento*, Thomson Reuters Aranzadi. (Aranzadi), 2022, págs. 309-328.

Asimismo, como venimos adverando, existen textos como el libro blanco[354] de IA que también ponen de relieve que las características de las técnicas de IA traen consigo: opacidad (efecto de caja negra), complejidad, impredecibilidad, comportamiento autónomo lo que puede poner en jaque las normas vigentes del Derecho en la UE y los propios Derechos Fundamentales. Otros, como la Recomendación de la UNESCO sobre ética e IA[355], ponen el foco en la importancia del impacto que puede acarrear en la autonomía de decisión de las personas. De esta manera, exige que los Estados adopten regulaciones que tengan, principalmente, una doble pretensión; por un lado, que quienes usen estos mecanismos puedan adoptar decisiones informadas y, por otro, que estén protegidos frente a sus consecuencias negativas a raíz del uso para atenuar los posibles riesgos que ello implica. Uno entre los muchos que pueden acontecer con la implantación de estas tecnologías es el de instalarse en la rutina por parte de sus usuarios que reciben las propuestas de resolución, que como afirma Norberto Bobbio[356] implicaría someterse a la regularidad recurrente de las (presuntas) certezas establecidas, con el potencial daño que ello puede suponer para nuestro sistema judicial. La más que probable dependencia excesiva de la asistencia de IA una vez incorporada al sistema judicial también se pone en relevancia por la UNESCO[357]. Por su parte, la CEPEJ[358] ha recalcado que debemos estar al tanto a los riesgos que puede implicar el uso de IA como sistema automatizado en el proceso judicial, pues puede inferir de forma negativa en las garantías que ofrece nuestro ordenamiento jurídico procesal de manera que todo diseño, desarrollo y utilización de estos sistemas inteligentes debe pivotar sobre el respeto absoluto a los derechos fundamentales.

De cualquier forma, podría pensarse que cualquier sistema con la capacidad de procesar millones de datos adaptado a la AJU estaría en condi-

---

354 Libro Blanco de la Comisión Europea sobre la Inteligencia Artificial – un enfoque europeo orientado a la excelencia y la confianza. Bruselas 19.2.2020 COM(2020) 65 final. Pág. 12. «*Las autoridades encargadas de su aplicación y los interesados podrían tener dificultades para verificar de qué modo se adoptó una determinada decisión con el uso de la inteligencia artificial y, por tanto, si se respetaron las normas aplicables. Los particulares y las personas jurídicas pueden tener dificultades en el acceso efectivo a la justicia en situaciones en las que tales decisiones pueden afectarles negativamente*».

355 Nace de la Conferencia General de la Organización de las Naciones Unidas para la Educación, la Ciencia y la Cultura (UNESCO), reunida en París del 9al 24 de noviembre de 2021, en su 41.ª reunión. Sitio web de UNESCO sobre Inteligencia Artificial: https://es.unesco.org/artificial-intelligence/ethic

356 Bobbio, Norberto (1999), *Il mestiere di vivere, il mestiere di insegnare, il mestiere di scrivere, colloquio con P. Polito*, en: Nuova Antologia, 2211, 5-47.

357 Kit de herramientas global sobre IA y el Estado de derecho para el poder judicial elaborado por la UNESCO 2023.

358 La Carta ética europea sobre el uso de la inteligencia artificial en los sistemas judiciales y su entorno de la CEPEJ del año 2018.

ciones de aportar soluciones tecnológicas más ajustadas en tanto a mayor información, mejor resultado. En este sentido, recordemos que la finalidad del algoritmo no es certificar la veracidad de una hipótesis planteada, sino la búsqueda de correlaciones deterministas entre unos datos y otros[359]. Ello nos lleva a preguntamos si estos sistemas, a tenor de sus capacidades matemáticas, estarían dotados de la habilidad para aplicar la Ley en cada caso.

La aplicación de una ley significa aducir una norma como fundamento de una decisión[360]. Además, con carácter general las normas suelen tener una construcción condicional, constituida por un supuesto de hecho y una consecuencia jurídica. En principio se antoja como algo complejo e inviable por el momento pues como afirma Javier Ercilla[361] la aplicación de la ley no se limita de forma automática a su ejecución sobre la base de las premisas y conclusiones legales en concordancia con los hechos, ya que lo contrario sería vaciar la práctica jurisprudencial. En la misma dirección se pronuncia María Marcos[362] en tanto la función que desempeñan los hechos (casos singulares) en el derecho continental *(civil law)* y en el *common law*, en la jurisprudencia y en el precedente, hace que se complique la implantación de un sistema de IA que pueda llevar a cabo la función de un Juez. Así, cada supuesto de hecho es distinto y puede estar sometido a posibles interpretaciones legales con una variedad de soluciones/interpretaciones donde el Juez, una vez practicada la prueba, es el encargado de adoptar la más adecuada a derecho según el caso. Otros autores, como García Figueroa[363], justifican la incapacidad de un sistema de IA de adoptar decisiones judiciales —argumentar/fundamentar decisiones— por sí solos apoyándose en la Ley de Hume en cuanto a que es imposible derivar enunciados normativos exclusivamente de descriptivos; por tanto, es imposible concebir una decisión jurídica (juicio de deber) de solo una razón o premisa descriptiva. Por su parte, la doctrina[364]

359 COTINO HUESO, L. «Big data e inteligencia artificial. Una aproximación a su tratamiento jurídico desde los derechos fundamentales». Madrid, *Dilemata*, 2017, pp. 24, 131-150.

360 GIANFORMAGGIO, L.: «Modelli di ragionamento giuridico. Modello deduttivo, modello induttivo, modello retorico». en *La teoria generale del diritto. Problemi e tendeze attuali. Studi dedicati a Norberto Bobbio. U. Scarpelli*, Edizioni di Comunità. 1983. Págs 137-139.

361 Javier ERCILLA GARCÍA. «La inteligencia artificial en la Justicia: Asistentes IA judiciales y Jueces IA» *Revista Aranzadi de derecho y nuevas tecnologías*, n.º 53, 2020.

362 María MARCOS GONZÁLEZ. «Procesos Judiciales y procesos automatizados» en Sonia CALAZA LÓPEZ y Mercedes LLORENTE SÁNCHEZ-ARJONA (Dras.) y José Carlos MUINELO COBO (Coord.). *Digitalización de la Justicia: Prevención, investigación y enjuiciamiento*, Thomson Reuters Aranzadi. (Aranzadi), 2022, págs. 309-328.

363 GARCÍA FIGUEROA, Alfonso. «Teoría de la argumentación. Funciones, fines y expectativas», en: GASCÓN ABELLÁN. M. (ed.), *Argumentación Jurídica*, Tirant lo Blanch, Valencia, 75-110. 2014

364 MARTÍNEZ GARCÍA, E., BORGES BLÁZQUEZ, R., Y SIMÓ SOLER, E., «Inteligencia artificial y perspectiva de género en la justicia penal» Ed. Aranzadi 2021; BARONA VILAR, S., «Una justicia digital y algorítmica para una sociedad en estado de mudanza», BARONA

ha señalado la imposibilidad de una máquina de interpretar conceptos complejos e introducir variables nuevas ante su falta de conciencia, capacidad de pensar y procesar emociones como un ser humano. La justicia no es solo conocimiento, sino también prudencia, tino, sentido común, criterio y sensibilidad social al aplicarla[365]. Luego, resulta claro, que la IA se ha de convertir en un poderoso aliado de la Justicia, pero no en la Justicia misma[366].

Sin embargo, ¿y para aquellos casos carentes de complejidad? Es decir, nos referimos a los que no existen problemas de relevancia e interpretación de normas, donde la prueba no reviste complejidad y la calificación jurídica es clara como define el escocés MacCormick[367]. En estos casos, autores como López Martínez[368] apoyan esta posibilidad en aquellos procedimientos de tramitación sencilla siempre que sea sobre la base de un ofrecimiento a las partes, en atención al principio dispositivo civil, en cuanto a la posibilidad de elegir estos sistemas. Por su parte, Nieva-Fenoll[369], también lo considera oportuno en aquellos litigios simples y reiterativos. Si bien y como no puede ser de otra forma, esta posibilidad debe ir precedida de una reforma constitucional (ex. art. 117 CE) y del pertinente debate social sobre la misma[370].

Pues bien, con carácter previo a un somero análisis sobre los posibles impactos que podría acontecer la implantación de automatizaciones sometidas al uso de IA en nuestro sistema judicial, debemos partir del concepto de jurisdicción, proceso y su funcionamiento como elemento clave y vertebrador de nuestra estructura social a la hora de impartir justicia. En este sentido De la Oliva Santos[371] alude a que la jurisdicción se concibe como función jurídica, entregada

---

VILAR, S., (dir.) *Justicia algorítmica y neuroderecho*. Ed. Tirant Lo Blanch. 2021.; ARIZA COLMENAREJO, M. J. «Impugnación de las decisiones judiciales dictadas con auxilio de Inteligencia Artificial» en Sonia CALAZA LÓPEZ y Mercedes LLORENTE SÁNCHEZ-ARJONA (Dras.). *Inteligencia Artificial Legal y Administración de Justicia*, Thomson Reuters Aranzadi. (Aranzadi), 2022.

365 CÁRDENAS KRENZ, Ronald: «Jueces Robots. Inteligencia Artificial y Derecho», *Revista Justicia y Derecho*, vol. 4, número 2, 2021. Chile. DOI 10.32457/rjydv.4i2.1345 10.32457/rjydv.4i2.1345.

366 LLORENTE SÁNCHEZ-ARJONA, M., «Big Data, Inteligencia Artificial y Violencia de Género», *Diario La Ley*, Sección Ciberderecho, 25 de marzo de 2021.

367 MACCORMICK, Neil, *Legal Reasoning and Legal Theory*, Oxford University Press, Oxford. 1978.

368 LÓPEZ MARTÍNEZ, Raúl. «Riesgos de la aplicación de Inteligencia Artificial en la Administración de Justicia» en Sonia CALAZA LÓPEZ y Mercedes LLORENTE SÁNCHEZ-ARJONA (Dras.). *Inteligencia Artificial Legal y Administración de Justicia*, Thomson Reuters Aranzadi. (Aranzadi), 2022.

369 NIEVA-FENOLL, Jordi, *Inteligencia artificial y proceso judicial*, Marcial Pons, Madrid. 2018.

370 Miguel DE ASÍS PULIDO. «Justicia Predictiva: Tres posibles usos en la práctica jurídica» en Joaquín GARRIDO MARTÍN y Ramon VALDIVIA JIMÉNEZ (Coords.) y Fernando H. LLANO ALONSO (Dir.) de *Inteligencia Artificial y Filosofía del Derecho* Ed. Laborum. 2022.

371 Andrés DE LA OLIVA SANTOS. *Derecho Procesal*, Introducción, con Ignacio DÍEZ-PICAZO

a unos determinados entes (órganos jurisdiccionales) como forma de organización estatal; a su vez, la función jurisdiccional, se desarrolla mediante una serie de actos de distintos sujetos (Tribunal, Ministerio Fiscal, partes, interesados, ...etc.) a través de un instrumento esencial llamado proceso; este sistema nace de la evolución histórico-social para evitar que el individuo se tome la justicia por su cuenta y por este motivo nació la Administración de Justicia que se lleva a cabo por medio de terceros imparciales, independientes y objetivamente desinteresados (autoridades judiciales) y con un cauce basado en la sucesión de actos jurídicos diversos (proceso). ¿Podría suponer la IA una nueva evolución hacia una AJU automatizada 2.0? El proceso se estructura en diferentes fases donde cada una tiene una finalidad, en ella existe una interacción constante de pluralidad de partes que sobre la base de sus alegaciones se va avanzando en el procedimiento y donde la autoridad judicial debe adoptar continuamente decisiones jurídicas en cada caso concreto y sobre los hechos y pruebas acontecidas, por lo que existen detractores que consideran que ello excede a una aplicación cuasiautomática de unas normas jurídicas procesales o sustantivas[372]. Todo en conjunto hace difícil pensar, por el momento, que la IA este facultada para poder automatizar por sí sola todos los actos procesales que se engloban en el sistema judicial para impartir justicia.

Pero es que, además, el proceso está sometido a una serie de derechos fundamentales y garantías que han supuesto el motivo del éxito y pervivencia de nuestro sistema en el Estado de Derecho. La introducción de herramientas de IA como las que hemos citado a lo largo del capítulo podría poner en jaque toda la estructura del sistema si no se hace con unas salvaguardas.

Así es, piense el lector en la afección que pueden suponer estas tecnologías en el **principio de igualdad**, recordemos a estos efectos el contenido de los arts. 9.2 o 14 CE[373]. ¿Qué pasaría en los casos en los que una parte cuente

---

GIMÉNEZ y Jaime VEGAS TORRES, Ed. Centro de Estudios Ramón Areces, S.A., Madrid, 2001, p. 22.

372 «No es posible decir o hacer el Derecho instantáneamente. O lo que es igual: no se debe ejercer la función jurisdiccional ex abrupto o ex impromptu. Las grandes operaciones intelectuales y volitivas propios de la Jurisdicción (juzgar, ejecutar o hacer ejecutar lo juzgado) han de ir precedidas y acompañadas de numerosos actos —también ellos mismos, intelectivos y volitivos— que preparan y sostienen aquéllas. Al conjunto de ese quehacer se le denomina proceso. Así, pues, el Derecho objetivo se tutela y se realiza diciendo y haciendo el Derecho sobre casos concretos, necesaria y esencialmente mediante una serie o sucesión de actos, mediante un proceso ideado por el hombre y jurídicamente reglado» (Andrés DE LA OLIVA en *Derecho Procesal*, *op. cit*, p. 21).

373 El art. 9.2 CE dispone que: «*Corresponde a los poderes públicos promover las condiciones para que la libertad y la igualdad del individuo y de los grupos en que se integra sean reales y efectivas; remover los obstáculos que impidan o dificulten su plenitud y facilitar la participación de todos los ciudadanos en la vida política, económica, cultural y social*». Por su parte, el art. 14 CE «*Los españoles son iguales ante la ley, sin que pueda prevalecer discriminación alguna por razón de nacimiento, raza, sexo, religión, opinión o cualquier otra condición o circunstancia personal o social*».

con la posibilidad de utilizar herramientas de IA para afrontar sus estrategias procesales y la otra no? Es cierto, que estas oscilaciones ya acontecen en cierta manera en nuestro día a día en base al nivel adquisitivo cada parte a la hora de tener la opción de elegir un despacho de abogados con mayores medios que otros. Ligado a ello también existiría un impacto absoluto en el **derecho de defensa** (art. 24 CE) que se constituye como elemento esencial de un proceso con todas las garantías. En este sentido, conviene recordar la doctrina del Tribunal Constitucional en su STC 4/1982, de 8 de febrero, FJ 5.º que dispone que:

> «El derecho fundamental acogido en el art. 24.1 de la Constitución Española de obtener la tutela efectiva de los Jueces y Tribunales, predicable de todos los sujetos jurídicos, en el ejercicio de los derechos e intereses legítimos, comporta la exigencia de que "en ningún caso pueda producirse indefensión"; lo que indudablemente significa, que en todo proceso judicial deba respetarse el derecho de defensa contradictoria de las partes contendientes, o que legalmente debieran serlo, mediante la oportunidad dialéctica de alegar y justificar procesalmente, el reconocimiento judicial de sus derechos o intereses. Este derecho de defensa y bilateralidad, por otra parte ya reconocido legalmente antes de la Constitución y expresado bajo el clásico principio procesal nemine damnatur sine audiatur se conculca, como ha señalado este Tribunal, cuando los titulares de derechos e intereses legítimos se ven imposibilitados de ejercer los medios legales suficientes para su defensa —Sentencia de 23 de noviembre de 1981, Rec. 189/81—, proscribiendo la desigualdad de las partes —Sentencia 23 de abril de 1981, Rec. 202/81—, por contener tal norma un mandato dirigido al legislador y al intérprete en el sentido de promover la contradicción —Sentencia de 31 de marzo de 1981, Rec. 197/80—, para lo que el acusado debe tener plenas oportunidades de defensa y el Tribunal amplios elementos de juicio para dictar Sentencia —Sentencia 23 de abril de 1981, Rec. 18/81—. Este derecho fundamental hoy constitucionalizado, y, como tal, extensible, es de necesario reconocimiento en las leyes procesales en cualquier clase de procedimiento, con mayor o menor alcance, según su naturaleza y finalidad; (...)».

En efecto, parecería que en un proceso judicial sometido a automatizaciones de IA, indirectamente este derecho podría subsistir en tanto las partes tendrían conocimiento de todas las cuestiones materiales de hecho y derecho que puedan influir en una decisión pudiendo, llevar a cabo la correspondiente contradicción, pero, ¿qué pasaría con las causas de un determinado resultado derivado de una automatización?; ¿cómo ha llegado a dicho resultado el sistema?; ¿cómo funciona el algoritmo que sustenta la automatización cualquiera que fuese su contenido?; ¿y la puridad (representatividad) de los datos sobre las que llegan a sus conclusiones a través de su procesamiento?; en el caso de propuestas de resolución ¿Qué porcentaje de la misma afecta a la autoridad judicial para tomar su decisión final?. Lógicamente, estas incógnitas se deberían conocer para, en su caso, se mantenga insoluble la salvaguarda del derecho a la defensa, pues la parte afectada tiene que estar en posición de **rebatir la decisión**.

También por ende ahondar en las posibles **responsabilidades y reparaciones** que ocasionen los juicios adoptados con apoyo a estos sistemas. En esta dirección la Propuesta de Directiva UE de adaptación de las normas de responsabilidad civil extracontractual a la IA[374] pone sobre la mesa la denominada «presunción de causalidad en caso de culpa» ante la dificultad que supone probar por el afectado que existe un nexo causal entre dicho incumplimiento y la información de salida producida por el sistema de IA o la no producción de una información de salida por parte del sistema que haya dado lugar a los daños en cuestión. Debemos hacer hincapié igualmente en que el RIA se apoya en la Directiva del Consejo (85/374/CEE) de 25 de julio de 1985 en materia de responsabilidad por los daños causados por productos defectuosos cuyos principios y objetivos buscan tratar de alcanzar la seguridad jurídica a lo largo de la cadena de responsabilidad. Es decir, la intención es conseguir el mismo nivel de protección independientemente si el daño —material o moral— es causado por una IA o no. Así, para el cálculo de la responsabilidad entre los distintos agentes (proveedor, responsable de despliegue, importador, distribuidor, fabricante, representante autorizado... etc.) dependerá de la interacción entre la finalidad de uso para la que se comercializa el sistema de IA, la forma en que se usa el sistema de IA, la gravedad del daño o perjuicio potencial, el grado de autonomía de la toma de decisiones que puede resultar en daños y de la probabilidad de que el riesgo se materialice, entre otros. Pero ¿qué ocurrirá si nos encontramos ante una —probable— dificultad a la hora de atribuir los grados de responsabilidad entre los distintos agentes que intervienen en el proceso? Una vía de salida sería la aplicación de una responsabilidad solidaria como ocurre en otros sectores como es el caso de la edificación[375].

374 Propuesta de Directiva del Parlamento Europeo y del Consejo a la adaptación de las normas de responsabilidad civil extracontractual a la inteligencia artificial (Directiva sobre responsabilidad en materia de IA). Bruselas 28.9.2022. COM (2022) 496 final.

375 En esta dirección dispone la Ley 38/1999, de 5 de noviembre, de Ordenación de la Edificación (LOE) en diversos preceptos tales como su art. 4. «*La responsabilidad civil de los diferentes agentes por daños materiales en el edificio se exigirá de forma personal e individualizada, tanto por actos propios, como por actos de otros agentes por los que, con arreglo a esta Ley, se deba responder. La responsabilidad se exigirá solidariamente cuando no pueda ser atribuida en forma individualizada al responsable del daño o cuando exista concurrencia de culpa, sin que pueda precisarse la influencia de cada agente interviniente en el daño producido*». el art. 17 aparatados 3, 5 y 7 responden en la misma dirección: «*"No obstante, cuando no pudiera individualizarse la causa de los daños materiales o quedase debidamente probada la concurrencia de culpas sin que pudiera precisarse el grado de intervención de cada agente en el daño producido, la responsabilidad se exigirá solidariamente. En todo caso, el promotor responderá solidariamente con los demás agentes intervinientes ante los posibles adquirentes de los daños materiales en el edificio ocasionados por vicios o defectos de construcción.(...)"; "Cuando el proyecto haya sido contratado conjuntamente con más de un proyectista, los mismos responderán solidariamente (...)"; "(...) Cuando la dirección de obra se contrate de manera conjunta a más de un técnico, los mismos responderán solidariamente sin perjuicio de la distribución que entre ellos corresponda...*».

Todo ello nos llevaría a otro camino del laberinto como son los posibles sesgos y prejuicios que pueden existir en las bases de datos de los algoritmos y que veremos más adelante. En cualquier caso, de ahí la importancia que venimos ensalzando sobre la total transparencia y necesaria explicabilidad de la decisión adoptada por todo sistema automatizado.

El **principio de transparencia** deviene como otro pilar esencial para mantener el equilibrio de las garantías procesales. Es decir, frente a la posible opacidad que pueden sustentar estos sistemas hace irremediable una rendición de cuentas en cuanto a su funcionamiento. Sin embargo, esta fiscalización puede chocar como afirma Monika Zalnieriute[376] con los derechos de propiedad intelectual de los algoritmos, patentes o el secreto empresarial ligado a ellos, también a los datos que se encuentren sujetos a privacidad o protección de datos, así como a las limitaciones humanas para entender y explicar cómo operan sistemas complejos. Ello no obsta que, para solventar estos escollos, se pudiese crear algún tipo de mecanismo tecnológico-procesal[377] para resolver dichas cuestiones con plenas garantías de confidencialidad o, en la AJU, obligar *per se* al uso de sistemas de código abierto en todo caso[378]. Pero es que, aun así, la potencia de procesamiento con la inimaginable interrelación de la base de datos y las tareas que desempeñe el sistema puede dar lugar a lo que se ha referido como efecto «caja negra» o «black box» que impiden interpretar o explicar el resultado acontecido ante su complejidad, por lo que esta opacidad supondría una clara vulneración a un juicio justo, la tutela judicial efectiva y demás garantías legales de nuestro sistema.

Como posible salida a esta cuestión en el ordenamiento jurídico francés, en el campo de los actos administrativos y su motivación con algoritmos ha establecido[379]: «*el derecho a obtener la comunicación de las reglas que definen el comportamiento y sus principales características de aplicación, así como las modalidades de ejercicio de este derecho a la comunicación y de revisión, si corresponde, ante la Comisión de Acceso a los Documentos Administrativos*». En todo caso, la información deberá incluir de forma inteligible «*(1) el grado y el modo de contribución del tratamiento algorítmico a la toma de decisión; (2) los datos tratados y sus fuentes; (3) los parámetros de tratamiento, y si*

---

376 Monika ZALNIERIUTE. «Open Justice and Technology: Courts, Tribunals and Artificial Intelligence». *Submission to NSW Law Reform Commission Open Justice Review*. 2021.

377 Decimos tecnológico pues pudiera estar apoyado a su vez por un sistema de IA.

378 José Ignacio SOLAR CAYÓN. «Inteligencia artificial y justicia digital» en Joaquín GARRIDO MARTÍN y Ramon VALDIVIA JIMÉNEZ (Coords.) y Fernando H. LLANO ALONSO (Dir.) de *Inteligencia Artificial y Filosofía del Derecho*. Ed. Laborum. 2022.

379 Véase el art. L311-3-1 del Código de relaciones entre el público y la Administración y, concretamente, en su desarrollo reglamentario conferido por el Decreto n.º 2017-330, de 14 de marzo de 2017, relativo a los derechos de las personas que sean objeto de decisiones individuales adoptadas sobre el fundamento de un tratamiento algorítmico (art. R311-3-1-1).

procede, su ponderación, aplicados a la situación de interesado; y (4) las operaciones efectuadas por el tratamiento».

De cualquier forma, esto supone como declara Nieva-Fenoll[380] que un experto en derecho además de llegar a conocer las leyes deba tener formación y conocimiento acerca del funcionamiento de una máquina de estas características, pues de no ser así, no podrá llevar a cabo de forma adecuada su profesión.

Como consecuencia, se hace necesario que el justiciable y su defensa pueda tener acceso al código fuente de la IA para conocer en qué medida el sistema ha afectado a la decisión que se adoptó en el procedimiento y así valorar su contribución para, en su caso, impugnarla si la considera contraria a sus intereses. Por estos motivos, deberá conocer aspectos como el tipo de herramienta que ha sido empleada, la finalidad para la que fue diseñada, los datos sobre los que opera y demás especificaciones técnicas que deriven de sus conclusiones.

Ligado a lo anterior, se trasluce que **el principio de publicidad de los algoritmos** para su aplicación en el sector público deviene como algo ineludible, pues mantener oculto el código que les sirve de carburador, provocaría grandes interferencias en el funcionamiento adecuado del sistema en aras de salvaguardar los derechos, libertades e intereses legítimos de los ciudadanos. Pero, ¿son los algoritmos objetivos?. Recordemos que un algoritmo no es sino meras instrucciones codificadas en lenguaje de programación, ¿Pueden dichas instrucciones contener sesgos?. Efectivamente, es viable que un algoritmo pueda contener sesgos de su propio programador o formador[381]. En ambos casos, pueden inducir al sistema con sesgos ya sean de forma consciente o inconsciente y, como consecuencia, que los sistemas de IA pueden reflejar y amplificar los prejuicios y desigualdades culturales existentes[382]. Si bien, Javier Ercilla[383] se postula como firme defensor de la publicidad y transparencia del código de cualquier algoritmo que se emplee en la AJU pues ha de tener siempre como propósito, la posibilidad de evitar este tipo de sesgos, en primera instancia intencionales y en segundo lugar inconscientes, así como estar sometidos a una auditoria pública mediante la liberalización del código.

En este sentido Helena Ramírez[384] define que estas **posibles inclinaciones o desviaciones (sesgos)** como aquellas creencias inconscientes que todos

380 Jordi Nieva-Fenoll. *Inteligencia Artificial y proceso judicial. Proceso y Derecho*. Ed. Marcial Pons. 2018.

381 Con formador nos referimos al agente que ayuda al sistema de IA a llevar a cabo su aprendizaje.

382 Sweeney, L.: «Discrimination in Online Ad Delivery». *ACM Queue*, 11(3). 2013. Pág. 10.

383 Javier Ercilla García. «La inteligencia Aritificial en la Justicia: Asistentes IA Judiciales y Jueces IA». *Revista Aranzadi de derecho y nuevas tecnologías*, n.° 53, 2020.

384 Ramírez, Helena. «El sesgo de género y su influencia en el ámbito laboral» e «Inteligencia Artificial e igualdad de género», en: *Grupo Ático 34*, Madrid. 2021.

tenemos sobre hombres y mujeres, basadas en los estereotipos socioculturales con los que nos hemos educado e interiorizado. Se trata, por tanto, de ideas, predilecciones o prejuicios inconscientes, que se activan la mayoría de las veces de forma automática, porque nuestro cerebro funciona a través de la minimización del esfuerzo cognitivo y los estereotipos permiten tomar decisiones de forma más rápida. Por su parte, la RAE dispone en el campo de la estadística, que un sesgo consiste en el: «Error sistemático en el que se puede incurrir cuando al hacer muestreos o ensayos se seleccionan o favorecen unas respuestas frente a otras». En diversos estudios[385] se ha corroborado que, además, los datos que se utilizan para enseñar a un algoritmo pueden influir significativamente en su comportamiento y en su percepción de la realidad. De esta manera, los investigadores llegaron a la conclusión que el aprendizaje que las máquinas podían hacer partiendo de nuestro lenguaje natural, determinaría la asunción de determinados sesgos positivos o negativos que se hayan intrínsecos en el lenguaje, haciendo del algoritmo resultante una inteligencia artificial racista, sexista, perjudicial para algún grupo poblacional, etc... Así, el problema ético se entrecruza con el técnico a la hora de superar el sesgo derivado de la automatización, en tanto parece que nos encontraríamos con ciertos límites para aplicar de forma neutral la IA aplicada a Justicia, limitación derivada de (los datos y su contenido) nuestra cultura e historia.

Otro de los dilemas que se suscitan al trasluz de la automatización del proceso deviene en la posible **previsibilidad y uniformidad de las resoluciones** creadas por los sistemas IA. Así lo afirman autoras como Sonia Calaza y Mercedes de Prada[386] de manera que consideran que incluso podría arruinar la capacidad creativa y criticista de la inteligencia humana, e, incluso la originalidad en la argumentación y persuasión de cada Magistrado. Lo cierto es que, a día de hoy, en cierta medida, esta estandarización ya existe en nuestro sistema judicial —especialmente en los pleitos masa— todo ello como consecuencia, entre otras, de la sobrecarga del sistema judicial y el colapso existente. Sin embargo, en relación a la uniformidad de las resoluciones, si lo pensamos, de no ser así, estaríamos ante una falta de seguridad jurídica que tendría como resultado un inadecuado funcionamiento de las garantías de nuestro Estado de Derecho pues se infringiría la igualdad en la aplicación de la Ley y su interpretación, motivos que traen origen a la existencia de instrumentos tendentes a esa finalidad como es el recurso de casación.

---

385 Entre ellos el realizado por los investigadores Pinar YANARDAG, Manuel CEBRIÁN e Iyad RAHWAN *del Instituto de Tecnología de Massachusetts* (MIT) y la IA «Norman»; tambien el llevado a cabo por CALISKAN, A., BRYSON, J. J. Y NARAYANNAN, A.: «Semantics derived automatically from language corpora contain human-like biases». *Science* 14 de abril de 2017: Vol. 356, Issue 6334.

386 Sonia CALAZA LÓPEZ y Mercedes DE PRADA RODRÍGUEZ. «Juez y parte en el entorno digital: De Kieslowski al metaverso». *El proceso Judicial en un marco cultural y digital* en Sonia CALAZA LOPEZ, Antonio José QUESADA SÁNCHEZ (Dirs.) y Mercedes DE PRADA RODRÍGUEZ (Coord.). Colección cultura y derecho. Ed. Colex. 2023. Pág. 110.

No obstante, la verdadera pregunta que deberíamos hacernos es si la máquina sería capaz de apreciar la posible desviación a esa previsibilidad ante unos hechos jurídico-facticos atípicos o singulares. En el resto de los casos ante supuestos de hecho simples y reiterativos, resulta evidente el enorme potencial que estos sistemas pueden suponer para mejorar los tiempos de respuesta y optimizar los medios personales de los juzgados y tribunales, a pesar de las perturbaciones que supondría para nuestro actual sistema y estamos tratando de poner en evidencia.

Igualmente, otro hándicap advertido por algunos críticos[387] es que el sistema —sobre la base de datos que lo alimenta— no se adaptará a los cambios sociales, sino que su «consciencia» se irá alineando sobre la reafirmación de los prejuicios con el paso del tiempo y a tenor de sus variables estadísticas tendría la tendencia a consagrar el resultado más repetido. Es decir, las conclusiones de la IA estarían «contaminadas» y, además, se verían impedidas de conocer a tiempo real los posibles cambios de la realidad social (art. 3 CC) de manera que siempre iría por detrás del presente dado que sus bases de datos no pueden contener la información a tiempo real. Para que se haga una idea el lector sobre esta incidencia, piense en las consecuencias y efectos que hubiera acontecido para un sistema de IA la crisis del Covid con las variaciones repentinas que acontecieron en todos los ámbitos[388].

Por otro lado, también debemos tener en cuenta que la IA aplicada a la toma de decisiones en el procedimiento podría suponer **la eliminación del ruido en justicia**. Este concepto del ruido es definido por Kahneman[389] como la variabilidad que sufren las decisiones humanas o la alteración en la toma de decisiones ante supuestos de hecho similares. Un ejemplo que saca al trasluz esta teoría se apoya en estudios verificados entre muestras amplias de jueces norteamericanos que ante unos mismos hechos delictivos imponen penas en horquillas muy amplias o incluso absuelven a los que, otros, consideran culpables. Por estos motivos Kahneman considera que la IA puede ser más fiable pero no infalible ya que depende en gran medida de la validez de los datos sobre las que se alimenta en la toma de decisiones. Precisamente, Saviron Díez[390] llega a la conclusión de que el juicio de probabilidad que introduce una IA ha demostrado que ayuda a la toma de decisiones sin «ruido»;

387 Jordi NIEVA-FENOLL. *Inteligencia Artificial y proceso judicial. Proceso y Derecho*. Ed. Marcial Pons. 2018.

388 A modo ilustrativo se estima que el Gobierno central y las Comunidades Autónomas emanaron más de 3.000 normas para afrontar la pandemia en nuestro país en el primer año de la pandemia. Fuente: https://elpais.com/espana/2021-03-14/tres-mil-normas-excepcionales-en-12-meses-de-pandemia.html?event_log=oklogin

389 Daniel KAHNEMAN, Olivier SIBONY, Cass R. SUNSTEIN. *Ruido: Un fallo en el juicio humano*; Debate; 2021.

390 Guzmán E. SAVIRON DÍEZ. «Justicia Inteligente y "Justicia Artificial"». *Revista Canaria de Administración Pública. Innovación Pública y Administración Digital en RCAP* – n.º 2, 2023.

pero no puede descartarse, y de hecho debe ser tenido en cuenta el juicio de la percepción humana, esa inteligencia emocional que es incapaz de reproducir cualquier IA que existe actualmente. En la misma dirección se posicionan autores como Cárdenas Krenz[391] con la premisa de que el ser humano no este compuesto de meros impulsos eléctricos sino también de experiencias y sentimientos, así como que no solo estamos condicionados por nuestra física y nuestra química, sino que también somos fruto de nuestra libertad.

Todo ello nos lleva al siguiente punto conflictivo que se suscita y que atiene a la **separación de poderes y la independencia judicial**. Por una parte, ya se ha puesto de manifiesto las (posibles) injerencias del ejecutivo sobre los juzgados y tribunales con motivo de que es quien le aporta los medios materiales para la prestación del servicio público, ostentando así el control y soporte de todos los sistemas TICs de la AJU. Pero, el problema podría agravarse si nos trasladamos a los programadores o formadores que configuran la arquitectura de los algoritmos que sustentan el funcionamiento de un sistema de IA, así como el trasfondo que ya hemos denotado sobre las posibles desviaciones (sesgos) voluntarios o involuntarios que pudiesen tener. Debemos recalcar que la justicia como servicio público poco a poco, sobre la presunta idea de mejoras en su funcionamiento, está siendo parcelada y vampirizada[392] en favor de empresas del sector privado que son las que le aportan soluciones tecnológicas que le sirven de soporte para prestar el servicio público[393]; ¿Podría una empresa privada estar controlada de forma directa o indirecta por el gobierno?; ¿Podría una compañía desarrollar un algoritmo en un sistema IA para la AJU con la tendencia de que tuviera resultados que le beneficiasen en los procedimientos?. Las respuestas son evidentes. Pero es que aún en el caso de que el diseño de los algoritmos se realizase por el CGPJ estaríamos ante la misma circunstancia en esencia.

En efecto, ya hemos puesto de manifiesto que el art. 117 CE establece que la jurisdicción se ejerce en exclusiva por los juzgados y tribunales. Igualmente, el art. 12 LOPJ dispone que el ejercicio de la potestad jurisdiccional corresponde a los jueces y magistrados que son independientes respecto a todos los órganos judiciales y de gobierno del poder judicial, no pudiendo si quiera ser objeto de corrección aquellas aplicaciones o interpretaciones realizadas por un Juez ni si siquiera por un órgano superior, salvo en los casos que las leyes lo establezcan.

---

391 CÁRDENAS KRENZ, Ronald: «Derecho y Robots. El futuro ya está presente». *Revista Peruana de Derecho de la Empresa* n.° 74, Año XXXIV. Derecho y nuevas tecnologías. Lima. 2020.

392 Román GARCÍA-VARELA IGLESIAS. «A propósito de la interoperabilidad en la Administración de Justicia». *Diario La Ley*, n.° 9845, Sección Plan de Choque de la Justicia / Tribuna, 2021, Wolters Kluwer.

393 Basta echar un ojo en el portal de transparencia «https://transparencia.gob.es/» para verificar que el 99 % de los adjudicatarios de los contratos llevados a cabo por el Ministerio de la Presidencia, Justicia y Relaciones con las Cortes corresponde a empresas privadas.

El art. 13 LOPJ obliga, en todo caso, a respetar la independencia de los jueces y Magistrados. Pues bien, a pesar del contenido de estos preceptos no cabe pasar por alto que el poder judicial siempre estará sometido a presiones de otros poderes del Estado o de sus propios compañeros o de los poderes económicos o mediáticos. Sin embargo, la confianza en el sistema judicial por parte de los ciudadanos se basa fundamentalmente en las premisas de la independencia e imparcialidad del juzgador. Por esta razón, en línea con lo anterior cabría preguntarse, adicionalmente, si las propuestas de resolución que realice un sistema de IA pueden influenciar a un juez en la toma de su decisión. Lo sorprendente es que parece que la respuesta es afirmativa tras las conclusiones de diversos estudios[394] que significan que ello posibilitaría una influencia involuntaria en la toma de decisiones de manera que podrían predisponer a los jueces a cambiar sus prioridades y sentido de sus decisiones involuntariamente[395] y es que, en definitiva, somos seres humanos sometidos a procesos psicológicos automáticos y subconscientes a los que no podemos escapar. Por otro lado, no cabe olvidar que la puesta a disposición al juzgador de una solución en forma de propuesta de resolución, en relación a los conflictos que debe resolver como parte de su trabajo, puede provocar la tendencia típica de todo ser humano hacía al vicio de la pereza como promulgaba Aristóteles[396] el cual debe ser evitado en favor de la acción virtuosa y el desarrollo del carácter, precisando en cuanto a la virtud, que se encontraba en el punto medio entre el exceso y la deficiencia.

Por último, otra cuestión a tener en cuenta ante la implantación de este tipo de tecnologías concierne al **acceso a la justicia y la brecha digital tomando como respuesta una adecuada formación** social como pilar fundamental de todo proceso de cambio. La transición hacia la digitalización está provocando estragos en nuestra sociedad perjudicando a los colectivos con insuficiencias en competencias digitales de todos los sectores[397] y de forma transversal pero

---

394 GREEN, Ben y CHEN, Yiling; «Algorithmic Risk Assessments Can Alter Human Decision-Making Processes in High-Stakes Government Contexts», *Proc. ACM Hum.-Comput. Interact.* 5, CSCW2, Article 418, 2021, disponible en https://doi.org/10.1145/3479562. A través de un experimento con 2140 participantes, se proporcionó la primera evidencia de que las evaluaciones de riesgos podían alterarse sistemáticamente. En el entorno previo al experimento, la evaluación de riesgos hizo que los participantes fueran más sensibles a los aumentos en el riesgo percibido. En el escenario del experimento, la evaluación de riesgos hizo que los participantes fueran más reacios al riesgo; lo que redujo el beneficio en un 8,3 %. Estos resultados demuestran los posibles límites y daños de los intentos de mejorar las políticas públicas mediante la incorporación de algoritmos predictivos en decisiones de políticas multifacética.

395 José HUMBERTO SAHIÁN. «Justicia inteligente». Armando S. ANDRUET (Dir.) *Impactos y alcances de la inteligencia artificial en el derecho y en el derecho judicial*. Academia Nacional de Derecho y Ciencias Sociales de Córdoba. Thomson Reuters. LA LEY. 2022.

396 ARISTÓTELES (384-322 a. C.) en su obra Ética a Nicómaco dirigida a su hijo y cuyo contenido refleja las notas que utilizaba en sus lecciones que exponía en el Liceo y que resume las bases de su reflexión moral sobre la vida humana.

397 Adultos desempleados, personas mayores, personas con discapacidad, habitantes de zonas rurales, montañosas o periféricas…etc.

especialmente con las personas mayores, motivos por los que la UE está tratando de llevar a cabo medidas tendentes a superarla con políticas educativas para el fortalecimiento de competencias digitales en la población[398]. Pero es que, en relación al tema objeto de estudio, la implantación de estos sistemas como herramienta auxiliadora en el día a día de los juzgados debe implicar de manera obligada una capacitación tecnológica e, incluso, iusfilosófica a todos los operadores relacionados con la AJU para dar a conocer los límites y riesgos que pueden acarrear el uso de estas tecnologías. En esta dirección se pronuncia el Grupo de trabajo del CGPJ sobre Tecnología, IA y Administración de Justicia[399] donde —entre sus iniciativas— enfoca la necesidad de promover la formación para que los usuarios; (i) fortalezcan sus capacidades y destrezas; (ii) facilitasen el uso (usabilidad) y; (iii) se dote a los actores judiciales de un nivel suficiente de comprensión sobre la IA que utilizan para garantizar responsabilidad por las decisiones tomadas con su asistencia. Igualmente, a la vista del futuro que nos espera se torna necesario para una adecuada adaptación a la sociedad digital, la implantación de una alfabetización digital desde un periodo inicial de nuestra educación, enfocándose p.e. en cuestiones básicas sobre programación, al objeto de que todo ciudadano se encuentre preparado y sea capaz de comprender aquellos conceptos elementales acerca del funcionamiento de los futuros sistemas que estarán operativos durante el desarrollo de sus vidas.

Tras este análisis podemos afirmar sin lugar a dudas que aún no estamos preparados para afrontar el cambio disruptivo que supondría la implantación de sistemas IA en nuestro sistema judicial a todos los niveles. No obstante, se están llevan a cabo iniciativas tendentes a promover la convergencia de estos sistemas y nuestro Estado de Derecho, como puede ser con la promulgación del RIA, pues ello supone un punto de inflexión a la vista de las variadas medidas que incorpora para paliar —que no eliminar— algunas de las dificultades que hemos descrito. Entre ellas, nos gustaría recalcar algunas de ellas como son:

- Las figuras de proveedor[400] y responsable de despliegue[401] (art. 3 RIA) que adquieren relevancia en atención a sus distintas responsabilida-

398 Véase como ejemplo la Resolución del Parlamento Europeo, de 13 de diciembre de 2022, sobre la brecha digital: diferencias sociales como consecuencia de la digitalización (2022/2810(RSP)), entre otras.

399 El grupo lo forman Carlota CUATRECASAS MONFORTE, Cristina María SANZ SAN BLAS, María Nieves BUISAN GARCÍA, Cristina MUÑOZ AYCUENS, Joaquín DELGADO MARTÍN, Javier ERCILLA GARCÍA, Santiago MARQUEZ SOLIS y Eloy VELASCO NUÑEZ. *Tecnología, IA y Admon de Justicia: Soluciones tecnológicas emergentes en la justicia*. Borrador. Versión de 2022.

400 El proveedor se define como una persona física o jurídica, autoridad pública, órgano u organismo que desarrolle un sistema de IA o un modelo de IA de uso general o para el que se desarrolle un sistema de IA o un modelo de IA de uso general y lo introduzca en el mercado o ponga en servicio el sistema de IA con su propio nombre o marca, previo pago o gratuitamente.

401 El responsable de despliegue es una persona física o jurídica, o autoridad pública, órgano u organismo que utilice un sistema de IA bajo su propia autoridad, salvo cuando su uso se enmarque en una actividad personal de carácter no profesional.

des y obligaciones. Según los casos, corresponderán al Ministerio de Justicia, la CC. AA. con competencias transferidas o el CGPJ en atención quien desarrolle el sistema de IA. Por otro lado, el responsable de despliegue anteriormente denominado por el borrador/propuesta de RIA como usuario atiene a la autoridad pública que utilice el sistema —por sí misma o en su nombre[402]— pudiendo ser el Juez, Fiscal, LAJ, CFSE...etc.

- La alfabetización en materia de IA (art. 4 RIA) como garantía a futuro por cuanto los proveedores y los responsables de despliegue deberán formar a su personal y colectivos para que tengan un nivel suficiente de conocimiento sobre estos sistemas teniendo en cuenta sus previos conocimientos técnicos, experiencia, educación y formación.
- Se excluye como sistema de alto riesgo cualesquiera que no influyan sustancialmente en el resultado de una toma de decisión sometido a condicionantes (art. 6.3 RIA) de manera que toda decisión se lleve a cabo en todo caso por un humano.
- En cuanto a los sistemas clasificados como de alto riesgo y su necesaria supervisión humana se establece la garantía de que el responsable de despliegue deba ser consciente de la tendencia a confiar automáticamente o en exceso de los resultados de salida de un sistema de IA (sesgo de automatización), especialmente, en sistemas que se utilizan para aportar información o recomendaciones con el fin de que las personas adopten alguna decisión (art. 14.4 b) RIA).
- En relación a los sistemas de IA de alto riesgo que continúan aprendiendo desde su implantación debe garantizarse que se elimine o se reduzca lo máximo posible el riesgo de que los resultados de salida puedan estar sesgados influyan en la información de entrada de futuras operaciones (bucle de retroalimentación) y se garantice por ende con medidas la reducción de este riesgo (art. 15.4 RIA).
- En cuanto a la transparencia impone a los responsables de despliegue de sistemas de IA de alto riesgo que adopten decisiones o ayuden a tomar decisiones relacionadas con personas físicas la obligación de informarlas que están expuestas al sistema (art. 26.11 RIA). Del mismo modo, tendrán el derecho a presentar reclamación y recursos ante la autoridad que corresponda (art. 85 RIA), así como que el responsable de despliegue les tiene que explicar el papel que ha tenido el sistema en la toma de la decisión y los principales elementos de la misma (art. 86 RIA) a cualesquiera personas que se hayan visto

402 Véase en este sentido la definición del art. 3 RIA apartado 46) sobre garantía de cumplimiento del Derecho: «*las actividades realizadas por las autoridades garantes del cumplimiento del Derecho, o en su nombre, para la prevención, la investigación, la detección o el enjuiciamiento de delitos o la ejecución de sanciones penales, incluidas la protección frente a amenazas para la seguridad pública y la prevención de dichas amenazas*».

afectadas por el uso de un sistema de IA siempre que le haya producido a consecuencia de su uso, un efecto jurídico o perjudicial a sus derechos fundamentales,

- La posibilidad de entrenar sistemas de IA a través de los espacios controlados de pruebas con ciertas ventajas (art. 57 y ss. en relación con art. 2.8 RIA) y con el ánimo de fomentar la innovación, eficiencia, calidad de la AJU y los servicios que presta.
- La confidencialidad de la información y los datos como elemento clave y transversal de los distintos actores que confluyen en relación a un sistema de IA, especialmente; i) sobre los derechos de propiedad intelectual e industria, la información empresarial y confidencial o los secretos comerciales; ii) a efectos de investigaciones, inspecciones o auditorias; iii) intereses de seguridad pública o nacional; iv) desarrollo de causas penales o procedimientos administrativos...etc. (art. 78 RIA).
- El establecimiento de diversas medidas de supervisión, investigación y cumplimiento de las prerrogativas dictaminadas en la legislación sobre la materia (art. 88 y ss. RIA) ya sea a través de distintos organismos, agentes, procedimientos, obligaciones, sanciones, códigos de conducta...etc.

Por su parte, Nieva Fenoll[403] estructura un plan de actuación para la implantación en el sector justicia de la IA que considera que debe ir sometido a las siguientes etapas: (i) reclutamiento de equipos técnicos multidisciplinares[404] de gran flexibilidad y pragmatismo que no aprovechen su función para imponer su visión política; (ii) determinar qué sectores se permitirá que incida la IA[405]; (iii) la aprobación parlamentaria por amplia mayoría dada la interferencia que supondría su implantación con los derechos fundamentales; (iv) la recogida de datos que puede realizarse de forma paralela a las anteriores[406];

403 Jordi NIEVA-FENOLL. «Perder el control digital: ¿Hacía una distopía judicial?». *El proceso Judicial en un marco cultural y digital* en Sonia CALAZA LOPEZ, Antonio José QUESADA SÁNCHEZ (Dirs.) y Mercedes DE PRADA RODRÍGUEZ (Coord.). Colección cultura y derecho. Ed. Colex. 2023. págs. 317 a 333.

404 Formados por matemáticos, informáticos e ingenieros de telecomunicaciones de la estructura, juristas, sin excluir la posibilidad de contratar a otros profesionales, como sociólogos y psicólogos.

405 Las principales posibilidades atienen a la ejecución dineraria civil, medidas cautelares, la prueba y la redacción del juicio de derecho en una sentencia. En relación a los tres últimos debe quedar muy claro a los técnicos que no deben ser automatizaciones sino herramienta asistencial de manera que no ofrezca evaluaciones que el juez pueda copiar, sino ofrecer criterios aplicables al caso concreto que el juez deberá valorar libremente.

406 Además de los datos que puedan aportar el lago de información del sector justicia resultaría clave según el autor la elaboración de cuestionarios que debieran cumplimentar las autoridades judiciales cada vez que redactasen una resolución cuya finalidad permitiese discernir a la máquina el motivo del por qué se toma una decisión, más allá de la motivación de la misma. La finalidad, programar herramientas que ayuden con la debida seguridad jurídica.

(v) la elaboración de la aplicación; (vi) La desclasificación de los algoritmos del sistema[407]. Igualmente, en todo caso la inversión, programación, supervisión, mantenimiento...etc. de la IA debe ser pública no debiendo delegarse su gestión a manos privadas como ocurre con otros servicios públicos y pone el ejemplo de los servicios postales, energéticos o de salud, entre otros. Esta cuestión es de gran importancia dado el trasfondo que puede implicar la incorporación de la IA al proceso como hemos analizado, pero a la vez de una enorme complejidad a la vista del tablero que hemos descrito a lo largo del trabajo y que deriva de la «Administración de la administración», la externalización de la justicia, el control y vampirización de las herramientas digitales que ya poseen muchas empresas privadas que cohexisten en este sector.

En definitiva, a pesar de estas garantías para la implantación de los sistemas de IA en el sector justicia ello no resta que sean necesarias considerables reformas en nuestro ordenamiento jurídico, incluso de ámbito Constitucional. También procesos de cambio socio-culturales que, por el momento, no siguen el ritmo a la evolución tecnológica continuada que estamos viviendo. Sin embargo, nadie puede negar que estas tecnologías pueden facilitar nuestras vidas y optimizar el sistema judicial, pero toda luz proyecta su sombra y en este caso existen multitud de riesgos que ponen contra las cuerdas nuestro actual sistema. Por tanto, deviene fundamental un previo debate social en el que se valore si los beneficios de su implantación son mayores a sus desventajas, siempre, tomando como axioma la pervivencia de las garantías de los derechos y libertades de los ciudadanos.

8. Ejemplos de sistemas de IA que actualmente se encuentran operativos en justicia

Ya hemos visto la proyección y riesgos que puede traer consigo la incorporación de estas tecnologías en el contexto justicia. A continuación, el presente epígrafe tratará de enumerar un conjunto de plataformas, sistemas y herramientas, a nivel internacional y nacional, que se encuentran desplegadas dentro de la esfera judicial o relacionadas con ella, para que podamos hacernos una idea del punto de partida inicial de lo que está por venir en el futuro de esta nueva era digital para la AJU.

8.1. Tribunales online

La idea de los e-trials viene desde hace algún tiempo imponiéndose como respuesta de los sistemas judiciales a los avances de la sociedad digital de

407 El autor afirma que no se puede tolerar que la herramienta funcione de forma secreta, pues debe ser previsible y controlable para evitar errores y manipulaciones.

nuestros días. En este sentido, la famosa idea de Richard Susskind[408] hace acopio a esta modalidad en tanto el Tribunal es un servicio, no un lugar. En nuestro presente, existen diversas propuestas en funcionamiento entre las que nos gustaría destacar:

- *Smart Courts* en China: resuelven litigios mediante el uso de sistemas de apoyo de tramitación electrónica y predictivos, concretamente, en el sector del comercio electrónico e internet.
    a) Cibertribunal de Hangzhou[409]: Nace en 2017 y tiene la competencia objetiva en materias civiles y mercantiles relacionadas con Internet[410] (sobre todo el comercio electrónico) del área de Hangzhou[411]. Previo registro[412], se permite llevar a cabo actos procesales por vía telématica de cualquier tipo, el juicio se celebra por videoconferencia encriptada para asegurar la privacidad. Todo el procedimiento es en línea y resuelve un juez humano la controversia.
    b) Beijing Internet Court: Nace en 2019 sobre la experiencia previa descrita, si bien en este caso la plataforma se sustenta en un sistema IA que tramita todo el proceso con robotizaciones para agilizar los tiempos y evitar tareas repetitivas. Sin embargo, aquí el juicio está dirigido por un Juez avatar IA que implica que no esté presente el principio de inmediación, a pesar de que la Sentencia sí que la redacta finalmente un juez humano.
- British Columbia Civil Resolution Tribunal[413] de Canadá instaurado desde el año 2016 y cuya competencia objetiva no es exclusiva y excluyente sino voluntaria de las partes para resolver litigios sobre lesiones en accidentes de tráfico hasta 50.000$, reclamaciones civiles de cantidad hasta 5.000$, litigios sobre propiedad horizontal de cualquier cantidad y societarios. Toda la tramitación del procedimiento es digital, incluida la prueba que se aporte al procedimiento que deberá

---

408 Richard SUSSKIND. *Online Courts and the Future of Justice*. Oxford: Oxford University Press, 2019.

409 Disponible en: https://www.netcourt.gov.cn/

410 Concretamente, Disputas relativas a compras online de bienes, acuerdos de servicios online y pequeños contratos de préstamo online; Disputas relativas a la propiedad intelectual y la infracción de los «derechos de autor de Internet»; Infracción de los derechos personales (injurias y calumnias) a través de Internet; Reclamaciones de responsabilidad por productos comprados online; Disputas de nombres de dominio; Disputas derivadas de la Administración basada en Internet; Otros casos civiles y administrativos relativos a Internet asignados al Tribunal Cibernético por un tribunal superior.

411 En dicha zona tienen su domicilio social Alibaba y otras muchas empresas tecnológicas.

412 El Cibertribunal se apoya en la infraestructura de Alipay (Gruopo Alibaba) que colabora con el Gobierno chino para la verificación de la identidad. También es posible acreditarla, previo registro, físicamente ante el Secretario del Tribunal.

413 Disponible en: https://civilresolutionbc.ca/

ser siempre en soporte escrito[414]. La resolución del conflicto se realiza por un experto independiente y neutral cuya decisión es ejecutable. Con carácter previo al fallo del experto, las partes han de llevar a cabo un proceso de negociación online apoyado por una herramienta de negociación automatizada que facilita el proceso con plantillas y menús e, incluso, en último caso con un facilitador con el objetivo de tratar de lograr un posible acuerdo antes de someterlo a la decisión del experto.

- Tribunales telemáticos (Online Court Reclaims) en Reino Unido a través de una tramitación esencialmente electrónica, aunque es posible que, según el caso, se deba acudir a la sede judicial física para celebrar el juicio.

  - Plataforma electrónica de reclamación de cantidades dinerarias (Online Money Claim)[415]: El sistema telemático está supeditado al pago de tasas judiciales[416] en atención de la cuantía reclamada. Una vez pagadas las tasas —previo registro— la interfaz por medio de formularios requerirá los datos del demandado y la documentación que sustente la petición. En caso de que exista oposición por el demandado, el Tribunal podrá requerir más información sobre el supuesto de hecho a través de nuevos formularios y ofrecer la vía de la mediación (gratuita para cantidades iguales o inferiores a 10.000£) a las partes. En supuesto de que el conflicto subsista deviene necesario que las partes acudan al tribunal en persona por sí mismos o con abogado para la celebración de una vista. Tras la misma, el Juez emitirá el fallo que podrá ser objeto de apelación. La solicitud de ejecución de la resolución también puede hacerse por vía telemática y con la ayuda de formularios siempre que se trate de condenas inferiores a 5.000£. En todo caso, el procedimiento digital es totalmente voluntario pudiendo acudir a la reclamación por la vía tradicional.

  - Tribunal telemático de sanciones de tráfico (Traffic Penalty Tribunal - TPT)[417]: Sólo permite acudir a este Tribunal cuando previamente se haya impugnado la decisión a la autoridad que emitió la sanción. El procedimiento se inicia previo registro con la cumplimentación de un formulario que requiere el código PIN obrante en la resolución de rechazo de la impugnación de la entidad emisora de la multa. De esta forma, el sistema ya carga todos los datos en

414 Así, las declaraciones de testigos y peritos han de hacerse por escrito, y habrán de ser firmadas, fechadas y enviadas a la persona que solicita la declaración.

415 https://www.gov.uk/make-court-claim-for-money

416 Hasta un máximo de 10.000£ para una reclamación superior a 200.000 £.

417 https://www.trafficpenaltytribunal.gov.uk/

> el expediente referentes al caso (organismo que emite la sanción, titular del vehículo, tipología de la sanción, cuantía...). Con carácter posterior la interfaz permite adjuntar evidencias de todo tipo (fotografías, archivos .pdf, audio o video...etc). Además, en todo momento se mantiene la comunicación a través de correos electrónicos con alertas o notificaciones e, incluso, la plataforma permite un chat en vivo con el personal de la oficina del Tribunal. El Juez puede solicitar la celebración de una audiencia por videoconferencia o telefónica, antes de proclamar su decisión.

Como podemos ver, la existencia de tribunales en línea es un hecho a día de hoy en distintos países. También la tramitación automatizada con formularios de apoyo y la ejecución de actos procesales remotos. Sin embargo, es cierto que la resolución de las controversias —por el momento— en todos los sistemas desplegados se otorgan a un ser humano lo cual da cierta seguridad a la vista de las amenazas que hemos expuesto a lo largo del estudio. No existe ningún sistema donde la Sentencia sea emitida automáticamente por una IA, existen proyectos en desarrollo para ello como es el caso del que se habla desde hace algunos años de Estonia que según se dice se trataría de implementar para reclamaciones inferiores a 7.000 € —pero que aún no ha visto luz—.

8.2. Sistemas de e-mediación (ODR)

La mediación electrónica debemos concebirla como un subtipo de mediación que se lleva a cabo por cualquier medio digital con el pleno cumplimiento de los principios que la rodean. Si bien, un Online Dispute Resolution (ODR) no debe concebirse como mediación electrónica en sentido puro[418]. La causa de esta conclusión estriba en que las partes se enfrentan directamente en base a posiciones, no existe rol negociador sino un mero traslado de ofertas de una parte a otra, en la que las partes en el proceso no pueden ni verse ni oírse y se lleva a cabo de forma asincrónica (mensajes o emails)[419]. Lo cierto es que los legisladores no distinguen entre mediación electrónica y ODR o negociación automática utilizando sendos conceptos indistintamente. En ambos casos deben converger unas características específicas y requisitos mínimos fijados por la Ley (confidencialidad, privacidad, certificación de identidad, firma electrónica, protección de datos...) ya sea como manifiesta

418 CONFORTI, Franco. «Mediación electrónica de conflictos en España», *Democracia Digital e Governo Electrónico*, Florianópolis, n.° 10, p. 285-309, 2014.

419 Román GARCÍA-VARELA IGLESIAS. «El cambio de paradigma del sistema judicial para alcanzar la cultura del acuerdo: Especial referencia a la mediación en su modalidad electrónica» en Sonia CALAZA, Ixusko ORDEÑANA, Julio SIGÜENZA (Dirs.) *De los ADR (Alternative Dispute Resolution) a los CDR (Complementary Dispute Resolution) en la jurisdicción civil*. Tirant lo Blanch. Valencia. 2023.

Ana García Montesinos[420], bien a través de un determinado software con un procedimiento documentado, una sala de chatroom con sistemas de videoconferencia/portal basado en la acción decisoria de un mediador o un sistema experto de mediación de inteligencia artificial. Estos sistemas tuvieron sus comienzos a través de empresas de comercio electrónico como Ebay[421], Amazon[422] o Paypal[423], entre otros. Sin embargo, hoy en día tanto empresas privadas como las Administraciones públicas están dotando a los ciudadanos con servicios de esta modalidad, algunos de ellos son:

- MODRIA inicialmente pensada para la resolución de disputas en Paypal y Ebay a los inicios del s. XXI. Se trata de una plataforma americana[424] de negociación escalable, diseñada por expertos en resolución de conflictos en línea. Tiene diversos ámbitos de actuación, facilita la comunicación con mediadores y árbitros. Según sus estadísticas resuelve más de 60 millones de disputas por año. El protocolo para llevar a cabo una mediación sobre un divorcio es el siguiente: Una vez el mediador recibe la petición para realizar la mediación en línea, se requiere a las partes el pago y aceptación de la mediación por fuera del software, posteriormente el mediador a través de un formulario solicita datos a las partes (información personal, niños, financiera... etc.), cumplimentado por las partes, el mediador abre la plataforma e invita a las partes a participar a través de un link, la plataforma permite enviar mensajes y documentos a una o a todos los participantes.
- Sistema ODR aprobado Ministero della Giustizia en Italia que otorga la posibilidad de acudir a esta plataforma de mediación civil electrónica que permite la gestión documental multimedia y que cumple los estándares de la legislación italiana que, además, para la interposición de determinadas acciones judiciales[425] se hace necesario acudir a un sistema de negociación de forma obligada previa judicialización del asunto. Esta plataforma posibilita realizar una mediación a través de una sala virtual, cuyo acceso es mediante una contraseña que provee el mediador a las partes y a sus abogados. El mediador puede excluir en todo momento a cualquiera de las partes que participan en

420 Ana García Montesinos. *Arbitraje y Nuevas Tecnologías*. Ed. Thomson Cuvitas. Madrid, 2007, págs. 52 y ss.

421 https://pages.ebay.com/services/buyandsell/disputeres.html#what

422 https://www.amazon.co.uk/gp/help/customer/display.html?nodeId=G9NMDH46UFNM-FNKN

423 https://www.paypal.com/us/webapps/mpp/security/seller-dispute-resolution

424 La compañía Modria fue adquirida en 2017 por Tyler Technologies, el principal suministrador de tecnología de los tribunales estadounidenses.

425 copropiedad, derechos reales, sucesión hereditaria, arrendamiento, indemnización por daños y perjuicios, entre otros.

la sesión de la sala de mediación, pudiendo incluirla en un momento posterior. De esta forma el mediador puede realizar «caucus» y negociar, en fases alternas, con una sola parte o con todas las partes que están conectadas a la sala de mediación.

- La Rechtwijzer Uit Elkaar[426] para divorcios en Holanda, se trata de una plataforma para la negociación online para aquellos cónyuges que desean divorciarse. A través de este sistema por vía electrónica describen su situación, hacen propuestas, pueden solicitar la ayuda de un mediador...etc. Además, en el caso de que lleguen a un acuerdo un abogado visa el convenio y en caso de darle el visto bueno será presentado ante un Tribunal para su homologación.
- MEDIARE es un sistema electrónico de gestión y tramitación de expedientes de mediación y arbitraje utilizado por el Ministerio de Justicia de Argentina[427] —también está adaptado a la regulación Española— y que provee servicios tanto de mediación electrónica como del proceso simplificado de mediación, permite la negociación automática contempla gestión de tiempos, calendarios y tareas, facturas de honorarios, control de expedientes, avisos y novedades, firma digital online, estadísticas e informes. Incorpora enlace a plataformas de videoconferencia externas.
- La Plataforma Europea de Resolución de litigios en línea (ODR)[428] regulada en el Reglamento 524/2013 del Parlamento Europeo y cuyo art. 5.4 estipula las funciones que ostenta como son: Facilitar un formulario electrónico de reclamación; informar de la reclamación a la parte reclamada; determinar la entidad o entidades competentes y transmitir la reclamación a la entidad de resolución alternativa que las partes hayan acordado utilizar; ofrecer gratuitamente un sistema electrónico de tramitación de asuntos que permita tramitar en línea el procedimiento; proporcionar a las partes y a la entidad la traducción de la información que sea necesaria y que se intercambie a través de la plataforma; facilitar un formulario electrónico para que las entidades puedan tramitar el procedimiento; proporcionar un sistema de comentarios para que las partes puedan expresar su opinión sobre el funcionamiento de la plataforma y sobre la entidad que haya conocido del litigio y poner a disposición pública información general sobre resolución alternativa de litigios, sobre las entidades incluidas en la lista, un manual en línea sobre el modo de presentar las reclamaciones, información sobre los puntos de contacto y datos estadísticos del resultado de los procedimientos. La plataforma fun-

426 https://rechtwijzer.nl/uit-elkaar

427 https://mediaciones.mjus.gba.gob.ar/

428 http://ec.europa.eu/consumers/odr/

ciona sobre la base de formularios electrónicos normalizados para optimizar la tramitación de las reclamaciones. Su funcionamiento se realiza con pleno respeto en materia de tratamiento de datos (art. 12), confidencialidad y seguridad de los datos (art. 13) en concordancia con el Reglamento (UE) 2016/679 de Protección de datos. Según las estadísticas de ofrecidas en su portal los principales sectores en los que se utiliza son en materia de transporte aéreo, artículos de vestir y relacionados con las TIC. Colabora con hasta 468 organismos de resolución alternativa de litigios que operan en toda la UE.

- Smalls Claims Online a través del Mediation Service de Reino Unido que funcionan de forma paralela a los Online Money Claims previamente descritos y que resultan aplicables de forma electrónica para aquellos asuntos de escasa cuantía de menos de 10.000£ a excepción de demandas por lesiones personales, accidentes de tráfico o reclamaciones por daños en viviendas.

En el presente campo, muchos de los sistemas cuentan con interfaces virtuales para llevar a cabo un proceso de negociación por vía digital ya sea asincromatica, sincromatica o de forma híbrida. Estos softwares deben proveer características semejantes a los propios SGP y demás aplicativos conexos a ellos que convergen en el ecosistema justicia, algunos, tienen programadas robotizaciones ayudadas por la estructuración del proceso a través de formularios e, incluso, con automatización de propuestas de acuerdo para las partes programadas por sistemas de IA. En esta última dirección se dirige el Proyecto Conflict Resolution with Equitative Algorithms (CREA)[429], impulsado por el Programa Justicia de la Unión Europea, en el que participan diversas universidades. Su finalidad no es otra que diseñar algoritmos para utilizarlos como herramienta de ayuda en los procedimientos judiciales ya sea para abogados, mediadores, jueces e, incluso, las propias partes y lograr gracias a sus capacidades alcanzar acuerdos.

8.3. Sistemas IA de predicción y valoración del riesgo

Se trata herramientas que gracias al procesamiento y análisis de conjuntos de datos permiten valorar —con cierta polémica al respecto por los posibles sesgos o prejuicios que conllevan— riesgos ya sea para reducir o prevenir el crimen, para sospesar posibles reincidencias en la comisión de delitos, conceder o no permisos penitenciarios, entre otras posibilidades. Como venimos exponiendo, no están exentas de debates éticos y jurídicos a la vista de que interfieren de forma clara con los derechos y garantías de los ciudadanos. No debemos olvidar que, por ejemplo, en el sistema penitenciario español desde

429 https://crea-project.eu.

1996 ya existían tablas de naturaleza actuarial de variables de riesgo y de circunstancias peculiares[430] para apoyar la valoración sobre la concesión o no de permisos que, en el fondo, se trata del origen práctico del funcionamiento de estos aplicativos de nuestro presente. En la actualidad algunos de los principales sistemas predictivos de IA que están (o estaban) desplegados son:

- Correctional Offender Management Profiling for Alternative Sanctions (COMPASS) es un sistema desarrollado por la empresa Northpointe Inc. que se utiliza(ba) en diversos Tribunales de EE. UU. La herramienta sirve para la evaluación del riesgo de reincidencia de un investigado por medio de un algoritmo que procesa los datos del expediente judicial y los resultados de una entrevista con el investigado. En función de estos, lleva a cabo una valoración de reincidencia del sujeto (en base a su historial, entrevistas y cuestionarios) sobre sus necesidades de empleo, vivienda o consumo de sustancias. De esta manera, el informe que genera el sistema muestra tres barras con una puntuación de 0 a 10, donde se distingue entre el riesgo de reincidencia que tiene el investigado antes del Juicio, el riesgo de reincidencia en general, y el riesgo de reincidencia violenta[431]. Sin embargo, tras el famoso caso Loomis[432] salió a la luz que el algoritmo del sistema tenía sesgos de raza de manera que provocaba como resultado valoraciones que perjudicaban a una comunidad racial y beneficiaban a otra. Así, en otros procedimientos de dicho país algunos jueces[433] han llegado a la conclusión de estas herramientas de evaluación de riesgo deben servir como otro elemento más al juzgador para decidir, lógicamente, y esto lo añadimos nosotros; cuando no conlleven sesgos que contaminen sus resultados.
- Harm Assessment Risk Tool (HART) es una herramienta de evaluación de riesgos utilizada en UK por la policía de Durham. El sistema contiene más de 4,2 millones de puntos de decisión, todos los cuales son interdependientes dentro de la estructura de árbol. Además, su base de datos utiliza 104.000 historiales de personas previamente arrestadas y procesadas en el transcurso de cinco años, con un seguimiento de dos años para cada decisión de custodia. Utilizando un método llamado «bosques aleatorios», el modelo analiza un gran número de combinaciones de «valores predictores», la mayoría de los cuales se centran en el historial delictivo del sospechoso, así como en la edad,

430 Véase la Instrucción 22/1996, de 16 de diciembre emitida por la Dirección General de Instituciones Penitenciarias.

431 Northpointe, Inc., Practitioner's Guide to COMPAS Core, (19 de marzo de 2015), http://www.northpointeinc.com/files/technical_documents/Practitioners-Guide-COMPAS-Core-_031915.pdf.

432 Corte Suprema de Winsconsin, Juez Ann Walsh Bradley: Sentencia el 13 de Julio de 2016

433 Malenchik contra el Estado, 928 N.E.2d 564, 574 (Ind.2010).

el género y el área geográfica. A través de estos inputs clasifica si en los próximos dos años un delincuente puede reincidir calificando al mismo de: alto riesgo, riesgo moderado o bajo riesgo. En cualquier caso, se trata de una herramienta orientativa siendo la decisión siempre del ser humano. Es cierto que existen debates sobre la precisión en sus resultados (probables, pero no concluyentes) ya que es propenso a criminalizar en exceso lo cual va en contra en el proceso penal del principio elemental del *in dubio pro reo.* Además, a medida que la herramienta va llevando a cabo evolutivos crece su opacidad y el efecto caja negra. Igualmente, a la vista de que el sistema se apoya en valores como el código postal residencial —entre otros— sus resultados contienen sesgos discriminatorios[434].

- Protocolo Riscavi que entró en funcionamiento en el año 2009 y ha sido desarrollado por el grupo de estudios avanzados en violencia de la universidad de Barcelona junto con los Servicios Penitenciarios de la Generalitat de Cataluña. Se trata de un sistema actuarial[435] para valorar las posibilidades de que una persona vuelva a delinquir una vez haya salido de la cárcel. El resultado del algoritmo se valida por la junta de tratamiento que será la responsable de valorar la propuesta efectuada por el sistema confirmando o rechazando la misma. Así, la herramienta otorga probabilidades de riesgo el quebrantamiento de condena, de violencia intrainstitucional, reincidencia violenta y la violencia autodirigida[436]. Los Tribunales[437] han valorado este sistema de forma positiva a la vista de sus predicciones rigurosas.
- Structured Assessment of Violence Risk in Youth (SAVRY) funciona con la misma lógica que el Riscanvi pero para predecir el grado de reincidencia juvenil, fue elaborado en 2003 en Estados Unidos. Actual-

434 Marion OSWAL, Jamie GRACE, Sheena URWIN & Geoffrey C. BARNES. «Algorithmic risk assessment policing models: lessons from the Durham HART model and 'Experimental' proportionality», *Information & Communications Technology Law*. 2018. págs. 223-250.

435 Algunos de los datos de riesgo sobre los que pivota el sistema son: inicio de la actividad delictiva, historia de violencia, problemas con conducta penitenciaria, quebrantamientos o incumplimientos, drogodependencia o alcoholismo, respuesta al tratamiento psicológico o psiquiátrico, intentos de autolesión, falta de recursos económicos, falta de apoyo familiar o social y valores pro-criminales. A su vez los correlaciona con otros datos o factores (más de 40) desde edad en el momento de la comisión del hecho delictivo, delito violento, duración de la pena, conflictos con internos, expedientes disciplinarios, regresión en grado, falta de planes de futuro, falta de apoyo familiar...etc.

436 Mercedes LLORENTE SÁNCHEZ-ARJONA. «Inteligencia Artificial, valoración del riesgo y derecho al debido proceso» en Sonia CALAZA y Mercedes LLORENTE (Dirs.) *Inteligencia Artificial legal y Administración de Justicia*. Ed. Aranzadi. 2022. págs. 371-394.

437 Véase a modo de ejemplo el Auto de la Audiencia Provincial de Barcelona n.° 498/2018 Sección 21.ª de 15 de marzo de 2018.

mente, es un instrumento utilizado por muchos países del mundo como Canadá u Holanda.

- EXPERTIUS se utiliza en México para asesorar a jueces y funcionarios sobre si un demandante tiene el derecho a una pensión. Sus predicciones se basan en información sobre reclamaciones pasadas, resultados de las reclamaciones, registros de audiencias y sentencias. El programa consta de tres módulos; 1.º) brinda a los jueces y empleados la oportunidad de comprender el proceso (el módulo tutorial); 2.º) permite a las personas usuarias proporcionar pruebas en apoyo de su caso y asignar prueba a cada pieza de documentación de respaldo (el módulo inferencial), y; 3.º) permite a las personas usuarias calcular el monto de la pensión a la que tienen derecho en función de criterios socioeconómicos específicos (el módulo financiero)[438].
- Sistema de Seguimiento Integral en los casos de Violencia de Género (VIOGEN) se trata del aplicativo de seguimiento integral en los casos de violencia de género del Ministerio del Interior de España[439] en funcionamiento desde 2007. Es un algoritmo de predicción del riesgo que se basa el contenido de dos cuestionarios test que se realizan con una diferencia temporal de un año. En base al análisis de estos cuestionarios el algoritmo permite clasificar el nivel de riesgo de tal manera que a su vez lleva un protocolo de actuación aparejado. En definitiva, permite una mejora de la prevención del delito y su reincidencia. En este caso los Tribunales[440] sí que han recalcado que el sistema no es infalible y que la valoración del riesgo en situaciones de violencia de género no debe quedar sometida a cuestiones formales —refiriéndose a que con independencia de los datos que nazcan del sistema VIOGEN, resulta necesario en esta materia cumplir los protocolos establecidos[441]— a fin de prevenir y evitar las consecuencias del maltrato.

---

438 Bell F., Bennett Moses L., Legg M., Silove J., Zalnieriute M.. «AI Decision-Making and the Courts: A Guide for Judges, Tribunal Members and Court Administrators». *Australasian Institute of Judicial Administration*. 2022.

439 https://www.interior.gob.es/opencms/en/servicios-al-ciudadano/violencia-contra-la-mujer/sistema-viogen/index.html

440 Véase la Sentencia de la Audiencia Nacional, Contencioso sección 5 del 30 de septiembre de 2020 (ROJ: SAN 2350/2020 – ECLI:ES:AN:2020:2350). Recurso: 2187/2019.

441 En dicho caso se denotó que no se contemplaron los parámetros de investigación policial determinados en el Protocolo para la Valoración Policial del nivel de riesgo de violencia de género (en los supuestos de la Ley Orgánica 1/2004, de 28 de diciembre) y de gestión de la seguridad de las víctimas (anexo a la Instrucción 7/2016 de la Secretaría de Estado de Seguridad, por la que se establece un nuevo Protocolo para la valoración policial del nivel de riesgo género —Ley Orgánica 1/2004— y de gestión de la seguridad de las víctimas) aunque el sistema VIOGEN no calificó la existencia de posibles riesgos.

- Sistemas de policía predictiva IA para la prevención o reducción del crimen, su contención y la optimización de recursos policiales. Muchos de estos sistemas se encuentran en constate debate por el precio que supone de pérdida de derechos con su uso frente a los beneficios que aporta, además del trasfondo ético y jurídico que traslucen en relación a los derechos y garantías de los valores occidentales sustentados en el Estado de Derecho. Distintos autores como Vicente Guzmán[442] distinguen entre dos modelos de sistemas según el objetivo pretendido:
  - Sistemas Place based: Que se fundamentan en el análisis de datos para tratar de establecer que lugares o momentos son los más probables para que se cometa un delito. Algunos ejemplos son: PredPol, Risk Terrain Model (RTM), HunchLab, FERGUSON, A. G, entre otros.
  - Sistemas person-based: En este caso el análisis se centra de forma individualizada hacía los posibles sujetos proclives a cometer hechos delictivos haciendo lo que se conoce como un perfilado criminal. La doctrina[443] reconoce la existencia de resultados sesgados de esta tipología de sistemas sobre determinados grupos, localizaciones, etc.

Tal hemos señalado estos sistemas en ocasiones pueden servir de ayuda, apoyo o soporte para la toma de una determinada decisión. Sin embargo, no deben utilizarse como único elemento de la misma, sino como una herramienta más junto al resto de factores a tener en cuenta y que entran en juego para adoptar la decisión. Además, en distintos casos se apercibe la existencia de sesgos, prejuicios, falta de transparencia de los algoritmos, así como claras interferencias con las garantías y derechos de nuestro sistema de convivencia. Otro claro ejemplo se dilucida de la Sentencia del Tribunal del Distrito de La Haya[444] cuyos efectos se expandieron en Holanda, en relación a un sistema que la administración utilizaba para detectar el fraude en la gestión de ayudas sociales en el ámbito fiscal («System Risk Indication» (SyRI)). El Tribunal consideró que su despliegue era contrario al art. 8 del Convenio Europeo de Derechos Humanos pues suponía una clara intromisión en la vida privada, así como que carecía de la transparencia necesaria para verificar la puridad de sus algoritmos en tanto no se había puesto a disposición

442 Vicente GUZMÁN FLUJA. «Ideas para un debate sobre la predicción del crimen» en Sonia CALAZA y Mercedes LLORENTE (Dirs.) *Inteligencia Artificial legal y Administración de Justicia*. Ed. Aranzadi. 2022. págs. 289-326.

443 MUGARI, I., OBIOHA, E. E., «Predictive Policing and Crime Control in The United States of America and Europe: Trends in a Decade of Research and the Future of Predictive Policing», *Social Sciences*, cit., pp. 9-10.

444 C-09-550982-HA ZA 18-388 SyRI legislation in breach of European Convention on Human Rights ECLI:NL:RBDHA:2020:1878.

del público ni del tribunal el modelo de riesgo, los indicadores de riesgo pertinentes, ni los datos exactos utilizados, entre otras cuestiones.

8.4. Sistemas de IA coadyuvantes para optimizar y agilizar el trabajo al órgano judicial

En el presente caso englobaría aquellos sistemas IA capaces de llevar a cabo diversas funciones que asisten a los actores del órgano judicial de manera que potencian sus capacidades con el consiguiente beneficio que ello produce para la aplicación de la Ley.

- PROMETEA es uno de los sistemas más conocidos, utilizado en Argentina y que ha sido reconocido un caso de éxito mundial en el ámbito de la Justicia por la publicación n.º 31 de la Organización para la Cooperación y el Desarrollo Económicos (OCDE) sobre Gobernanza Pública[445]. De acuerdo con la página web[446] del Ministerio público de ese país se caracteriza por: a) posee una interfaz intuitiva y fácil de usar que permite «hablar» a la máquina o chatear a partir de un reconocedor de lenguaje natural; b) opera como sistema experto con multiplicidad de funciones, que permite automatizar datos y documentos y realizar asistencia inteligente; c) utiliza técnicas de machine learning supervisado y de identificación de patrones (clustering), a partir de etiquetado manual y de máquina con dataset de entrenamiento, a efectos de realizar predicciones y/o detecciones en grandes volúmenes de documentación. Asimismo, tiene la capacidad de generar informes, filtro de documentación, elaborar indicadores con gráficos comparativos, proporcionar respuestas de manera automática a preguntas, predecir soluciones a casos judiciales, contrastar documentos e información de forma automatizada, elaborar bases de datos (filtrando, sistematizando y clasificando) de diversa información del expediente, elabora resoluciones de forma automática, entre otras. Algo muy destacable del aplicativo es su polivalencia en tanto permite su uso a cualquier perfil (jueces, fiscales…) a la vista de su maleabilidad, lo cual proporciona una mejora en la optimización de recursos que revierte en el servicio público de la justicia.
- PretorIA en Colombia nace tras la experiencia de Prometea en dicho país de la que se originó un extenso debate por la opacidad en cuestiones de funcionamiento y el proceso de toma de decisiones, también por vacíos atinentes a la privacidad y confidencialidad de las personas involucradas en los casos procesados por el sistema de IA.

---

445 Véase Ubaldi, B., & otros. «State of the art in the use of emerging technologies in the public sector». *OECD Working Papers on Public Governance* (31). OECD Publishing. 2019.

446 https://mpfciudad.gob.ar/institucional/2020-03-09-21-42-38-innovacion-e-inteligencia-artificial

Por estos motivos, decidieron desarrollar una nueva aplicación, en este caso con mayor transparencia y explicabilidad que tuvo su lanzamiento en 2020 basándose en el modelado de temas en lugar de redes neuronales[447].

- Fiscal Robot en China, en este caso en Shanghái, que junto a los avances que han llevado a cabo con las Smart Courts, han ideado un sistema encargado de acusar en algunos delitos con escasa dificultad probatoria. Esta IA ha sido entrenada utilizando más de 17.000 casos acaecidos entre los años 2015 y 2020. De esta manera es capaz de formular escritos de acusación con base a meras descripciones verbales. Por el momento sólo ha sido capaz de procesar ocho tipos de delitos: Fraude con tarjetas de crédito, juegos de azar, conducción imprudente, asalto intencional, obstrucción a un oficial, robo, fraude e incluso disidencia política. Su finalidad es la descarga de trabajo de los fiscales para que puedan centrar en los casos más complejos.
- Split UP es un sistema que se utiliza por los tribunales australianos de derecho de familia. Su funcionamiento tiene fundamento en algoritmos que tratan de anticipar posibles controversias de propiedad en el ámbito de divorcios y asuntos de familia. La herramienta la utilizan los jueces para apoyar su decisión a la hora de determinar qué porcentaje de patrimonio común debe atribuirse a cada parte en función de factores diversos tales como las contribuciones, fuentes de ingresos y necesidades futuras. El aplicativo analiza 94 elementos clave utilizando técnicas estadísticas basadas en la arquitectura de redes neuronales[448].
- Sistemas que permite elaborar posibles coartadas, hechos acontecidos y de valoración de la prueba. En este caso difieren de los anteriores, pero tienen una finalidad semejante: apoyar la acción judicial. Tal y como hemos expuesto existen autores como Nieva-Fenoll[449] que ponen en relieve los distintos inconvenientes que pueden acontecer con el uso de estas herramientas, entre ellas: falta de creatividad y esclavitud de hipótesis de los relatos pasados ya que la base de datos en la que se apoya para llevar a cabo sus resultados proviene de hechos que no se pueden adverar sobre sus posibles errores.

---

447 Lucía CAMACHO GUTIÉRREZ, Juan Diego CASTAÑEDA GÓMEZ y Víctor P. SAAVEDRA RIONDA. «Enthusiasm and complexity: Learning from the "Prometea" pilot in Colombia's judicial system». *Global Information society watch: Artificial Intelligence: Human rights, coial justice and development*. 2019.

448 ZELEZNIKOW J., STRANIERI A.«The split-up system: integrating neural networks and rule-based reasoning in the legal domain». *ICAIL: Proceedings of the 5th international conference on Artificial intelligence and law*, 185-194. 1995.

449 Jordi NIEVA-FENOLL. *Inteligencia Artificial y proceso judicial. Proceso y Derecho*. Ed. Marcial Pons. 2018.

Sistemas de elaboración de coartadas e hipótesis.

- ALIBI que permite la (re)construcción y pronóstico de posibles hechos y coartadas atinentes a un sujeto en relación a un hecho delictivo bajo en macro procesamiento y análisis de todos los datos (pruebas, declaraciones, documentos...etc.) existentes sobre el asunto.
- STE – VIE posibilita la construcción de historias coherentes partiendo de unos hechos y relacionándolos su base de datos.

Sistemas de valoración de prueba.

- AD- VOKATE para valorar la credibilidad de los testigos. Para ello analiza diversos factores como la distancia del observador, la visibilidad, gestos, el conocimiento previo entre el testigo y la persona observada, el lapso de tiempo de observación, la competencia del testigo —edad y maduración mental y capacidad— y si se detectaron errores en la descripción del acusado en contraste con la realidad del mismo.

La innovación en el desarrollo de herramientas que asisten (o sustituyen) al capital humano de los tribunales está en sus inicios. Lo que es seguro es que el proceso no va a paralizarse y proseguirá su evolución con el trasfondo ético-jurídico que conlleva. A parte de los que hemos descrito existen muchos más como es el caso de ASSYST como herramienta que ofrece directrices a los jueces en Canadá para elaborar sus Sentencias o herramientas como QUESTMAP, ARGUMED o CATO50 que ayudan a estructurar los argumentos jurídicos[450], entre otras muchas.

8.5. Herramientas de predicción del resultado de una acción judicial

Se trata de aquellas que, tras el procesamiento de multitud de resoluciones judiciales obtenidas de las bases de datos de jurisprudencia, tienen la funcionalidad de anunciar los posibles resultados de un procedimiento antes de su inicio. A priori podría pensarse que ello permite a las partes sopesar la estrategia de llevar a cabo la vía judicial o someter el conflicto a una vía alternativa de resolución de controversias. Sin embargo, el trasfondo de estas herramientas tienen diversos riesgos y se encuentran a discusión —en Francia por el momento han sido prohibidos con penas de hasta 5 años como ya hemos descrito en otro capítulo— ya que no sólo tienen la funcionalidad de establecer los porcentajes de estimación o desestimación general ante supuestos semejantes, sino que para llevar a cabo sus predicciones tienen la

450 NISSAN, E. «Digital technologies and artificial intelligence's present and foreseeable impact on lawyering, judging, policing and law enforcement». *AI & Soc* 32, 441-464 (2017).

capacidad de realizar un perfilado de los responsables que emiten la resolución con las consiguientes consecuencias... y ya no sólo frente a los propios jueces sobre los que se conocerá sus posturas ante determinada tipología de casos sino, especialmente, las interferencias que ello puede llegar a generar en los procesos judiciales ante posibles fraudes que pueden acontecer en las primeras instancias dado que, cabe la posibilidad tras el reparto de un asunto, que la parte realice un desistimiento como consecuencia del juzgado al que le ha tocado conocer el mismo. Igualmente, estos aplicativos (y la base de datos sobre la que apoya sus predicciones) no pueden tener en cuenta todos los avatares procesales acontecidos a lo largo del proceso judicial, sino que sólo se nutre de las resoluciones obtenidas de bases de datos jurisprudencias o las estadísticas judiciales.

- JURIMETRIA[451] se trata de una herramienta de analítica jurisprudencia desarrollada por LA LEY e implantada en territorio español que permite llevar a cabo la estrategia procesal más idónea para conseguir la estimación en el procedimiento se apoya de gráficos interactivos y sus decisiones nacen del análisis de millones de decisiones judiciales. Tiene seis módulos: sobre el caso dónde evalúa los parámetros críticos para el éxito de la acción judicial sobre la jurisprudencia más relevante; sobre el magistrado procesando su trayectoria, línea argumental y posicionamiento; sobre los abogados pues perfila a la contraparte sobre su trayectoria (pleitos ganados vs perdidos); sobre empresas y en cuantos procedimientos han sido parte; sobre los tribunales dando a conocer la duración media de los procedimientos y probabilidades de recurso; sobre organismos públicos exponiendo cuando han sido parte en un procedimiento judicial.
- Sistema de predicción de veredictos del Tribunal Europeo de Derechos Humanos (TEDH) desarrollado por científicos de la Universidad de Sheifield (UK) y de la Universidad de Pensilvania (EE. UU.)[452]. El sistema predice con gran precisión, concretamente con un 79 % los veredictos del TEDH. Esto lo realiza a través de un análisis de texto utilizando un algoritmo de aprendizaje automático. Resulta que las Sentencias de este Tribunal son más realistas que formalistas y según las conclusiones a las que se han llegado mediante el análisis del fondo jurisprudencial de este Tribunal (600 de sus resoluciones) es que los factores más fiables para predecir la decisión son: el lenguaje utilizado y los temas y las circunstancias mencionadas en el caso. De esta manera la IA busca patrones en el texto para realizar la predicción.

451 https://jurimetria.laleynext.es/content/Inicio.aspx

452 ALETRAS, N.; TSARAPATSANIS, D., PREOTIUC-PRIETO, D. Y LAMPOS, V. «Predicting judicial decisions of the European Court of Human Rights: a Natural Language Processing perspective» *PeerJ Computer Science*. 2016.
Language Processing perspective, PeerJ Computer Science 2:e93, pp. 1 y ss.

8.6. Otras herramientas de IA que favorecen el trabajo diario del sector justicia

En este apartado englobamos un conjunto de aplicativos desplegados con distintas funcionalidades todas ellas tendentes a facilitar el adecuado desarrollo de la justicia con las mejoras que traen consigo los desarrollos tecnológicos de nuestro presente.

- Sistemas de Anonimización.
  - KENDOJ desarrollado por el CGPJ español con tecnología machine learning y su finalidad es llevar a cabo la seudonimización automática de un documento y el acceso automático mediante vínculos a la legislación y jurisprudencia. Este servicio facilita la seudonimización y el acceso a las decisiones judiciales por los usuarios externos del Poder Judicial.
  - ADIA[453] implantada por el Ministerio de Justicia en España y que utiliza servicios de inteligencia artificial para anonimizar la información contenida en un documento, previa identificación de las entidades susceptibles de ser anonimizadas, con el fin de generar un nuevo documento que pueda divulgarse y utilizarse sin necesitar ninguna autorización ni consentimiento. Se trata de un servicio seguro que permite a los operadores jurídicos en su trabajo diario, manejar documentos judiciales (notificaciones, demandas, escritos, etc.). De esta manera, reduce el riesgo de identificación de personas, localizaciones, códigos de identificación personal, organismos, fechas, roles, etc.
- Chatbots.
  - Do not pay ofrece asesoría legal sobre multas e infracciones de tráfico que actualmente funciona en 50 estados norteamericanos que en pocos meses logró la condonación de más de 375.000 multas por mal estacionamiento.
  - Bot jurado[454] se trata de un asistente en línea del Tribunal Superior de Los Ángeles que ayuda a las personas con sus multas de tráfico. Utiliza servicios de traducción y compresión del lenguaje natural. Asiste a más de 5.000 ciudadanos cada semana y habla hasta cinco idomas.
  - AskKaria para preguntas legales básicas.
- Programas de legal questión answering.

---

453 https://adia.justicia.es/inicio

454 https://ww2.lacourt.org/traffic/ui/trafficOS.aspx?s=1&language=2

- ROSS se trata de un robot abogado cuyos sistemas algorítmicos tenían como misión la revisión de miles de documentos legales para buscar datos que sirvieran para resolver los pleitos. Se encuentra en funcionamiento desde 2016 y permite ahorra tiempo a los abogados pasantes o becarios.
- ALEXEI permite la elaboración de informes jurídicos gracias a los algoritmos de aprendizaje profundo supervisado.
- COIN es un software que interpreta documentos legales que permite a una consultoría legal ahorrar tiempo y dinero.

– Sistemas de IA para la investigación judicial.

- VERIPOL se trata de un sistema de inteligencia artificial basado en técnicas de procesamiento del lenguaje natural y aprendizaje automático que es utilizada por la Policía Nacional en España con el ánimo de identificar si las denuncias presentadas son falsas por medio de identificación de patrones de comportamiento a partir de los datos. Tiene aproximadamente un 90 % de fiabilidad.
- Sistema automatizado de identificación dactilar (SAID) utilizado por el FBI y cuya base de datos cuenta con las huellas dactilares de todas las personas que han sido detenidas y cuentan con antecedentes penales. Es capaz con técnicas de IA de identificar la existencia de coincidencia entre la huella que se investiga con las almacenadas en su sistema.

Otros aplicativos implantados en Justicia que optimizan procesos con IA:

– INTERNACIONALES:

- Vidhik Anuvaad Software (SUVAS): Se trata de un programa de IA inplantado en India que traduce las decisiones y órdenes a nueve idiomas locales diferentes. Tiene como objetivo facilitar a las personas que no hablan inglés el contenido de las resoluciones y ayudarles a comprender mejor los términos judiciales. Se presentó por el Tribunal Supremo en 2019[455].
- Transcriptores:
  - » TERES es un transcriptor en vivo en funcionamiento desde 2023 utilizado en las audiencias de la Corte Suprema en India[456].

---

455 Press Trust of India, Software developed to translate SC judgments in 9 vernacular languages: Law Minister RS Prasad, disponible en: https://www.business-standard.com/article/pti-stories/software-developedto-translate-sc-judgments-in-9-vernacular-languages-law-minister-rsprasad-119121200851_1.html

456 Mint (2023). Bangalore techies bring AI to Supreme Court for the first time, disponible en: https://www.livemint.com/news/india/supreme-court-uses-aibased-transcript-for-the-first-time-here-s-how-it-works-11677403522929.html.

» ICTS es un sistema de transcripción inteligente implementado en Singapur posibilitando a las partes y a los jueces revisar los testimonios *in situ*. Su funcionamiento se sustenta mediante el uso de redes neuronales entrenadas con modelos de lenguaje y términos específicos del dominio (como la terminología legal)[457].

- Intelligent Trial 1.0 es un sistema de gestión documental (procesal) utilizado en China[458] que realiza numerosas tareas de flujo de trabajo con la ayuda de IA. Algunos ejemplos: Escanea y digitaliza automáticamente los expedientes; clasifica los documentos en expedientes electrónicos; empareja a las partes con las partes de los casos existentes; identifica las leyes, los casos y los documentos jurídicos pertinentes que deben tenerse en cuenta; genera todos los documentos procesales necesarios para el tribunal, como notificaciones y sellos; y distribuye los casos a los jueces para que puedan ponerse en marcha.
- Victor IA System implantado en el Tribunal Supremo de Brasil gracias a la colaboración de la Universidad de Brasilia. La herramienta verifica los requisitos necesarios para admitir apelaciones (que el asunto tenga repercusión general) de forma automatizada. El conjunto de datos utilizado para capacitar al sistema contiene más de 100.000 demandas y casi tres millones de expedientes de casos extraídos en un período de dos años (2017-2019). Tiene la funcionalidad de analizar la documentación en formatos variados ya sean documentos estructurados o no[459].
- SUPACE[460] utilizado en la Corte Suprema de India (y en versión piloto en Tribunales Superiores de Bombay y Delhi) tiene el objetivo con técnicas de IA recopilar y analizar datos para la catalogación de un gran número de decisiones judiciales para su procesamiento y aplicación a los diversos casos ya sea para comprender la matriz de hechos de instancias específicas o para realizar una investigación dinámica de los precedentes. Este aplicativo no toma decisiones, sino que colabora para permitir la misma en base a precedentes.

– NACIONALES.

- CALCULADORA 988, tiene la misión de evitar posibles errores en el cálculo en las acumulaciones de condenas bajo el uso de IA de forma

457 LEE J. «Legal Tech-ing Our Way to Justice». 2020 en *Kit de herramientas global sobre IA y el Estado de derecho para el poder judicial*. Publicado por la Organización de Naciones Unidas para la Educación, la Ciencia y la Cultura. UNESCO. 2023. pág. 79.

458 Dra. Miriam STANKOVICH. *Kit de herramientas global sobre IA y el Estado de derecho para el poder judicial*. Publicado por la Organización de Naciones Unidas para la Educación, la Ciencia y la Cultura. UNESCO. 2023.

459 SALOMAO L. F., BRAGA R. «El papel del Poder judicial en la realización de la Agenda 2030 de la ONU». 2020. Disponible en: https://www.conjur.com.br/2021-jul-09/salomao-braga-judiciario-agenda-2030-onu.

460 SHANTHI S. «Behind SUPACE: The AI Portal Of The Supreme Court of India». 2021. Disponible en: https://analyticsindiamag.com/behindsupace-the-ai-portal-of-the-supreme-court-of-india/

que agiliza significativamente las comprobaciones y aritmética a realizar. El algoritmo sobre lleva a cabo las operaciones ha sido definido por Fiscalía del Tribunal Supremo y se fundamenta en el art. 988 LECrim, el art. 76 del CP y el Acuerdo del Pleno no jurisdiccional de la Sala Segunda del Tribunal Supremo del 27 de junio de 2018. El cálculo se realiza tomando como referencia las sentencias por orden cronológico de fecha de sentencia condenatoria y se realizan todas las combinaciones de bloques de acumulación posibles, incluyendo en el bloque las sentencias con fecha de los hechos anterior a la referencia.

- Proyectos de automatización robótica de procesos (RPA)[461] diseñados para mejorar la eficiencia de la AJU ahorrando costes y liberando a la persona de tareas mecanizadas entre ellos destacar:
  - » Textualización de vistas: A través del procesamiento de archivos de vídeo o audio de actos judiciales celebrados y grabados que obran en el expediente judicial. La herramienta se basa en técnicas de aprendizaje neuronal y se integra con los sistemas de grabación de las Salas de Vistas. De esta manera se permite conocer de forma escrita lo acontecido en la grabación del acto procesal. Según datos del Ministerio de Justicia ya se han realizado más de 1.400.000 textualizaciones en aquellos territorios que se encuentra implantada[462].
  - » La automatización de trámite sobre expedientes de nacionalidad por residencia que según el Ministerio ha conseguido robotizar en menos de dos meses más de 2.800.000 expedientes de solicitud.
  - » La robotización de la CDCJ que ha permitido alcanzar más de 80.000 operaciones.
  - » El proceso de robotización de cancelación de antecedentes penales que en poco tiempo ha lanzado 442.000 propuestas de cancelación.
  - » Proyectos de automatización robotizada de consultas con otros organismos (Dirección General de Policía, la Abogacía del Estado, la Fiscalía, la Agencia Española de Protección de Datos o la Audiencia Nacional) y el MJU.
  - » Herramienta de extracción automática de estadística judicial de los juzgados de primera instancia e instrucción del territorio MJU, Asturias y La Rioja. Esta herramienta elimina el proceso de contabilización manual de los asuntos y su estado (cuyo encargado es el LAJ) lo cual permite ahorrar tiempo, así como mejorar la homogeneización de los datos.

---

461 Véanse las notas de prensa del Ministerio de Justicia de fecha 13/10/23 y 16/10/23.

462 Actualmente se encuentra implantada en todas las Comunidades del Territorio Ministerio (Baleares, Castilla-La Mancha, Castilla y León, Ceuta, Extremadura, Melilla y Región de Murcia), Canarias, Andalucía, Galicia, Asturias y Madrid.

9. Conclusiones

Las tecnologías de IA van a cambiar el futuro de la humanidad. En los últimos años su evolución está infiriendo un impacto directo en multitud de capas y sectores que vertebran los pilares de nuestro sistema de convivencia. Nos encontramos ante una nueva revolución histórica que por seguro supondrá un cambio en la forma de ver el mundo. Estos avances traen causa de la nueva etapa dentro del proceso de transición a lo digital, pero no están exentos de riesgos y amenazas que deben ser aplacados. La historia demuestra que ante un cambio acelerado (de progreso) social no siempre acarrea un beneficio a todos los colectivos. No es menos cierto que la población mundial en nuestro presente vive mejor que sus antepasados, como consecuencia del trabajo organizativo llevado a cabo por la humanidad tras los sucesivos hitos históricos derivados de las revoluciones industriales y sus efectos, los cuales, supusieron en cada momento, la creación de mecanismos para adaptarse a cada escenario. Eso es lo que distingue al ser humano del resto de animales, su capacidad de adaptación. Sin embargo, no podemos negar que en cada momento de cambio también han surgido movimientos de oposición. Un ejemplo fue el ludismo cuyos integrantes reaccionaban frente al proceso de industrialización con el fundamento de que las máquinas les quitaban el sustento y empleo. Hoy, ese movimiento se ha renombrado como neoludismo para expresar el rechazo ante los progresos tecnológicos y sus efectos en la sociedad.

Las nuevas tecnologías deben servir de herramienta o instrumento al servicio de la humanidad para mejorar nuestro presente, pero no a toda costa y bajo el sacrificio de lo conseguido a lo largo de nuestra historia y que ha supuesto el advenimiento del actual estado del bien estar. Esta nueva etapa hacia el estado social digital ocasionará reajustes para alcanzar, nuevamente, la (re)adaptación al nuevo escenario.

El uso de las nuevas tecnologías ofrece una perspectiva beneficiosa, pero no puede dudarse que tiene un carácter amenazador para el sistema jurídico como hasta ahora lo hemos venido concibiendo. Es aquí donde el derecho, como campo científico, debe afrontar el reto por desconocidas, imprevisibles o apocalípticas que puedan ser los efectos que pudiesen ocasionar esta nueva situación. Es cierto que algunos pasos ya se han llevado a cabo, ejemplos que nos tocan de cerca son la hoja de ruta europea para afrontar el proceso de digitalización con mecanismos como las estrategias europeas en materia de datos, ciberseguridad, interoperabilidad, para fomentar un mercado único digital y, recientemente, en el sector de la IA. Estos planes de acción traen consigo disposiciones normativas para alinear el contexto digital a nuestra realidad. La Carta de derechos digitales es otro ejemplo más en clave nacional que viene a asentar los principios básicos ante este nuevo escenario de dependencia que supone el espectro digital y los (posibles) conflictos que van a nacer del desequilibrio actual entre derechos y economía digital frente a las potenciales oportunidades y riesgos a los que se enfrenta la sociedad digital. Algunos autores como Xiol Rios[463], abogan por una futura reforma constitucional y la creación de nuevos derechos fundamentales ante el nuevo contexto como: (i) la libertad cognitiva, que consiste en garantizar que no habrá brechas raciales, sociológicas, de edad o de otro tipo en el acceso a las técnicas digitales; (ii) el derecho a la privacidad mental: este derecho tiene que garantizar que el acceso mediante neurotecnología al sistema cerebral no permita la utilización de los datos obtenidos con fines ajenos a los fines diagnósticos o clínicos pretendidos; (iii) el derecho a la integridad mental, que garantice que la utilización de los sistemas de neurociencia no cause daños al sistema mental de las personas y; (iv) el derecho a la identidad personal, mediante el cual se garantice que las técnicas de inteligencia artificial no produzcan una alteración del sustrato mental o condicionen la personalidad de manera tal que conlleve una alteración de la conciencia, de la experiencia y la conducta basada en la alteración forzada de los intereses y gustos de la persona o en explotar su redundancia o reduplicación.

La creación de un nuevo *Corpus iuris digitalis* está en sus inicios para fraguar el marco jurídico que aproveche las ventajas de las innovaciones tecnológicas para ganar en competitividad económica, e impulsar la prosperidad y el bienestar de los ciudadanos, en un entorno neotecnológico seguro, fiable y compatible con los valores y principios que inspiran la Carta de los Derechos Fundamentales de la Unión Europea.

Dentro de este panorama nos encontramos la IA, donde historiadores y filósofos como Juva Noah Harari[464] ponen en relieve cuestiones trascendentales derivadas de esta nueva revolución pues, hasta el momento, la inteligencia siempre ha ido de la mano con una consciencia desarrollada. De esta manera, sólo los seres conscientes podían realizar tareas que requerían inteligencia (jugar al ajedrez, diagnosticar enfermedades, conducir automóviles...etc.). Sin embargo, el desarrollo de nuevos tipos de inteligencia no consciente tiene la capacidad de realizar tareas de forma más óptima que los humanos sobre la base del reconocimiento de patrones, algoritmos, procesamiento de datos...etc. Lo cual lleva al pensador a plantearse la pregunta de: ¿qué es realmente lo importante: la inteligencia o la consciencia? Teniendo en cuenta el avance de estos sistemas esta incógnita no se trata de una mera cuestión reflexiva sino más bien política y económica de carácter imperativo. Basta con ver las tensiones geopolíticas[465] como consecuencia de los efectos que pueden acarrear la utilización de estas tecnologías donde las fronteras tradicionales no permiten hacer frente al espectro digital.

---

463 Juan Antonio Xiol Rios. «Debate sobre Ética e Inteligencia Artificial». *Actualidad Civil*, n.º 11, 2022. Ed. La Ley.

464 Juva Noah Harari. *Homo Deus: Breve historia del mañana*. Ed. Penguin Ramdom House. 2015. Pág. 341.

465 Un ejemplo que hemos descrito es el caso de la red social Tiktok.

Ante la incertidumbre del futuro que nos espera, los países se están dando cuenta que, a la vista de la magnitud y consecuencias de estos avances, lo más adecuado y sensato es fraguar mecanismos de gobernanza mundial para colaborar en el uso de la IA[466]. Es cierto que los puntos de vista pueden ser distintos, como hemos expuesto; la visión de China no es igual que EE. UU., y esta tampoco se asemeja a la de Europa. En la actualidad existen multitud de foros internacionales sometidos a consensos científicos que ahondan en todo lo referente a esta materia. Es el momento de aunar las fuerzas para construir una estructura de gobernanza adecuada y robusta, acorde al reto que tenemos por delante. Una posibilidad sería afrontarlo con modelos semejantes a otros desafíos pasados (y aún presentes) como pueden ser en materia atómica o climática cuyas asociaciones de esfuerzos se realizan con instituciones como el Organismo Internacional de la Energía Atómica[467] o el Grupo Intergubernamental para el Cambio Climático[468]. Mientras tanto en la UE, estos esfuerzos tienen como resultado el Comité Europeo de IA apoyado por la Oficina de IA, grupos de trabajo de diversa índole, un foro consultivo y comisiones de expertos científicos independientes.

En el presente trabajo se han expuesto muchos de los elementos a tener en cuenta para la adecuada instauración de estas tecnologías en nuestro mundo y, muy especialmente, en el contexto Justicia. Si bien, los (3) factores más relevantes que nos gustaría ensalzar son los referentes a los conceptos: (i) Human in the loop que refiere a la necesaria intervención humana en cada ciclo de decisión del sistema aunque a veces no es posible ni deseable; (ii) Human on the loop que atiene a la capacidad de intervención humana durante el ciclo de diseño del sistema y la supervisión de su funcionamiento, y; (iii) Human in the command que alude a la capacidad de supervisar la actividad global del sistema y sus impactos en sentido amplio (social, económico, jurídico y ético) y la potestad de decidir cuándo y cómo utilizar el sistema en cada situación determinada. Es decir, establecer niveles de discreción humana durante el uso del sistema o garantizar la capacidad de imponerse a una decisión tomada por el sistema. De ahí la importancia de valorar en determinados extremos para su uso, componentes vitales como la proporcionalidad, necesidad y el valor superior del interés general.

En otras palabras, el suministro y uso de la IA debe estar centrado en las personas, hacia el bien común y la promoción del bienestar de la humanidad. La virtud en este camino se centrará en la búsqueda del equilibrio entre las ventajas e inconvenientes con los dilemas ligados a ello en cada caso[469] para alcanzar el éxito en el proceso.

---

466 Véase como ejemplo la Declaración Bletley de 1 de noviembre de 2023 donde hasta 28 países incluidos EE. UU. y China alcanzaron acuerdos de colaboración en esta materia.

467 https://www.iaea.org/es

468 https://www.ipcc.ch/

469 Algunos ejemplos que se han expuesto en el trabajo sobre el uso de la IA atienen a las

En el campo de la Administración las posibilidades que nos brinda la implantación de IA son infinitas para optimizar el funcionamiento del servicio público y, concretamente, en el sector de la AJU como hemos analizado a lo largo del estudio. Como no puede ser de otra forma, siempre sobre la base y sumo respeto de principios insoslayables como son; los derechos fundamentales, la no discriminación, la calidad y seguridad en el ciclo de suministro del sistema, la necesaria transparencia, imparcialidad y explicabilidad en el funcionamiento, así como el obligatorio control del usuario. La incorporación de una regulación en el ámbito judicial con la instauración en el proceso de las denominadas actuaciones automatizadas, proactivas y asistidas que trajo consigo la reciente «Ley Ómnibus», supone una propuesta pionera e innovadora dentro de la Administración (judicial) Electrónica de nuestro país. En el mismo sentido se ha percibido en la esfera internacional la promulgación del RIA en el seno de la UE.

Las peculiaridades de nuestro sistema judicial imponen que se tengan que tomar medidas de seguridad y control en el proceso de implementación de estas tecnologías para paliar los riesgos que vienen de la mano de las mismas (sesgos, opacidad...etc) frente a los derechos y garantías que existen en el proceso y sistema judicial (derecho de defensa, juicio justo, principio de igualdad, independencia judicial...etc.). Si bien, de todo ello podemos afirmar sin lugar a dudas que en un futuro cercano y por el momento, nos encontramos lejos de que una IA pueda apropiarse y gobernar nuestro sistema judicial. Pero ello no implica que existan considerables riesgos dignos de estudio y debate en la necesaria medida, ya que la incorporación de estas tecnologías podría suponer un caballo de trolla en el sistema con la consiguiente pérdida de confianza por los ciudadanos y las funestas consecuencias que implicaría para nuestro Estado de Derecho. Uno de los puntos de partida ineludibles consiste en reducir la brecha digital tomando como respuesta una adecuada formación social como pilar fundamental de todo proceso de cambio.

El desafío ha comenzado, ¿podremos estar a la altura?

---

cuestiones sobre la delimitación de la responsabilidad civil derivada de sus daños, el alcance y protección de la propiedad intelectual de los datos con las que se entrenamiento, disyuntivas ético-morales, necesario código fuente abierto de estos sistemas...etc. Existen otras muchas que no se han analizado como p.e. la instauración o no de una personalidad jurídica a la IA o los nuevos derechos que están naciendo en el mundo digital.

CONSIDERACIONES FINALES

Nos encontramos en un momento histórico de suma importancia para afrontar el camino que debe tomar la humanidad. Los avances tecnológicos de nuestro tiempo gradualmente están poniendo en jaque los pilares que vertebran los estándares de convivencia que se han fraguado como consecuencia de la evolución histórica acontecida. El proceso de digitalización, en fase incipiente, se encuentra en una transición hacia la creación del Estado Social Digital. La Administración Electrónica es un hito necesario para su consecución. La actual revolución tecnológica que estamos viviendo con la aparición tecnologías inteligentes basadas en el almacenamiento de datos, su procesamiento y el uso de algoritmos está abriendo nuevas aristas, enfoques y posibilidades que jamás hubiéramos imaginado. Sin embargo, esta ruta hacia el cambio no está exenta de riesgos y serios desafíos que se deben afrontar de forma adecuada y colectiva. La situación puede ser proclive a un cambio de paradigma transversal de índole mundial para gestionar de forma óptima este futuro nuevo escenario. Los instrumentos de co-gobernanza son la llave para abrir las puertas hacia un proceso de digitalización universal, transfronterizo y con el objetivo de mejorar la calidad de vida de los ciudadanos.

Por su parte, la Administración de Justicia (AJU) debe (re)ajustarse a la realidad actual. Los riesgos que supone la implantación de los avances tecnológicos de nuestra era ya hayan sido aplicados, se encuentran en proceso transitorio o futuro para ello, siempre, deben supeditarse a un objetivo común y pacífico: mejorar la práctica de impartir justicia sobre los límites y escaques que implora nuestro Estado de Derecho. Tras el estudio llevado en sendas monografías y su visión materializada del sistema judicial español, coincidimos que el motivo predominante de la obsoleta situación del servicio público de justicia tiene un origen común: su incapacidad para adaptarse a las necesidades y exigencias del paso del tiempo, ya fueren de manera premeditada, forzada o inconsciente.

Si partimos del pensamiento sobre cuál es el origen de la justicia, pensadores como Nieva Fenoll[470] mantienen que nace del consenso de un grupo con una finalidad de cohesión a fin de obtener su propia protección. Esta

470 Jordi Nieva Fenoll. *El origen de la Justicia*. Ed. Tirant Lo Blanch. 2023.

justicia no puede ser concebida en términos absolutos, su camino hacia la (im)perfección consistirá en establecer unas normas de comportamiento que provoquen el máximo beneficio al ser humano y el menor perjuicio al resto de entidades. De esta manera, los Juzgados y Tribunales con sus resoluciones tratan de alcanzar dicho objetivo con la ayuda del ordenamiento jurídico; ¿por qué no con el soporte de los avances tecnológicos? La senda no está exenta de dificultades. Los cambios e innovaciones en las estructuras sociales asentadas a lo largo del tiempo generan nuevos escenarios que, normalmente, provocan rechazo por parte de sus integrantes.

A lo largo de las distintas secciones hemos podido profundizar en:

1. Los distintos instrumentos para afrontar los retos de la transformación holística que supone el proceso de digitalización proyectados con las principales patologías que acechan o interfieren en la transición y, en definitiva, al buen funcionamiento del sistema judicial tal y como se encuentra instaurado. La evolución del ecosistema de esta imbricada Administración que sólo puede dirigirse hacia un liderazgo enfocado en la cooperación tanto de ámbito nacional como internacional, lógicamente, en sendos casos; de forma entrelazada, transversal y siempre ligadas a una finalidad: la mejora de la justicia para los ciudadanos.
2. Un cambio sistémico a pesar de las oposiciones y adversidades es posible pues los beneficios que están por venir son insuperables. El ejemplo a pequeña escala sobre esta afirmación se muestra con la instauración de los actos procesales telemáticos en nuestro sistema judicial. Con todo y a pesar de las injerencias que hemos estudiado que condicionan en el proceso y el trasfondo que todo ello supone, han ido acontecido aportaciones legales, jurisprudenciales y técnicas para resolver las incidencias, posibilitando de esta manera la gestión del cambio. Eso sí, siempre, bajo la salvaguarda de los derechos fundamentales de las partes.
3. Los beneficios que nos pueden reportar los datos como uno de los grandes tesoros que tenemos en la Administración, gracias al lago de información con el que contamos como resultado de etapas pasadas derivadas del proceso de digitalización. En el estudio se trata de profundizar sobre la viabilidad del uso y tratamiento de la información contenida en las bases de datos del sector justicia para mejorar la efectividad, gestión y optimizar su servicio, con la posterior incorporación de herramientas de nueva generación abastecidas con ellos, lo cual nos posibilitaría —presuntamente— solventar muchos de los actuales problemas por los que atraviesa el sistema judicial. Sin embargo, tal y como ha quedado plasmado en el trabajo, esta explotación tiene límites tanto de índole técnico debido a un defectuoso formato en el almacenamiento de la información y la falta de interoperabilidad de los sistemas, como de carácter legal; que subyacen en la protección de la intimidad de los ciudadanos ya sea en la esfera

nacional o de la UE y, especialmente, dentro del régimen la AJU y sus peculiaridades. Resulta necesario instaurar unas medidas tendentes a poder lograr una adecuada estrategia para obtener el rédito ansiado bajo el paraguas proferido del interés público y la proporcionalidad, así como unificar la arquitectura de la información digital y (re)aprovechar de esta manera todo su potencial.

4. Las posibilidades en todos los ámbitos que nos podría brindar (y actualmente ya lo hace en algunos) las tecnologías de IA adaptadas al marco de la Justicia son inimaginables. Tras un acercamiento de lo que supone su aparición en nuestro tiempo, en este capítulo se muestra la situación mundial sobre el uso, desarrollo, principios y necesidades imperativas para la instauración de la IA. Posteriormente, analizamos y exponemos las iniciativas normativas que, expresamente, interconectan estas tecnologías disruptivas y el ecosistema justicia; sus posibles utilidades presentes y futuras, o los potenciales riesgos e impactos en nuestro sistema. Además, se dan a conocer los ejemplos que a día de hoy ya están presentes en nuestro tiempo en el sector.

En definitiva, cada uno de los bloques tratados se enfoca en cuestiones trascendentales del proceso de digitalización. De esta manera, algunas de las principales conclusiones a las que hemos llegado se presentan a continuación.

Debemos partir de que el sistema judicial no responde a las necesidades imperantes de nuestro tiempo. El colapso en el que se encuentra imbuido le impide dar una respuesta acorde a las necesidades de los ciudadanos del S. XXI. Las causas de esta situación son diversas, pero todas ellas pueden ser aplacadas con la ayuda de herramientas digitales que permitan gestionar un cambio en la estructura vertebral del sistema anacrónico del que, actualmente, se sustenta.

La digitalización en la justicia ya ha comenzado con claros ejemplos de los beneficios que ha traído consigo: la instauración del Expediente Judicial Electrónico gracias a los Sistemas de Gestión Procesal, las comunicaciones electrónicas en el proceso judicial por medio de las plataformas y sistemas de comunicación bidireccional, las Sedes Judiciales Electrónicas como puertas de acceso digital de la justicia a la ciudadanía, los Sistemas de Registros Administrativos de Apoyo que han permitido una intercomunicación entre las distintas bases de datos que sirven de soporte a los juzgados para mejorar los tiempos de respuesta, entre otros muchos. No obstante, este proceso de informatizar los juzgados y tribunales cuyo inicio tuvo lugar en 1980 y aún se encuentra en curso, no ha reportado todo el potencial que las herramientas digitales está en disposición de aportar. Nos referimos, principalmente, debido a la ausencia —por el momento— de un expediente electrónico real pues aún nos encontramos un híbrido en muchos casos y dependiendo del territorio, así como a la falta de interoperabilidad y/o comunicación entre los diversos aplicativos que convergen en este sector que, incluso, debería ser transversal entre todos aquellos relacionados con la Administración nacional y europea.

Pues bien, uno de los principales motivos de esta situación deriva de la conocida: «Administración de la Administración» como sistema de gestión basado en la descentralización de competencias del mismo tipo entre el Estado y las Comunidades autónomas. Este hecho ha supuesto el «cáncer» de la AJU, propiciando una justicia a distintas velocidades en España. Además, si nos centramos en el prisma de la digitalización ello se acrecienta aún más pues ha permitido al sector privado aprovecharse de esta «disfunción» en la racionalización de recursos para vampirizar a cada uno de los territorios con la aportación, a costa del erario público, de soluciones tecnológicas con la misma función en distintos territorios que, además, no interoperan e impiden indirectamente a cada una de las Administraciones desligarse de la empresa que las ha programado al estar ya implantadas en su territorio y bajo su yugo. La situación es kafkiana si lo trasladamos al desembolso presupuestario malgastado y que podría invertirse en otros campos de esta maltratada Administración. Resulta imperativo resolver esta situación de inmediato. Las principales medidas para extirpar esta «metástasis» devienen en imposiciones legislativas y sanciones que deben ser llevadas a cabo de forma inaplazable. Por su parte, parece que el legislador con la reciente «Ley Ómnibus» acoge esta postura, veremos el resultado con el transcurso del tiempo. Sin perjuicio de ello, las políticas dirigidas por la UE recomiendan a los Estados fomentar la cooperación en materia de transferencia tecnológica entre Administraciones, promover la interoperabilidad de las herramientas ya implantadas, así como el uso de aplicativos *open source*.

Otro de los grandes problemas que se deben hacer frente dentro de la Administración tiene que ver con la brecha digital y falta de formación interna y externa de los distintos sujetos que coexisten de forma directa o indirecta con este campo. Resulta vital incrementar la formación de los operadores judiciales para inculcarles las diversas posibilidades que puede traer consigo la digitalización. En el mismo sentido a los ciudadanos. La resistencia al cambio es algo intrínseco en el ser humano, pero no cabe duda que superable. Ni unos, ni otros, conocen algunas de las distintas herramientas que ya se encuentran implantadas y sus respectivas funcionalidades. Un claro ejemplo en el ámbito judicial es el aplicativo Escritorio Virtual de Inmediación Digital (EVID) que tiene la condición de punto de acceso seguro y en el área de la Administración General del Estado (AGE) la Carpeta ciudadana o la Red SARA como mecanismos de comunicación directa entre los ciudadanos y la Administración. Es más, tras este estudio se considera imperativo en edades tempranas educativas la impartición obligatoria de nociones básicas sobre cuestiones relativas a la digitalización (riesgos que implica, herramientas informáticas ya instauradas y su finalidad, principios básicos sobre programación y funcionamiento de los sistemas electrónicos, bases de datos y las posibles implicaciones de sesgos, o las consecuencias intrínsecas del uso de estos sistemas...etc.). La sociedad del futuro debe estar preparada a los cambios que están suponiendo la incorporación de estas tecnologías en nuestras vidas.

Pues bien, los actos de comunicación telemáticos sirven como ejemplo para confirmar el éxito frente a la superación de la resistencia al cambio y los beneficios que trae consigo este proceso. La transformación digital es posible. La implantación en la Administración de esta modalidad de comunicación es una clara muestra de ello, a pesar de los distintos derechos y valores que se encuentran interconectados. En nuestro presente, la transición de este hito de lo físico a lo digital está en su etapa final con plenas garantías, todo, como consecuencia del advenimiento de la sociedad digital y las medidas legislativas adoptadas para su pleno despliegue. La eficacia y validez de los actos de comunicación telemáticos (judiciales y administrativos) ya es un hecho. Resulta llamativo las diferencias histórico-legales que han existido entre el sector justicia y la AGE sobre esta materia y como, poco a poco, se han ido —prácticamente— homogeneizando. La creación de un domicilio digital (europeo) parece que será el próximo paso utilizando como pasarela las Carpetas Ciudadana y Justicia, la primera en pleno funcionamiento y la segunda aún en versión beta.

Como se ha puesto en relieve a lo largo de la obra una respuesta contundente ante las disfunciones que se aperciben son los instrumentos de cogobernanza para la consecución de acuerdos y las hojas de ruta estratégicas en materia de digitalización. Estas formas de colaboración surgen con el ánimo de asentar las bases de la homogeneización y unificación en todas las áreas que puedan interferir con la Administración (tecnológicos, formativos, en el área de la gestión y optimización de recursos...etc.). En el ámbito nacional y poniendo el foco en la materia objeto de estudio; un referente claro es la Comisión Sectorial de la Administración electrónica (CSAE) y, concretamente, en la perspectiva digital de la Justicia el Comité Técnico Estatal de la Administración Judicial Electrónica (CTEAJE) que como hemos visto trata de liderar y cumplir estas funciones. Sin embargo, desde su creación los resultados no han sido muy esperanzadores a la vista del panorama resultante. Es cierto que recientemente con la «Ley Ómnibus», se trata de reimpulsar este organismo de cooperación, pero, nuevamente, se pierde una oportunidad de dotarle de personalidad jurídica propia, presupuesto, personal y capacidad decisoria imperativa real para, efectivamente, convertirse en el faro tecnológico que necesita la digitalización de la justicia. De cualquier forma, parece que la supervisión, coordinación y gestión de las decisiones relativas a este sector pueden venir bajo la jefatura europea por medio de su hermano mayor: La Agencia Europea para la gestión operativa de sistemas informáticos de gran magnitud en el espacio de libertad, seguridad y justicia (eu-LISA).

Esto último cobra especial importancia si tenemos en cuenta lo que está por venir. El potencial de la información obrante en las bases de datos del Estado Social Digital es una herramienta a nuestra disposición que no podemos desaprovechar. No obstante, el tratamiento de toda esta información digitalizada no puede hacerse de forma deliberada y sin control pues interferiría con algunos derechos fundamentales asentados en nuestro actual sistema de convivencia. La importancia capital del derecho a la intimidad y sus vástagos digitales como los derechos a la protección de datos y el entorno digital ponen los límites a su uso indiscriminado. De esta manera, el desarrollo legislativo y jurisprudencial —tanto nacional como europeo— ha dado como solución para permitir el uso y tratamiento de todos los archivos digitales a través del establecimiento de unas premisas —por el momento— innegociables como son: (i) el consentimiento del interesado; (ii) una habilitación legal que así lo declare y en la que se determine de forma específica los supuestos y finalidades del tratamiento y; (iii) una anonimización o seudoanonimiazación de los datos puesto que de esta forma quedan excluidos del marco de protección. Asimismo, se hace preciso la fijación de unas medidas técnicas, organizativas y procedimentales bajo el prisma del interés público y la proporcionalidad ya que se conciben como las líneas cardinales para mantener el control en el uso de los datos y asegurar la transparencia, supervisión y tutela judicial efectiva de manera que sirvan de muro o mecanismo de control para que no circulen de forma desproporcionada con la consiguiente vulneración de los principios y fundamentos que rigen el espíritu de su protección.

Sobre la base de estos condicionantes y la supervisión de los instrumentos de cogobernanza el presente estudio considera que el uso del lago de datos obrante en la AJU para abastecer el entrenamiento de tecnologías disruptivas como la IA podría llevarse a cabo por diversas vías:

- La anonimiazación o seudoanonimización masiva, aunque ello pudiera suponer en cierta manera una pérdida del valor asociado en ocasiones a dichos datos.
- La creación de un código procesal electrónico para determinados procedimientos donde todo aquel que quiera resolver una controversia por la vía judicial sobre dichas materias de forma expresa otorgue el consentimiento para el uso de sus datos, así como el sometimiento a sistemas inteligentes para su resolución.
- La vía que otorga el uso de los datos con fines de archivo en interés público, fines de investigación científica o histórica o fines estadísticos, para lo cual haría necesario una Ley que facultase dicha habilitación en los términos de protección que fijan las reglamentaciones sobre la materia para garantizar los derechos y libertades de los titulares de esos datos (nos referimos a medidas técnicas y organizativas que se sustentan en el principio de minimización de datos).
- Otra novedosa posible opción es la que trae consigo el Reglamento (UE) en materia de IA (RIA) con los denominados «espacios controlados de pruebas» (arts. 59 y ss.) donde los datos personales recabados lícitamente con otros fines podrán tratarse únicamente con el objetivo de desarrollar, entrenar y probar determinados sistemas de IA.

No obstante lo anterior, resulta vital instaurar una correcta política de orientación al dato de la información digitalizada para alcanzar así un óptimo tratamiento y explotación. Para ello, la UE está llevando a cabo medidas con este propósito sobre principios que se centran, especialmente; en el uso de formatos y estándares abiertos, legibles por máquina, interoperables, que permitan la (re)utilización de la información, su transparencia y siempre bajo la salvaguarda de los derechos. Si volvemos al campo Judicial parece que la «Ley Ómnibus» y sus medidas digitales abren paso a una nueva etapa siguiendo la estela europea con el objetivo de lograr la interoperabilidad técnica, semántico-jurídica y organizativa entre todos los sistemas y aplicaciones que prestan servicios a la AJU, así como la promoción de estándares abiertos. Tal y como ya hemos declarado, habrá que esperar un tiempo para ver el efecto que producen estas ambiciosas reformas sobre los tradicionales cimientos asentados. Sólo el tiempo nos dará la respuesta, veremos si no queda edulcorada como ya pasó con su predecesora; la Ley 18/2011 sobre las TICs en la AJU, la cual supuso un gran hito en aquel momento, pero cuya proyección en el tablero de la digitalización de la justicia no ha sido el esperado, ni por el legislador ni por los ciudadanos.

Dentro del propósito enfocado en la consolidación de una adecuada arquitectura de la información —ya sea en la infraestructura de la AJU o la AGE— y como elemento de éxito para la digitalización, existen dos medidas críticas necesarias como son: (i) la centralización de los canales de entrada de información de la Administración a través de la creación de un Registro Común de entrada, y; (ii) el uso de formularios, modelos o impresos normalizados en formato estructurado que sean legibles por máquina. La Red SARA ya se encuentra operativa para la AGE, veremos cuando entra en funcionamiento un sistema similar en la AJU.

Como ya hemos expuesto, se ha producido un impulso renovado a este proceso de digitalización con la aparición de un nuevo protagonista: La IA. Su irrupción a la vista de la situación actual va a cambiar los estándares de convivencia asentados hasta el momento en nuestro Estado Social (Digital) Democrático de Derecho. Un paso evolutivo más en la historia de la humanidad. Todos estos cambios disruptivos acaecidos como consecuencia de la digitalización, deberán ser gestionados de forma adecuada pues de no hacerse así las consecuencias pueden ser nocivas para nuestra especie. Los efectos que esta tecnología va a producir son tan amplios que aún se desconocen sus confines, si es que los hay. Resulta imperativo llevar a cabo las reformas transversales de toda índole para implantar en nuestra sociedad este nuevo actor universal que prescinde de las fronteras físicas autoimpuestas por nuestra trayectoria geopolítica. Por su parte, parece que los países se están dado cuenta del potencial e implicaciones que puede ocasionar, comenzando a instaurar mecanismos colaborativos de gobernanza mundial como ya ocurrió con otros descubrimientos históricos de gran calado.

De cualquier manera, queda claro que el uso de IA debe dirigirse hacia el beneficio humano. Para lograr este objetivo inapelable esta herramienta debe focalizarse en los siguientes factores clave de índole global: (i) Human in the loop que refiere a la necesaria intervención humana en cada ciclo de decisión del sistema aunque a veces no es posible ni deseable; (ii) Human on the loop que atiene a la capacidad de intervención humana durante el ciclo de diseño del sistema y la supervisión de su funcionamiento, y; (iii) Human in the command que alude a la capacidad de supervisar la actividad global del sistema y sus impactos en sentido amplio (social, económico, jurídico y ético) y la potestad de decidir cuándo y cómo utilizar el sistema en cada situación determinada.

En la dimensión judicial los beneficios del uso de estos sistemas pueden ser múltiples y variadas las oportunidades que nos puede brindar (muchas de ellas ya lo están haciendo como ha quedado reflejado en el trabajo), si bien nos gustaría destacar aquellas de carácter multidisciplinar como son: (i) facilitar y agilizar la actividad de la oficina judicial ahorrando tiempo y recursos a la Administración de Justicia; (ii) en el apoyo, mejora y gestión en la toma de decisiones en la administración (administrativas, judiciales o de asistencia a la investigación judicial y fiscal); (iii) como medida para el acercamiento y mejora de la justicia a los operadores jurídicos y ciudadanos avanzando en el concepto de justicia inteligente y abierta; (iv) cualesquiera otras que puedan surgir como consecuencia de su avance evolutivo y siempre para la mejora del servicio público de justicia. También, resulta relevante en este campo la necesidad de diferenciar entre: lo que supone una robotización como actuación automatizada y una decisión automatizada. En ambos casos, su implantación efectiva reportará grandes beneficios. La primera son series de acciones relacionadas entre sí de modo que una conduce necesariamente a la otra, ello nos permitiría obviar tareas repetitivas en el curso de un proceso judicial las cuales quedarían asignadas a la máquina, con la respectiva ganancia de productividad en tiempo, coste y personal. Si bien, bajo el control humano (total/parcial) o por medio de un actor artificial no humano, pero también sometido a la supervisión humana. La segunda, que engloba la primera —y por lo tanto sometida a los mismos parámetros de vigilancia— pero en este caso bajo una gestión autónoma artificial con la capacidad de aprender y tomar decisiones por sí mismo. A pesar de todas las posibles ventajas que puede traer consigo la IA aplicada al sistema judicial, cualesquiera que fuesen, deben realizarse sobre la base y sumo respeto de principios insoslayables como son; los derechos fundamentales, la no discriminación, la calidad y seguridad en el ciclo de suministro del sistema, la necesaria transparencia, imparcialidad y explicabilidad en el funcionamiento, la división de poderes de nuestro Estado de Derecho, la gestión del desarrollo y mantenimiento de los sistemas de IA para justicia por entes públicos y no privados, así como el obligado control del usuario.

No podemos pasar por alto que la aparición de esta tecnología y sus implicaciones en nuestro actual sistema judicial hace necesario una posible y más que necesaria reinvención del orden procesal como lo conocemos, con el consiguiente cambio de paradigma que supone teniendo en cuenta las diversas interferencias que puede ocasionar sobre los principios y derechos del que se sustenta. Pero, ojo, no olvidemos que esta nueva revolución digital también está suponiendo a su vez la aparición de nuevos derechos en nuestro tiempo (algunos ya anunciados en la Carta de Derechos Digitales)[471] tales como: el derecho a la libertad cognitiva; privacidad mental; derecho a garantizar que el acceso mediante a nanotecnología al sistema cerebral no permita la utilización de los datos obtenidos con fines ajenos a los fines diagnósticos o clínicos pretendidos; el derecho a la integridad mental, que garantice que la utilización de los sistemas de neurociencia no cause daños al sistema mental de las personas; el derecho a la identidad personal, mediante el cual se garantice que las técnicas de inteligencia artificial no produzcan una alteración del sustrato mental o condicionen la personalidad de manera tal que conlleve una alteración de la conciencia, de la experiencia y la conducta basada en la alteración forzada de los intereses y gustos de la persona o en explotar su redundancia o reduplicación, entre otros. Más que nunca se hace necesario una regulación mundial sobre este nuevo escenario que está trayendo consigo la digitalización.

Como resultado de este nuevo contexto no nos queda otra salida que llevar a cabo redefinición de nuestro sistema de convivencia. Es probable que, en los próximos años, como consecuencia del desarrollo tecnológico que se está produciendo, la sociedad en la que vivimos sufrirá transformaciones radicales en todos los sectores. La justicia no se escapa de este necesario replanteamiento integral. Ahora, en los inicios de este albor, más que nunca, el ser humano debe aprovechar la oportunidad y trabajar de forma colectiva en aras de evitar los perjuicios de la «Administración de la Administración» a gran escala. Es el momento perfecto para evolucionar con la superación de la obsoleta geopolítica autoimpuesta para alcanzar una verdadera transformación, eludir las artificiales fronteras entre países o dejar de lado los intereses individuales para buscar el beneficio real en la comunidad. El futuro que nos espera está en nuestras manos, no podemos desechar la ocasión. Los riesgos que derivan de la transformación digital que estamos viviendo son

---

471 La Carta defiende que todos los derechos y libertades reconocidos en la Declaración Universal de Derechos Humanos, la Constitución Española, el Convenio Europeo de Derechos Humanos, la Carta de los Derechos Fundamentales de la Unión Europea, y los tratados y acuerdos internacionales sobre las mismas materias ratificados por España son aplicables en los entornos digitales. Pero es que, a su vez, proclama la existencia de nuevos derechos algunos como: la identidad en el entorno digital, el pseudonimato, a no ser localizada y perfilada una persona, a la herencia digital, a la neutralidad de Internet, a recibir libremente información veraz, a la educación digital, a un desarrollo tecnológico y a un entorno digital sostenible, a la protección de la salud en el entorno digital, al empleo de las neurotecnologías...etc.

muchos más de los que uno pueda llegar a vaticinar, algunos, ya presentes y desconocidos por gran parte de la población mundial, con las graves consecuencias que ello está suscitando sobre nuestros (futuros) ciudadanos. A todo ello debemos sumar los grandes desafíos de nuestro tiempo como el cambio climático, la erosión de nuestro ecosistema y su biodiveridad, las desigualdades sociales, territoriales y de género, los problemas de salud de los ciudadanos derivados de los cambios disruptivos de este siglo (pandemias, cambios abruptos socio-económicos, estrés, extensión de la esperanza de vida...), conflictos geopolíticos de gran escala por recursos productivos (en el planeta o fuera de él), entre otros muchos y que están por venir.

Los sesgos de la comunidad por razón histórico-culturales que revierten en posturas ideológicas y, en definitiva, en los prejuicios humanos; son el principal problema para la consecución de estos fines. Nos referimos tanto desde la perspectiva tecnológica para abastecer herramientas de IA a través de la información obrante en nuestras bases de datos como para la consecución utópica de una coordinación y colaboración mundial en beneficio de toda la población del planeta. En el primer caso, la depuración de los datos de los que se alimentan las herramientas de IA, implica enormes retos para que los resultados que pudiese reportar fueran neutrales, objetivos y ausentes de sesgos. En el supuesto de superar dicho desafío nos encontraríamos otros nuevos que aparecerían a consecuencia de lo anterior, dando lugar a paradojas variadas ya que, por ejemplo, la escena que acontecería al evitar los sesgos implícitos en los datos preexistentes por medio de su «purificación» produciría unos resultados al utilizarlos para el entrenamiento de sistemas IA contrarios al objetivo pretendido. Sería como borrar parte de nuestra historia, cultura y realidad. Es decir, produciría una reinvención de todo el conjunto cuyo resultado, además, no proveería sinergia con el actual sistema (legal) de convivencia cuya evolución y arraigo trae causa de lo anterior. En segundo lugar, en cuanto a la quijotesca idea relativa al cambio de paradigma sobre la necesaria alianza internacional global para afrontar los verdaderos retos de la humanidad al albur de la revolución digital se hacen improbables, salvo que ocurra un hecho de tal magnitud que produzca un punto de inflexión en la deriva que hemos tomado como raza humana. Tengamos esperanza, dicen que es lo último que se pierde.

BIBLIOGRAFÍA

AA. VV., *NEXT GENERATION JUSTICE: Digitalización e Inteligencia Artificial*, Dirección Sonia CALAZA LÓPEZ e Ixusko ORDEÑANA GEZURAGA, Ed. AranzadiLALEY, Madrid, 2024.

AA. VV., *Digitalización de la Justicia: prevención, investigación y enjuiciamiento*, Directoras Profesoras D.ª Sonia CALAZA LÓPEZ y D.ª Mercedes LLORENTE SÁNCHEZ-ARJONA, Coordinador: Prof. D. José Carlos MUINELO COBO, Ed. Aranzadi, Pamplona, 2022.

Open Access: https://dialnet.unirioja.es/servlet/libro?codigo=864404

AA. VV., *Inteligencia Artificial Legal y Administración de Justicia*, Directoras Profesoras D.ª Sonia CALAZA LÓPEZ y D.ª Mercedes LLORENTE SÁNCHEZ-ARJONA, Coordinador: Prof. D. José Carlos MUINELO COBO, Ed. Aranzadi, Pamplona, 2022.

Open Access: https://dialnet.unirioja.es/servlet/libro?codigo=870011

Aitor **BERÁS «**Entrevista a Ana Jiménez Castellanos, socia en el área de Technology Consulting en EY, Artificial Intelligence & Data Science». En *Infolibre*, el 27.09.2020. «¿Qué es la inteligencia artificial?».

Alejandro **RODRÍGUEZ ROCA**. «Un nuevo orden para proteger los datos personales». *Revista acta judicial* n.º 3. 2019.

Alejandro **RODRÍGUEZ ROCA**. *La protección de datos personales en los juzgados y tribunales: un enfoque desde la perspectiva procesal*. **Capitulo I. Ed. Wolters Kluwer, 2021. pp. 30-45.**

ALETRAS, N.; TSARAPATSANIS, D., PREOTIUC-PRIETO, D. Y LAMPOS, V. «Predicting judicial decisions of the European Court of Human Rights: a Natural Language Processing perspective» *PeerJ Computer Science*. 2016.

Alfonso **GALÁN MUÑOZ.** «¿Nuevos riesgos, viejas respuestas? Estudio sobre la protección penal de los datos de carácter personal ante las nuevas tecnologías de la información y comunicación». *Cuadernos digitales de formación del CGPJ*, n.º 29, 2012.

Alfonso **García Figueroa**. «Teoría de la argumentación. Funciones, fines y expectativas», en: Gascón Abellán. M. (ed.), *Argumentación Jurídica*, Tirant lo Blanch, Valencia, 75-110. 2014.

Amaya **Fernández López**. «La Justicia Digital (I): análisis de algunos de los problemas prácticos de su implantación y propuesta de soluciones para lograr una Administración de Justicia moderna y eficaz». *Diario La Ley* n.º 8827, 2016.

Andrés **Boix Palop**. «Los algoritmos son Reglamentos: La necesidad de extender las garantías propias de las normas reglamentarias a los programas empleados por la administración en la adopción de decisiones». *Revista de Derecho Público: Teoría y método*. Marcial Pons Ed. Jurídicas y sociales. Vol. 1 2020 pp. 223-270.

Andrés **de la Oliva Santos**. *Derecho Procesal*, Introducción, con Ignacio Díez-Picazo Giménez y Jaime Vegas Torres, Ed. Centro de Estudios Ramón Areces, S.A., Madrid, 2001, p. 22.

Ángel **Dolado Pérez**. «Hacia una admistración de justicia asimétrica». *Práctica de Tribunales*, n.º 83, 2011.

Antonio **del Moral García**. «Derecho a un juicio público, libertad de información y derechos al honor y a la vida privada: relaciones, conflictos, interferencias». *Persona y Derecho*, n.º 59, 2008.

Arend **Hinze**. «Understanding the four types of AI, from reactive robots to self-aware beings». *The Conversation*, 2016.

Bell F., Bennett Moses L., Legg M., Silove J., Zalnieriute M. «AI Decision-Making and the Courts: A Guide for Judges, Tribunal Members and Court Administrators» *Australasian Institute of Judicial Administration*. 2022.

Carlota **Cuatrecasas Monforte**. *Inteligencia Artificial como herramienta de investigación criminal: Utilidades y riesgos potenciales de su uso jurisdiccional*, Ed. LA LEY, 2022.

D. Kahneman, O. Sibony, C. R. Sunstein. *Ruido: Un fallo en el juicio humano*; Debate; 2021.

E. Hilgendorf, «Problem Areas in the Dignity Debate and the Ensemble Theory of Human Dignity», en: D. Grimm, A. Kemmerer, C. Möllers (eds.), *Human Dignity in Context. Explorations of a Contested Concept*, 2018, pp. 325 y ss.

E. Martínez García, R. Borges Blázquez, E. Simó Soler. «Inteligencia artificial y perspectiva de género en la justicia penal», Ed. Aranzadi 2021.

Eduard Antoni **Chaveli Donet.** *Nuevas tecnologías en el comercio: aspectos legales* Véase el capítulo «Protección de datos y ficheros jurisdiccionales». Págs. 193-228.

Eduardo **García Enterría.** «La significación de las libertades para el Derecho Administrativo». *Anuario de Derechos Humanos*, Madrid, 1981, p. 116.

Enrique César **Pérez Luño Robledo.** *El procedimiento de habeas data: el Derecho procesal ante las nuevas tecnologías*. Dykinson, S.L. 2017.

Ephraim **Nissan,** «Digital technologies and artificial intelligence's present and foreseeable impact on lawyering, judging, policing and law enforcement». *AI & Soc* 32, 441-464 (2017).

Franco **Conforti,** «Mediación electrónica de conflictos en España», *Democracia Digital e Governo Electrónico*, Florianópolis, n.° 10, p. 285-309, 2014.

Frederic J. Zuiderveen Borguesius. «Strengthening Legal Protection against Discrimination by Algorithms and Artificial Intelligence», *The International Journal of Human Rights*, vol. 24, núm. 10, 1-22.

Guillermo **Muñoz,** «El interés público, conferencia inaugural en el V Congreso de Derecho Público del MERCOSUR, 28 de mayo de 2003», Material para los asistentes a *las XXXIV Jornadas Nacionales y IV Congreso Internacional de Derecho Administrativo sobre «La Responsabilidad en el ámbito del Derecho Público»*, Universidad Nacional del Litoral y Asociación Argentina de Derecho Administrativa, Santa Fé, 2008.

Guzmán E. **Saviron Díez.** «Debate sobre Etica e Inteligencia Artificial». *Actualidad Civil*, n.° 11, 2022. Ed. La Ley.

Guzmán E. **Saviron Díez.** «Justicia Inteligente y "Justicia Artificial"». *Revista Canaria de Administración Pública. Innovación Pública y Administración Digital en RCAP* – n.° 2, 2023.

Iñigo **de Miguel Beriain y** Miren Josune **Pérez Estrada.** «La inteligencia artificial en el proceso penal español: un análisis de su admisibilidad sobre la base de los derechos fundamentales implicados». *Revista de Derecho UNED*, núm. 25, 2019.

J. Ercilla García, Gutierrez Mayo, E., O'Mullony de Pablos, J. M., Barrio Andrés, M. Hermosa Espeso, M., Castiñeira Alvariño, J. M. «Desafíos del Metaverso». Román García-Varela Iglesias. *Actualidad Civil* (coord.). *Debate jurídico Actualidad Civil*, n.° 4. Ed. La Ley. 2023.

Jaime **Rodríguez Arana.** «El interés general como categoría central de la actuación de las Administraciones Públicas». *Actualidad Administrativa*, N.° 8, Sección A Fondo, Quincena del 16 al 30 abr. 2010, pág. 915, tomo 1, Editorial Wolters Kluwer. LA LEY 2229/2010.

Javier **Ercilla García.** «La inteligencia Aritificial en la Justicia: Asistentes IA Judiciales y Jueces IA». *Revista Aranzadi de derecho y nuevas tecnologías*, n.° 53, 2020.

Jesús **Sáncho Alonso**. «Tecnología y seguridad en la administración de justicia: el hacker llama a la puerta», *Diario la Ley*, n.° 8679, 12 de enero de 2016.

Joaquín **Delgado Martin.** «Reflexiones sobre la protección de los datos propios en la Administración de Justicia». *Diario la Ley*, n.° 9363, 2019.

Jonathan **Haidt.** *La generación ansiosa*. Ediciones Deusto. 2024.

Jordi **Nieva Fenoll.** *El origen de la Justicia*. Ed. Tirant Lo Blanch. 2023.

Jordi **Nieva-Fenoll.** «Perder el control digital: ¿Hacía una distopía judicial?». *El proceso Judicial en un marco cultural y digital* en Sonia Calaza Lopez, Antonio José Quesada Sánchez (Dirs.) y Mercedes de Prada Rodríguez (Coord.). Colección cultura y derecho. Ed. Colex. 2023.

Jordi **Nieva-Fenoll.** *Inteligencia Artificial y proceso judicial. Proceso y Derecho*. Ed. Marcial Pons. 2018.

José Ignacio **Solar Cayón.**, *La Inteligencia Artificial Jurídica. El impacto de la innovación tecnológica en la práctica del Derecho y el mercado de servicios jurídicos*, Aranzadi, Cizur menor (Aranzadi), 2019, pp. 21-22.

José Manuel **Beiro Magán. Juan Antonio Xiol Rios,** **Fernando Higinio Llano Alonso,** Elen **Irazabal,** Manuel **González-Meneses,** Guzman E. **Saviron Díez.** «Debate sobre Etica e Inteligencia Artificial». Román García-Varela Iglesias (Coord.). *Actualidad Civil Debate jurídico Actualidad Civil* n.° 11. Ed. La Ley. 2022.

Jose María **Álvarez Cienfuegos.** «La informatización de los archivos judiciales». *Actas de las VI Jornadas de archivos aragoneses*, Departamento de Educación y Cultura Diputación General de Aragón, 1996.

Juan **Arnau** en un artículo de *EL PAIS* de 1 de enero de 2024 bajo el título «La erótica de los datos conduce a la robotización de las personas».

Juan Carlos **Suarez-Quiñones Fernández.** «Administración de Justicia y Nuevas tecnologías. Presente y futuro», *Diario La Ley* n.° 7421, 2010.

Juva **Noah Harari.** *Homo Deus: Breve historia del mañana*. Ed. Penguin Ramdom House. 2015. Pág. 341.

L. **Camacho Gutiérrez**, J. D. **Castañeda Gómez** y V. P. **Saavedra Rionda**. «Enthusiasm and complexity: Learning from the "Prometea" pilot in Colombia's judicial system». *Global Information society watch: Artificial Intelligence: Human rights, social justice and development*. 2019.

L. **Cotino Hueso**, J. A. **Castillo**, I. **Salazar**, R. **Benjamins**, M.ª **Cumbreras**, A. M.ª **Esteban**. «Un análisis crítico constructivo de la Propuesta de Reglamento de la Unión Europea por el que se establecen normas armonizadas sobre la Inteligencia Artificial (Artificial Intelligence Act) Texto». *Diario LA LEY*, 2 de Julio de 2021, LA LEY. LA LEY 7980/2021.

Latanya **Sweeney**.: «Discrimination in Online Ad Delivery». *ACM Queue*, 11(3). 2013. Pág. 10.

Lee J. «Legal Tech-ing Our Way to Justice». 2020 en *Kit de herramientas global sobre IA y el Estado de derecho para el poder judicial*. Publicado por la Organización de Naciones Unidas para la Educación, la Ciencia y la Cultura. UNESCO. 2023. pág. 79.

Leonor **Moral Soriano**. «Decisiones automatizadas, Derecho administrativo y argumentación jurídica» en Joaquín Garrido Martín y Ramon Valdivia Jiménez (Coords.) y Fernando H. Llano Alonso (Dir.) de *Inteligencia Artificial y Filosofía del Derecho*. Ed. Laborum. 2022.

Lorenzo **Cotino Hueso**, «Big data e inteligencia artificial. Una aproximación a su tratamiento jurídico desde los derechos fundamentales». Madrid, *Dilemata*, 2017, pp. 24, 131-150.

Lorenzo **Cotino Hueso**, «La primera sentencia del Tribunal de Justicia de la Unión Europea sobre decisiones automatizadas y sus implicaciones para la protección de datos y el Reglamento de inteligencia artificial». *Diario LA LEY*, n.º 80, Sección Ciberderecho, 17 de enero de 2024, LA LEY.

M.ª Concepción **Campos Acuña**. «La política de seguridad en el RGPD. Análisis de riesgos y evaluación de impacto. La aplicación del Esquema de Nacional de Seguridad, en Administraciones públicas y protección de datos: adaptación al RGPD». *Actualidad Civil* n.º 5, 2018.

María **del Puerto Solar Calvo**. «Cesión de datos entre administraciones: a propósito de la STJE de 1 oct. 201». *Diario La Ley*, n 8854, 2016.

María Jesus **Ariza Colmenarejo**. «Impugnación de las decisiones judiciales dictadas con auxilio de Inteligencia Artificial» en Sonia Calaza López y Mercedes Llorente Sánchéz-Arjona (Dras.). *Inteligencia Artificial Legal y Administración de Justicia*, Thomson Reuters Aranzadi. (Aranzadi), 2022.

María **Marcos González**. «Procesos Judiciales y procesos automatizados» en Sonia Calaza López y Mercedes Llorente Sánchéz-Arjona

(Dras.) y José Carlos MUINELO COBO (Coord.). *Digitalización de la Justicia: Prevención, investigación y enjuiciamiento*, Thomson Reuters Aranzadi. (Aranzadi), 2022, págs. 309-328.

MARTÍNEZ GARCÍA, E., BORGES BLÁZQUEZ, R., Y SIMÓ SOLER, E., «Inteligencia artificial y perspectiva de género en la justicia penal» Ed. Aranzadi 2021; BARONA VILAR, S., «Una justicia digital y algorítmica para una sociedad en estado de mudanza», BARONA VILAR, S., (dir.) *Justicia algorítmica y neuroderecho*. Ed. Tirant Lo Blanch. 2021.

Mercedes **LLORENTE SÁNCHEZ-ARJONA,** «Big Data, Inteligencia Artificial y Violencia de Género», *Diario La Ley*, Sección Ciberderecho, 25 de marzo de 2021.

Michelino **TARUFFO.** «Idee per una teoria della decisione giusta», en *Verso la decisione giusta*. Torino. 2020. Pág. 360.

Miguel **DE ASÍS PULIDO.** «Justicia Predictiva: Tres posibles usos en la práctica jurídica» en Joaquín GARRIDO MARTÍN y Ramon VALDIVIA JIMÉNEZ (Coords.) y Fernando H. LLANO ALONSO (Dir.) de *Inteligencia Artificial y Filosofía del Derecho* Ed. Laborum. 2022.

Miguel **MARCOS AYJON.** «La protección de datos de carácter personal en la Oficina judicial Penal» y «Las múltiples implicaciones de la protección de datos en la justicia penal». *La Ley*, n.º 15682, 2018 y *La Ley penal*, n.º 132, 2018.

Miriam **STANKOVICH.** «Kit de herramientas global sobre IA y el Estado de derecho para el poder judicial». Publicado por la *Organización de Naciones Unidas para la Educación, la Ciencia y la Cultura*. UNESCO. 2023.

Monika **ZALNIERIUTE.** «Open Justice and Technology: Courts, Tribunals and Artificial Intelligence». *Submission to NSW Law Reform Commission Open Justice Review*. 2021.

MUGARI, I., OBIOHA, E. E., «Predictive Policing and Crime Control in The United States of America and Europe: Trends in a Decade of Research and the Future of Predictive Policing», *Social Sciences*, cit., pp. 9-10.

Neil **MACCORMICK,** *Legal Reasoning and Legal Theory*, Oxford University Press, Oxford. 1978.

Nicolas **CABEZUDO RODRÍGUEZ Y** Ernesto **PEDRAZ PENALVA.** «Ficheros automatizados y registros centrales de la administración de justicia. La obtención de datos y gestión de informaciones». *Protección de datos y proceso penal*, La Ley, n.º 8121, 2010.

Norbtero **BOBBIO.** (1999), *Il mestiere di vivere, il mestiere di insegnare, il mestiere di scrivere, colloquio con P. Polito*, en: Nuova Antologia, 2211, 5-47.

Nuria **Díaz Abad,** «La protección de datos en el ámbito judicial: Una visión europea» en *Actualidad Administrativa*, n.º 10, Sección Europa, octubre 2021, Wolters Kluwer LA LEY 9811/2021.

P. Yanardag, M. Cebrián e I. Rahwan del Instituto de Tecnología de Massachusetts (MIT) y la IA «Norman»; también el llevado a cabo por Caliskan, A., Bryson, J. J. y Narayannan, A.: «Semantics derived automatically from language corpora contain human-like biases». *Science* 14 de abril de 2017: Vol. 356, Issue 6334.

Raquel **Castillejo Manzanares.** «Digitalización y/o Inteligencia Artificial», en Sonia Calaza López y Mercedes Llorente Sánchéz-Arjona (Dras.). *Inteligencia Artificial Legal y Administración de Justicia*, Thomson Reuters Aranzadi. (Aranzadi), 2022, págs. 55-85.

Richard **Susskind.** *Online Courts and the Future of Justice*. Oxford: Oxford University Press, 2019.

Román **García-Varela Iglesias.** «A propósito de la interoperabilidad en la Administración de Justicia». *Diario La Ley*, n.º 9845, Sección Plan de Choque de la Justicia / Tribuna, 2021, Wolters Kluwer.

Román **García-Varela Iglesias.** «El cambio de paradigma del sistema judicial para alcanzar la cultura del acuerdo: Especial referencia a la meciación en su modalidad electrónica» en Sonia Calaza L, Ixusko Ordeñana G. Julio Sigüenza (Dirs.) *De los ADR (Alternative Dispute Resolution) a los CDR (Complementary Dispute Resolution) en la jurisdicción civil*. Tirant lo Blanch. Valencia. 2023.

Ronald, **Cárdenas Krenz,** «Derecho y Robots. El futuro ya está presente». *Revista Peruana de Derecho de la Empresa* n.º 74, Año XXXIV. Derecho y nuevas tecnologías. Lima. 2020.

Rosa **Gómez de Liaño Diego.** «Lexnet y otros medios informáticos en la nueva organización de la administración de justicia». *Diario la Ley*, n.º 7039, 2008.

Salomao L. F., Braga R. «El papel del Poder judicial en la realización de la Agenda 2030 de la ONU». 2020.

Shanthi S. «Behind SUPACE: The AI Portal Of The Supreme Court of India». 2021.

Silvia **Barona Vilar.** «Reflexiones en torno al 4.0 y la inteligencia artificial en el proceso penal», *Ius Puniendi*, vol. 7, 2018, pp. 313-336.

Silvia **Barona Vilar.** *Algoritmización del derecho y de la justicia, de la Inteligencia Artificial a la Smart Justice*. Ed. Tirant lo Blanch, Valencia, 2021, p. 661.

Sonia **Calaza López y** Jacobo **Barja de Quiroga,** «Justicia digital & Justicia inteligente: De la imbatibilidad del dato a la incertidumbre del juicio», en *Derecho penal económico, Legal Tech y Teoría del delito*, Dirs. Eduardo Demetrio & Agatha María Sanz Hermida; Coords. Mónica de la Cuerda Martín & Faustino García de la Torre García, Ed. Tirant lo blanch, Valencia, 2024.

Sonia **Calaza López y** Mercedes **de Prada Rodríguez**, «Acción y Defensa en clave digital: "Dos caras de una misma moneda" y un "brindis al sol" en la inminente Ley de Derecho de Defensa», *Actualidad Civil* n.º 4, Ed. La Ley, Madrid, abril de 2023.

Sonia **Calaza López y** Mercedes **de Prada Rodríguez,** «El derecho de defensa y su curiosa ecuación axiomática con el derecho de acción en la proyectada LO del Derecho de Defensa», *Actualidad Civil* n.º 2, Ed. La Ley, Madrid, enero, 2024.

Sonia **Calaza López y** Mercedes **de Prada Rodríguez**. «Juez y parte en el entorno digital: De Kieslowski al metaverso». *El proceso Judicial en un marco cultural y digital* en Sonia Calaza Lopez, Antonio José Quesada Sánchez (Dirs.) y Mercedes de Prada Rodríguez (Coord.). Colección cultura y derecho. Ed. Colex. 2023.

Sonia **Calaza López,** «¿De cuánta eficiencia jurisdiccional estamos hablando?», *Revista Jurídica de Cataluña* n.º 3, Ed. Tirant lo blanch, Barcelona, 2024.

Sonia **Calaza López,** «Contra todo pronóstico: Tanta digitalización como desconexión de la mediación. Ni MASC ni menos», *LA LEY Mediación y arbitraje* n.º 18, Madrid, abril, 2024.

Sonia **Calaza López,** «Next Generation Justice: ¿Magia procesal o Inteligencia Artificial?», en *Justicia: eficiencia, seguridad y servicio público, Libro Homenaje al Prof. Víctor Moreno Catena*, Coord. Helena Soleto, Raquel López, Amaya Arnáiz y Sabela Oubiña, Ed. Tirant lo Blanch, Valencia, 2024.

Sonia **Calaza López,** «Una nueva graduación de la Eficiencia en el Plan de Recuperación, Transformación y Resiliencia de la Justicia como "servicio público": más eficiencia digital, menos eficiencia procesal y ninguna eficiencia organizativa», *Actualidad Civil* n.º 1, Ed. La Ley, Madrid, enero, 2024.

Sonia **Calaza López,** *Confluencia de la Jurisdicción y desjudicialización*, Ed. Thomson-Aranzadi, Navarra, 2020.

Sonia **Calaza López,** *Rebus sic stantibus, extensión de efectos y cosa juzgada*, Ed. La Ley, Madrid, 2021.

UBALDI, B., & OTROS. «State of the art in the use of emerging technologies in the public sector». *OECD Working Papers on Public Governance* (31). OECD Publishing. 2019.

Vicente **GUZMÁN FLUJA.** «Ideas para un debate sobre la predicción del crimen» en Sonia CALAZA y Mercedes LLORENTE (Dirs.) *Inteligencia Artificial legal y Administración de Justicia*. Ed. Aranzadi. 2022. págs. 289-326.

Vicente **PÉREZ DAUDI.** «La Transformación digital de la Justicia» en Sonia CALAZA LÓPEZ y Mercedes LLORENTE SÁNCHÉZ-ARJONA (Dras.) y José CARLOS MUINELO COBO (Coord.). *Digitalización de la Justicia: Prevención, investigación y enjuiciamiento*, Thomson Reuters Aranzadi. (Aranzadi), 2022, págs. 461-491.

VINUESA, R., AZIZPOUR, H., LEITE, I. *et al.* «The role of artificial intelligence in achieving the Sustainable Development Goals». *Nat Commun* 11, 233 (2020).

Xavier **LINANT DE BELLEFONDS** (19) 94), «L'utilisation des systèmes experts en droit comparé», *Revue internationale de droit comparé*, Vol. 46, núm. 2, pág. 703-718.

ZELEZNIKOW J., STRANIERI A. «The split-up system: integrating neural networks and rule-based reasoning in the legal domain». *ICAIL: Proceedings of the 5th international conference on Artificial intelligence and law*, 185-194. 1995.

COLECCIÓN

DERECHO DEONTOLOGÍA TECNOLOGÍA

COLEX

TÍTULOS PUBLICADOS

1 E-justicia inteligente

Made in the USA
Middletown, DE
05 November 2026

36541619R10157